혼합정체와 법의 정신 II

The Mixed Constitution and the Spirit of Law

이 저서는 2014년도 정부재원(교육과학기술부 학술연구조성비)으로 한국 연구재단의 지원을 받아 연구되었음(NRF2014S1A6A4026298)

혼합정체와 법의 정신 II

The Mixed Constitution and the Spirit of Law

발행일 2016년 10월 31일 **발행인** 오덕성 **지은이** 송영진
편낸곳 충남대학교출판문화원 **주소** 대전광역시 유성구 대학로 99
전화 042-821-6045 **홈페이지** www.cnupress.co.kr **E-mail** cnupress@cnu.ac.kr

ISBN 978-89-7599-600-9 94160
ISBN 978-89-7599-598-9(세트) 94160
정가 21,000원

The Mixed Constitution and the Spirit of Law

민주 공화국의 기원

혼합정체와 법의 정신 II

송영진

충남대학교출판문화원

Contents

Chapter 04

마키아벨리의 혼합정체론의 부활

1. 『군주론』에 나타난 '시민 군주국'의 개념
2. 도시의 발생
3. 정체 순환과 포르투나
4. 혼합정체와 시민 미덕, 비루투(virtu).
5. 권력공유(분권)의 제도화
6. 마키아벨리의 고대 로마 공화국 예찬을 통한 정의론
7. 공화주의 전통

Chapter 04

: 마키아벨리의 혼합정체론의 부활

고대의 혼합정체 사상을 이어받아 근대에 부활시킨 사상가는 마키아벨리(Niccolo Machiavelli, 1497-1527)이다.[1] 피렌체의 가난한 변호사의 아들로 태어난 마키아벨리는 공화정이었던 소데리니 정부의 통치 14년 간 외교 군사업무 분야의 주요 공직을 담당했다. 그러나 메디치가의 군주정이 다시 수립됨에 따

1 마키아벨리는 그의 저서 가운데, 특히 『로마사 논고』에서 공화정이나 혼합정을 말하면서도 정의론이나 법에 대한 언급이 없는 것은 물론, 법률에 대한 저서가 없다는 것이 과연 마키아벨리가 혼합정의 정신을 제대로 이해하고 있었는가는 논외로 한다. 또한 우리가 레오 스트라우스(Leo Straus)(『마키아벨리』, 함규진 역(구운몽, 2006), 2장 참조)처럼 『군주론』을 마키아벨리가 이 책을 지은 동기나 의도와 함께 헌정한 대상과 관련하여 해석할 경우에 그가 든 역사적 사례나 사건들 혹은 인물들에 대한 평가나 그가 전달하려고 하는 메시지에 수많은 비사실은 물론 모순이나 '수수께기'에 봉착하며, 이 때문에 마키아벨리라는 인물에 대한 학자로서의 진정성은 물론, 헌정 대상이나 자신의 정보나 선전에 대한 선정성 때문에 그가 쓰는 용어들에 대한 다양한 해석이 가능하며, 과연 우리가 그의 정치사상을 일반화 할 수 있을지에 대해서까지 의심을 품을 수가 있다. 더 나아가 그의 『군주론』에 나타난 정치사상은 과연 로마 교황청이 금서로 지정할만한 기독교에 대한 은폐된 공격이나 반항은 물론 부도덕과 이교도적인 사상이 나타나 있을 뿐만 아니라, 헌정 당사자나 마키아벨리 자신을 높이는 그야말로 소위 세간에 유포된 '마키아벨리적' 권모술수가 난무하는 것으로서 돈키호테 같은 마키아벨리의 정치사상의 진면목이 함축되어 있다. 이 때문에 본 저서에서는 『군주론』에 대해서는 일반론만을 언급하고 주로 『로마사 논고』에 나타난 정치사상에 집중할 것이다.

라 파직되었을 뿐만 아니라 반 메디치가의 음모에 가담한 혐의로 양손을 뒤로 묶여 천정에 매달았다가 바닥 가까이로 되풀이해서 떨어뜨리는 스트라파도(strapado)라고 불리는 가혹한 고문을 받았다. 이 때문에 마키아벨리는 군주정 지지자도 아니고 메디치 가문도 좋아하지도 않았다. 그럼에도 불구하고 그가 메디치가의 수장에게 『군주론』을 헌정하고자 했던 데에는 두 가지 목적이 있었다고 한다. 하나는 생계유지의 필요가 절실했기 때문이었고, 다른 하나는 공직에 복귀해 피렌체를 강력한 국가로 건설하는데 헌신하고자 함이었다. 그의 정치철학적으로 중요한 『군주론』과 특히 『로마사 논고』로 알려진 『티투스 리비우스의 로마사 첫 10권에 관한 강론(Discorsi sopra la prima deca di Tito Livio / Discorses on the first ten books of Titus Livy)』, 두 저서를 통하여 자신이 처한 당시 이탈리아의 불안정하고 혼란스러운 상황을 극복하는 이상적인 모델로서 『군주론』에서는 강력한 자국 군대에 기초한 군주정을, 『로마사 논고』에서는 고대 로마공화정 체제를 제시하여 자신의 정치철학의 주요 주제로 다루었다.

마키아벨리는 특정 유형의 정치를-그의 영향력과 무관하게 계속 존재하여 왔고 앞으로도 존재할 정치형태를-가리키는 일반명사로 개인의 이름이 사용되고 있는 유일한 사상가이다. 그 특정 정치 유형이란 목적을-조국의 세력 확장을 추구하되 그 조국을 정치가 자신이나 자신의 당파의 세력 확장에 사용하려는 목적을-달성하기 위해서는 모든 수단을 -정의로운 것이든 불의한 것이든 혹은 칼이든 독약이든- 편의에 따라 사용할 수 있다는 생각에 근거한 정치를 말한다. 이러한 현상이 현실 정치 자체만큼이나 오래된 것이라고 할 때, 왜 겨우 550년 전에 이를 기술한 마키아벨리의 이름으로 이를 명명하는가? 레오 스트라우스에 따르면, 그것은 마키아벨리가 자신의 이름을 밝히고 공식적으로 이러한 정치를 옹호한 최초의 인물이었기 때문이다.[2] 마키아벨리는 『군

2 스트라우스, L. (Strauss Leo) · 크랍시 J. (Cropsey, Joseph)편, 김영수 외 역, 『서양 정치철학사』 I (인간사랑, 1992), 스트라우스, '마키아벨리' 496-497쪽들.

주론』 15장에서 다음과 같이 서술하고 있다.

> 군주가 어떻게 통치할 것인가에 대해서는 많은 사람들이 쓴 바가 있기 때문에 이 글을 씀으로써 비난받을까 두렵다. 그러나 나는 나의 글을 이해하는 사람에게 유익한 무엇인가를 쓰고자 한다. 많은 사람들이 실제로 보지도 알지도 못하는 공화국이나 군주국을 생각하여왔는데, 나는 어떤 사물에 대한 상상에 접근하기보다는 그 사물의 진실에 곧장 다가가는 것이 낫다고 생각한다. 한 개인이 어떻게 살고 있는가의 문제와 어떻게 살아가야할 것인가의 문제 사이의 괴리는 매우 크다. 따라서 어떻게 살아야 할 것인가에 치중하여 사람들이 실제로 어떻게 살고 있는가를 무시하는 사람은 실패하기 쉽다. 왜냐하면 언제나 선만을 행하려는 사람은 대부분의 선하지 않은 사람들 속에서 패배하게 되는 것이다. 그러므로 스스로를 지속시키려는 군주는 선하지 않은 행동을 할 수 있을 것, 선함을 이용할 수 있을 것, 환경의 요구에 따라 선함을 사용하지 않을 수 있을 것을 배워야 한다.

위 인용문에서 마키아벨리는 사실과 가치, 현실과 이상을 분명히 구분하면서도 당위나 이상이라는 것이 사실이나 현실에 기초하여야 한다는 근대 철학자들의 실증주의적인 태도를 반영하면서 군주를 위해서뿐만 아니라 개인이 살아갈 때 어떤 태도를 취해야 하는가를 가르쳐 주는데 악을 수행할 뿐만 아니라 선을 이용할 줄도 알아야 한다고 주장하는 것으로 나타난다.[3] 그리고 분명한 것은 마키아벨리가 선과 악이 무엇이라는 것을 분명히 알고 있다

---

3 고대에서 철학자들이 말하는 진리나 정의라는 말에는 가치와 사실이 분석되어 있지 않고 의미가 이중적으로 개입되어 있다. 그래서 우리의 일상 언어에서는 진리라는 말에는 가치와 사실이 '기능적으로 변증법적 관련성'을 지닌 것으로 드러난다. 근대에서 학문의 모델이 된 근대 뉴턴 역학 이후로 자연적 '사실'은 한편으로 가치중립적인 것으로서 고대의 '진리'개념과 관계하면서도 몰가치적인 것으로서 자연적-물리적 영역에 타당한 '비인간적 비인격적인' 개념이 된다. 그러나 현상학적 관점에서 보면 관찰-지각적 경험에 기초한 과학적 '사실'은 인간과 '필연적으로' 관련을 맺어야 하는 '사실'로서 간주관적인 것이거나 판단 중지의 결과로 나타난 것일 뿐이다. 정의 개념도 마찬가지이다. 이 점은 정치철학에서 플라 톤이 국가의 통일성을 분열이 전혀 없는 것으로서 간주하는 것으로서 당위적인 것이다. 그런데 이러한 당위적인 것 속에서 사실이나 현실을 발견할 수 없는 것은 당연하다. 근대 철학자들은 현실에서 성립하고 있는 국가-사회에서 분열은 당연한 것으로서의 사실이자 현실이며 이를 통일하는 것을 당위적인 것으로 간주하는 데에서 국가의 통일성 사상을 '조화'사상으로 바꾸는 것으로 나타난다. 현대정치철학에서는 통일이나 조화를 모두 정도 차이가 있는 '차이' 개념으로 환원하여 자연적이거나 인위적 사태를 모두 통일적으로 바라보기 위해 수학의 확률적 개념으로 대치한다. 수학의 정수론에서 쪼개질 수 없는 단일한 '단위'개념을 '집합'개념으로 바꾼 것에 해당한다.

는 것을 전제할 경우에만 위의 말이 현실을 살아가는 데 옳다는 것이다. 그러나 이러한 삶에서의 옳은 태도는 곧바로 자기모순에 빠짐을 플라톤이나 아리스토텔레스의 주지주의적 철학을 통하여 알아보았다. 플라톤이나 아리스토텔레스의 철학에서 우리는 국가나 사회는 보통 사람들의 선함의 보편성이나 대부분의 사람들이 선하다는 것을 전제하지 않으면 안 된다는 것을 알 수 있었다. 그러나 근대에서는 진리라는 개념에서 가치와 사실을 분리하고 사실을 뉴턴 역학에서처럼 가치중립적인 것으로 간주하며, 이를 토대로 현실을 이해하는 수단으로 간주한다. 더 나아가 현대(postmodern)에서 역으로 사실이라는 개념에서 발전한 현실이라는 개념을 인간의 삶의 '과정성'에서 기인하는 선악이 교차하는 아이러니에 속해 있는 상대주의적인 것으로 간주함은 잘 알려져 있다. 그래서 인간이 생존하기 위한 욕망을 가지는 것까지도 이기적인 것으로 해석한다면, 이는 곧바로 홉스가 이야기하는 인간은 인간에 이리와 같은 처지(homo homini lupus)에 빠짐을 잘 알 수 있다.

마키아벨리의 저서들을 정치하게 잘 분석하고 있는 레오 스트라우스는 마키아벨리가 종종 스피스트들에 비교될 수 있다는 것을 긍정한다. 이 때 소피스트들이란 소크라테스처럼 윤리를 말하는 철학자라기보다는 인간의 사회적 현실에 적응한 프로타고라스나 고르기아스처럼 진리 상대주의나 허무주의를 주장하는 사람들이며, 아리스토텔레스가 말하고 있듯이 수사학에 능하고 '연설의 전지전능함을 믿은 사람들'이기 때문이다. 사실 마키아벨리는 『군주론』이나 『로마사 논고』에서 이미 역사적 사실이나 현실을 자신의 인간관이나 현실관을 반영하는 것으로서 파악하고 역사적 사실이나 현실을 왜곡하고 전도시킬 뿐만 아니라 도치시키면서 자신의 말이 진리에 기초하고 있는 것처럼 묘사하고 있기 때문이다. 즉 그는 플라톤이나 아리스토텔레스처럼 선이나 덕을 논하는 정치철학자라기보다는 현실에 부응하는 정상모리배나, 이상을 말한다 해도 '현실적인 것은 이성적이요 이성적인 것은 현실적인 것이다'라고 말한 헤겔식의 변증법을 농하는 외교학자라고 볼 수 있다. 이 저서에서는 마키아벨리의 사상에 대한 그 당시의 이탈리아의 정황이나 역사적 사실에 대한 다양한 해석들 이전에 그의 저서에 나타난 말에만 충실하면서 말에 나타난 그의 의도, 특히 공화정이나 혼합정체를 가장 좋은 정체로 말한 것을 기초하여 그의 처세술을 반영하는 정치철학을 정리할 것이다.

마키아벨리가 군주의 덕을 주로 논하는 『군주론』과 로마의 공화정을 최고의 정치체제로 찬양한 『로마사 논고』라는 전혀 색다른 저술 때문에, 그가 군주정체론자인가 아니면 공화주의자인가하는 문제가 제기되어 왔는데, 정치철학의 고전인 플라톤과 비교하고 현대의 자유 민주주의적 관점에서 보면, 그를 혼합 정체론자로 해석하는 것이 그의 정치사상을 고대와의 단절이 아닌 서양의 점진적 발전의 연속성에서 볼 수 있게 하는 장점이 있다. 이러한 연속성은 그의 정치철학적 사유의 중심이 인류가 역사적으로 경험한 여러 정체들의 장점만을 중첩시켜 지닌 것으로서 혼합정체라고 간주함으로써 더욱 강화되는데, 이는 근대의 산업혁명에 따르는 새로운 시대적 이념으로서 시민으로서의 인민의 의지가 반영되는 민주주의를 고대 공화정과 연결시키는 매개자로서 마키아벨리의 창조성과 함께 그의 정치사상을 현대에서 승화시킬 수 있는 계기가 된다. 왜냐하면 마키아벨리는 그 당시 르네상스의 발흥으로 새로이 일어난 근대의 정치세력으로서 공화정을 포함한 이탈리아의 다양한 도시국가체제들이 교황권의 약화로 인해, 마치 도시국가들의 연합으로 이루어진 고대 그리스 세계처럼 통일되지 못하고, 왕가(귀족가문)를 중심으로 한 권력다툼과 부패하고 불안정했던 국내 정치체제들에 대해 강한 불만을 가졌고, 하나의 통일된 이탈리아의 국가 체제를 이루기를 소망했기 때문이다. 이러한 마키아벨리의 소망의 저변에는 당시 절대 군주정의 프랑스와 같은 강대국들에 둘러싸인 이탈리아가 고대 로마 공화정을 중심으로 발전한 제국주의처럼 강력한 세계 국가가 되기를 소망했었기 때문이라고 볼 수도 있다. 또한 이러한 소망의 이면에는 근대 산업혁명과 더불어 나타난 프랑스의 군주정이 제국주의화하는 것과도 일맥상통하는 것으로서 이러한 제국주의가 평화시에는 우리가 앞에서 살핀 플라톤-아리스토텔레스-폴리비우스로 이어지는 혼합정체 사상을 통해 도시 국가의 연합체로서 새로운 정치체제의 건설을 지향하고자 했던 것으로 해석할 수도 있다.[4]

사실 마키아벨리의 정치철학에서 나타난 군주정이든 공화정이든 인민의 역할이 정치의 중심에 들어온다는 점은 두 저서에 공통적이다. 이 점에서 마키아벨리의 정치철학에 나타난 군주정은 고대의 신화나 종교에 기초한 왕정이나 봉건주의와는 다른 그 당시 자유시민의 현실세계를 반영하는 것이며, 다른 한편 현실정치에서 시민과 군주, 그리고 귀족 간의 갈등의 문제는 그 당시 세계 최초의 금융, 상업, 산업자본주의를 주도했던 피렌체의 사회 경제적 조건과 아울러 도시환경의 변화를 반영하는 것으로서 근대 상인과 노동자를 중심으로 하는 민주정의 요소도 들어있기 때문이다. 즉 마키아벨리가 『군주

---

4 J. G. A. 포칵(J.G.A.Pocock)은 『마키아벨리언 모멘트』(곽차섭 역(나남, 2011))에서 "정치란 우연한 사건들을 다루는 기술이라 한다면, 그것은 곧 그러한 사건들의 방향을 설정하는, 그리하여 순수하고 통제되지 않으며, 전혀 법칙성을 따르지 않는 우연성을 상징하는 힘으로서의 포르투나(fortuna)를 다루는 기술이기도 하다."(5장, 286쪽)라는 전제 아래, 새로운 국가를 설립하거나 부정을 치유하는 '혁신(innovation)'의 관점에서 마키아벨리의 두 저서를 통합하고 있다. 즉 그는 『군주론』에서 다루는 군주는 세습적 전통에 따르는 군주가 아닌 혁신을 수행하는 신군주이며, 이들의 통치 양식은 한편으로 "개별자를 인식하고 그것들에 작용하는 양식들로서 중세-르네상스 정치사상에서 사용했던 것으로 보이는 것들을 열거하는 도식"들로 나타나고, 다른 한편으로 "휴머니스트-피렌체 사상을 시민권, 덕, 포르투나의 상호관계를 중심으로 세세히 고찰하는 도식"으로 서술하고 있다. 이 후자는 사실 『리비우스-로마사 논고』를 지칭하는 것으로서 마키아벨리의 이 저서는 전쟁의 기술과 관계하는 입법자의 관점에서 공화국을 그 기원의 유형에 따라 분류하는 일종의 유형론이라고 말하고 있다. 여기에서 포칵이 그의 저서 5장과 6장에서 서술하는 통치 양식들의 도식은 사실 철학적으로는 플라톤의 『국가-정체』편에서 나타나는 군주와 아리스토텔레스의 형상-질료의 개체 철학에서 형상-질료에 대응하는 개념으로 정치가, 입법가와 시민의, 포르투나에 대응하는 비르투(virtu-vortuna)의 분화된 관계로 나타난다. 즉 전체적으로는 비르투와 포르투나의 관계는 생명의 원인인 영혼의 능동성과 물질을 상징하는 우연성의 관계인데, 이 양자가 지니는 양극성의 변증법에서 정치가인 군주나 입법가-시민의 덕(virtu)은 능동-수동의 상호 관련된 유기체적인 변증법으로 나타난다. 즉 마키아벨리가 말하는 비르투(덕)는 역사적으로는 군사적-시민적 덕에서 기원하는 것으로서, 이에서 분화되는 군주나 시민의 덕 또한 사자와 여우(약자의 간지)로 묘사되는 것이며, 전체적으로 군주-시민의 덕은 플라톤의 『티마이오스』편에 나타나는 우주신인 데미우르고스가 우연-필연성을 가진 질료로서의 장소(공간)에 형상을 부여하는 데미우르고스의 질서에 따르는 제작적 기능이 아닌 '창조적'(예술적) 기능으로 나타난다. 이 때문에 이러한 남성적인 능동적인 덕의 기능에 반응하는 단순한 수동성으로서의 질료는 능동성에 기반한 수용성의 기능으로 변모되는데, 이러한 수용성으로서의 기능은 포르투나의 기능으로서, 이러한 포르투나의 기능은 자유시민의 덕에 반응하는 변덕 많은 여성적인 기능으로 묘사되고 있다. 역으로 포칵이 말하는 군주는 종교가, 예언가, 천재 등의 개념으로 변용되어 나타나며, 시민 또한 평등의 의식을 지닌 군사적 덕을 지닌 자로서 나타난다. 그리고 이 후자의 덕은 민주시민 모두가 교육을 통해 가질 수 있는 것으로서, 그 부정적 양식은 제국주의화의 기초가 될 수 있는 복종하는 신민으로 나타날 수도 있는 것이다. 결국 포칵에 따르면, 마키아벨리는 국가를 (어떠한 국가체제를 가지던 간에) 적에 맞서는 무장한 평민국가 (senatus-populsque: 로마의 원로원 및 평민의 의지가 상호작용하는 공화국 정부)로 대체하는 것으로 생각했으며, 국가란 "결국 모든 것은 개인의 성격으로서 비르투, 정치적 -도덕적-경제적 자율성에 기초하고 있는 공공의 것에 대한 헌신으로서의 비르투에 의존하는 것으로(366쪽)" 파악하고 있다고 말하고 있다.

론』에서 현명한 군주는 항상 민의, 즉 시민의 의지를 중시해야 한다고 강조하는 데에서 나타난 민주정의 요소이다. 이러한 민주정의 요소는 마키아벨리가 살았던 피렌체의 정치변화가 북부 이탈리아를 둘러싼 체제 변화라는 정치 환경뿐만 아니라 노동자들의 결사체인 길드로 대표된 사회 경제적 집단의 다원화와 그들의 정치참여의 요구가 확대된 것을 반영하는 것이다. 달리 말하자면, 그의 정치철학은 한편으로 기독교라는 종교가 절대적 권위를 행사한 중세적 사고가 쇠퇴함에 따라 종교나 신화적으로 가려져 있었던 정치적 권력의 실상이 군사적 권력이었음을 드러내는 고전적 전통과, 고대 그리스 세계에서 각 도시 국가 간에 전쟁 상태가 현실적인 측면에서 각 국가 간의 상업적, 경제적인 것의 교류를 통해서 조화와 평화를 이루었던 전통이 르네상스를 통하여 발달한 산업문명의 영향으로 근대 도시국가들 위에서도 나타난 것을 반영하는 것이었다.

『군주론』 속에서의 마키아벨리의 정치철학은, 군주를 중심으로 하는 정체에서는 전쟁을 항상 염두에 둔 고전적인 정치인의 덕목과 근대 도시국가에 나타난 현실적인 경제적 상업정신이 함축한 타산적인 공리주의적 정신이 혼합되어 있으나, 마키아벨리는 상업정신을 고려하지 않고 오히려 고전적 전통에서 군주의 대외적인 군사적 덕목이 국가 내부에서는 권력투쟁으로 나타나는 권력정치를 다중의 인민 의지를 통해 조정되어야 할 것으로 나타난다. 사실 마키아벨리의 『군주론』에 나타나는 이러한 권력 정치는 근대 과학을 통하여 발현한 산업혁명의 바탕에 있는 다수 인구를 차지하는 노동자를 중심으로 한 민중의 정치참여의 의지로 인해 발생하는 군주와 귀족과 평민 간의 조화와 갈등을 반영하는 것이다. 이 때문에 마키아벨리의 정치철학 속에는 군주와 평민(도시민: 상공인), 그리고 귀족이라는 주체들의 의지 사이에 전쟁과 평화의 변증법적인 요소가 나타나는데, 마키아벨리에 따르면 군주는 민중(대부분의 노동자)을 적으로 돌릴 때 군주의 지배는 위기를 맞이하게 된다. 그러나 귀족을 적대하게 될 때 군주가 자신을 보호하기란 민중을 적대할 때보다 쉽다. 그렇기 때문에 민중의 지지로 군주가 된 사람은 계속해서 민중의 환심을 사려는 노력이 필요하다. 결국 군주는 자신의 지위를 유지하게 위해서는 시민, 즉 시민들의 자유의지를 고려하되 시민들의 자유의지 또한 군주의 권위와 모순되기에, 이 모순되는 양자를 변증법적으로 승화하기 위해서는 국가 전체의 안전이나 복리를 위해서(위하는 척하면서) 공화정을 취할 수밖에 없다. 그러나 앞에서 보았듯이 플라톤-아리스토텔레스에서 나타난 것처럼 이러한 공화정을 항구하게 유지하기 위해서 법률에 따라 다스리되 자신도 이 법률을 지키는 군주, 즉 입헌 군주가 되어야 한다. 그러나 마키아벨리에게서는 플라톤과는 달리 아리스토텔레스와 같이 법률에 관한 저서가 없다. 즉 마키아벨리의 두 저서를 통한 진의는 군주의 권력 강화와 민중의 권력 강화가 양립 가능할 수 있는 접점이 존재하고, 통치자와 민중 간의 공존이 가능한 권력 관계를 발전시킬 수 있다는 것에 더 가까워 보인다.[5]

군주정은 권력이 통일되어 강력하기 때문에 플라톤이 말한 바대로 국가를 설립하고 이어 안정되게 통치하기 위해서는 국가의 의지나 목표(국가를 안정되게 하고 평화를 실현하여 국민 전체의 행복)를 실현하는데 가장 효과적인 정체이다. 원래 군주정에서 권력의 통일이란 전쟁을 수행하기 위한 목적에서, 즉 국가의 침략이나 방위를 목적으로 한 힘의 결집을 위해 강화된 공동체 의식은 물론 조직을 통일하는 데에서 나오는 것이다. 그래서 이 공동체를 형성한 규율과 조직에 각 개인은 묶여 있다. 반면에 국가의 기초를 구성하는 시민은 그것이 가족 단위이든 개인이든 간에 생존에 필요한 자유를 지향한다. 즉 삶을 보존하고 지속하기 위해서는 타인의 강제와 제약이나 약탈에서 해방되어 자기 자신의 욕구를 만족시키고 이익을 극대화 시키는데 '자유'를 필요로 한다. 그래서 마키아벨리는 한 나라나 도시에 자유가 주어졌을 때 가장 번영하고 인구가 증

5 최장집, "마키아벨리의 정치철학적 도전과 성취", 니콜로 마키아벨리, 박상훈 역, 『군주론』(후마니타스, 2014), 66쪽.

가할 수 있다고 말한다.(『군주론』, 2권 2장 2-3절). 여기에서 '인간은 사회적 동물'이라는 말에서 표명되듯이 개인적인 인간의 의식을 규정하는 자유에 대한 이율배반적인 이중적 의식의 변증법이 성립한다.[6] 즉 한편으로는 인민은 국가 설립의 공동 목적을 위해서 필연적으로 힘을 결집하고 이 힘에 참여하여 복종하거나 제약되어야 한다. 다른 한편, 욕망을 실현하거나 살아남기 위해서는 자유에 제약이 필요하지 않다. 결국 사회적 동물로서의 개인의식을 결정하는 두 강제적인 힘, 권력에 복종하는 것과 생존의 필요나 욕망에 부응하고 복종하여야 하는 두 필연성 사이에서 개인의식에 권력에의 복종과 개인적인 자유에의 지향성의 딜레마가 형성된다. 즉 정치학적으로 인민들은 한편으로는 강력한 군주정을 원하고, 다른 한편으로는 자유를 열망하면서 민주정을 원한다는 것이다.

군주나 인민들의 의식을 지배하는 압제와 자유의 변증법적 갈등이나 이의 조화와 승화에 대한 논변은, 마키아벨리의 정치철학이 국가 정체를 군주정과 민주정 양 극단으로만 나누는 데에서 기원하고, 이 양자의 조합에 의한 다양한 경우들로 성립하는 정체논쟁으로 나아갈 수 있게끔 만든다. 『군주론』은 그 당시 이탈리아의 통일되지 못한 여러 도시국가들의 난립 상태를 극복하기 위한 강한 권력정치를 원하는 데에서 마키아벨리의 정치철학은 현대의 현실적인 힘과 권력에 의한 전제정이나 전체주의 국가를 옹호하는 것으로 나타날 수도 있다. 즉 마키아벨리의 정치철학 속에는 인민의 권력에의 의지가 참주

---

6 아리스토텔레스의 '인간은 정치적 동물(politikon zo-on))'이라는 말에서 파생된 인간은 '사회적 동물'이라는 말은 근대 국가에서 개인주의가 성립하는 과정에서 경제적인 것이 자유의 현실화에 중요한 요인으로 간주되면서 공론화되어 나타난 개념이다. 그런데 경제적인 것은 아리스토텔레스는 자유인인 시민의 공론화 영역인 국가적인 일과는 다른, 가정적인 것으로서 개인적인 사적인 것으로 간주한다. 이러한 경제적인 것이 근대에서 공론화되면서 나타난 단어가 '사회' 개념이다. 따라서 근대 이후 서구에서는 '사회' 개념 속에는 경제적인 것이 함축된 의미로 상용되는데, 이 사회 영역이 공론화되면서 여기에서 다시 공적인 것과 사적인 것이 분화되면서 사회적인 것을 공적인 것으로, 그리고 사적인 것은 개인만의 고유한 내밀한 공간을 지칭하게 되었다. 결국 자유의 변증법은 경제적인 것과 어울려 정치와 경제는 공적인 사회적인 것으로 되고, 이러한 사회에서는 한편으로 화합과 통일을 요구하는 사회성이나 친근성이 요구되는데 반해, 다른 한편으로는 보다 나은 삶을 위한 권력과 재화에 대한 경쟁이 필수적으로 일어난다. 그런데 권력이나 재화는 소유의 대상으로 변화하면서 공적인 것의 사유화나 사적인 것의 공유화라는 말이 성립되어 여기에서 자유의 개념이 전도되는 현상과 이중적인 딜레마가 형성된다. 그리고 이러한 경쟁하는 사회에서 해방된 개인적 차원의 모든 것들이 개인의 내밀한 사적 공간으로 인식된다.

제나 전제주의, 나아가서 현대의 경찰조직이나 군대조직에서 나타난 것처럼 영웅으로 칭송되는 군인이나 경찰의 권력에의 의지에 의해 나타난 전제주의를 옹호하는 것으로 역전될 수 있다. 왜냐하면 인간은 누구나 다 플라톤이 기게스 반지 신화를 통해서 말하고 있듯이 '개인적으로는 왕같이 살고 싶은 마음'이 있기 때문이다.

그러나 『로마사 논고』에서처럼 인류가 치르는 전쟁이나 국가 정체의 변화는 모두가 왕이나 군주 혹은 귀족이나 권력가들의 정치투쟁에서 비롯된 것으로서 먹고 살기 위한 자유를 지향하는 인민들의 의지와는 직접적인 관계가 없는 것으로 파악된다. 그리고 마키아벨리의 정치철학에서는 인민들은 살아남기 위해 본능적으로 행동한다 하더라도 다중만이 지닐 수 있는 본능적인 차원에서의 중용의 덕이나 이성이 한편으로 존재하기 때문에[7] 인민들이 덕을 본능적으로든 지적으로든 학습한다는 가정 하에서 역사적으로 형성되어온 정체들의 장점이 누증되면 민주정을 지향하게 된다는 점이 뚜렷하게 드러나기 때문에 고대에 나타난 정체 순환론은 사라진다. 즉 마키아벨리의 정치철학 속에 나타나는 이러한 다양한 체제에 대한 언급의 이면에는 항상 홉스가 자연 상태에서 강력한 군주정의 탄생에 대한 묘사와 흡사하게 '인민의 자유'를 전제한다는 것이다. 이러한 마키아벨리의 자유를 맛본 인민에 대한 묘사는 아리스토텔레스가 정치적 동물인 인간이 자연적으로 형성하는 왕정에서 역사적으로 귀족정 그리고 민주정의 순서를 거친 것으로 말한 것과 달리, 홉스가 자연 상태에서 군주정체가 마련되는 것으로 묘사하는 것과 유사하게 마키아벨리는 인민에게 본래적으로 자유가 주어진 것처럼 묘사하는데 이는 근대 산업혁명과 더불어 나타난 시민정신을 반영하고 있다.

---

7 이러한 인간의 본능에 대한 긍정은 고대 그리스의 신화에서 나타나는 신들이 자연현상을 모두 의인화된 신격으로 만든 데에서 기원한다. 송영진, 『고대 그리스 자연철학과 현대 과학』 1, '그리스 신화' 참조. 이러한 신화적 사실을 소크라테스-플라톤은 윤리적인 것으로 정화하였는데 그것이 로고스를 지닌 신개념이다. 이러한 고대의 철학자들이 파악한 로고스를 지닌 신 개념을 자연 개념으로 바꾼 것은 스토아학파에서인데 근대에서는 이러한 자연개념마저도 우연성에 좌우되는 개념으로 바꾼 것이다.

그런데 시민들은 자신들이 추구하는 자유가 국가와의 관계에서 어떻게 확보되고 보호되어야 하며, 또 어떻게 사용하여야 하는지에 대한 지혜는 없기 때문에 그 진정한 가치를 잘 알지 못하고 있는 데에서 일어나는 사태를 마키아벨리는 다음과 같은 예를 들어 말하고 있다.

> "한 군주 아래 사는 데 익숙한 인민이, 타르퀴니우스를 추방한 이후에 자유를 얻은 로마 인민처럼 우연한 사건에 의해 자유를 얻는다 하더라도, 나중에 그 자유를 보존하는 데 얼마나 커다란 어려움을 겪는가는 고대사의 숱한 실례들에 의해 충분히 입증된 바 있다. 그러한 어려움은 당연한 것이다. 그러한 인민은 거친 야생의 맹수가 항상 우리에 갇혀 시키는 대로 사육되어온 것이나 다름없기 때문이다. 그러므로 우연히 들판에 자유롭게 풀어놓더라도, 이런 짐승은 먹이를 어떻게 찾아야 하는지, 어디에 숨어야 하는지를 도무지 모르기 때문에, 누구든 마음먹고 맨 처음 다가온 자에게 포획되기 십상이다.
>
> 이와 똑같은 일이 인민에게도 일어난다. 그들은 타인의 명령 하에 사는 데 익숙해서 국가로서 어떻게 방어를 어떻게 공격을 해야 하는지 생각할 줄 모르고 군주를 이해하지도 못하며 그들에 의해 이해되지도 못한다. 그리하여 그들이 바로 조금 전에 벗어 던진 멍에보다 통상 훨씬 더 가혹한 멍에에 순식간에 걸려들게 된다. 그러나 이러한 곤경도 아직 완전하게 부패하지 않은 인민에게만 일어난다. 왜냐하면 완전히 부패한 인민은 잠시라도 아니 실상 전혀 자유롭지 못하기 때문이다."(『로마사 논고』, 1:16).[8]

위 인용문에서 마키아벨리는 인민들을 야생상태에서 순치된 가축들처럼 묘사하는데 이는 인간이 본능에 따라 살지 못하고 길들여지는 대로 '학습하는' 무의식을 지닌 동물인 것처럼 묘사하고 있다. 이 때문에 마키아벨리는 폴리비우스의 정체 순환론에서 민주정의 상태를 묘사한 것과 같이 민주정은 인민들의 이기심에 따르는 방종에 가까운 자유를 허용함으로 인해 역설적으

---

8 마키아벨리(Niccolo Machiavelli), 강정인 안선재 역, 『로마사 논고』, 1권 16장. 이하, 『로마사 논고』 권, 장, 표시와 함께 필요한 경우, 쪽수나 필자가 명칭이 있는 절의 순번을 써넣었음.

로 인민을 하나의 군주 아닌 참주나 전제자 아래 얽매이게 되거나 다른 국가에 의해 파멸하게 하는 것으로 묘사하고 있다. 그러나 국가의 파멸에도 불구하고 인민은 항상 존재함으로 폴리비우스와 같이 인류의 멸망에 따르는 정체순환사상은 마키아벨리에는 없다. 즉 『로마사 논고』에서 나타난 바대로 국가는 흥망성쇠를 반복한다 하더라도 인류가 항상 번성한다는 관점에서 정체의 변화에 다시 얽매이게 되나, 그렇다고 인류가 멸망할 가능성을 인정하지 않는다는 것을 전제하고 있기 때문이다.

일반적으로 마키아벨리는 현실 정치가 권력에 기초한 것이라는 것을 밝힌 것으로 알려져 있다. 그는 『로마사 논고』에서 로마라는 국가가 발생 초기에서부터 군대를 중심으로 현실적 힘으로서의 권력에서 기원한다는 사실을 밝혔고, 정치라는 것이 정의나 윤리에 기초한다기보다는 사회적 존재로서의 인간들이 국가를 이루면서 살아가기 위한 인민들의 일반의지를 실현하기 위한 이익 집단(Gemeinshaft: 사회)이며, 이러한 이익집단이 군대라는 현실적인 권력의 기초 위에 성립함을 밝힌 것이다. 그런데 이러한 현실정치의 역사적 현실은 사실 홉스가 가정한 자연 상태에서는 힘이 정의이기 때문에 이러한 자연 상태를 극복한 현실적 이성에 의한 군주정의 국가의 발생을 전제하는 것이다. 따라서 군주정 체제에서는 '힘이 정의'라는 원리에 기초하기 때문에 현실 정치에서는 권력투쟁이 기본적인 사실이다. 인류 역사를 살펴보면 국가의 발생과 더불어 인간 세계에서는 항상 군주와 귀족들 간에 권력투쟁이 존재하여 왔으며, 이러한 권력투쟁이 국가 간에는 전쟁으로 나타난다. 달리 말하자면 정치와 전쟁이란 권력의지를 지닌 인간들의 집단적 의지의 현실적 발현의 산물이다. 반면에 인간들의 소망 속에는 이러한 투쟁에서 나타나는 불안이나 공포를 지양하고 평화와 안정을 지향하는 삶에의 의지가 존재한다. 이러한 인간의 소망은 국가 안에서 시민들의 자유에의 소망과 일치한다. 이러한 자유의 소망은 권력과 이에서 해방된 자유에의 상호 모순적인 의지 사이에서 전쟁시에는 능력에 따르는 분배적 정의 개념에 따라 지배-피지배의 계급이 발생하고, 평화시에는 정치권력들 간의 경제적(상업적)이고도 외교적인 협상과 타협의 조절(중용)에서 성립하는 '정치'라는 현상이 존재한다는 사실이다.

마키아벨리의 두 저서에서 나타난 혼합정의 사상은 현실 정치에서 권력을 중심으로 인간이 정치적 동물이라는 데에서 자연적으로 발생한 왕정에서 인류의 지능발달에 기초한 민주주의의 체제로 발달하는 과도기에 성립하는 것으로서 고대와 중세는 물론 근대의 창조적 아이디어의 누적적인 정치발전사를 가능하게 한 것이라고 평가할 수 있을 만큼의 중요성을 지닌다. 그러나 힘을 전제한 권력 정치에서는 힘이 정의라는 칼리클레스의 권력 투쟁의 자연상태만이 존재할 뿐이다. 어떻게 이러한 권력 투쟁이 정치적 '협상'에 의해 평화 상태로 변화할 것인가? 앞에서 보았듯이 현실적으로 인류에게 평화를 가능하게 하는 것은 경제적-상업적 정신이다. 마키아벨리가 고대 왕정과 근대 민주주의의 맹아 시대라는 과도기를 살았던 점을 감안한다면, 그의 정치철학에 나타난 시민의 의지, 인민의 자유와 평화에의 의지는 그 당시 발전하고 있는 산업혁명을 반영하는 것으로서 근대 민주주의에로의 경향을 보인다는 점이다. 그러나 근대 민주주의에서 필연적으로 나타나는 상업 정신에 대한 해명이나 중요성에 대한 언급은 (앞으로 살펴볼 몽테스키외와는 달리) 마키아벨리의 두 저서 공히 아무런 언급이 없다. 따라서 단순하게 말하자면 민의를 중시하는 그의 정치철학은 정의론으로 정리될 수 있고, 이러한 정의론에 따라 마키아벨리가 고대 그리스의 혼합정체사상의 영향을 받아 강한 권위와 힘이 필요한 군주정과 인민의 자유에의 의지로 나타난 근대 민주정의 복합으로써의 혼합정치를 말한 것으로 간주할 수 있다.

또한 그의 정치철학 속에는 아리스토텔레스의 『니코마코스 윤리학』에 나타난 정의론 속에 함축된 인간 성격론과 덕론에서 나타나 보였듯이 정치적 권력과 힘이 인간의 자의성과 욕망에 의해 쉽게 부패할 수 있다는 인간성의 보편적인 심리학적 관점에서 약점을 그가 프루덴치아(prudentia)라 말한 실천적인 현실적 이성(phronesis)으로 극복하거나 조정할 수 있고, 이를 위해서는 이들 권력이나 힘 간에 상호 견제와 균형을 통해서만 정체의 안정과 지속성을 유지할 수 있다는 것을 깨닫게 한 정치철학자로 말할 수 있다. 사실 강력한 권력과 이의 분권화된 조직의 관념은 이율배반적인 것으로 느껴지지만, 마키아벨리의 혼합정체와 관련된 왕정과 민주정의 혼합인 공화주의적 사상은 마키아벨리 스스로가 『로마사 논고』 제 16장 '권좌를 안전하게 만들고자 하는 군주에 대한 조언'에서 『군주론』을 요약하는 듯한 다음과 같은 발언으로 나타난다. 여기에서 주목해야 할 것이 시민들의 분노로 표현된 방임적 자유의 참주적 성격을 군주가 만족시켜야 하는 노예로 변한다는 역설이 함축되어 있고, 인민들의 의지도 권력에의 참여의 의지와 삶의 안정을 위한 의지가 딜레마 상태로 표현되고 있다는 사실이다. 그리고 이러한 역설과 딜레마를 법으로써 그것도 군주가 법을 따르면서 조정가능하다는 것을 부각시키고 있다는 점이다.

> "여기서는 군주국을 논하고 저기서는 공화국을 논하기 때문에 이 논고가 그 제목에 부합하지 않는 면이 있기는 하지만, 나중에 이 주제로 다시 돌아가지 않기 위해 나는 위의 논점을 간략히 부연하고자 한다. 그리하여 만약 군주가 자기에게 적대적인 인민의 환심을 사고자 한다면(나는 자기 조국에서 참주가 된 군주를 말하고 있다), 나는 그가 우선 인민이 무엇을 원하는지를 잘 알아야 한다고 말하겠다. 그는 항상 인민이 두 가지를 원한다는 점을 발견할 것이다. 첫째, 그들은 자신들을 노예로 만든 장본인에게 복수를 하고자 한다. 둘째, 그들은 다시 자유를 찾고자 갈구한다. 첫 번째 소망은 군주가 쉽게 만족시킬 수 있고, 두 번째 소망은 부분적으로 만족시킬 수 있을 뿐이다.
>
> 첫 번째 소망에 관해서는 여기에 적절한 실례가 있다. 헤라클레아(Heraclea)의 참주 클레아르코스(Clearchos)가 추방당했을 때의 일이다. 그때 헤라클레아의 인민과 귀족 사이에 갈등이 발생했다. 귀족들은 자신들이 약하다는 점을 깨닫자 클레아르코스를 지지하는 방향으로 선회했으며, 그와 함께 음모를 꾸며 인민의 의사에 반해 그를 헤라클레아에 불러들이고 인민의 자유를 박탈했다. 그리하여 클레아르코스는 그가 결코 만족시키거나 통제할 수 없는 귀족의 거만함과 자유의 상실을 감내하려 하지 않는 시민의 분노 사이에 그 자신이 둘러싸여 있는 것을 발견했다. 그는 일격에 성가신 부자들을 걷어

차고 인민의 환심을 사기로 결심했다. 이를 위해 적절한 기회를 잡아 그는 모든 귀족들을 능지처참함으로써 인민을 완전히 만족시켰다. 그리하여 이런 식으로 그는 인민의 소망 중 하나, 즉 그들을 위해 복수하는 것을 충족시켰던 것이다.

...그러나 인민의 두 번째 소망, 곧 자유를 되찾으려는 소망과 관련하여 말하자면, 군주는 그것을 만족시킬 수 없기 때문에, 인민들이 자유를 원하는 이유가 무엇인지를 잘 살펴야 한다. 거기서 그는 그들 중 소수는 통치에 참여하고 싶어 자유를 원하지만, 그 밖의 인민 대다수는 삶의 안전을 위해 자유를 원한다는 점을 발견하게 될 것이다. 왜냐하면 모든 공화국에서 통치 업무에 종사하는 자의 직위는 어떤 식으로 조직되든 기껏해야 40명에서 50명 정도가 차지할 수 있을 뿐이기 때문이다. 그리고 이것은 적은 수에 지나지 않기 때문에, 통치에 참여하기를 열망하는 자들을 제거하거나, 아니면 그들이 지위에 따라 그들 대부분이 만족할 수 있도록 합당한 영예를 부여하는 것으로 자신의 안전을 쉽게 확보할 수 있다. 단지 안전하게 사는 것으로 충분한 나머지 사람들은 일반적인 안전과 군주의 권한을 동시에 확보하는 명령과 법률에 쉽게 만족할 것이다. 군주가 이러한 조치를 취하고 어떠한 상황하에서도 군주가 법률을 위반하지 않는다는 그 점을 인민이 깨닫게 되면, 단시일 내에 그들은 안심하고 만족을 느낄 것이다."(『로마사 논고』, 1:16).

다른 한편, 마키아벨리는 『군주론』 후반에서 아리스토텔레스의 『니코마코스 윤리학』과 마찬가지로 인간 성격론과 더불어 군주로서의 덕목 가운데, 마침 플라톤의 4주덕(경건을 포함한 5주덕)에는 없었던 경제적인 문제와 관련된 후덕함을 논하고 있다. 즉 '너그로운 씀씀이와 인색함에 대하여'라는 장에서는 후덕함의 명성을 얻기 위해서 오히려 군주는 인색해야 한다고 말하며, 그 인색함이란 사실 공적 자산을 아끼고 민중을 수탈하지 말아야 한다고 말한다. 그런데 우리가 주목해야 할 것은 마키아벨리가 말하는 군주가 공화정의 정신을 갖추고 있다는 사실이다.

"군주가 사람들 사이에서 씀씀이가 너그럽다는 평판을 간직하고 싶다면, 당신은 값비싼 과시조차 감수해야 한다. 따라서 그런 일을 벌이는 군주는 항상 자신의 자산을 탕진하게 된다. 만일 씀씀이가 너그럽다는 평판을 유지하고자 한다면, 군주는 민중에게 엄청난 부담을 지우고 무거운 세금을 부과하게 되며, 돈이 되는 일은 무엇이든 하게 된다. 이는 신민들 사이에 증오심을 야기하고 군주 자신을 가난해지게 만들기 때문에 군주는 누구로터도 존경받지 못하게 된다. 이런 너그러움은 많은 사람(인민)에게 피해를 입히고 소수에게만 (귀족) 혜택을 주기 때문에 군주는 계속해서 곤경에 처하게 되고 끊임없는 위태로운 상황에 처하게 된다. 군주가 이를 깨닫고 그로부터 벗어나고자 하면 곧바로 그는 인색하다는 오명을 쓰게 된다. 자신에게 해를 끼치지 않으면서 너그러움의 비르투를 사용할 수 없기 때문에, 현명한 군주라면 애당초 인색하다는 평판에 신경 쓰지 않아야 한다.

군주가 인색한 덕분에 충분한 수입을 유지해서 전쟁을 걸어오는 자들로부터 자신을 지키고, 신민들에게 부담을 지우지 않고 군사행동을 수행할 수 있음을 보여준다면, 시간이 지남에 따라 오히려 그는 너그럽다는 평판을 얻게 될 것이다. 대다수의 사람에게는 자신이 아무것도 빼앗기지 않았기에 그만큼 군주가 너그러움을 행한 것이 되고, 소수(귀족)에 대해서는 그가 아무것도 베푼 것이 없기에 그만큼 인색함을 행한 것이 되기 때문이다."(『군주론』, 16?).

마키아벨리의 『군주론』에 나타나는 군주의 덕목들은 아리스토텔레스가 인간의 보편적 기질을 논하는 가운데 말하는 덕들과 같은 현실적인 것으로서 군주는 경제-상업정신에도 밝은 사람이어야 하고, 후덕함이라는 덕도 사람(인민이나 귀족)에 따라 상대적으로 변화하는 것은 물론, 국가의 상황과 군주의 처지에 따라 인색함과 전도될 수 있고 전도되어야 함을 말하고 있다. 즉 군주의 덕(virtu)이란 시기와 상대하는 사람에 따라 선과 악에 대한 판단이 상대적으로 변화되며, 플라톤이 말하는 항구적으로 좋은 '덕 자체'란 말뿐인 형식적인 것으로서 현실에서 존재할 수 없다는 것을 보여주고 있다. 마찬가지로 군주의 정치적인 덕목도 현실에서는 끊임없이 그 내용이 변화하는 것이다. 결국, 군주는 국가 전체를 위하는 공화(res publica)의 정신을 지녀야 하면서도 자신의 지위를 유지하기 위해서 인민의 자유를 고려하되 인민들의 자유의지 또한 군주의 권위와 모순되기에 이 모순되는 양자를 변증법적으로 승화하기 위하여 군주는 지혜를 가져야 하며, 지혜가 부족할 경우를 대비하여 법률을 제정하고 이에 따라 다스리되, 자신도 이 법률을 지키는 군주, 즉 입헌 군주가 되어야 한다는 것이다. 즉 그가 『군주론』에서 이상적으로 내세우는 군주는 민의를 항상 중시한다는 관점에서, 현실적으로는 왕정과 민주정을 결합한 혼합정의 성격을 함축하고 있다는 것을 의미한다. 이를 위해 『군주론』에 나타난 고대 정치철학에서는 볼 수 없었던 이상한 개념으로서 '시민 군주국'이라는 개념을 살펴보자.

1. 『군주론』에 나타난 '시민 군주국'의 개념

마키아벨리의 『군주론』에는 '시민 군주국'이라는 혼합정체의 싹이 되는 묘한 합성어가 나타난다. 그리고 시민 군주국의 이론은 마키아벨리의 정치철학의 핵심이 되고 있다. 마키아벨리에 따르면, 군주가 시민 군주국을 이루는 데에는 민중의 지지에 의한 방법과 귀족들의 후원에 방법이 있다고 말한다.

> "모든 도시에는 서로 다른 두 개의 기질이 있다. 이는 민중의 경우 귀족으로부터 명령과 억압을 받지 않기를 원하고, 귀족의 경우는 민중에게 명령과 억압을 부과하기를 원하는 데에서 연유한다. 이러한 상이한 두 욕구로부터 한 도시 안에는 군주국, 자유(공화국), 방종(licenzia : 무정부)이라는 세 결과가 만들어진다."(『로마사 논고』, 9:1).

민중의 자유에 대한 의지와 귀족들의 통치(ordo: 명령 혹은 질서라는 이중의 의미)와 억압이라는 권력의지, 그리고 귀족들의 권력의지가 원래는 하나로 통합되어 나타나는 군주를 통치(ordo)의 통일성을 상징하는 것이라고 전제하는 경우, 이 양자를 조합하면, 통치와 억압이 모두 있는 경우, 통치는 있되 억압이 없는 경우, 통치는 없고 억압만이 있는 경우, 억압은 물론 통치도 없는 경우로 유형화할 수 있다. 마키아벨리에 따르면, 통치와 억압이 모두 있는 경우는 군주가 귀족의 후원을 받아 통치하는 방식이며, 억압만이 있는 경우는 폭력에 의한 참주나 전제군주정을 지칭한다고 볼 수 있다. 이 경우에는 극단적인 자유에 의한 방종의 개인들로 이루어진 민중이나 인민, 혹은 복종만 있어왔던 봉건적 전제정 아래서의 군중이나 인민들은 '자유가 없는 노예상태'로 전락한다. 통치와 억압을 모두 폐지하고 통치하는 방식은 마키아벨리의 사유에서는 군주가 민중의 지지를 받아 통치하는 방식으로 나타난다. 이 경우는 군주가 포퓰리즘에 의한 통치로서 통치의 모순(자유와 억압의 갈등)이 내재되어 있기에 참주정이나 전제정, 혹은 인민들의 방종한 자유에 의한 무정부 상태로 이르게 한다. 마키아벨리에 따르면, 진정한 군주정은 억압은 없으되 명령은 살아있게 통치하는 경우를 말하고 있다. 이 경우는 민중을 과신하지 않으면서 귀족의 음모를 다룰 수 있기 때문이다.[9] 이것이 시민 군주국이다.

일반적으로 근대 정치사상의 시조로 간주되는 마키아벨리의 정치사상이 혼합정체와 법률 제정에 토대를 두고 있다는 사실은 서구 정치사상사에서 상당한 의미를 가진다. 그 동안 마키아벨리는 그의 『군주론』에 나타나는 군주가 현실적인 권력의 실체가 되는 군사적 힘, 그리고 이러한 군대가 억압만을 경험한 봉건적 노예상태와 다른 자유를 경험한 인민들로 구성되어 있다는 것은 고대에서 자유시민이 교대로 통치하고 통치 받는다는 것과는 다른 현실적인 힘에 기초한 통치(ordo)와 시민의 자유의 변증법이 군주가 민의를 전제하지 않고 또 인민이 공동체 정신을 전제하지 않으면, 군주나 인민에 의한 전제정이나 전체주의가 나타날 수 있는 가능성을 예견하고 있다고 보아야 한다. 즉 그의 정치철학을 이해하는데 종교를 배제하거나 정복만을 위한 군대를 전제한 제국주의적인 로마의 통치방식을 닮은 속칭 세속적으로 '마키아벨리즘'으로 칭해지는 군주가 갖추어야할 덕목의 현실적인 측면만을 바라본다면, 여우의 간지와 폭력에 기초한 사자의 용맹을 옹호하는 것으로 『군주론』을 해석할

9 『군주론』 9장을 요약하는 이러한 명령과 억압의 변증법은 플라톤의 변증법으로 변조한 것임.

수 있고, 그가 말한 공화정에서는 인민의 의지에 빙자한 전체주의가 나타날 수 있다는 것이다. 이처럼 마키아벨리의 정치철학에 대한 상반적인 다양한 견해들이 나타나는 것은 사실 그의 진리관이 윤리적으로는 공리주의에 가까운 '실효적 진리관(verita effettuale)'에 있기 때문이다. 이 때문에 우리는 그의 정치사상을 고대 플라톤과 아리스토텔레스가 말한 정치사상을 혼합한 것의 관점으로 살펴보고자 한다.

사실 마키아벨리의 정치철학은 플라톤이 『국가-정체』에서 펼쳤던 소크라테스의 '정의가 정의' 라는 견해와 '힘이 정의'라는 칼리클레스의 두 상호 대립된 정의관 중에서 칼리클레스의 현실주의에 치중하고, 다른 한편으로는 아리스토텔레스의 인간의 이기적인 심리주의적 경향과의 변증법적 조합이라는 것을 생각하면 이러한 사실은 너무나도 분명하다. 그의 정치철학 가운데에서 『군주론』에 분명하게 드러나 있는 바대로 군주란 권력의 중심에 서서 귀족과 인민 사이에서의 갈등을 지혜와 강력한 권력(군대나 경찰)에 의해 조정해야한다는 데에서 현실을 중시하는 그의 사상이 드러나 있다. 특히 마키아벨리는 통치의 효과를 위하여 군주는 사자의 용맹과 여우의 교활함이 필요하다고 말하면서 많은 사례들을 들고 있는데(『군주론』, 18-19장), 인간 사회와 정치행위에서 폭력은 피할 수 없고 어디에나 산재해 있다면, 작은 폭력을 절약해서 사용함으로써 큰 폭력을 제어하는 것은 악이라고 볼 수 없다는 것이다. 설령 그것이 악이라 해도 때론 정치에서 유익할 때가 있다는 것이다.[10]

그가 『군주론』에서 이상형으로 생각하는 군주는 고대나 근대에 나타난 현실적으로 군사력에 의존하는 강력한 군주이며, 이러한 군주가 정의를 실현하는데 훨씬 유리하다는 사상은 플라톤에서 기원한다. 즉 그가 말하는 참된 군

10 마키아벨리의 이러한 군주의 폭력 옹호는 현실 정치를 반영한다기보다는 폭력이 군주의 자의성에 기초한 것이라는 점에서 근대 민주주의가 고대와 현대의 민주주의 사이의 과도기인 점을 고려한다 하더라도 민주주의의의 발전사에 악영향을 끼쳤다고 볼 수 있다. 즉 마키아벨리즘의 나쁜 점은 바로 현실 정치에 진리에 대한 탐구나 객관적 사실에 기초한 지적 대화의 여유 공간 대신에 폭력을 끌어들였다는 점이고, 이러한 지성(inteligens)의 대화 공간을 무시한 폭력 옹호는 현대에서 마르크시즘의 혁명론에서 폭력론의 기원이라고 볼 수도 있다.

주는 참주가 아니라 민의를 중시하는 덕 있는 군주, 그래서 저작 곳곳에서 항상 민의를 중요시 하여야 한다는, 따라서 민중의 힘을 의지하여야 하는 명제로 나타나며, 이는 근대 민주주의의 이념이 된 시민 전체에 공통적으로 들어 있는 의지, 즉 루소의 일반의지나 공공의 의지를 너무나도 분명하게 인식하고 있는 것으로 나타난다. 또한 마키아벨리의 정치철학의 현실주의는 고대 로마의 공화정의 실제적인 정신으로서 그의 실효적 진리관이 한 국가의 존립이 대내외적으로 구분되는 선악 판단이 전제하는 법이 없는 전쟁(폭력)을 통하여 나타나기 때문에 정치에서의 마키아벨리즘으로 표명되나, 이러한 마키아벨리즘의 이면에는 고대 로마의 공화정의 정신을 찬양하는 정신이 흐르고 있으며, 이러한 정신이 윤리적으로 승화되면, 영국의 공리주의적 윤리학과 밀접한 관계가 있음을 알 수 있다.

그런데 공리주의란 이기심에 기초한 행복을 지향하는 관점과 그러면서도 인간이 사회적 동물이기에 이러한 이기심을 국가나 사회 전체의 공리적 관점에서 조정하는 데에서 성립하는 윤리관이다. 따라서 이러한 공리주의적 관점에서는 '최대 다수의 최대 행복'이라는 벤담의 원리가 말하듯이, 개인들은 비록 이기적인 욕망에 의해 움직일지라도, 다른 한편으로는 국가나 사회 전체의 이익을 최대화하는 것이 공동체 의식에서의 목적이 된다. 결국 비록 개인들이 이기심에서 활동을 시작하나 사회를 구성하는 순간 공공의 일과 관계해서는 전체의 이익을 바라보는 것이 개인의 이성적 관점에서의 정의의 관념으로 형성됨으로 인해, 이성은 사적인 차원과 공적인 차원으로 이중적으로 분리되어 형성되며, 후자에서 일반적인 법에 해당하는 질서의 관념이 나타난다.

개인적 차원에서 생긴 이러한 정의에 관한 이중적 의식은 인류가 사회를 구성하면서 그리고 언어를 통해 사유하는 인간의 지능에서 자연적으로 혹은 역사적으로 형성된다. 그리고 이러한 지능이 지니는 평균적 의식을 서양에서는 이성이라고 불러 왔으며, 이러한 정신은 정치적으로나 경제적으로 중간층의 관습이나 전통, 그리고 공통감각인 상식(common sense)에서 확인된다. 영국에서는 이러한 건강한 상식에서 성립하는 경험을 이성적으로 정리함으로써 경험론이라는 철학을 형성하고 국가적으로는 관습이나 조례, 판례 등에 기초한 법의식 문화를 형성하여왔다. 그럼에도 불구하고 이러한 관습과 조례법에서 항상 갈등의 소지가 있기에, 인류에게 보편적이고 일반적인 인권과 같은 인류 평등의 휴머니즘이나 기독교적 휴머니즘이 전제하는 인류애에 기초한 보편적인 법의 관념이 도덕적으로 전제되어야 공리주의가 건전하게 발달할 수 있다. 이러한 공리주의 국가관과 기독교적 휴머니즘의 윤리관에서는 국가나 사회의 존립을 위해서 결국 끊임없이 최선을 지향하는 원리로서의 경제적 이성을 전제하여야 하고, 역으로 부정이나 부패는 현실적인 재화나 이익과 관련된 것이 된다. 따라서 법이란 도덕의 최소한이며, 플라톤이 『국가-정체』에서 경제적인 관점에서 자족(autarkeia)를 설정한 데에서 기원한다는 것을 우리는 앞에서 보았다.[11]

마키아벨리의 저서에서 드러난 고대 예찬은 고대 로마공화정의 혼합정체적 성격에 대한 동경의 표현이자 이 정체에서의 군주나 귀족이나 인민의 미덕(virtu)을 찬양하는 것이다. 이것은 마키아벨리 당시의 이탈리아 여러 도시국가의 부패상과 연관되어 부패란 고대의 정체에서 권력 주권자가 하나든 다수든 인민이든 간에 자신의 욕망에 따라 자신에게 주어진 권력이나 자유를 남용하는 데에서, 즉 플라톤에 따르면 정의롭지 못하거나 아리스토텔레스에 따르면 중용에 따른 조화와 균형을 망각하여 발생하는 현상으로 보았으므로, 여기에서는 마키아벨리가 부패의 원인이라고 제시한 것들에 관해 살펴보려고 한다. 마키아벨리는 국가에서 정의가 실현되지 못하고 부패로 인해 정체

11 인간이 언어를 사용하면서 형성된 이러한 이중적 의식의 이면에는 인간 생존에 있어서 자족을 지향하는 측면 이외에 인간 자신의 주체성을 '불멸하는 영혼'으로 파악하는 종교적 정신으로 발전하기도 한다. 종교적 정신은 인간의 정신을 신적인 것으로 고양시키려는 인간의 의지가 표명되며, 이러한 의지가 과거 신격화한 법 개념에서 스토아학파에서 신을 자연주의화한 이래 근대의 휴머니스트나 철학자들은 물론 현대에서는 인권이나 생명의 존엄 사상에 기초한 도덕법으로 나타난다. 그리고 이러한 도덕법은 이성적 관점에서 보면 최고의 합리성을 지향하고 있다.

의 타락이 발생하여 폴리비우스 사상에서 나타나는 정체 순환이 일어날 수 있다는 것인데, 이를 극복하는 것이 비르투(virtu), 즉 덕이다.[12] 즉 마키아벨리는 순환이나 정체의 변화를 정지시키는 개념으로서 인간의지의 비르투를 강조하여, 혼합정체에서 비르투는 여론이나 의사결정 과정이 공개적이거나 법적으로 조정되면 더 잘 발휘되어 정의롭고 강한 권력의 행사가 지속적으로 가능하며, 재난이나 위기의 극복이 혼합정체에서 더 용이하다는 점을 그의 『군주론』에서는 강력한 군사력에 의존하는 군주가 민의를 살피는 데에서 플라톤이 말한 정치가의 전형을 모범으로 하고, 『로마사 논고』에서는 로마공화정이 사실은 군대의 조직적인 통일성과 지혜로운 전략에 기초해 다양한 민족과 국가들의 시민이나 인민들을 기초로 하고, 종국적으로는 국가들이 연합된 형태로 이루어진 세계국가에서 '자유로운 시민'들이 탄생할 수 있음을 밝히고 있다고 할 것이다.

2. 도시의 발생

마키아벨리는 『로마사 논고』에서 정치가 도시에서 기원함을 말하면서 도시가 발생하는 과정을 자연적으로, 혹은 이주민에 의해, 혹은 식민 활동에 의해 여러 가지로 이루어짐을 밝히고 있다. 여기에서 가장 자연적인 것은 아리스토텔레스가 말한 종족에서 기원하는 것이다. 이러한 공동체가 힘이 적을 경우에는 다른 부족이나 종족으로부터 침략을 당하기 쉬운데, 여기에 대비하기 위해 여러 종족이 결합하여 도시를 건설한 것이다. 그리고 도시의 건설은 방어를 목적으로 군사적 목적으로 탄생하는 것이다.(『로마사 논고』, 1.1). 여기에서

12 마키아벨리의 비루투(virtu)는 원래 남성을 의미하는 라틴어 'vir'에서 기원한다. 사실 로마 공화정이 군대의 힘에 기초하고 있었듯이 이탈리아어 전통에서는 물리적인 힘에서 여성의 연약함에 대비된 남성의 힘이나 활기를 함축하고, 이 힘이 현실적인 법의 기초가 되어야 하는데, 법을 넘어선 것으로 생각된다는 데에 문제가 있는 개념이다.

마키아벨리의 정치철학에서의 중심 개념인 군사적 힘이나 권력의 발생이 설명된다.

이러한 도시는 한편으로 주민들이 먹고 사는 것과 밀접한 관계에 있는 자연환경이 중요하다. 자연환경이 척박한 경우에는 사람들이 근면하고 게으름에 빠지지 않으나, 풍요로운 경우에는 인간이 방만해져 쉽게 다른 부족의 침략을 받게 된다. 이 때문에 이러한 방만을 경계하는 법을 제정함으로써 이러한 문제를 극복한다. 그리고 대내적으로는 권력을 지배한 자들이 도시건설의 초창기 목적이나 의지를 세습이나 권력자의 자의나 욕망으로 인해 상실하게 될 경우 쉽사리 멸망하게 된다. 즉 정치권력이 맡은 바 본분을 다하지 않는 데에서, 철학적으로 말하면 정의를 실현해야 함에도 불구하고 자신만을 위하는 욕망을 가졌기에 부패가 발생한다는 것이다. 이 때문에 이러한 도시의 흥망성쇠는 권력자의 의지나 인민들의 의지에 달려있게 되며, 이 의지가 부정하게 되거나 타락하면, 정체의 변화나 폴리비오스가 말한 정체의 순환을 겪게 된다. 즉 국가의 건설 초기의 정신이 망각되면 부패가 일어나 정체의 변화가 일어나고 같은 정체가 반복되거나 순환을 가져오게 된다는 것이다.

폴리비우스의 정체 순화론은 인구 증가의 관점에서 말하나 마키아벨리에 있어서는 인구 증가와는 상관없이 인간이 사회적 동물인 한 자연 필연적으로 발생하는 지배적 권력과 피지배적 자유의 측면에서 양 극단에 있는 군주정과 민주정의 교체로 나타난다고 말한다. 그리고 마키아벨리에 있어서 귀족정은 왕정에 필연적으로 수반되는 과도기적 현상에 불과하다. 정체의 반복이나 정체들의 순환은 왕정의 차원이나 귀족정의 차원 혹은 민주정의 차원에서도 순서에 관계없이 일어날 수 있으나, 이들을 순서적으로 연속시킨 차원에서도 발생할 수 있다는 것이다.(『로마사 논고』, 1,2,4).

그러나 혼합정에서는 이러한 순환이 일어날 수 없다. 왜냐하면 혼합정은 앞의 장들에서 살펴본 것처럼 그 자체가 여러 정체의 요소가 함축되어 있기에 이들 사이의 세력의 균형과 상호 보조적인 기능의 결과로서 내부적인 권력 투쟁이 있을 수 없기 때문이다. 물론 이러한 구성요소들 간에 절대적 권력을 향한 투쟁이 발발한다면 바로 혼합정은 파괴되고 단일 정체 어느 것이든 될 수 있다. 따라서 혼합정에서는 국가적 선을 이루기 위해 여러 세력들 간의 의지가 통일되어 있거나 조화되어 있다는 전제 아래에서 이들 세력 사이에 상호 견제와 균형을 이룬다면, 그리고 모든 구성원들이 나라 전체의 일(res publica)을 고려하는 대화나 일반의지에 참여한다면, 흥망성쇠에 따르는 전쟁이나 혁명이나 혼란이 없이 정체가 안정되기 때문에, 마키아벨리에 따르면, 혼합정은 다른 어떠한 정체보다 가장 훌륭한 정체이다.(『로마사 논고』, 1. 2, 6). 마키아벨리가 여기에서 혼합정체를 이상적인 정체로 언급하는 것은 그 당시 프랑스라는 절대 군주에 의한 강대국이 다양한 도시국가 체제로 구성된 이탈리아를 침범하고 있었기 때문이다. 즉, 이탈리아의 현 상황에서 혼합정체가 국가 외부에 잠재적인 적국이 존재할 때 현실적으로 가능하다는 사실이 드러난다.

마키아벨리는 폴리비우스처럼 혼합정체의 모델로서 그리스에서는 스파르타를, 그리고 헬레니즘 시대에서는 로마의 발생 초기의 건국을 들고 있다. 전자는 이주민이 건설한 것으로서 리쿠르고스가 왕과 귀족, 그리고 민중에게 각각의 몫을 인정하는 법을 제정해줌으로써, 솔론이 민중에게만 권력을 준 아테네보다 안정적으로 800년 간 지속될 수 있었다고 본다. 사실 마키아벨리는 『군주론』에서나 『로마사 논고』에서 민주정체에 대해서는 비호의적이다. 민주정체는 인민들의 자유에 대한 욕구가 방임에 가깝기 때문에 해체가 가장 빠른 허약한 정체이기 때문이다. 그러면서도 마키아벨리는 '자유의 수호자는 평민'이라고 말하는 이율배반에 처해 있다(『로마사 논고』, 1. 5.). 사실 르네상스 시기 이탈리아의 여러 도시들 가운데서도 마키아벨리가 살았던 피렌체만큼 통치 형태의 기본적인 문제들, 예컨대 자유를 유지할 수 있는 제도들을 어떻게 수립할 것인지, 강력한 시민적 정신을 어떻게 함양할 것인지, 전체 공동체의 선을 위해 시민들을 어떻게 설득할 것인지 하는 문제들에 대해 체계적이고 깊이 있게 탐구했던 도시는 없었다. 그래서 길드로 조직된 사회 경제적 직업이나 직능 단체를 포함한 광범위한 시민이 정치에 참여할 기구로서 '대평의회(consiglio maggiore)'를 건설하는 것은 1494년 수립된 사보나롤라 정부의 중심적인 정책이었다. 마키아벨리의 혼합정체에 대한 생각에서 인민의 의지를 반영하려는 민주주의적 경향은 이러한 시대적 상황을 반영하는 것이었다.

다른 한편, 로마는 처음에는 리쿠르고스와 같은 현명한 사람을 갖지 못한 상태에서 출발하였고 최초의 법률이 결함이 있었지만, 이주민이 아닌 본토인이었던 로물루스를 비롯한 여러 왕들이 좋은 법을 만들었고 그것들을 자유로운 사회에 적응시켰다. 이들의 목적은 왕정이었다. 그래서 이 도시는 자유를 위해 제정되어야 하는 많은 것들을 결여하고 있었다. 그러나 왕정은 곧바로 왕들의 부패로 인해 왕위를 잃게 되면서 두 명의 집정관을 두게 되었다. 그리하여 그들 집정관들은 로마로부터 왕위를 박탈했으나 왕의 권력에 해당하는 제도는 유지했다고 본다. 그 결과 국가 기구가 분화되기 시작하는데 그것이 왕을 보필한 귀족들에서 분화된 국정 협의체인 원로원이 두 명의 집정관과 함께 있는 정치체제가 되었다. 이것이 마키아벨리에 따르면, 군주정과 귀족정의 혼합인 최초의 혼합정이다. 여기에다 로마는 민의를 대변하는 호민관을 두게 되면서, 혼합정의 성격을 가진 근대 민주주의적인 이념의 단초가 되는 민의를 중시하는 제도가 로마에서 최초로 마련되었다는 것이다. 그리고 이것이 마키아벨리에 따르면 로마 공화정의 시초이다.(『로마사 논고』, 1:2).

3. 정체 순환과 포르투나

마키아벨리는 『로마사 논고』 서문에서 자신은 "지금까지 아무도 들어간 적이 없는 미지의 길을 개척하겠다."고 하여 새로운 제도와 방법을 추구하려고 했으나 고대 혼합 정체론자들의 방법론을 답습하고 있다. 그는 정체 순환관과 이에 기초한 도시의 기원과 정체의 변화에 관한 설명에서 플라톤과 아리스토텔레스, 폴리비우스의 논리와 사고를 그대로 이어받고 있다고 볼 수 있다. 그에 따르면 만물의 모든 일들은 오르막이 되든가 내리막이 되든가 그 둘 중에 하나일 수밖에 없다고 생각하며, 순환의 법칙이 변함없이 이 세계를 지배하고 있다고 생각한다. 그래서 이 세상의 모든 일들에는 수명이 있고 인간은 여기에서 벗어날 수 없다는 것이 세계의 법칙이기 때문에 이런 순환관은 정치체제에도 작동하여 각 정체는 쉽사리 다른 정체로 변천할 가능성을 내포하고 있다.

마키아벨리는 또한 폴리비우스가 로마정체에 대해 사용한 정체 분석의 방법을 인정하여 인류의 발생과 그 번창에 관해 논하면서 정체의 기원을 밝히려고 하였다. 그런데 폴리비우스와 약간의 차이는 있다. 그는 인류의 시초에 대한 분석에서 처음에는 거주민들이 소수였고 짐승처럼 흩어져 살았다고 했는데 이것은 인간문명이 주기적인 재난 이후에 새롭게 시작했다는 폴리비우스의 관념과는 다른 표현으로써 마키아벨리가 당시의 인문주의자들의 자연주의의 논리를 어느 정도 수용한 측면이라고 볼 수 있다. 또한 마키아벨리는 플라톤과 아리스토텔레스와도 차이가 있다. 플라톤과 아리스토텔레스는 인간은 정치적 동물이기 때문에 군집하여 살기를 원하고 그래서 정체가 자연적으로 형성되었다고 한 반면, 근대 정치철학의 시조로서 마키아벨리는 정치제도란 두려움과 불안 때문에 형성된 것으로 보는데, 이 점에서 지도력과 정치적 힘을 강조하는 홉스와 같은 사고의 단초를 엿볼 수 있다. 또한 마키아벨리의 자연주의적인 정치철학은 그의 순환관 이외에 정체변화의 원인으로 한 세대에서 다음 세대로 넘어가면서 발생하는 인간의 욕망을 인정하였다. "사람이란 선보다는 악으로 기울어지기 쉬워 권력자가 훌륭한 목적을 위해 사용하던 권력을 그 후계자는 개인의 욕망을 충족시키기 위해 남용하고 말 것이 틀림없다."(『로마사 논고』, 1:9)고 말하는 마키아벨리의 주장은 폴리비우스의 아나키클로시스의 근본 원인과 동일하다. 정치학의 다양한 주제, 특히 부패와 관련되는 문제들은 근본적으로는 인간 욕망과 이기적인 심리에 기초하고 있다는 통찰은 플라톤이나 아리스토텔레스와 똑같다. 폴리비우스에 있어서 부패는 세습으로 인해 발생하는 경우가 많은데 마키아벨리도 이런 세습의 폐해를 지적하고 있다.

재산과 이에 따른 소유욕의 발생은 생물로서 존재하는 인간에게 발생하는 필연적 현상이고 개인적인 욕망달성을 위해 권력을 남용한다는 사실은 마키아벨리의 부정적인 인간관을 잘 나타낸 것이기도 하다. 마키아벨리에 따르면 인간이란 "매우 타락하기 쉬운 존재이므로 선량하게 태어나서 훌륭한 교육을 받았다고 해도 쉽게 타락하고 또한 손바닥을 뒤집듯 그 성격이 바뀌어 버리는 존재"로서 언제든지 부패할 수 있는 성격을 지니고 있다. 이와 같은 이유로 한 정체는 쉽게 다른 정체로 변화할 가능성이 많다.

> "군주정체는 쉽게 참주정체로, 귀족정체는 간단하게 과두정체로, 민주정체는 순식간에 중우정체로 탈바꿈을 한다. 그러므로 비록 입법자가 자기가 기초를 둔 국가에 세 가지 정체 중의 한 가지를 준다 하더라도 그 정체를 유지할 수 있는 것은 잠깐 동안이다. 그 이유는 어떤 수를 써도 정체가 나쁜 형태로 급변해 가는 것을 도저히 막을 수가 없기 때문이다."(『로마사 논고』, 1:2).

마키아벨리는 이렇게 정체 순환이 도저히 막을 수 없다고 주장한 것 같지만 또한 다른 곳에서 이런 숙명론적인 정체 순환을 거부한다. 이 점이 고대의 혼합 정체론자, 특히 폴리비우스의 정체 순환과 다른 점으로써 폴리비우스의 정체 순환이 운명적이고 필연적인 것이라면 마키아벨리의 정체 순환은 어떤 면에서 그 필연성을 부인한다. 폴리비우스가 정체 순환의 본질을 자연의 탓으로 돌린데 반해 마키아벨리는 자연의 역할을 무시하여 "온갖 형태의 정체가 인간 사회 속에 발생해 가는 것은 우연히 작용하는 것"(『로마사 논고』, 1:2)으로 보았다. 즉 폴리비우스가 정체의 변천이 필연적으로 일어날 수밖에 없다는 점을 경험적으로 설명한 반면에, 마키아벨리는 이런 정부의 변천을 인간들 사이에 욕망에 따른 인간관계에 기초해 우연적으로 발생한 것으로 간주한 것이다. 그리고 이러한 우연이란 '인간의 의지가 역사를 만들고 이 역사가 다시 인간의지를 형성하게 한다.'는 상대주의적 관점에 의해 해소되며, 과거의 정치철학에서는 이성의 순환론에 머무른데 반해 마키아벨리는 인류 역사에서는 우연에 대처하는 지능발달에 따르는 진보적인 역사관을 형성하게 한 계기가 된다.

정체변화가 우연스럽게 발생하여 예기치 않은 방향으로 전개할 수 있다는 것은 자연적인 요인도 많지만 마키아벨리는 인간의 자의성에 따른 우연으로 인해 정치체제가 변화하거나 순환한다고 보았고, 정치체제의 몰락은 구조적이고 체제 자체 내에 존재하는 원인 때문이기보다는 인간의 행위가 더 큰 원인으로 등장한다. 그래서 한 정체의 몰락의 필연성을 부인하고 인간의 재량과 자유의지가 개입할 여지가 훨씬 많아 정치사회에서 돌연한 사건이나 인간의 영웅적인 행동이 정체변화에 영향을 미칠 수 있다는 논리가 성립된다. 다시 말해 폴리비우스의 정체 순환에는 인간이 저항할 수 없는 숙명으로써 인간들에게 닥쳐오는 현상을 의미하는 마키아벨리의 '포르투나' 관념만이 존재한다면, 마키아벨리의 정체 순환은 이런 포르투나에 인간의 비르투가 개입할 여지를 인정하고 있는 것이다.[13]

정체 순환이 필연적으로 발생하지 않는다는 또 하나의 근거로 마키아벨리는 외부 요소의 중요성을 언급한다. 그에 따르면 어떤 한 정체는 질서가 더 잘 잡히고 안정된 주변국가에 복속되기 쉽다는 입장을 표명하여 외부 요소가 정체의 변화에 영향을 미칠 수 있음을 강조한다, "일관된 사려나 힘을 갖고 있지 않은 국가가 혼란 상태에 빠진다면 그 나라보다 월등히 질서를 유지하고

---

13 스트라우스에 따르면, 마키아벨리의 포르투나 개념은 인간사에 개입하는 우연성을 상징하는 것으로서 기본적으로는 이교(그리스-로마신화)에서 기원하는 것이지만 여기에 성서종교(유대-기독교)와의 혼합물로서 "때때로 하늘과 동일시되며, 의지와 생각을 지닌 유일한 초인간적 존재로 제시할 뿐만 아니라 생각과 의지가 없는 모든 포괄적인 질서 혹은 자연과 같이 내세울 수가 있다."(스트라우스, 289) 즉 마키아벨리의 포르투나는 플라톤의 능동적 영혼의 자발성(동일성)에 대응하는 물질(타자성을 상징하는 공간-질료)이 지니는 우연-필연성을 지니면서 플라톤-아리스토텔레스의 이데아-형상의 배후에 존재하는 자발성 개념을 통하여 자연신은 물론 유다이즘의 유일신 개념과 혼합되는 다양한 뜻을 지닌다.

있는 이웃나라에 종속되는 것이 일반적이다. 이와 같이 이웃나라에 의해 흡수되지 않는 사태가 일어나지 않는다고 가정한다면 그 나라는 끝없이 그 정체의 순환을 되풀이할 것이다."(로마사 논고, 1. 2). 이 점에서 마키아벨리의 진보주의적인 역사관은 정치현상의 본질에 관해 폴리비우스와 차이가 있다.

마키아벨리의 정체 순환은 앞에서 말한 것과 같이 폴리비우스와 달리 포르투나에 비르투가 개입할 수 있는 여지를 인정한다. 그래서 마키아벨리의 포르투나는 인간이 거역할 수 없는 운명을 뜻하지만 다른 한편으로 자연과 관계된다기보다 인간의 행동과 관련된 것으로써 인간의 역량에 따라 얼마든지 변화시킬 수 있는 성질을 지닌다. "우리의 자유의지가 완전히 소멸되지 않는 한 운명은 인간행위의 절반만을 주재할 뿐이고 나머지 절반이나 혹은 그것보다 더 작은 부분은 인간들에게 남겨져 있는 것이 사실이라고 나는 믿는다."(『군주론』, 25). 따라서 마키아벨리가 말하는 포르투나는 신의 절대적인 은총이나 운명과 다르면서도 또한 인간의 의식적인 성취에 의해 영향을 받는 것과 차이가 있는 중간적인 입장이다. 이것은 "사람은 운명이 이끌어가는 대로 몸을 맡겨 이에 거스를 수는 없다고 하면서도 체념해버릴 수도 없다. 언제 어떤 행운이 어디로 날아들 것인지도 모른다는 희망을 가지고 어떤 운명을 만나더라도 또 어떤 역경에 몰리게 되더라도 방임하는 태도가 되어서는 안 된다."라는 말에서도 잘 나타나듯이 인간이 어떻게 대처하느냐에 따라 포르투나에 대한 사고가 달라질 수 있다는 의미이다. 마키아벨리의 비르투는 역경이나 재난을 맞아 이것을 잘 다루는 인간의 자유의지와 역량을 뜻하며, 따라서 마키아벨리가 말하는 혼합정체는 정체의 순환을 멈추게 하여 새로운 정치질서의 안정을 추구하는 힘을 의미한다. 이러한 포르투나에 기초한 마키아벨리의 종교관은 헬레니즘과 헤브라이즘의 혼합물로서 스트라우스가 다음과 같이 잘 묘사하고 있다.

> 성서 종교와 이교 사이의 가장 뚜렷한 차이, 즉 전자는 일신교이며 후자

는 다신교라는 점에서조차도 정치적으로 이해된다. 이교의 여러 신은 공화국이나 공화국의 지배자를 닮은 반면, 유다이즘의 신은 절대 군주를 닮았다. 공화국과 절대 군주의 차이에 대한 마키아벨리의 관측은 이교와 성서 종교 차이에 대한 핵심을 제공한다. 이교는 현세에 대한 만족, 세상과 그 영광에 대한 추구를 특성으로 하며 따라서 궁극적 미래에 대해서는 절망한다. 그것은 개인이나 개인들이 합쳐져 이루어진 복합체제 모두에게 해당한다. 이교 신자들이 바라는 최선의 현세에서 어느 정도 수준에 오르고 거기서 안정을 찾는 것이다. 모든 인간의 작업은 조만간 소멸할 것이기에, 엄격히 말해서 불멸의 영광이란 불가능하다. 성서 종교는 현세에 대한 불만, 현세는 고통과 죄의 골짜기라는 확신, 완전한 순수에의 동경 등을 특성으로 한다. 따라서 (이교도들이 집착하고 있는 듯싶은) 그러한 세상과 그 방식에 대한 고상한 경멸과 인류에 대한 혐오, 궁극적인 승리에 대한 약속 또는 확실함에서 나오는 희망이 있다.[14]

그럼에도 불구하고 마키아벨리에 따르면, 성서 종교와 이교는 공통점이 있다. 둘 다 오직 인간적인 기원을 가진다는 점이다. 이 때문에 그의 국가관도 자연적인 것이다. 그 어떤 국가도 심지어 모세가 세운 국가조차도 초자연적인 기반을 갖지 않는다. 모세와 사보나롤라는 기적이 아니라 포르투나와 함께 스스로의 권위로 자신들의 업적을 쌓았다. 이교의 부패와 기독교의 부패 사이에 본질적인 차이가 없다. 종교는 만국에 인간들의 공통적인 욕망과 기질에 속한다. 따라서 한 사회의 성격은 그 지배층 또는 그 군주들의 성격에 좌우됨으로, 고대 이교 내지는 최소한 로마 이교와 기독교의 차이는 호전적 귀족들이 지배한 로마와 원래 민중적이고 전쟁을 기피하는 경향에서 비롯된 기독교와의 차이에서 찾아야만 할 것이다.

14 스트라우스, 274-276쪽들 여기저기에서 인용함.

4. 혼합정체와 시민 미덕, 비루투(virtu).

• • •

마키아벨리는 정체 순환을 극복하기 위해서는 인간의 의지가 가장 중요하다고 본다. 그에 따르면, 정치체제의 안정은 단시일 내에 이루어진 것이 아니라 위기를 겪으면서 대립되는 요소들을 점차 체제 내로 융합시킬 때 가장 크게 안정을 달성할 수 있는데 이 과정에서 인간의 역할이 중요한 변수로 작용한다. 특히 로마공화정처럼 여러 집단들의 대립을 화해와 타협을 통하여 이룬 체제는 인간들의 행위가 정치체제의 형성에 상당한 영향을 미친다. 마키아벨리는 『군주론』에서는 군주의 덕을 주로 말하였다고 한다면 『로마사 논고』에서는 시민 미덕을 주로 말하였다고 볼 수 있다. 그런데 마키아벨리는 개인적인 인간에 대해서 부정적인 언급을 많이 한다.[15] 이런 부정적인 인간이 어떻게 상대를 존중하고 신뢰를 유지하면서 시민 미덕의 정체인 혼합정체를 유지할 수 있는가? 이기적인 인간에서 어떻게 긍정적이고 공공선에 참여할 인간으로 변모시킬 것인가가 혼합정체의 유지에 열쇠가 된다. 이것은 마키아벨리의 인민에 대한 두 가지 상이한 평가와도 관계된다. 마키아벨리에 따르면 인민은 전제조건에 따라 각각 다른 성격을 나타낸다고 보아, 부정적인 인간은 개인으로서의 인간이며 법에 의해 통제받지 않은 인간을 의미하고, 긍정적인 인민은 다수가 행동할 때이며 법에 의해 통제받는 인간을 의미한다. 다수가 모일 경우 인간은 개인으로서의 인간과는 다른 시민미덕의 성격을 나타내기 때문에 다수의 참여가 가능한 제도에서는 부정적인 인간보다는 긍정적인 시민의 미덕이 발휘될 수 있고, 또한 이 제도에서 법에 따라 통제를 받을 경우 인민은 선의를 가지게 된다.(『로마사 논고』, 1. 47). 다시 말해 마키아벨리의 인간은 다수가 모여 법에 따라 움직일 경우 긍정적이고 미덕을 행사할 수 있는 능력의 소유자인 것이다. 이런 입장에서 마키아벨리는 인민을 무시하고는 어

15 마키아벨리, 『로마사 논고』, 1: 5,9,37,42,53, 2: 7, 3: 21 등.

떤 정체도 제대로 작동될 수 없고 인민의 지지를 확보하면 그 정체의 힘은 굉장히 팽창하게 된다고 보았다. (『로마사 논고』, 1. 58).

마키아벨리는 『군주론』이나 『로마사 논고』에서 군주의 막강한 권력이나 폭력의 중요성을 무시하지 않는다. 그렇지만 폭력은 사려 깊고 적절하게 사용되어야 하고 폭력적인 힘이 필요할 때에도 단기적으로 사용할 것을 주장한다, 특히 인간관계에서 폭력의 모순적 성격은 인간의 욕망이나 감정과 결부되면 복수심의 과다 과소에 따른 끝없는 순환성이 연출되기 때문에 마키아벨리는 군주나 인민들 사이에서는 물론 일반적인 인간관계에서 폭력이 사용되는 것을 극히 경계하고 있다. 특히 마키아벨리는 인간을 통제하고 교화하여 정치체제에 참여시키기 위해서는 폭력보다는 장기적인 관점에서 제도화된 법이 더 유용하다고 본 것이다. 공개적이고 합법화된 제도적 방법을 사용할 때 인민들의 견실한 사고가 형성될 수 있으며 체제의 안정성이 보다 지속적일 수 있다.

사실 마키아벨리의 『군주론』에 나타나는 군주의 덕은 앞에서 언급한 것처럼 고대 철학자들이 말하는 덕과 상당한 거리가 있다. 『군주론』에서 마키아벨리는 '범죄 행위를 통해서 군주국을 얻은 사람들'에 대해 고찰하면서, 아가토클레스를 예를 들어 '어느 누구도 자기 국민들을 죽이고, 친구를 배신하고 신의도, 자비도, 종교도 없는 것을 덕목이라 부르지 않겠다.' 고 하면서도, 바로 이어 어느 누구도 덕목이라 부를 수 없는 것을 자신은 덕목이라 부르며 아가토클레스의 덕목을 말한다. 그러면서 군주란 "가능하면 선으로부터 떨어지지 않아야 하겠지만 필요에 의해 어쩔 수 없을 때는 악에 가담하는 방법도 알아야 한다."고 말한다. 하비 멘스필드(Harvey C. Mansfield)에 따르면, 마키아벨리의 이러한 모순적인 발언은 전제정치를 상기하는 것으로서 르네상스 시대의 인문학자들이 찬양한 고대의 덕목보다는 로마 귀족들의 덕목을 강조하는 경향으로 나타난다는 것이다. 그리고 로마 귀족들의 덕목은 정치와 전쟁에서 존재한다고 말한다. 그래서 『군주론』에 나타나는 마키아벨리의 전술은, 신성하든 세속적이든 정치를 초월하는 것에 반대하고 정치를 세속적인 획득으로부터 빗나가게 하고, 다른 한편, 새로운 반(反-半) 기독교적 가정(기독교와 그리스 로마의 이교의 혼합)에 의해 지지된다고 한다. 이 새로운 가정을 형성하고 선전하기 위해 마키아벨리는 군주이자 공화국의 창시자임과 동시에 선지자이자 종파 창시자가 되어야 했다.[16] 이 새로운 나라는 기독교의 신의 도시도, 고전전통에서 가장 훌륭한 체제도 간섭하지 못할 것이다.

> "마키아벨리는 르네상스 인본주의에 강한 면모를 부여하기를 원했다. 즉 고전수사학에 대한 르네상스의 인본주의의 찬사를 축소시키기를, 철학 전통에 매달리는 것에 공격하기를, 기독교와의 화해를 뒤흔들어 놓기를, 고전적인 덕목에 대한 믿음을 반박하기를, 그리고 군대의 가치와 영광을 일깨워 주기를 원했다."[17]

그 결과 마키아벨리의 『군주론』에 나타나는 군주의 덕은 위법성이 노골적인 폭력에 의한 공포를 통하여 전체적으로 국가의 실익이나 안전을 확보하는 경우에는, 인민들이 인정하는 명성에 의한 덕으로 나타난다. "인민들로 가득 찬 세상에서 인민들은 외양과 결과에 의해서만 모든 것을 판단하기 때문이다."(『군주론』, 18장). 그 결과 군주의 덕은 플라톤이 구별한 선 자체와 선처럼 보이는 것, 정의 자체보다는 정의처럼 보이는 것, 덕 자체보다는 덕처럼 보이는 것의 정확한 전복처럼 나타나는 것이다. 그리고 이러한 나타난 것, 즉 현상이 실재로서 진실이기 위해서는 웅변을 통하거나 숨김(비밀)과 위장에 필요한 수사학이 필요하다. 그러나 마키아벨리의 이러한 정치적 현실주의는 역설적으로 이러한 위장과 숨김과 수사학이 강력한 폭력에 기초한 한 불필요하다. 왜냐하면 '덕목과 악덕이 대조를 이루게 하려면, 군주는 이 둘 모두를 실행해야

---

16 H. 멘스필드(Harvey C. Mansfield), 이태영 · 조혜진 · 고슬 역, 『마키아벨리의 덕목』(말 · 글 빛냄, 1996-2009), 31쪽.

17 H. 맨스필드, 41쪽.

만 하기' 때문이다. 이러한 정치적 덕목을 맨스필드는 다음과 같이 묘사하고 있다.

> "덕목을 사용할 때 군주는 거기서 몇 발짝 물러나, 바깥에서 그것을 주시한다. 덕목의 외관은 덕목을 재정의하여, 악덕을 덕목의 일부로 만든다. 그러나 보이는 덕목은 그 모습 그대로여서, 짝을 이루게 된 악덕과는 완전히 별개이다. ...『군주론』에 담긴 도덕적 덕목에 대한 마키아벨리의 논의는 군주 자체의 완성이 아니라 군주와 다른 사람과의 관계를 다룬다. 훌륭하다고 여겨지는 모든 가치들을 갖춘 군주를 찾아내는 것은 '매우 칭찬할 만한 일'이겠지만 인간의 상황은 이를 용인하지 않는다. 아리스토텔레스의 경우 도덕적 덕목들이 그 외의 다른 것을 목표로 한다면 개별덕목의 완성이 그것이며, 그 중 하나인 아량의 덕목은 한 개인이 자기가 모든 덕목을 가지고 있을 때 그 사람의 자부심이 된다. 지적 덕목은 다른 그 어떤, 아니 모든 도덕적 덕목들과 비교했을 때 한 개인을 가장 자급자족적으로 만들어 준다. 그러나 마키아벨리에 있어서 덕목들은 '조건'이거나 '예외 없이 사회적이다'. 덕목은 군주가 '신하와 친구들에게' 어떻게 비치는지, 그들을 어떻게 다루는지에 대한 것이다. 마키아벨리는 우리에게 군주의 통치권을 언급하면서, 군주가 가지는 관계는 모두 정치적이라는 것을 상기시킨다. 인상적인 덕목이란, 그 정치적 효과로 인해 이해되는 덕목인 것이다."[18]

사실 마키아벨리의 『군주론』은 '힘이 정의'라는 칼리클레스의 관점에서 이루어진 정치체제로서 군주국과 이의 역사적 현실의 산물인 봉건제도를 대표적인 예로 들고 있다고 보아야 한다. 전자는 시민의식에 자유의 경험이 있는 반면, 후자에는 노예적 근성만이 존재한다. 『고르기아스』편에서 소크라테스의 이성적 정의론에 반발하는 트라시마코스(Trasimachos)는 법으로 나타나는 '공정이란 강한 자의 이익'이라고 말한다. 이러한 트라시마코스의 공정관 속에는 공정이나 정의란 능력에 따른 실효적 진리관(효용성)에 기초한다. 그것은 자연의 사실이며 존재의 질서이기도 하지만 사회나 국가체제의 운영에 관계하

18 H. 맨스필드, 55-56쪽들.

는 능력에 관계한다. 트라시마코스의 공정관 속에는 능력에 강약과 고저가 있고 상대적이며, 이러한 능력은 자연 상태에서는 약육강식의 전쟁 상태로 나타나는 것으로서 말해진다. 즉 트라시마코스의 공정관도 인간 중심적인 것으로서 이러한 인간의 능력은 제한되어 있는 모순된 것으로서, "무력은 더 강한 무력을 부르는 것"이므로 특히 인간의 욕망이나 복수하려는 감정과 관계하면 복수극의 순환이 연속되며 끊임없는 전쟁상태에 있게 된다.

왕정의 발전된 형태인 봉건주의에서 정의(正義)의 기준은 객관적인 법이 아니라 복수법이 함축하듯이 권력이나 힘에 기초하고 있다. 그곳에는 소위 법이란 항상 유동하는 상태에서의 평형이나 균형 혹은 동등의 형식을 취한다 하더라도 이 형식 자체가 항상 상황이나 조건에 따라서 유동하기 때문에 불변하는 객관적인 법이 존재할 수 없고 상황이나 정치권력, 혹은 정체가 변하는 것에 따라 법이 달라져 왔다고 할 수 있다. 그래서 이 힘에 기초한 도덕이나 법 개념을 정치권력이나 이들에 반하기도 하는 종교가는 절대적인 힘을 지닌 존재인 신이나 최고의 능력을 지닌 절대적 존재에 의탁해왔다. 그 결과 그들의 법의식은 복수법(復讐法)을 제정할 정도이다. 그리고 봉건 질서나 의식은 이를 고착시킨다. 즉 이러한 복수법은 사회에 문제가 발생했을 때 심정적인 정의감을 만족시키나 감정의 과다과소 사이를 격변하는 비이성적 측면 때문에 복수가 과연 형식적으로라도 동등이나 균형을 취할 수 있느냐가 문제이지만, 사실 그 내용이 모두 문제 상황에 직접적으로 관계하는 인간의 자발성이기 때문에 실질적으로 악으로 구성되어 있다. 그 결과 정의나 법이란 것은 이 사회에서는 동등이나 균형을 나타내는 형식적인 것이다. 그리고 이러한 형식적인 것의 유동 상태를 고정하기 위해 절대적인 권력을 요구하고 사회질서를 황금률이라고 하면서 종교적으로 이를 고정한다.

그런데 이 형식적인 것 안에는 실질적 기준이 있으니 그것이 이 앞에서 말한 사회에서는 힘이나 돈 혹은 자발성을 발휘하는 능력으로서 권력이나 천분이다. 이 사회에서는 이러한 능력에 따라 계층이 나타나고 갈라지며 이 때문에 치열한 생존경쟁이 있게 되거나 평화시에는 이러한 자발성의 차이로서 나타나는 인격성이 계급으로 고착된다. 그 결과 약자는 강자에 의해 정복당하고 사회 계층에서 노예나 낮은 계급으로 살아가며 능력이 부족하거나 바보인 것으로 폄하된다. 이러한 봉건적 사회에서는 자신의 약점이나 죄를 지었을 경우에 이를 숨기면 원래 객관적인 법이나 보편타당하거나 불변하는 법이 존재하지 않으므로 죄는 사라지는 것처럼 보인다. 즉 생존경쟁이 심하기 때문에 자신의 약점이나 죄는 수치스러운 것이기에 숨기고 오히려 자신의 강점이나 능력은 과장하거나 과시해야 한다. 결국 이 사회에서 윤리적인 것은 사회적 갈등을 지적으로 해결하지 않고 내면적으로 승화한 절제된 인격이나 양심과 같은 것으로 나타나며, 덕을 갖춘 인격이나 내면적인 양심이 도덕의 황금률로서 작용한다. 그 결과 이것이 관습이 되면 이성이 지배하는 사회에서도 이성적인 것이 정서적으로 덕이라는 개념으로 표출되거나 이성보다는 감정적인 것이 작용하여 모든 윤리가 감정의 논리에 지배된다. 그런데 감정은 아리스토텔레스의 『니코마코스 윤리학』에서 보았듯이 그 배후에 사회적인 힘의 능력에 의해 능동적이 되거나 수동적이 되며, 힘이나 권력과의 관계에서 능동과 수동은 변증법적으로 상호 작용하여 이성과의 관계에서와 같이 이중성을 지닌다. 그럼에도 불구하고 복수법은 정의를 실현하는 것으로서 악이 발생했을 때 악으로 갚아주는 것을 말한다. 즉 함무라비 법전에 명시적으로 나타나 있듯이 '눈에는 눈, 이에는 이'로 갚아주는 것을 정의라 부른다.

그러나 근대 철학자들의 사유에서 자연법은 홉스적인 것만 있었던 것은 아니다. 루소는 홉스와는 달리 자연법이 소크라테스에서 기원하는 선의지를 가진 이성에 의해 지배되는 자연이었다. 그리고 이성과의 관계에서 발생하는 법의식 문화에서는 소크라테스의 지덕합일설이 말하듯이 악을 선으로 갚아주는 문화이다. 이 때 선은 훌륭함으로서 그리스에서는 만물이 가진 자신의 본성이나 기능이 잘 발휘되는 상태를 지칭하는 것으로서 '덕(arete)'을 의미한다.[19] 그리고 소크라테스에 따르면 이러한 덕이 인간에게 있어서는 이성적 지혜를 의미한다. 즉 덕은 소크라테스에 따르면 지혜이며 좋은 것이다. 결국 법의식 문화에서 한편으로 홉스적인 '인간은 인간에 대한 이리'의 상태와 관계하면서도 다른 한편에서는 악에 대해 선으로 갚아준다는 것에 선의지의 지향성이 나타나고, 이러한 지향성은 소크라테스-플라톤에서는 영혼을 치료하는(therapeuein;배려하는) 지혜를 주는 것으로 나타난다. 그리고 이 지혜란 다른 사람들과 함께 이 세상을 살아가는 법으로서의 윤리적인 것이자 자연의 법이며 신법인 정의감이다. 『파이돈』편에 나타난 소크라테스의 오르페우스 종교에 따르면, 우리의 영혼은 불멸하는 것으로서 신과 함께 살기 위해 영혼을 정화해야 한다. 우리 영혼은 그 자신이 '생각하고 좋아하는' 것(이 세상에서 지은 업보)에 따라 내세에 그러한 세상으로 가서 사는 윤회하는 것이다.

소크라테스의 정신(이성)은 소크라테스학파라 불리는 플라톤과 아리스토텔레스를 거쳐 헬레니즘시대에는 스토아학파의 자연으로 나타난다. 그리고 이러한 스토아학파의 자연은 이성적 질서가 지배되는 자연이며 스피노자가 말하듯이 '능산적 자연' 개념으로 나타난다. 결국 칼리클레스의 권력에 대한 자연적 사유와 소크라테스의 자연과 이성을 중심으로 하는 사유의 상호 모순적인 대립이 중세 기독교 문화를 거친 근대철학자들의 사유에서는 기독교의 신개념과 더불어 혼합되어 3중적으로 논해지면서 모든 철학적 사유를 점유하게 된다. 이러한 철학적 사유는 정치철학적 관점에서 정리하면 다음과 같은 화두가 형성이 된다. 트라시마코스의 '힘이 정의'라는 관념과 소크라테스의 '옳은 것이 정의'라는 관념이 어떻게 조화되거나 통합될 수는 없는 것일까?

이러한 두 모순처럼 보이는 것을 소크라테스-플라톤의 선의지(선의 이데아)에 기초한 혼합 개념에 의해 정리한 것이 우리가 앞에서 살핀 플라톤의 『정치가』와 『법률』에서 말해지는 법 개념이다. '정치'란 바로 이러한 사회적 조직

19 이 때문에 플라톤은 그의 대화록들에서 자연적인 사물들도 이러한 덕을 지닌다고 말한다.

의 능력 개념에서 나타나는 것으로서 국가 전체의 설립 목적에 실제적인 효용성을 발휘할 경우에는 한편으로는 이성을 넘어서면서도 실제적인 효용성이 없는 경우를 방지하기 위해서 '제 2차적 항해법(duteros plous)으로 알려진 법'에 제약을 받아야 하는 이중적인 것이라는 것이다. 마키아벨리는 트라시마코스의 '힘이 정의'라는 관념과 소크라테스의 '옳은 것이 정의'라는 관념을 현실적인 법의 기초인 권력과 실제적인 효용성의 관념에서 종합한다고 보아야 한다. 이 때문에 『로마사 논고』에서 마키아벨리가 범례로 들고 있는 것은 현실적인 군대의 힘과 이를 가능하게 한 조직화한 법을 토대로 국가의 제도를 마련한 것이 로마 공화정이다.

공화정은 원래 여러 사람의 지배자가 서로의 협의에 의해 국가 전체의 일을 심의하고 결정하는 체제이다. 이러한 공화정에서는 여럿의 협의에 따른 의사 결정이 법을 이루는 국가이다. 그런데 서구 근대에서 법은 자연에 주어진 것이나 신이 준 것이 아니라 이성을 지닌 구성원들 간에 맺은 계약으로 간주되는 것의 기원이다. 즉 이성은 다수를 전제하고 이들 사이에 대화가 성립할 때 형성되는 것으로 근본적으로는 '옳은 것이 정의'라는 소크라테스의 공정관이 나타난다. 이 때 대화적 이성은 당위적인 모순율에 따르며 근본적으로는 동일률에 따르고, 이 동일률은 사실판단의 진위에서 그러하듯이 존재론적으로는 배중률적 판단에 기초한다.[20] 여기에서는 힘이나 권력에 기초한 현실적인 이성의 법 개념이 나타나고, 이러한 권력의 기초가 로마에서는 조직된 군대의 힘에서 기원하는 것이다. 이러한 여럿의 이성에 의해 성립하는 정치체제가 공화정이다. 그리고 이러한 공화정에서는 나라 전체의 일에 대한 여러 사람의 의지나 의사의 협의가 중요하다. 그리고 이것이 곧 법으로 확정

20 플라톤 대화록에서 소크라테스는 상식이나 경험적 지식이 모순에 차있음을 밝히기 위해 극단적인 상황을 가정하는데, 이는 우리의 판단이 배중률에 따를 수 있기 때문이다. 가령 상식적인 정의가 실현될 수 없는 전쟁 상황이나 정신병의 상황에서 정의나 이익에 대한 우리의 판단이 정확하고 확실하기 때문이다. 즉 이러한 극단적인 상황은 우리의 태도를 분명하게 할 수 있으며, 진위에 있어서는 있느냐 없느냐가 존재하고 선악에 있어서는 그 이익이나 공리가 계산 가능하기 때문이다.

된다. 봉건적 사회에서 권력이 능력에서 나오는 것으로 인정되어 능력의 차이에 따라 사회적 계급과 계층이 갈라지나, 공화정의 법의식 문화는 이성이 지배하는 사회로서 개인들의 기본적인 생존권과 권리가 동등하다고 인정되고, 이를 법으로 보장하는 사회이다. 그리고 이러한 기본적 권리 위에 능력에 따르는 자유를 인정한다. 따라서 정의의 법이 침범 당했을 때에는 약속에 따라 벌을 받되 존재 자체의 본질인 힘이나 권력을 제거하는 것이 아니라 기본적인 것을 침해하지 않는 범위 내에서 법적 폭력(자유의 제한)을 집행하되, 사회적으로는 서로가 화합하고 협동하는 힘을 배가하는 쪽으로 덕을 베풀면서 법을 집행한다.

반면에, 마키아벨리의 혼합정체에서 중요한 힘으로 작동하는 것이 군대이고 이 군대의 기초가 인민들이다. 이 인민이 정치사회에 힘의 실체로 등장하여 국가내의 안정 요소로 작용한다. 이 때문에 마키아벨리는 인민이 정치체제에 참여하게 되면 자유스러운 정체가 되고 경제력이 향상되며 또한 영토가 확장된다고 보았다.(『로마사 논고』, 1:58, 2:2). 이와 같이 모든 시민이 참여하는 체제는 왜 강할 수밖에 없는가? 이것은 첫째, 국민개병제와 관계된다. 폴리비우스의 외국 용병 비판에 영향을 받은 마키아벨리는 모든 시민이 참가하는 시민군이 그 국가체제를 지탱하는 근간으로 보아 시민군을 무시하고 용병을 쓰거나 외국의 원군을 불러들이면 그 국가는 멸망하기 때문에 모든 시민들이 참여하는 혼합정체가 강력하고 외부의 침략에도 저항할 힘이 강하다고 주장한다.[21]

다른 한편, 마키아벨리에 따르면, 로마공화정은 관직에의 진출에 공개적이고 평등하며 어떤 제한이 없었기 때문에 미덕이 발휘될 기회가 더 많이 보장된다. 평상시에는 귀족과 평민이 모두 정무에 참여할 수 있어 어느 한 쪽의 자의적인 권력행사를 예방하면서 저지할 수 있었고, 많은 역량 있는 지도자가

21 마키아벨리, 『로마사 논고』, 1:1, 『 군주론』, 12, 13장.

배출될 수 있는 분위기를 형성하였다. 그리고 전시가 되면 양 계급 모두가 참가하여 전쟁을 치르게 되어 군사적 미덕을 갖춘 사람들이 등장할 가능성이 더 많았다. 마키아벨리는 이와 같이 시민의 참여가 이루어지는 체제일 때에만 시세에 잘 순응하고 때에 따라 적합한 방책을 쓸 수가 있다고 보았는데, 위기나 재난의 극복이 혼합 정체에서 더 잘 이루어지는 사례로 고대 로마공화정의 파비우스와 스키피오 장군의 개성과 전쟁의 전략을 든다.(『로마사 논고』, 3. 9). 대조적인 두 장군이 각기 전쟁에 임할 수 있었던 것은 여러 재능을 가진 사람을 쓸 기회를 많이 주는 로마공화정의 인재 등용방식 때문이었다. 결국 재난이나 예기치 못한 사건들이 한 정체를 급습했을 때 이를 극복하기 위해서는 혼합정체의 성격을 지닌 공화정이 가장 우수한 정치체제라는 것을 주장하였다고 볼 수 있다.

이렇게 볼 때 한 국가의 안정과 유지는 왕정이나 군주정처럼 한 사람이나 소수의 귀족들에 의해서 이루어지는 것보다는 많은 사람들에 의해 이루어지는 것이 쉬우므로 다수의 참여를 법적으로 제도화하는 것이 중요하다. 이것은 다수일 경우에는 비밀 유지가 어렵고 공개될 확률이 많기 때문이다. 마키아벨리의 정치철학에서에서는 플라톤과 달리 다수에 대한 선호가 나타나는데, 이 다수는 인민들의 권력참여와 공유의 사상에 관련이 되며, 그가 『로마사 논고』 3권에서 권력층에서 발생하는 음모론을 집중 거론하면서 군주정에서 많은 예를 끌어오는 이유이다. 왜냐하면 군주정에서는 단일한 개인이 권력의 중심에 있게 됨으로 인해, 권력에 대한 개인들의 욕망에 의해 한 국가의 운명이 개인적인 인간관계에서 변화하는 감정의 복수심에 따라 국가의 운명이 결정되는 것을 말하는 점에서 정체가 쉽게 바뀔 수 있는 원인이 되기도 하지만, 다른 한편으로는 국가의 존망지추가 개의의 의지나 지혜에 의해 쉽게 결정되기 때문이다.

사실 음모라는 것은 비밀리에 이루어지는 권력 투쟁에서 나타나며 대외적으로는 적과의 전쟁에서 유래하는 것이다. 그런데 권력이 여럿에게 분배되어 있을 때에는 음모가 쉽게 이루어질 수 없다. 그래서 왕정 하에서 발달한 봉건적 제도 아래서는 윤리의식도 명예와 수치가 주로 나타나나 다수가 지배하는 공화정에서는 명예와 수치보다는 법의식이 발달할 수 있다. 전자가 폐쇄된 사회의 의식이라면 후자는 공개된 사회에서의 의식이라고 볼 수 있다. 마키아벨리의 『군주론』에 나타난 현실적인 권력을 향한 군주(중국 역사에서는 한고조 유방이나 『삼국지』의 조조)의 마키아벨리적 권모술수 정치에서는 정의와 도덕을 분리해버린 폐쇄된 사회적 의식을 지향한다. 하비 멘스필드는 악의 문제를 꺼려하는 현대인의 민주주의적인 의식은 이러한 우리의 동물적 본능이나 우리의 무의식에 잠재된 과거 봉건시대의 역사적 의식을 여우로 표현하고, '여우(마키아벨리)를 쫓는 사냥개 무리-반 마키아벨리주의자-와 함께 있길 원하지 않는다.'고 다음과 같이 웅변하고 있다.[22]

> "우리는 마키아벨리가 도덕성에 있어서의 혁명의 근원에 있었다는 것을 마음 한구석 불편함을 느끼면서도 잘 알고 있다. 이 혁명은 우리시대의 언어로 대강 표현하자면 종교의 보호를 받았던 덕목으로부터, 세속주의로 인해 정당화되는 사리사욕으로의 변화로 정의될 수 있다. 그 혁명은 또 다시 우리 시대의 언어로 표현하면 '근대성(modernity)'으로 우리에게 알려져 있다. ... 우리의 이러한 불편한 감정의 밑바닥에 닿으려면 오히려 이 문제를 정면으로 직시할 필요가 있다."

즉 근대성은 이 문제를 직시하는 이성의 공통성이자 공개성이다. 마키아벨리는 『군주론』을 통해서 군주라 해도 연약한 한 인간이며, 이러한 한 인간에게 주어진 권력의 강약에 따라서 군주가 자신의 권력을 강할 경우에는 사자와 같이, 약할 경우에는 호가호위(狐假虎威)하는 것처럼 공개성과 비밀을 이용하면서 다양하게 나타날 수 있다는 사실을 말하면서 그의 정치철학에서 인간의 사악한 측면을 인류 앞에 공개해버린 것이다. 그러나 어쨌든 『로마사 논고』

---

22 H. 맨스필드, 35쪽.

를 통해서는 우리가 근대정치철학을 고대 정치철학과의 연속선상에서 탐구하는 관점에서 보면 마키아벨리는 혼합 정체론을 현실적으로 가장 우월한 정치체제로 간주하였다는 것을 마키아벨리가 혼합정체의 특성인 권력공유를 어떻게 바라보는지에 관해 살펴봄으로써 확인해보자.

5. 권력공유(분권)의 제도화

마키아벨리는 "세상일의 성격에는 항상 좋은 면과 나쁜 면이 동시에 존재하기 때문에 나쁜 면을 완전히 없애기보다는 현실적으로 손해를 적게 하는 방향으로 나아가는 것이 오히려 더 바람직하다."(『로마사 논고』, 1. 53)고 주장하는데, 이런 상대주의적 사고는 동아시아의 전화위복과 일맥상통하는 양 극단을 지양하는 태도로서 절대적인 선에 입각한 완전무결한 정치제도를 창출하는 것은 불가능하다는 점에서 플라톤과 정면으로 대립한다. 마키아벨리에 따르면, 스파르타처럼 리쿠르구스에 의해 완전한 제도로 출발한 국가도 있으나 이것은 극히 드문 예로 언급하고, 정체가 불완전하게 시작했으나 많은 갈등과 투쟁, 그리고 시행착오를 거치면서 이루어진 로마공화정을 오히려 역동적이고 활력이 넘치는 좋은 체제로 간주하였다. 인간의 활동은 선택이 아닌 위험에 닥쳐 다급해졌을 때 더 큰 위력을 발휘하고 성과를 올리는 것처럼, 위험을 겪은 체제가 보통의 국가보다 위기관리 능력이 더 뛰어나기 때문에 로마와 같은 형태의 정체가 스파르타와 같은 정체보다 현실적으로 발생할 가능성이 더 많고 지속성도 높다고 인정한 것이다.[23] 그래서 인위적으로 설립된 스파르타에서 입법자가 했던 역할을 로마공화정에서는 오랜 기간 동안의 각 집단 혹은 계급 간의 투쟁과 갈등이 그 역할을 대신했다고 본다.

23 마키아벨리, 『로마사 논고』, 1:1, 아리스토텔레스, 『정치학』, 5권 8:8. 참조.

"로마는 단 한사람의 리쿠르구스도 갖지 못했다. 그래서 창설 직후에 장기간에 걸쳐서 로마의 자유를 보장해 줄만한 정부를 수립해 줄 사람이 없었다. 그러나 평민과 원로원 사이의 불화에서 생긴 많은 사건들이 입법자의 대역을 해 주었다. 로마는 좋은 입법자를 갖는다는 첫 번째 행운은 가지지 못했지만 적어도 그에 필적하는 이점을 갖추고 있었다."(『로마사 논고』, 1:2).

반면에 마키아벨리는 로마공화정이 스파르타의 혼합정체와 달리 추상적인 이성이 아닌 많은 투쟁과 난관을 통해서, 그리고 불행을 겪으면서 얻은 현실적이고도 경험적인 지식으로부터 끊임없이 개혁을 단행함으로써 당시 정체 중에서 가장 훌륭한 정체가 되었다고 주장하여 폴리비우스의 견해를 수용하였다. 즉 스파르타는 정태적인 면을 갖고 있어 성장과 발전에 제약적인 요소를 체제 자체 안에 갖고 있었던데 반해, 로마는 갈등을 거치면서 역동적으로 성장했기 때문에 위기에도 잘 적응하고 혁신과 국가의 팽창에 훨씬 유리한 조건을 갖고 있었다는 것이다.

그런데 마키아벨리는 폴리비우스보다 더 강하게 계급 간의 갈등과 파당을 그것이 공화정의 정신이나 이 정신에 입각한 법적 이념을 해칠 정도가 아닌 한에서 상당히 긍정적인 것으로 옹호한다. 폴리비우스가 단순히 많은 난관을 돌파함으로써 로마공화정이 이루어졌다고 주장한데 비해, 마키아벨리는 계급 간의 갈등과 투쟁에 대해 좀 더 심층적인 분석을 통해 로마의 역사적 과정을 칭송하였다. 계급 간의 반목과 불화를 건전하고 유익한 대립으로 규정한 마키아벨리의 사상은 파벌이나 계급간의 갈등을 비판하는 당시의 인문주의 전통에 반대하는 새로운 관점이다. 공공선을 지향하는 체제에서 개별적인 분파행동의 금지는 당연한데 마키아벨리는 오히려 이러한 집단행동의 과정이 건전한 체제(권력 공유와 분권화)의 형성에 기여했다고 본 것이다. 이 점에서 그의 혼합정체사상의 우월성과 가치가 잘 드러난다.

"불화를 비난하는 것은 로마에 자유를 가져오게 한 원인 자체에 대해 불평을 하고 있는 것이나 다름없다고 생각된다. ...이런 사고방식을 지닌 사람들은 어떠한 국가 속에도 두 가지의 다른 경향 즉, 인민적인 것과 귀족적인 것이 존재한다는 것을 생각도 해보려 하지 않는다."(『로마사 논고』, 1:4).

마키아벨리의 관점에서 정치질서 내에 본질적으로 존재하는 경쟁이나 갈등의 성향을 무시하고 완벽한 이상형의 정치를 추구하는 것은 잘못이며 정치적 현실을 무시한 이상주의적 사고이다. 현실정치에서는 항상 이익을 추구하는 집단이나 계급들이 존재하기 마련이고, 이런 집단 혹은 계급을 어떻게 절충하고 타협을 시켜 발전적으로 평화적인 정치질서를 구축할 것인가가 마키아벨리의 혼합 정체의 기본적인 문제의식이었다. 마키아벨리에 따르면, 어느 국가라도 항상 두 가지 경향이 있어 공존을 추구해야 하는데 많은 시민들은 자신의 이익에 기초하여 당파를 결성한 다음, 상호공존보다는 극단을 추구하기 때문에 부패하고 공동체의 파멸을 초래한다. 특히 귀족이나 부자와 같은 기득권층이 반대편에 있는 사람들을 억압하고 계속 자신의 특권을 향유하려고 할 때 그 공동체의 부패와 파멸은 가속화된다고 보았다. 이는 갈등을 이성의 비판적 기능과 변증법적인 경향, 즉 이 양자를 아우르는 정도에서 (회귀적으로가 아닌) 발전적으로 타협해야 한다는 것을 말한 것이다. 결국 이러한 혼합정의 성립요건에 관한 갈등의 옹호는 역설적으로 다수의 인민들의 의지가 거의 무의식적으로 지니고 있는 사회적 지성에 내재한 합리적 이성이 파괴될 경우 함께 혼합정체도 붕괴될 수 있다는 의미가 함축된 것이다.

마키아벨리의 인민들의 권력에 기초한 이런 정치적 견해는 아리스토텔레스의 부자와 빈자의 이분법적인 구도와 비슷하다. 아리스토텔레스가 현실적으로 존재하는 일반적인 정치질서의 경향인 민주정과 과두정의 구성요소인 부와 빈곤의 개념에서 착안하여 폴리테이아(politeia)를 구성하려 했다면, 마키아벨리도 국가 안에 존재하는 두 가지 계급, 즉 인민들과 귀족들의 욕망을 인정하고, 이를 실현시키는 변증법적 이성에 알맞게 조정하는 차원에서 갈등을 승화시키는 체제를 구상했던 것이다. 즉 만일 국가 안에 있는 각 계급의 욕망이 좌절된다면 정치적 발전은커녕 정치 안정에 위협적이 될 것이기 때문에 각자의 계급에 있는 독자적인 관점과 정신을 이해하고 존중하여 부와 계급의 절대적인 평등이 아닌 갈등을 전제하는 상호존중의 정신을 발휘하는 것이 필요하다. 따라서 각 계급은 공공이익의 실현에 노력해야 하는데 마키아벨리는 이런 공공의 복지는 군주정보다 여러 계급이 어울려져 있는 공화정에서 더 잘 실현할 수 있다고 본 것이다. 이것은 마키아벨리의 정치철학이 각 계급 간의 다원성이 공동체에 필요하고 이에 따른 내부 갈등은 정치발전에 건전한 현상으로 전개될 수도 있다는 정치생활의 계급적 기반을 인식하였다는 것을 의미한다. 어떻게 보면 마키아벨리에 있어서 국가 구성을 이루는 각 계급의 참여의 미덕은 계급성을 기반으로 하여 이루어진 것이다. 이 점에서 마키아벨리는 아리스토텔레스의 폴리테이아제의 사회경제적 개념으로부터 영향을 받았다기보다는 근대 산업문명의 영향 아래 그 개념(혼합정의 요소)들을 어느 정도 수용하였다고 볼 수도 있다. 이에 사회 계급 간의 갈등을 전제하면서도 전체적으로는 상호존중이 이루어지지 않았을 때 그 공동체는 붕괴한다는 주장을 입증하기 위해 마키아벨리는 로마공화정과 피렌체를 비교 분석한다. 그에 따르면 양 국가는 건국 초부터 평민과 귀족 간의 갈등이 있어왔는데 그 결과가 피렌체에서는 많은 시민들의 망명과 죽음으로, 로마에서는 법으로 해결된 이유는 정치권력의 분권화에 따르는 공유사상이 피렌체에 없었기 때문이다.

> "로마의 평민들은 귀족들과 함께 최고의 명예를 향유하기를 희망하였으나 피렌체의 평민은 귀족의 참여를 배제하면서 정부를 독점하기 위해 투쟁하였다. 로마 평민의 욕망은 보다 합리적이어서 귀족들에 대한 손상이 견딜 수 있을 정도여서 귀족들이 쉽사리 무기를 들지 않고 양보하였다. 한편 피렌체 평민들의 욕망은 해롭고 부당하여 큰 힘을 가진 귀족들이 스스로를 방어하였고 그 결과로 시민들의 희생과 망명이 뒤따랐다."(『플로렌스의 역사』, 3:1).

또한 마키아벨리에 따르면, 권력 갈등의 해결이 법이나 제도적으로 보장되지 않은 체제는 붕괴할 수밖에 없다는 입장을 밝힘으로써 로마에서는 극단적인 대립을 피하는 정신이 존재했기 때문에 붕괴 대신에 오히려 체제의 성장으로 나갔다. 물론 로마역사를 살펴보면 처음부터 극단을 피하는 정신이 존재했던 것은 아니다. 초기 로마의 왕정체제에서 왕이 귀족과 평민을 무시하고 권력을 독점하려고 하였지만 귀족과 평민의 반발을 초래하여 폐위되고 공화정이 수립되었던 역사적 사실이 있다.(『로마사 논고』, 3:5). 공화정체제에서도 평민과 귀족간의 대립이 날카로워 자신들의 자유를 지키기 위한 시도가 다른 측을 공격하게 되는 상황으로까지 전개되어 붕괴 직전까지 간 사실도 있었다. 그러나 로마인들은 그 대립을 갈등과 파괴로 나가게 한 것이 아니라 계급간의 대립을 완화시키기 위해 권력공유의 사상을 받아들여 이를 현실적으로 구현시켜 줄 수 있는 체제를 모색했다. 이 와중에서 로마공화정은 각 계급 간의 평등과 불평등, 이에 따른 대립과 불화를 해결할 법적, 제도적 장치를 폴리비우스가 이해한 것처럼 혼합정체에서 찾았다는 것이다. 그래서 로마공화정은 권력공유의 사상이 정치원리로 자리 잡아 어느 한 측이 권력을 독점하는 것은 상당히 위험한 사고로 인식되어 귀족에게 권력을 주기 위해 왕으로부터 전 권력을 빼앗는 일도 없었고, 귀족의 권력을 빼앗아서 그것을 인민에게 나누어주는 일도 없었으며, 오히려 그 삼자가 섞이는 혼합정체의 정신이 발휘되어 완전한 국가를 만들었다는 것이다.

마키아벨리에 따르면, 모든 정치체제의 불안은 정치권력을 독점하려는 생각에서 발생하기 때문에 권력을 중화시키는 견제와 균형의 권력관이 정치 안정에 매우 중요하다. 이런 사실은 고대 로마공화정의 임시독재 집정관과 10인회(Decemvirate)에 관한 설명에서 잘 드러난다. 1인에게 권력을 집중시킨 임시독재관직을 혼합정체의 위반으로 보는 견해에 대해 마키아벨리는 이 직책은 혼합정체의 파괴가 아니라 오히려 그것을 유지하는 로마정체만이 갖고 있는 제도라고 칭찬한다. 마키아벨리에 따르면 독재관이란 칭호가 로마를 노예상태로 만든 것이 아니라 권력자가 정권을 놓지 않으려고 자의적인 권력을 행사했기 때문이다. "독재관은 자신의 권위에 의해서가 아니라 일반적인 법에 따라 창설되는 한, 로마에 항상 유익하다. 스스로 만들어진 관직이나 불법적인 방법으로 획득한 권력이 실제로 공화국에 해를 끼치지 정당한 절차를 통해 획득한 권력은 해를 끼치지 않는다."(『로마사 논고』, 1:34). 임시 독재관은 임기도 6개월이고 안건도 비상사태에 한해서이며, 인민의 합법적 승인 하에 정당한 절차를 통해 창설된 관직이므로 거기서 행사되는 권력은 아무리 강력하다 할지라도 정당한 권력이기 때문에 결코 로마를 노예상태로 전락시키지 않았다고 본 것이다. 합법적인 절차에 의해 선출되고 권력행사가 정당하고 공개적이면 그 권력이 강하다고 할지라도 무방하다는 의견이다.(『로마사 논고』, 3. 28). 비록 로마에 독재관이 창설되었을 때라 할지라도 각각의 권한을 가진 호민관, 집정관, 원로원 등이 그대로 남아 있어서 독재관을 견제하는 구조를 유지하고 있었기 때문에 로마의 정체는 건전하고 여전히 혼합정체로서 남아 있었다. 그러나 피렌체의 10인회 (Decemvirate)는 인민들이 선거를 통하여 열 사람의 시민을 뽑아 입법의 임무를 맡겼는데 이들이 시간이 흐르면서 자기 이익을 추구하는 권력으로 변모하여 집정관, 호민관을 폐지하고 입법권을 손아귀에 넣고 로마인 전부에 속하는 모든 권리를 자기들만이 멋대로 좌우한 결과 견제와 균형의 원리를 무시하여 혼합정체를 파괴하는 일들을 자행하였다.

우리는 피렌체의 10인회와 로마의 임시 독재관과의 차이에 관한 마키아벨리의 분석을 통해 제도를 통한 권력의 견제가 자의적인 권력의 방지에 매우 중요하다는 것을 알 수 있다. 비록 로마에 독재관이 창설되었을 때라 할지라도 각각의 권한을 가진 호민관, 집정관, 원로원 등이 그대로 남아 있어서 독재관을 견제하는 구조를 유지하고 있었기 때문에 로마의 정체는 건전하고 여전히 혼합정체로서 남아 있었다. 반면에 피렌체의 10인회가 참주정으로 변모하게 된 것은 원로원과 평민이 자신의 권력을 추구하는 데만 관심을 두어 제3자에게 무제한의 권력을 부여해서라도 상대를 제압하려고 한데서 발생했다고 본다. 즉 기존의 견제와 균형의 체제를 파괴시켰기 때문이다. 그래서 마키아벨리는 견제 받지 않는 권력의 속성에 대해 다음과 같이 말한다.

> "인민이 그 권력을 위탁함에 있어서는 적절한 제한과 일정한 기간에 한해서 주어야 한다는 점을 전제로 해야 한다. …인민 전체가 부패되어 있지 않은 경우라 할지라도 유용성을 지니고 있는 것은 결코 아니다. 왜냐하면 절대적인 권력은 매우 빨리 민중을 타락시키고 그 권력에 따라 순종하려는 친구와 도당을 만들어버리기 때문이다."(『로마사 논고』, 1:35).

마키아벨리에 따르면, 로마에서는 법과 제도가 견제와 균형의 역할을 충분히 수행하여 평민들의 분노와 귀족들의 억압을 사전에 방지하여 자신의 계급적 이해만을 추구하는 극단성을 배제하는 권력공유의 사상이 있었기 때문에 국가의 힘이 강성할 수 있었다. 만일에 법과 제도로 조정되지 않고 합법적인 배출구가 없으면 각 계급은 자신의 이익을 관철시키기 위해 외국세력을 끌어들이게 되는데 이 점을 마키아벨리는 가장 경계해야 될 사항 중의 하나라고 주장한다.(『로마사 논고』1. 7). 그래서 적당한 분노와 노여움에 합법적인 배출구를 주어야 하며 그렇지 않을 경우 국력의 신장은 고사하고 국가 전체를 위태롭게 할지도 모른다고 보았던 것이다.

한편 마키아벨리는 계급, 혹은 집단 간의 불화와 갈등이 없었던 스파르타와 베네치아를 로마와 비교하여 로마공화정의 파당 간의 대립과 갈등이 국력의 강화를 초래했다는 사실을 입증하려고 하였다. 스파르타와 베네치아는 국내적 불화가 없었으므로 오랫동안 자유를 향유하고 통일을 유지하였으나 외국인을 시민으로 받아들이지 않는 폐쇄적 시민권 정책을 채택하였고 주민의 수가 적어 국가의 약화를 초래하였다.(『로마사 논고』, 1, 60. 3, 3). 이에 반해 로마는 평민과 귀족간의 갈등의 산물로 인해 평민에게 권력과 군사적인 힘을 주었고 전쟁을 통해 외국인에게 이주를 허락하여 국력이 신장되었다. 정치질서 구성원의 개방적인 충원체제가 국가의 힘을 강성하게 만들었다는 것이다.

마키아벨리의 혼합정체는 개방성을 강조하여 문벌에 좌우되지 않고 인재를 등용하는 체제이다. 이것은 모든 사람이 권력을 찾고 시민의 어떤 계급도 혁명을 할 필요성을 느끼지 못하는 체제이며 관직이 일반인에게 공개되어 있고 비공식적인 절차가 배제된 체제를 의미한다. 이럴 때 계급 간의 조화가 이루어질 수 있는 조건인 권력공유의 제도화가 이루어진다. 인민들이 지도자를 선출하고 국가를 자율적으로 통치할 때 위대하게 된다는 마키아벨리의 생각은 인민의 정치적 자유를 가장 잘 보장하는 체제를 구상하였다는 점에서 근대 자유주의와 상당한 관련이 있다. 그는 고대의 혼합 정체론자와 달리 공화정은 자율적 통치체제이어야 하며 이 체제에서는 누구나 공동체의 지도자가 될 수 있다는 점을 인식하였고(『로마사 논고』, 2.2), 또한 이 체제에서는 인간의 기본권과 자유가 보장된다는 것을 인식하였다.

그렇지만 마키아벨리의 권력공유사상은 다음에 살필 몽테스키외를 통해 이론화되고 정립된 권력 분립론과는 다른 시대적인 한계를 갖고 있다. 그것은 공화정 체제의 근간이라 할 혼합정체의 중심 원리는 사회 세력들-왕권, 귀족, 평민 사이의 견제와 균형이기 때문이다. 현대의 정치철학에서는 삼권 분립과 견제와 균형의 원리를 계급들 간의 견제와 균형과 같은 의미로 이해하면서 서로 혼용하고 있지만, 두 말은 엄연히 커다란 차이를 지니는 말이기 때문이다. 더 나아가 마키아벨리는 정치적 권력의 공유는 찬성하나 실질적이고 경제적 권력에 다른 계급이 참가하는 데는 반대 입장을 보인다. 그는 로마 공화정 하의 계급 갈등에서 평민들은 자신의 권익을 대변해줄 호민관이 창설되어도 이에 만족하지 않고 귀족 소유의 영예와 부를 나누어줄 것을 요구하여 공화국의 파멸을 초래하였다고 보았다. 그에 따르면 사람들은 명예보다도 부를 존중하여 로마의 귀족은 별다른 저항 없이 명예를 나누어 주었으나 일단 재산의 평등이 문제 되자 완강하게 이를 지켰고 그 바람에 평민들도 그 요구를 관철시키기 위해 그라쿠스 형제가 제시한 비상수단을 사용하여 체제의 근본을 흔들었다는 것이다. 따라서 마키아벨리는 어떤 집단이든 체제 자체에 도전하지 않는 한 갈등과 계급적 단합은 장려할 만하지만 체제자체를 뒤흔드는 요구나 급진적인 요구에 대해서는 수용할 수 없다는 입장을 보인다. 마키아벨리의 관점에서 계급 이익의 핵심은 재산의 보호, 혹은 재산에 대한 갈망인데 한 쪽의 이익을 옹호하는 법은 그락쿠스 형제의 농지법 파동에서 보듯이 오히려 정치적 혼란을 야기했다고 보아 다른 혼합 정체론자와 마찬가지로 극단을 추구하는 평등을 배격한다. 그래서 마키아벨리의 혼합정체에 적합한 원리는 경제적 평등을 극단적으로 추구하는 것이 아니라 부자의 정치적 갈망에 걸맞는 지위를 주는 상대주의적 평등관에 있으며, 이런 상대주의적 평등관은 플라톤, 아리스토텔레스로부터 내려온 평등관의 영향을 받은 것이다.

6. 마키아벨리의 고대 로마 공화국 예찬을 통한 정의론

다른 혼합 정체론자들과 마찬가지로 마키아벨리도 정치사회에서 정의의 문제를, 역설적으로 부패의 개념과 연관하여 그 역할을 광범위하게 연구하고 그 중요성을 인식한 대표적인 사상가였다. 특히 그의 정치사상에서 부패가 차지하는 비중은 매우 크기 때문에 부패에 대한 인식 없이는 당시 시대적 상황과 연관된 마키아벨리의 정치사상을 이해할 수 없다. 마키아벨리에 있어 부패란 군주나 시민미덕의 결여로서 공공이익보다 사적 이익이 만연된 경우를 뜻한다. 군주나 시민미덕이 결여되어 부패가 한 국가나 사회에 만연될 때, 그 사회구성원들은 공공선을 망각하게 되어 모든 가치를 사적인 영역에 두게 되며, 정치권력과 제도가 사유화되는 현상을 초래한다. 마키아벨리는 사유화된 정치사회는 공동체의 도덕적인 쇠퇴를 가져와 결국 국가의 몰락을 초래하여 다른 정체로 변하거나 이웃국가에 복종하는 결과를 낳기 때문에 군주나 시민미덕을 통한 공동체의 선에 헌신함으로써 이런 부패 현상을 치유할 수 있다고 보았다.

마키아벨리의 부패에 대한 분석은, 한편으로는 인간이 공동체를 이루어 살 수밖에 없는 필연성과 다른 한편으로는 인간의 삶에의 의지를 나타내는 개인적인 이기심에 기초한 힘과 권력에의 의지가 국가 구성원인 모두에게 존재함을 가정하는 데에서 발생하는 현상이다. 인간은 현실적으로 자기 존재를 보존하기 위한 본능과 확대하려는 본능에 사로잡혀 있다. 이러한 자아 존재의 보존과 확대의 본능은 자아 대내적으로나 타인과의 관계에서 대외적으로나 갈등의 원인이다. 그런데 인간의 삶에의 의지는 재화를 기초로 하는 삶에서는 풍요를 향유하기를 동경한다. 그럼에도 불구하고 현실에서는 재화의 결핍을 항상 겪기에 여기에서 재화에 대한 소유욕의 과다-과소의 관계로 나타난다. 그리고 재화에 대한 이러한 소유욕은 정치철학에서는 권력의 소유 여부와 함께 자유의 실현과 밀접한 관계에 있다. 군주나 귀족과 같은 자유를 만끽하는 사람들은 이의 상태를 보존하기를 원하고, 평민과 같은 권력과 자유가 결핍된 자들은 이를 확보하려는 투쟁을 한다. 결국 정의를 실현하려는 정치현상이라는 것도 사실은 이러한 인간의 힘에의 의지가 과다하게 발휘되는 것을 조정하는 데에서 성립한다. 그리고 이러한 조정의 덕을 마키아벨리가 중용에서 찾은 것은 마치 아리스토텔레스가 우리의 감정의 발생은 항상 과다-과소를 경험하기에 절제나 정의는 중용에서 성립한다고 말하는 것과 같다.

마키아벨리의 『로마사 논고』에서 나타나는 여러 나라의 흥망성쇠와 관련된 분석은 항상 현실에서 나타나는 군주나 귀족의 권력 지향의 정치의식과 평민의 정치권력에 대한 반항 의식 사이의 변증법적 갈등으로 표현되고 있다. 그에 있어서 단순 정체의 양극에는 군주정과 민주정이 있다. 군주정은 권력에의 의지가 항상 최고조로 나타난다. 그래서 군주는 자신이 모든 덕을 지닌 것처럼 위장한다. 마키아벨리는 『로마사 논고』 29장에서 '인민과 군주 어느 편이 국가에 더 배은망덕한가'라는 장에서 국가는 군주와 인민을 초월하는 존재로 표현되어 있으면서, 한편으로 군주의, 국민이 자신에게 바치는 충성에 배은망덕하게 되는 것을 다음과 같이 묘사하고 있다.

> “인간의 본성은 허영심이 많아 타인의 성공을 질투하고, 자기 이익추구에 끝이 없기 때문에 군주의 마음속에서 승리한 장군에 대한 시의심이 갑자기 싹트게 되며, 그것은 장군의 교만하고 방자한 언행에 더욱 커져갈 따름이다. 그런데 군주는 일신의 안위를 바라는 것 이외에는 어느 것도 염두에 두지 않는다. 그 목적을 관철하기 위해 생각하는 일이란 장군을 죽여 없애든가, 아니면 장군이 군주의 군대와 인민 사이에서 획득한 명성을 박탈해버리든가 둘 중의 하나이다. 또한 군주는 장군의 승리가 본인의 역량이 뛰어나서가 아니라 운이 좋았기 때문에 혹은 적이 비겁했거나 아니면 그 장군과 함께 작전에 참가한 다른 지도자들이 매우 신중했기 때문에 가능했다는 점을 보여주기 위해 온갖 노력을 다한다.”(『로마사 논고』 1:29).

반면에 민주정체에서는 인민들의 권력에서부터의 해방으로서의 자유에의 의지가 최고로 나타난다. 그래서 민주정체에서는 인민들이 각자의 자유를 확보하는데 최선의 노력을 하며, 그 결과는 공익을 생각하지 않고 방종에 이르게 되어 나라가 무법천지가 되기 쉽다. 이 때문에 마키아벨리는 공화국의 인민들은 배은망덕으로부터 벗어나지 못하는 것에 대해서도 놀라거나 특별히 주목할 필요는 없다고 말하면서 이러한 현상을 다음과 같이 설명하고 있다.

> “자유를 누리고 있는 국가는 두 가지 목적을 가지는데, 첫째는 자국을 강대하게 만드는 것이고, 둘째는 자국의 자유를 유지해나가는 것이다. 물론 두 가지 중 한쪽에 대한 욕망이 지나쳐서 과오를 범하기도 한다. 영토 확대와 관련된 실패의 예(국가에 충성하는 인민의 제국주의적 의지)는 다른 곳에서 논하겠지만 자유의 유지와 관련된 것은 이러한 것이다. 즉 (인민들이) 보상을 받아야 마땅한 시민을 박해하거나 신뢰할 만한 인물을 의혹의 눈초리로 보는 것이다. 또는 그러한 행위는 이미 부패되어 있는 공화국에서 커다란 재앙을 일으키기 쉬운데, (이는 앞에서 보았듯이 포퓰리즘을 구사하는 선동가들에 의해 역설적으로 자유로부터 도피처로서) 많은 경우에 참주정치를 더욱 촉진시키기도 한다. 즉 로마에서 카이사르는 인민들이 배은망덕을 통해 거부하려고 했던 것(권력)을 혼자의 힘으로 강제로 장악하였던 것이다. 그러나 그러한 행위는 부패되어 있지 않은 국가(모든 인민들이 공익과 나라를 생각하는 경우)에서는 커다란 이익을 가져다주어 그 나라의 자유를 장기간 지속시키는 원동력이 된다. 사람들은 처벌될 것이 두려워 처신을 올바로 하고 공명심을 억제하기 때문이

다."(『로마사 논고』, 1:29).

결국 군주정에서의 군주의 권력에의 의지와 민주주의에서의 인민들의 권력에서의 해방에의 의지가 격돌하게 되는데, 그것은 양자 공히 국가의 공익에 대한 사익추구의 형태로서 나타나며, 이러한 것은 '국가'에 대한 배은망덕으로 나타난다는 것이다.[24] 그리고 이러한 배은망덕은 국가의 존립을 불가능하게 하는 부정과 부패의 기원이 되면서 상호간에 처절한 복수극(vendetta)을 연출하게 된다. 그 결과 복수심에는 항상 (내가 하면 로맨스요 남이 하면 스캔들이라는 낭만주의적 정신의 논리인) 과도-과소의 심리가 작용하게 되어 중용을 실천할 수 있는 시간적 여유나 심적, 재정적 여유가 없는 상황이 발생한다. 예를 들면, 로마에서는 공화정이 파괴되고 제정의 역사가 전개되나 이는 로마 쇠락의 원인이 될 뿐이다. 그러나 로마 공화정의 갈등은 그 정도가 심하지 않고 공화정 정신에 충실한 경우에는 혼합정체의 장점이 나타나는 것으로 말하면서 어느 정도의 갈등의 장점을 인정한다. 반면에 갈등이 심각한 경우에는 계급에 상관없는 국가 발생 이전의 '자연 상태'를 가정하는 홉스와 같이 단일 정체를, 그것도 절대 왕정을 옹호한 대표적 사상가로 나타난다. 사실 홉스는 로마 체제의 약점은 주권인 권력이 분할되어 있는 점이며, 절대 왕정이야 말로 주권의 비분할성 때문에 가장 강력한 공동체를 이룰 것이라고 보았다. 홉스는 플라톤과 같이 갈등을 정치권력이 발휘되는 것에 대한 최대의 약점으로 간주하였고, 이러한 관점에서 갈등이 효과적으로 극복되고 권력이 통일적으로 발휘되는 결과에만 집중하다 보니, 현대에서 개발독제를 옹호하는 것과 같은 효과를 가지는 절대 군주정을 최상의 정체로 본 것이다.[25]

그러나 마키아벨리는 군주정은 전쟁시는 가장 효과적인 정체로 언급하면서도 평화시에는 이러한 계급 간의 갈등은 필연적인 것으로서 이러한 갈등을

24 마키아벨리의 배은망덕에 관한 사상 속에는 '국가'와 '사회'를 분리하는 근대 사상의 맹아가 숨어 있다.

25 T. 홉스(Th. Hobbes), *Leviathan*, 29장, 참조.

조화시키거나 조정하는 정신만 있다면 위기시가 아닌 평화시에는 오히려 이러한 갈등이 아리스토텔레스가 말한 중용의 정신에 따른다면 건전하다고 말하면서도, 다른 한편 정치체제로서는 이러한 갈등을 협의(concilium)와 대화로 극복하는 원로원이 있는 로마가 강성한 나라로 성장할 수 있는 원인으로 간주한다. 이 때문에 마키아벨리는 한편으로 『군주론』에서는 군주가 이러한 갈등을 통합하는 지혜가 권모술수이며, 다른 한편으로 고대의 로마의 공화정을 강력한 군대를 통솔하는 군주정의 요소(통령)가 함께 있는 혼합정체로 인식하고, 그가 보기에 당시 이탈리아의 부패의 원인은 모두 혼합정체의 정신을 망각했기 때문에 발생한 것으로 보는 것이다. 그리고 이러한 혼합정체의 사상이 국가 간에는 국가연방이나 국가연합을 이루는 사상의 기초가 된다는 것을 밝힌다. 고대의 혼합정체의 정신이 있었더라면 이탈리아는 그렇게 심한 타락의 양상을 보이지 않았을 것이라는 점에서 그의 부패에 관한 문제의식은 남다르다. 마키아벨리가 언급한 부패의 원인을 살펴보자

첫째는 종교이다. 고대의 초창기의 종교 정신과 의식의 부재가 당시 시민들 간의 부패의 원인이 된다고 보았다. 마키아벨리는 고대 로마공화정의 종교와 자신이 살고 있던 당시의 종교인 기독교를 비교하면서 고대 로마공화정의 번영과 행복에는 당시 이교도적인 종교(로마신화)가 절대적으로 기여했고 초창기의 기독교 정신도 국가를 강성하게 했으나, 마키아벨리 당시의 기독교는 원래 종교의 도덕적인 역할을 제대로 수행하지 못하고 세속에서의 초월적 생활을 동경하게 하면서 시민들과 국가를 부패시키는데 일조를 하였다고 본다.

> "고대의 이교도는 현세의 명예라는 점에 중점을 두고 이를 최고의 선으로 알고 있었기에 고대인의 행동에는 한층 더 힘이 있었다. …현대의 종교는 복종과 겸손을 가장 귀중한 것으로 알고 인간이 대처하지 않으면 안 될 일상의 일을 경멸하게 만들었다. …이런 생활 방법이 퍼져나감에 따라 세상은 더욱 더 나약해져서 극악무도한 자들의 미끼가 되지 않을 수 없다."(『로마사 논고』, 2:2).

고대 로마공화정에서는 키케로가 그의 『공화국론』나 『법률론』에서 누누이 말하고 있듯이 종교를 통해 인민과 지도자가 하나로 결합되고 애국심이 강조되었다. 고대의 종교는 평민과 귀족들 간의 대립이나 국가의 재난을 극복하는 중대한 역할을 하여 인민들 간의 분열을 방지하고 국가를 강력하게 만드는 매개체로서 혼합정체의 다양성과 함께 국가의 지속성에 도움이 되었다. 그러나 마키아벨리 당시 이탈리아의 기독교는 오히려 그 반대로 인민을 복종과 겸손만을 강하게 주장하면서 실제적 효용성에 대한 국가적 공헌을 실현하는 현실적인 능력을 경시하였기에 허약하고 결국 시민미덕을 약화시켰다. 마키아벨리가 보기에 로마 교황청 산하의 교회는 최소한 다른 나라가 통일을 이루는 것을 방해할 정도의 힘을 갖추고 있으므로 이탈리아의 내분과 약체화를 초래하게 되었고, 또한 사람들은 기독교의 영향으로 심성이 나약해졌다. 그래서 마키아벨리는 "교회나 그 성직자들 덕분에 우리들 이탈리아인들은 종교도 제대로 갖지 않고 잘못된 생활에 빠져 있으며 이탈리아의 붕괴원인이 되었다."(『로마사 논고』 1. 12)라고까지 주장한다.

기독교에 대한 이런 비판은 중세 신 중심의 이데올로기에 대한 도전의 표현이자 휴머니즘에 기초한 근대체제로의 지향을 나타낸다. 마키아벨리 당시까지의 지배 이념이었던 기독교에 대한 신랄한 비판은 그 이후의 근대정치사의 한 획을 긋는 종교 혁명과 연관되며, 중세의 신 중심의 지배 이념을 몰락시키고 근대 국가체제의 설립의 사상적 기원을 이루게 되었다. 그렇지만 마키아벨리가 기독교의 논리에서 완전히 이탈하여 세속적인 이교도의 논리를 숭상한 것은 아니다. 그는 역설적으로 기독교의 부패와 세속화된 기독교의 잘못된 부분을 강조하여 정치에서의 부정적인 역할을 언급하는 것을 주목적으로 삼은 것이지 기독교 자체의 신권과 함께 인권, 양자를 보호하는 신 중심의 휴머니즘적 논리에 관해서는 별로 관심이 없었기 때문에 기독교 자체가 가진 교리의 일견 모순적으로 보이는 인간들의 해석에 대한 정교한 분석을 하지는 않았고, 실제로 그의 정체 순환관에는 은연중에는 기독교적인 관점을 반영한

면도 없지 않다. 이러한 마키아벨리가 '자신이 아는 모든 것'을 담았다고 하는 『군주론』과 『로마사 논고』에 나타난 섭리관을 스트라우스는 자신의 이교적 신관으로 다음과 같이 요약하고 있다.

> "인간은 본성적으로 다른 인간에게 배은망덕할 수밖에 없으므로, 그는 신에게 감사할 필요가 없다. 죄를 저지를 수밖에 없는 자연 필연성이 있다고 한다면, 신에게 악의 근원을 돌려야한다. 신은 순수한 선이라거나 최고선이라고 부르며 어떤 악도 내포하지 않는다고 말해서는 안 된다. 인간은 신에게 분에 넘치는 은총을 받았다고 감사해서는 안 되는데, 역시 분에 넘치는 고통을 그만큼 받았기 때문이다. 신보다는 필연성이, 또는 신을 지배하는 필연성이, 아니면 신이 갖는 필연성(내지는 우연)이야말로 인간의 지혜나 어리석음의 결과가 아닌 행불행의 원인이다(인간 재능의 결여도 아니다). 우리는 정의로운 자가 지배할 때만 정의로운 응보를 기대할 수 있다. 다른 모든 정의로운 정부란 환상이다. 정의로운 자의 효과적 지배수단은 탁월한 무력, 인간적 현명함, 그리고 어느 정도의 행운이다. 운이 악인보다 선인에게 따른다는 증거는 조금도 없다. 신은 재판관도, 중재자도 아니며 중립자이다. 극단적인 불의가 인간의 증오, 저항, 복수욕에서 생긴다는 말이 맞다면, 완벽한 정의는 정부의 손발을 묶는다는 말 역시 맞다. 국가는 정의와 불의의 분별 있는 배합에 의해서만 다스려진다. 신은 가장 강력한 군대와 함께하며, 그것은 많은 군대를 가지고 있다는 뜻은 아니다. 덕, 즉 인간 자신의 덕과 운이 섭리를 대신한다.[26]

마키아벨리가 부패의 원인으로 또한 심각하게 생각한 것은 부의 불평등이다. 부의 불평등은 고대에서부터 항상 논란이 되어온 문제인데, 마키아벨리도 부가 권력과 마찬가지로 소수에게 집중되어 있는 정치체제는 부패하기 마련이라고 보았다. 부의 불평등이 정치체제에 왜 해로운가? 마키아벨리에 따르면 부유한 시민은 필연적으로 부를 보존하고 증대시키려고 하여 가난한 사람들과의 투쟁을 야기하며, 또한 관리들을 매수하여 자신의 이익을 실현시키

26 레오 스트라우스, 266-267쪽들.

려고 하기 때문에, 즉 정경유착으로 나타나는 부의 불평등은 항상 위험하다고 보았다. 그 대표적인 예가 부자들의 탐욕으로 인해 발생한 로마의 부패 현상이다. 원래 고대 로마공화정에서는 부가 공직취임의 기준이 아니라 미덕이 공직취임의 기준이 된 체제이며 공직자의 검소와 빈곤이 칭송되는 체제였다. 그러나 부자가 시민들을 매수하여 부를 기반으로 공직에 취임하려고 하면서 로마공화정은 타락하기 시작하였으며, 특히 구락쿠스 형제의 농지법 개정을 계기로 로마는 혼합정체의 원리를 망각하고 혼란과 무질서에 빠져 부패 현상이 사회에 만연되었다는 것이다.(『로마사 논고』 1. 37). 마찬가지로 마키아벨리 당시 이탈리아도 소수의 부자가 관직을 매수하고 관리들은 부자에게 약하여 그들의 이익에 봉사하려고 하였기 때문에 정치질서가 문란하게 되었고, 이에 대해 다수의 시민들의 불만이 쌓여 있었다. 그래서 부패하지 않은 공화국에는 시민들 간에 평등의 원칙이 확립되어 있어 공동의 선이 도모되나, 부패한 공화국에는 부자 혹은 특권계급이 많은 재산에서 발생한 수입으로 나태와 방탕을 일삼으면서 사회에 심한 해를 끼친다고 보았다.

부의 불평등과 연관되어 마키아벨리가 위험하다고 본 세 번째 것은 권력 공유의 사상이 법이나 제도적으로 확립되어 있지 않아 개인이나 소수의 집단에게 과도한 권력이 집중될 때이다. 권력이란 부와 기타 여러 가지 이권을 초래하기 때문에 자의적인 권력은 그 사회의 엄청난 불화와 이에 따르는 복수극으로 인하여 불안을 야기한다. 이 점은 고대 로마나 마키아벨리 당시의 피렌체 공화정에서 귀족과 평민 간의 대립의 역사를 살펴보면 잘 드러난다. 물론 마키아벨리는 고대 로마공화정에서의 귀족과 평민 간의 대립을 긍정적으로 보고 있지만 이것은 로마 공화정 체제의 원로원의 국가 전체의 현실에 기초한 현명한 판단과 인민들의 평등사상의 특수성에 기인한 것이고, 피렌체를 비롯한 그 당시 이탈리아 대부분의 국가에서는 이러한 갈등이 역설적으로 사회혼란과 정체의 타락을 초래하게 되는 결정적인 요소로 보았다. 그는 로마의 10인회(Decemvirate)체제 분석을 통해 견제와 균형이 없는 권력이 어떻게 부패할 수 있는가를 설명하고 있다. "그들은 모든 권리를 자기네들만으로 멋대로 좌우하기로 하였다. 아무 제약도 받지 않는 권력이 실재한다면, 민중 전체가 조금도 부패되어 있지 않더라도 국가의 안전은 보장 못한다."(『로마사 논고』, 1:40).

마키아벨리는 견제와 균형이 없는 절대적인 권력은 즉각 그 국가를 부패시키고 부패가 만연하면 국가는 필연적으로 참주정으로 간다고 주장한다. 특히 커다란 명성과 평판을 얻은 인물의 수중에 절대 권력이 놓여있을 때 그것은 가장 위험스럽고 해로운 권력의 양태라고 볼 수 있다. 이러한 예는 카이사르에서 볼 수 있으며, 이를 방지하기 위해 인민들은 항상 감시해야 한다고 말한다.(『로마사 논고』, 3. 28). 혼합정체의 상호 견제의 원리가 적용되지 않을 때 정치체제는 필연적으로 부패한다는 것을 잘 지적한 것이다. 마키아벨리의 부패의식은 당시 문명에 대한 비판과 맥이 닿아 있다. 마키아벨리의 관점에서 당시 문명은 혼합 정체적 요소를 망각하여 부와 권력을 탐하여 자의적인 권력의 행사가 만연되고 군주나 인민은 자기 이익의 충족에만 관심을 쏟아 고대의 미덕을 존중하지 않는 풍토였다.

왜 마키아벨리는 고대의 미덕을 언급하고 고대로 돌아가자고 하는가? 부패를 치유하기 위해 본받아야 할 이상적인 고대의 미덕은 바로 로마 공화정의 삶의 방식이며 혼합 정체적 사고이다. 마키아벨리는 어느 시대를 막론하고 이 세상의 모든 일은 과거에 매우 비슷한 선례를 가지고 있기 때문에 인간들의 행동은 예측가능하며 여기에서 교훈을 얻어야 한다고 주장한다.(『로마사 논고』, 1. 39). 이것은 과거의 역사로부터 교훈을 얻어야 한다는 폴리비우스의 역사관과 동일하다. 그래서 혼합정체의 원리를 채택하면 부패에서 벗어나 건전하고 안정된 정치질서를 수립할 수 있다고 본다. 정치체제의 공동선을 영위하는데 있어 부패문제를 해결하지 않고는 이루어질 수 없으므로 부패할 여유가 없었던 과거의 찬란했던 시기를 준거로 삼아 혁신을 꾀하고자 했던 것이다. 그래서 고대 로마공화정 제도와 관습으로 일방적으로 돌아가기보다 그 사고와 정체를 본받아 현실의 정치에 어떻게 적용하고 부합시킬 것인가가 그의 고민이며 혼합정체의 문제의식이기도 하다.

부패 문제의 해결을 위한 고대예찬에는 또한 고대의 미덕, 비르투(Virtu)에 대한 칭송이 담겨있다. 고대와 달리 마키아벨리 당시에는 비르투가 존재하지 않기 때문에 부패가 필연적으로 발생한다고 보았다. 공동체를 유지시키는 비르투는 정치의 활력소이자 정치질서의 안정의 원동력이 되며 정치에서 필요로 하는 것이 무엇인지를 알게 하는 사려를 뜻한다. 그런데 이런 비르투 개념과 역할은 폴리비우스가 그러했듯이 마키아벨리의 정체 변화와 순환관과 관계된다. 비르투를 통한 정치질서의 안정은 상대적으로 경각심과 사려를 사라지게 하여 인민들과 지도자가 정치적 나태를 초래하게 된다. 즉 정치적 안정으로 인해 사람들의 정신에서 비르투가 사라지게 되자 다시 정체는 부패하게 되고 정체의 순환을 초래한다고 마키아벨리는 보았다. "비르투가 안정을 초래하고 안정이 게으름을, 게으름이 무질서를, 무질서가 파멸을, 파멸로부터 질서가 야기되고, 질서로부터 비르투가 형성되며 이 비르투를 통해 영광과 행운이 이루어진다."(『플로렌스의 역사』, 5:1).

마키아벨리는 이런 부패의 정도를 인민의 타락여부와 관련시켜 치유할 수 있는 부분적인 부패와 치유할 수 없는 정치체제의 완전한 부패로 구분하였다. 부분적인 부패는 국가 지도자가 부패한 경우이고 완전한 부패는 지도자와 인민 모두를 포함해 부패한 경우인데, 지도자들이 부패했다면 인민들이 지도자의 부패에 대해 저항할 수 있어 정치체제의 건전성을 손상시키지는 않지만 인민들이 부패해 있다면 고치기가 힘들다고 말한다.(『로마사 논고』, 1. 17). 인민이 부패하여 정치체제 전체가 부패한 경우에 마키아벨리는 새로운 힘의 관념을 도출해내는데, 그것은 새로운 강력한 절대 권력으로써 이것을 통해 부패한 체제를 해결 할 수밖에 없다고 본다. 인민이 부패하고 이에 따라 전체 정치질서가 부패하면 법과 제도는 무용지물이 되기 때문에 부패한 국가에서 새로운 제도를 건설하기 위해서는 예외적인 능력을 지닌 예외적인 인간이 필요하다.

그런데 이런 예외적인 인물이 절대 권력을 지닌 군주를 뜻하는 것은 아니다. 군주의 강한 권력의 장점을 마키아벨리는 늘 생각했지만 군주제를 옹호한 것이 아니라 오히려 혼합정체에서의 군주정적인 요소를 강조한 것이라고 볼 수 있다. 특히 한 종교나 공화국이 오래 존속하기 위해서는 종종 건국 초기나 종교의 생성 초기정신으로 되돌아가야 한다고 말한다. 왜냐하면 건국 초기나 종교의 생성 초기에는 한 국가나 종교를 창시할 당시의 국가 건설에 필요한 건전한 정신이 군주나 인민들에게 살아 있기 때문이다.(『로마사 논고』, 3, 1).

7. 공화주의 전통

현대에서 사용되는 공화주의, 혹은 공화정은 복잡하고 애매모호한 개념이다. 가장 오래되면서 일반적인 개념은 로마 공화정을 의미하는데, 로마 공화정은 통령이 군대 조직의 수반으로서 국가행정의 수반임을 전제한 것이며, 군주정과 귀족정이 혼합된 형태로서 귀족들을 대표한 원로원의 의사결정과 통령의 통치 권력이 상호 균형과 조화를 이룬 체제를 의미했다. 그러나 근대 산업문명이 일어나면서부터 공화정은 플라톤이 말한 지배자의 수에 따른 분류로서 군주제와 반대되는 정체를 뜻한다.[27] 이 때문에 두 번째 공화정의 의미는 르네상스 인문주의 관점에서 시민 미덕을 강조하여 공공선을 지향하는 체제를 뜻한다.[28] 이 두 번째의 의미에서의 공화정도 사실 고대 귀족의 덕보다는 근대 산업혁명과 관련하여 도시에 나타난 시민들의 의지가 강조된 혼합정을

27 몽테스키외는 정체를 군주정, 공화정, 전제정의 3 유형으로 분류하면서 국민 전체, 혹은 국민 일부가 주권을 가지면 공화정으로 규정한다. 그래서 공화정에서 국민 전체가 주권을 지니면 민주정이고, 국민 일부가 주권을 가지면 귀족정으로 분류함으로써 공화주의에 민주정과 귀족정이 있음을 말한다. 몽테스키외, 『법의 정신』, 1부 2: 1-2.

28 마키아벨리와 루소는 'res publica'의 개념을 공동복지 개념으로 해석한다. 특히 마키아벨리에 영향을 받은 루소는 『사회계약론』 원주에 공화정이라는 개념에 관해 그 자체가 법률인 일반의지의 지도를 받는 모든 정부로 이해한다. 루소, 『사회계약론』, 2:6.

의미한다. 세 번째는 주권의 양식을 나타내는 민주정과는 차이가 있으나, 시민의 동의가 중요시되는 모든 정부의 통치양식으로 보는 견해이다.[29] 넷째는 1,800년대 이후 민주주의 정치이론에서 간접 민주주의를 뜻하는 대의제를 지칭하여 사용하는 개념이다[30]. 이 네 번째 의미에서 볼 때 공화주의는 대의 민주주의와 결부되면서 그 의미가 혼용되어 실제로 민주주의와 차이점을 구별하는 것이 별로 의미가 없어졌다.

마키아벨리는 공화정을 어떻게 이해했는가? 마키아벨리는 『군주론』에서는 한편으로 군주정과는 반대의 개념으로 공화정의 개념을 사용하여 모든 국가나 지역은 공화정이 아니면 군주정이라고 보았다. 그러나 저작에서 사용되는 공화정이란 용어는 대체로 로마 공화정을 모델로 하여 군주정을 배제하면서도 민주정 또한 배제하는 의미로 사용된다. 그러나 그는 『로마사 논고』에서는 공화정을 군주정과 민주정의 중간 단계에 있는 일종의 명예를 중시하는 귀족 정신이 주체가 되는 형태로 보았으나, 지배자의 수에 따른 분류가 아니라 공동선을 향상시키는 어떤 종류의 정체도 공화정이 될 수 있는 반면에, 공동선에 대한 관심이 부족한 국가는 모든 제도적 유용성을 갖고 있음에도 불구하고 공화정이라 부를 수 없다고 보았다. 이러한 측면에서 보면 마키아벨리의 공화정의 정신은 세 번째의 의미를 지닌다. 피렌체 공화정과 같이 약하고 결단력이 없는 국가에 대해서 지배자의 수에 따른 공화정이란 용어를 사용하지만 진정한 공화정은 이 나라를 비판하는 데에서 잘 드러난다.(『로마사 논고』, 1:38). 따라서 마키아벨리에게 공화정이란 공공생활을 지탱케 하는 습관,

29 칸트는 공화주의의 체제로서 1, 사회구성원의 자유의 원리가 있고, 2, 단일한 공동 입법자에 모든 사람이 복속되어야 하며, 3, 모든 사람이 평등하다는 것이 보장되는 것을 든다. I. 칸트(I. Kant), 『영구 평화론』, 참조.

30 건국 초기 미국에서는 몽테스키외와 같이 초기 군주정에 반대되는 의미로 군주가 없는 모든 정체를 공화정으로 보았으며, 선출된 대표자들의 정치라는 의미로 공화정이 사용되었다. 즉 1800년도 이후 대의제가 국민 주권을 대변한다는 사고가 팽배하면서 공화주의와 민주주의 간에 구별이 모호해졌다. R. A. 달(R. A. Dahl)은 근대 초기 공화정에는 귀족정의 요소와 민주정의 요소가 함께 있는 혼합정의 형태를 띠었는데, 민주정의 요소가 강한 공화정이 권력분립이론을 받아들였고 대의제를 수용하면서 민주주의 개념과 결합되었다고 본다. R. A. Dahl, *Democracy and its Critics* (Yale University Press, 1989), pp. 27-28.

관습, 전통을 의미하는 것으로써 모든 구성원들이 사적인 이익보다는 공익을, 사적인 미덕보다는 공적인 미덕을, 즉 국가구성원들의 사적 이익보다 공익을 지향하는 공동체 의식을 우위에 두는 체제로 인식해야 한다.

마키아벨리의 공화주의는 공공활동에 참여하는 시민 미덕의 공화주의로서 아리스토텔레스와 폴리비우스의 공화정으로 대변되는 고대 그리스-로마의 고전전통으로 돌아가는 권력자의 미덕만이 아니라, 모든 인민이 지닐 수 있는 미덕을 기초로 하여 성립하는 공동체를 회복하여 개인의 욕구와 이익의 통합보다 공공선의 관념을 더 우선적으로 추구하는 이념을 뜻한다. 이것은 물론 로크로부터 기원하는 재산권에 기반을 둔 계약론적 사고를 지닌 공화주의와는 차별성이 있다. 계약론적 공화주의는 개인의 자유와 재산권을 강조하여 공동체의 영역보다 개인의 자율적인 영역을 강조하는데, 마키아벨리를 이런 관점에서 볼 수는 없다. 마키아벨리에 있어 공화주의란 체제유형이나 정부양식에 관한 것이라기보다, 군주가 민의를 최우선으로 중시해야 한다고 말하는 『군주론』에서 드러나는 바와 같이 통치자의 정치를 바라보는 사고나 가치로서 민의를 중시한 것이며, 다른 한편으로는 시민들이 지니는 일반의지에 기초한 미덕을 인식해야 하며, 이런 맥락에서 민의의 일반의지가 반영되는 정체를 정체의 명칭에 상관없이 마키아벨리의 공화주의 의미로 이해해야 한다.

마키아벨리는 혼합정체를 특별히 하나의 주제로서 언급하지는 않았지만, 한편으로는 『로마사 논고』에서는 혼합정체의 성격을 띠고 있는 고대 로마공화정을 가장 이상적인 공화주의 모델로 제시하여 자신이 살고 있던 당시의 힘이 없고 부패했던 정체의 격변에 따르는 혁명과 고난의 암울한 시대를 극복하기 위한 현실의 대안으로 제시하였다고 볼 수도 있다. 그래서 그는 『군주론』에서도 군주가 민의를 항상 염두에 두는 군주로서, 그리고 『로마사논고』에서는 민의를 중시하는 군주가 귀족과 인민의 갈등을 이용하면서 자신의 권력을 유지하되, 귀족들의 부패한 정신 때문에 참주의 정치가 귀족을 겸손하게 만들 수 있다는 주장까지도 할 수 있게 된다. 종합하면, 그는 인민을 단순한 통치대상이 아닌 정체에 영향을 미치는 국가의 목적이나 국가의 의지의 주체로서 등장시켰고, 귀족이나 인민의 덕성을 중심으로 한 미덕의 공화국을 이상적 정체로 제창하였는데, 그 미덕의 공화국의 정체는 또한 각 정체의 장점을 혼합한 것으로서의 혼합정체라고 볼 수 있다.

다른 한편, 마키아벨리는 고대 그리스적인 혼합정체 사상을 상당부분 수용하였다고도 볼 수 있는데, 그것은 경제적인 문제에서 아리스토텔레스의 폴리테이아제의 중요성을 인정하였다는 점에서 나타난다. 앞에서 살펴보았듯이 아리스토텔레스는 정치질서의 안정을 위해서는 부와 빈곤의 양 계급을 혼합하여 서로의 극단적인 경향을 막고자 했는데, 마키아벨리도 이런 아리스토텔레스적인 부와 빈곤의 절충개념을 용인하여 정치적 안정을 추구하기 위해서는 부와 빈곤의 혼합이 필요하다는 것을 인정하였다. 아리스토텔레스의 정치철학에서는 혼합의 기본이 되는 부를 둘러싸고 두 개의 일반적인 정체가 나타났듯이 마키아벨리도 모든 정체에는 인민적인 경향과 귀족적인 두 가지 경향이 항상 존재한다고 보기 때문에 이 두 가지의 경향을 어떻게 잘 조화하느냐에 따라 그 정체의 안정이 달려있고 정체의 붕괴현상을 방지할 수 있다고 주장한다.(『로마사 논고』, 1:4). 이러한 관점에서 보면, 마키아벨리의 국가 내의 계급 간의 조화에 관한 문제의식은 아리스토텔레스의 부와 빈곤의 문제의식과 동일하다고 볼 수 있다.

마키아벨리는 로마공화정의 형성과정을 고찰하면서 폴리비우스의 논리를 수용하여 정체 변화나 순환과 단일정체의 폐해를 언급한다. 마키아벨리에 따르면 모든 단일정체는 결점으로 가득 차 있다. 왕정, 귀족정, 민주정은 각각 국가 전체의 공익을 우선하는 한 선한 특성을 갖고 있으나, 각 체제가 자기 계급의 이익을 추구하려는 데에서 절대 권력을 지향하게 되며, 절대 권력은 부패로 인해 생명이 짧다는 결점을 갖고 있다고 말한다. 왕정, 귀족정, 민주정에 따른 세 가지의 나쁜 정체는 본래 각 정체가 지니고 있는 부패하기 쉬운 성격, 군주정일 경우는 군주 개인의 변덕으로, 귀족정은 명예심의 고양으로 인한 절대권력 추구로 인해, 민주정의 경우는 개인적인 자유에 대한 방종으로 인한, 일반적으로 말하자면 한 인간이 지닌 이기심에서 기원하는 마음의 변덕에서 결점을 찾고 있기 때문에 마키아벨리는 이런 단일정체의 폐해를 해결하기 위해 혼합정체의 유용성을 부각시킨 것이다. 그리고 이러한 혼합정체를 법적으로 제정하여 국가를 항구적인 안정성 가운데 놓고자 한다.

> "모든 정체는 결점으로 가득 차 있다. 입법자는 이런 결점을 인식하여 한 가지 정체를 채택하지 않고 세 가지 좋은 정체의 장점들을 취하여 가장 안정되고 굳건한 정체를 선택해야 한다. 그것은 한 도시 안에 왕정, 귀족정, 민주정이 존재한다면 서로 견제하는 체제가 형성되기 때문이다."(『로마사 논고』, 1:2).

마키아벨리는 『로마사 논고』에서 고대 로마공화정의 역사를 검토하면서 초기 건국시에는 어떤 공화국이나 왕국도 자신의 이익이 아니라 나라 전체(res publica)의 일반적인 선을 추구하고자 하는 한 사람에 의해 처음부터 잘 조직되거나 예전의 제도들을 고려하지 않은 채 좋은 나라가 이루어질 수 없다고 한다. 또한 이러한 지도자는 왕국을 세우거나 공화국을 세우기 위해 사용한 부당한 행위에 대해서는 책망 받지 않는다. 결과가 좋다면 그 결과가 항상 그를 용서한다는 것이다. 물론 절차부터 정당하다면 더 좋겠지만 창조적 파괴는 허용된다는 것이다. 그러나 이러한 창조적 파괴는 그가 장악한 권한을 유산(세습)으로 남겨서는 안 된다고 덧붙이고 있다. 인간은 선보다는 악에 기울기 십상이므로(공익보다는 사익에 충실하므로) 그 후계자는 그가 고귀한 목적에 따라 사용한 것을 자신의 야심을 충족시키기 위해 사용하기 때문이라는 것이다. 이러한 세습에 대한 부정 관념이 플라톤이나 아리스토텔레스보다 더 뚜렷한 것은 그가 정치권력의 본질이 현실적으로 경제적인 것에 있다는 것을 자각한 근대적 민주주의 사상에 더 가깝다는 것을 드러낸다.

더 나아가 마키아벨리가 공화정을 민주정에 가깝게 이해하는 것은, 건국에는 한 인물이 적합하다고 해도 일단 조직된 정부는 그것을 유지하는 부담이 한 사람의 어깨에만 걸려있다면 오래 유지될 수 없기 때문에, 그 정부를 많은 사람이 보살피게 될 때, 즉 그 유지가 많은 사람의 경험적 지혜와 이를 바탕으로 한 나라 전체의 공동선을 협의와 타협에 의해 끊임없이 조정하면서 이에 따른 책임에 내맡겨질 때 오래 지속된다는 것을 통찰한 아리스토텔레스의 사상과 유사하다. 사람들은 본성상 초기의 공동선을 이루려는 건국 정신을 세월이 흐르면 잊어버리고 안일과 욕망에 따르는 부패 때문에 주기적으로 건국 정신을 일깨우고 시대와 환경변화에 적응하면서 공동선을 이루려는 지혜와 협의의 노력이 없다면 철저히 개혁되는 경우란 거의 없거나 결코 없다고 한다. 그리고 공동선을 이루려는 노력의 결과로 나타나는 이러한 현실적인 지혜에 부합하는 것을 제도와 법률로 제정한다면 나라가 전쟁이나 혁명의 소용돌이로부터 안정되게 지속된다고 말함으로써, 왕정보다는 공화정에서, 그리고 공화정에서 법률이 잘 제정되어 있을 경우에 나라나 인민의 삶이 평화와 안정된 삶을 유지한다는 자신의 정치철학을 말하는 데에서는 분명 혼합정을 이상으로 삼고 있음이 분명하다.(『로마사 논고』, 1. 9).

물론 마키아벨리가 폴리비우스의 정체 순환과 혼합정체의 이론을 단순하게 나열하는데 그친 것은 아니다. 폴리비우스와는 달리 마키아벨리는 근대 인문주의자의 영향을 받으면서 기독교에 반하는 인간성의 현실주의적 경향에 대한 심리학적 통찰 이론들을 통하여 국가를 구성하는 개인들의 개인주의적인 이기심을 통해 국가 건설의 원인은 물론, 역설적으로 정체 순환의 이론이나 이에서 벗어나 국가를 안정시키는 이성과 덕성의 발달이 가능하며, 이러한 이성과 덕성의 조화를 이룬 혼합정체의 이념에 도달한 것이다. 마키아벨리의 이러한 정치철학은 역설적으로 플라톤이 폄하해버린 인간 욕망과 심리에 관한 현실적인 인식에 기초하여, 국가사회 구성에 있어서 인민의 생존권에서 비롯된 자유에 관한 관념에서 지배-피지배자의 비루투(덕)의 관념에로의 발전을 가능하게 한 역사적 과정에 대한 지적 분석을 가능하게 할 수 있게 하여, 자본주의와 결부된 근대 민주주의 정치사상의 기초를 놓았다 할 수도 있다.

요약하면, 혼합정체의 특성은 계급 대립의 견제와 균형을 통한 권력의 인간 욕망에 따르는 자의성을 완화시키고 조정을 가능하게 하여 계급 간의 갈등을 겪으면서도 상호공존을 통해 일종의 권력공유가 제도화된다는 지극히 현실적인, 그래서 현대적이라고까지 말할 수 있는 민주주의적 정치철학의 기초가 되는 것이다. 즉 마키아벨리의 정치철학에서는 군주는 지배할 권리가 보장되고, 시민의 지배받지 않을 자유(생존권)가 보장될 뿐만 아니라[31], 이에서 나아가 마키아벨리는 국가 형성의 목표가 되며, 국가사회를 이루고 있는 사회의 모든 집단이 국사결정에 참여하여 자신의 이익을 실현시킬 제도적 수단을 갖고 있어야 각 계급이나 집단 간의 극단적인 충돌을 방지하는 견제와 균형의 원리가 원활히 작동된다고 보았던 것이다. 폴리비우스의 혼합정체론를 반복하는 듯한 마키아벨리의 정치사상을 통해 폴리비우스와 마키아벨리는 비슷한 문제의식을 가졌다는 것을 알 수 있다. 두 사상가는 이탈리아라는 특수한 상황에서 통일된 국가권력의 힘에 대해 찬미와 경탄을 보이는데 폴리비우스는 이미 형성된 로마 공화정을 군주정과 귀족정을 혼합한 혼합정체의 성격을 지닌 것으로 분석하였으며, 이러한 혼합정체에서도 먹고 사는데 있어서 자유를 지향하는 보편적인 인간성을 본능적으로 지닌 '민의'가 항상 중요시되어야 한다는 것을 염두에 두고 있다. 마키아벨리는 다양한 도시국가들의 연합 형태로 존재하던 이탈리아에서도 형성되었으면 하는 통일된 국가에 대한 기대가 로마라는 고대의 세계제국에 대한 향수와 함께, 여러 도시국가로 분열된 이탈리아의 현실을 통일한 연합이나 연방 형태의 혼합정체적인 국가에 대해 관심을 가졌다고 볼 수 있다.(『로마사 논고』, 2. 4). 우리는 여기에서 아리스

31 이러한 자유의 개념은 고대 플라톤이나 아리스토텔레스가 말한 시민이 지니는 자유(능동-수동에서 기원하는 지배하고 동시에 지배받는 것을 전제하는 자유) 개념에서 확장된 것으로서, 개인 고유의 사적인 삶의 가능성을 지칭하며, 역설적으로는 국가에서는 자의를 발휘하는 방종까지도 함축하는 자유이다.(『로마사 논고』 1. 5.)

토텔레스가 "한 사람의 지혜보다는 여러 사람의 지혜가 나으며 개인보다는 가족에서 국가의 단위가 형성된다는 데에서 출발한 혼합정체 사상에 마키아벨리적 현실주의와 고대 스토아적인 세계시민의 이성적 휴머니즘[32]이 더해진다면 연합이나 연방형태로서 나타나는 세계국가의 이념에도 도달할 수 있다는 가능성을 몽테스키외의 정치철학사상을 살펴봄으로써 확인할 것이다.

32 스토아적인 자연주의적 이성 중심의 휴머니즘 사상은 현대에서는 인류에 보편적으로 나타난 인권 사상의 씨앗으로 볼 수도 있다.

Chapter 05

몽테스키외의 법의 정신

1. 『페르시아인의 편지』에서의 미덕과 자유
2. 『로마인의 흥망성쇠 원인론』과 공화정신.
3. 『법의 정신』에 나타난 혼합정체론
4. 권력 분립론
5. 혼합정의 사회학
6. 입법적 정의: 자유와 평등의 관계

Chapter 05

: 몽테스키외의 법의 정신

1.『페르시아인의 편지』에서의 미덕과 자유

몽테스키외(Charles Louis de Seconda Montesquieu, 1689-1755)의 본명은 사를 구이 드 세콩다이며, 몽테스키외라는 이름은 1716년 숙부인 보르도(Bordeaux) 고등법원장 몽테스키외 남작, 장 바티스트가 세상을 떠남에 따라 이로부터 물려받은 것으로서 법복 귀족(法服貴族) 가문[1] 출신의 아버지 자크 드 세콩다와 영국 출신의 어머니 마리 프랑수아 드 페늘 사이에서 독자로 태어났다. 재정적으로 부유한 집안에서 가정교사를 두고 공부하였으나 어머니가 일찍 돌아가심에 따라 11세 때 가까운 보르도에 있는 명문 콜레쥐 드 쥐이에서 공교육을 받기 시

1 18세기 프랑스 귀족은 군사적 가문 출신의 구귀족(대험 귀족)과 법관과 관료 신분의 신귀족(법복 귀족)으로 나뉜다.

작했고, 19세에 보르도 대학 법학부를 졸업했다. 그의 나이 32세에 출판한 『페르시아인의 편지』[2]는 일종의 서간체 수상록으로서 루이 14세 사후에 집권한 섭정체제의 절대주의적 지배와 종교적 위선에 대한 비판적 어투와 구제도(ancient régime)에 대한 조소의 성격을 지녔다. 『페르시아인의 편지』는 동방의 봉건적이고 공동체적인 문화에 대한 향수와 이국적 정취를 가지고 프랑스의 정치와 문화적 풍조에 대한 풍자를 기지에 찬 대비와 격언투의 문장으로 묘사하면서 이성에 기초한 자연주의적인 애정과 합리적 윤리를 표명하고 있다. 『페르시아인의 편지』에는 몽테스키외의 저작 전체를 일관하는 기조, 즉 이성에 기초한 미덕과 자연과 함께하는 자유에 대한 찬양이 숨 쉬고 있다. 이러한 주제는 트로글로디트인(troglodytes)[3]의 이야기에서 이미 나타나 있어서 근대의 계몽기에 나타난 인문주의적 경향을 분명히 볼 수 있다.

페르시아 왕궁에서 왕에 봉사한 귀족인 위스베크(Usbek)는 프랑스로 여행하면서 친구에게 편지를 써 묻기를, 인간은 쾌락을 즐기고 감각을 만족시키는 것으로써 좀 더 행복하게 되는가, 아니면 전통적인 가정을 중심으로 한 공동체 사회를 가능하게 하는 미덕을 실천한 결과로써 행복하게 되는가라고 묻고 있다. 위스베크는 〈편지, 11〉에서 이렇게 대답하였다.

> "어떤 진리는 단지 그것을 지적으로 변론하는 것으로는 충분치 않고 그 대신 사람에게 실감하도록 해 볼 필요가 있습니다. 이런 것이 도덕의 진리입니다. 아마 고상한 철학보다 약간의 역사 이야기가 당신에게 좀 더 깊은 감명을 줄 것입니다."[4]

---

2 몽테스키외의 주요 저술의 인용은 플레이야드(Pléiade)판 저작집, *Oeuvres Complètes de Montesquieu*, Roger Caillois(éd), 2Tomes (Paris: Gallimard, 1949-1951)이다. 본 저작에서 인용되는 몽테스키외의 주요 저술의 목록과 이것의 번역서는 다음과 같다. *Lettres persianes* (1721) 『페르시아인의 편지』 1권 (소두영 역(삼성출판사, 1982), *Considerations sur les causes de la grandeur des Romains et de leur décadence*((1734), 박광순 역, 『로마인의 흥망성쇠 원인론』(범우사, 2007), *De 1''Esprit des lois*(1748) 『법의 정신』, 이명성 역(홍신문화사, 2013).

3 트로글로디트(Troglodyte)는 혈거족을 지칭하는 그리스어로서 헤로도투스, 아트라본 등이 말하고 있는 이디오피아의 홍해 연안, 아라비아나 리비아의 남부 동굴에 산다는 전설 속의 민족 이름.

4 『페르시아인의 편지』, 1권, 145쪽.

이 말에 이어서 위스베크는 트로글로디트인의 이야기를 시작한다. 트로글로디트인은 중용에 따르는 형평이나 정의의 원칙을 갖지 않은 민족이다. 그들은 오직 자기 자신만을 생각하는 이기적인 족속으로서 성질이 고약하였다. 그들에게는 이민족 출신의 왕이 있어서 그들을 다스리고 있었는데 그들의 성질의 간악함을 고쳐주려고 그들을 매우 엄하게 다루고 있었다. 그러나 그들은 반란을 일으켜 왕을 제거하고 그 자리에 추장들을 선출하여 앉힌다. 그 후 추장들도 견딜 수 없어서 이들마저 죽이고 자기들의 야만적인 성품에 따를 수밖에 없다. 이러한 야만적 성품은 방종에 가까운 자유인으로서 누구에게도 복종하지 않고 오직 자기 이익만을 지키고 다른 사람과는 의논조차 하지 않는 것으로 나타난다. 그러면서 그들의 생활모토는 "나는 행복하게 생활하겠다."는 것이다.

위스베크가 말하는 바와 같이 트로글로디트인들은 이 모토를 바탕으로 하여 공동체나 사회의 일반적 이익보다도 자신들의 특수 이익만을 고려하기 때문에 지역 편차가 있는 기후 풍토의 변화에 따르는 재난을 상호 부조의 정신으로 극복하지 못하고 경제적으로 파탄에 직면하며, 재산을 잃고 가족까지도 해체되고 만다. 전염병이 찾아 들어 어떤 외국인 의사에게 치료를 받지만 그 의사에게 대가를 지불하지 않는다. 전염병이 재발했을 때 그 의사는 트로글로디트인의 땅에 다시 왔으나 이번에는 그들의 병을 고치기 위해서가 아니라 그들이 '인간성'을 갖고 있지 않으므로 죽어 마땅하다고 말해주기 위해서였다.

위스베크는 트로글로디트인의 이야기를 〈편지, 12〉에서 계속하면서 가족 중심적이고 이에서 기원하는 가부장적인 미덕을 찬양한다. 부인은 정절을 지키고 가장은 사랑으로 가정을 다스리는 덕을 중히 여기는 두 가족들만이 떨어진 장소에 은거하여 일하며 아이들을 키웠는데, 그들은 기후 풍토의 다양한 변화에 상호 부조의 정신으로 극복하고 역질 속에서도 살아남으면서 트로글로디트인과 같은 최후를 당하지 않았다. 두 가족은 아이들에게 "개인의 이익이 항상 공동이익에 있다고 느끼고 그로부터 떠나고자 하는 것은 자기 자신을 파멸케 하려는 것"[5]이라고 가르치며 키웠다. 두 가족은 서로 통혼하면서 서로를 위하는 정신으로 사랑하면서 자손을 늘리고 번영하여 행복하고 목가적인 생활을 한다. 이들은 남녀 간에는 정절을 지키고, 상호 간에는 사랑과 우정의 정신에서 기원하는 두터운 경외의 정신이 신에 대한 믿음으로까지 발전하면서 종교를 형성하게 되었다. 이러한 트로글로디트인의 종교는 몽테스키외가 기독교 계시종교를 이성에 기초한 자연종교로 해석하는 〈편지, 67〉에 나타난 조로아스터교를 상징하고 있으며, 그 결과 몽테스키외는 위스베크의 입을 통해 서정적인 방식으로 트로글로디트인의 자연 종교에 기초한 행복한 목가적 생존을 묘사하였다.

그러나 〈편지, 14〉에 이르러서는 그들은 자신들의 행복한 생활 방식을 보존하기 위하여 국왕을 선출하기로 결정하고, 가장 현명하고 가장 유덕한 시민이며 존경받는 한 노인에게 그가 국왕으로 선출되었다는 것을 알려주려 사자가 찾아간다. 그들이 놀란 것은 그 노인이 모임에 참가하지도 않고 집안에 틀어박힌 채 마치 『장자』에 나오는 노인처럼 슬퍼하면서 그들을 향해 이렇게 외쳤다는 것이다.

> "당신들의 미덕은 무거운 짐이 되기 시작했소. 지금의 그대들과 같은 상태에서 우두머리가 없기 때문에 그대들은 싫어도 유덕하지 않으면 안 되게 된 거지. 그렇지 않으면 그대들은 생존할 수가 없고 선조들과 같이 불행하게 될 것이니까. 그러나 이러한 미덕의 멍에는 당신들에게 너무나도 무거워 보이오. 그대들은 국왕에게 복속되기를 바라며 그대들의 풍습보다 더 관대한 국왕의 법률에 복종하는 것이 좋다고 생각된 것이다. ...내가 없어도 저절로 덕을 행하는 사람이 내가 명령을 해서 행하기를 원하는가. ...내가 죽은 후 그대들에게 덕행 이외에 속박을 가했다고 선조들에게 말씀 드려 그들을 슬프게 할 것이다."

5 『페르시아인의 편지』, 1권, 149쪽.

노인은 이렇게 말하고 나서 그들이 그에게 부여하려는 왕권을 비웃고 민중의 잘못된 생각에 눈물을 흘리는 것이다. 이렇게 트로글로디트의 이야기는 끝난다.

이 이야기에서 몽테스키외가 제시한 생각은 '인간은 사회적 동물'이라는 명제 속에 함축된 인간성의 자연 상태나 가족에서는 이기심과 사랑의 감정이 지니는 이중성과, 그리고 이에서 발전한 한 사회나 국가에서 나타나는 지배-피지배의 주인-노예의 이중성이 애정과 자유 개념을 중심으로 이성적으로 어떻게 조화되거나 중용의 길을 걸어야 하는가를 밝히고 있다. 즉 사회적 동물로서 한 인간의 최선의 생활이란 쾌락주의적이거나 자유 사상가적 생활이 아니라 가족을 중심으로 하는 공동체를 유지하는 사랑과 우정의 미덕의 생활이란 것이다. 여기에서 몽테스키외가 말하는 사랑과 우정의 미덕은 비록 위스베크가 페르시아인으로서 가부장제를 중심으로 봉건적주의적인 형태의 탈을 쓰고 있지만, 그 이면에는 봉건주의로부터 벗어난 자유를 지닌 개인으로서 사랑이나 우정을 통해 개인주의로부터 발전한 공동체적인 정신을 강조하기 위한 것으로 나타난다. 이러한 공동체 정신에 반하는 것이 개인의 자유가 이기적인 형태로 나타나는 방종인데, 이러한 방종한 자유에 의해서는 공동체는 파괴되고 상호 전쟁과 이에 따른 멸망에 이른다는 것이다.

그런데 이러한 사랑과 우정이라는 미덕에 기초한 공동체가 왕정 국가의 수준에 도달하면 또 다시 공동체 정신을 해치는 사태가 일어난다는 것을 노인의 눈물로써 말하고 있다. 왜냐하면 왕정이나 군주정은 미덕을 법에 의해 강제로 행하게 하는 것처럼 나타나기 때문이다. 사실 인간의 우정이나 사랑을 기초로 하는 공동체를 넘어서 있는 왕정이나 군주정은, 마키아벨리가 말하고 있듯이 국가 간의 전쟁을 전제한 군대에 기초를 둔 권력에 기초하고 있기 때문이다. 그리고 권력이란 필연적으로 상호 경쟁이나 전쟁을 유발하는 것인데, 이러한 상호 경쟁이나 전쟁이라는 것은 종국적으로는 개인적인 이익이나 국익 때문에 일어나는 것으로서 인간의 이기심에서 기원하는 공리주의를 원칙으로 하기 때문에 공동체의 미덕인 사랑이나 우정과는 다른 폭력의 내용이 들어가 있다.[6] 결국 이러한 권력이나 폭력에 기초한 국가에서는 국내적으로는 봉건주의가 성립하고 대외적으로는 정복에 따르는 노예가 발생하는데, 공동체 정신에 반하는 군주정에서는 그가 말하는 사랑에 기초한 자유정신이 왜곡되어 폭군이나 노예의 정신으로 나타난다. 이 때문에 사랑에 기초한 개인들의 자유정신은 〈편지, 34〉에서 말하는 봉건주의적 정치제도에서 노예의 정신으로 표명하는 다음과 같은 의식과는 큰 차이가 난다(폭군의 정신은 이와 정확히 반대로 되어 있다).

> "그 미천한 사람들은 대자연이 베풀어 준 당신네들의 도덕관을 약화시키고 어릴 때부터 당신네들에게 붙어 다녀 그 도덕관을 쇠퇴시키고 마는 것입니다. 왜냐하면 우선 편견을 버리고 생각해 보십시오. 도대체 노예라는 자들은 다른 사람의 여자를 지켜주는 것을 자기의 명예로 알고, 사람으로서 가장 비천한 일을 하고 있는 것을 자랑으로 알고 있습니다. 그리고 노예들에게 있어서 충실하다는 것이 유일한 덕이라고는 하지만, 그나마도 이는 (주인에 대한) 선망이나 질시, 혹은 절망으로 지탱되고 있으니, 충실하기 때문에 오히려 경멸할 자가 아니겠습니까? 그리고 또 그들은 스스로가 패물이기 때문에 그들 남녀 어느 쪽에서도 복수심에 불타고 있는 데도 가장 약한 자를 슬프게 하기 위해서 가장 강한 자에게 짓밟히는 데 대해서 유유낙낙하고 자기가 불완전한 인간이라는 것, 추악하다는 것, 자기가 불구자라는 것으로 해서 훌륭한 지위를 얻고 그만한 값어치가 없기 때문에 그만큼 소중히 여겨지고, 자기가 지키고 있는 방문에 꼼짝없이 얽매이고, 그 문을 굳게 닫고 있는 돌쩌귀나 빗장보다도 더욱 틀림없고, 주인의 질투를 한 몸에 지고 비열한 임무를 오십 평생 동안 해냈다고 자만하고 있겠지요. 도대체 그런 가엾은 자들에게 무슨 본받을 바가 있단 말입니까?"

결국 몽테스키외가 말하는 미덕은 민주주의에서의 자유와 봉건주의에서의 덕(충이나 절제)이라고 일컫는 것을 승화한 애정과 혼합한 것으로서의 중용으

6 타자와의 관계에서 인간의 자발성은 자유와 폭력이라는 양면을 지니는데, 이러한 양면은 상호 의지의 지향성의 성격에 따른다는 것을 보여준다.

로 이해할 수밖에 없는 성격을 가졌다. 이 때문에 그가 말하는 미덕이 없을 경우, 전자는 방종으로, 후자는 노예적 근성으로 나타나는데, 이 극단적인 양자를 아리스토텔레스적인 중용으로 혼합한 것이 몽테스키외가 말하는 미덕이 지니는 자유의 정신이다. 이 때문에 몽테스키외의 미덕은 자연적으로 주어진 스토아학파가 말하는 이성을 넘어서지만, 다른 한편에서는 무차별적인 사랑을 교리로 하는 기독교를 아리스토텔레스적인 중용에 기초한 휴머니즘으로 해석하는 진정한 자유와 불가분의 관계로 연결되어 있어야 한다는 것을 강조하고 있는 셈이다. 이러한 자유의 정신은 그가 기독교를 국교로 하고 있는 국가들에서 국왕의 태도를 묘사하는 〈편지, 75〉에서는 국내적인 시민에 대한 태도와 식민지를 대하는 태도로 대별되어 잘 묘사되고 있다.

> "그리스도 국왕들이 그리스도교의 처지에서 보면, 사람이란 모두 평등하다는 이유를 들어 나라 안의 노예들을 해방시켰지. 물론 그로 인해 천민에 대해 지니고 있었던 제후들의 권력을 박탈해버렸기 때문에, 그 종교적인 거사는 매우 유익하였다네. 그런가 하면, 그 다음에는 식민지를 차지하게 되었는데, 거기서는 노예가 있는 것이 편리하다고 생각하여, 그 때에는 그렇게 감격했던 평등이라는 원칙을 잊어버리고 노예를 팔고 사게 된 것일세. 그들에게는 한 가지 일이 어떤 때는 옳고 어떤 때는 그르게 되는 것이라네."

여기에서 몽테스키외가 묘사한 국왕의 정신은 서구의 귀족주의적인 것으로서 민주주의를 키케로가 스토아적인 이성으로 결합한 것과 유사하게 근대 민주주의에서 성립한 자유의 정신을 고대 귀족정의 정신과 기독교 휴머니즘을 통해 혼합한 정신으로 나타난다고 보아야 한다. 물론 그가 말하는 기독교는 자유주의적 관점에서 이해된 것으로서 펠라기우스의 사상에 기초하는 조로아스터교로 표명되고 있다. 이러한 자유주의적 정신은 〈편지, 67〉에서 나타난 '아페리돈과 아스타르테의 이야기'에서 누이동생과의 결혼까지도 사랑과 애정으로 합리화하는 것에서 극명하게 표명되고 있다. 즉 남녀 간에 자연스럽게 형성된 애정이 있다면 자기 친 동생과의 결혼도 정당하다는 것이다. 사실 결혼에 의한 가정의 구성은 아리스토텔레스가 말한 자연스런 국가형성의 기초이다. 아리스토텔레스는 유교와 마찬가지로 봉건적인 정치체제의 기초가 되는 가부장적인 가정윤리를 자연스러운 것으로 표명하고, 결혼제도에 있어서도 플라톤이 『국가-정체』에서 표명하는 처자식의 공유 제도를 우리의 감정이 허락하지 않는 비자연적인 것으로 비난하는데 반해, 몽테스키외는 자유를 개인주의적 관점에서 해석하여 친형제 간의 결혼도 사랑과 애정이 있다면 가능하다는 것이다.

이러한 몽테스키외의 애정과 자유에 관한 관념은 한편으로는 애정을 우선시하면서도 다른 한편으로는 자유를 우선시하는 것으로 모순점을 함축하지만, 몽테스키외가 말하는 진정한 자유는 인간에 대한 애정 위에서 혹은 진정한 사랑은 자유로운 개인과 함께하는 사랑이라는 것이다. 이 때문에 그의 『페르시아인의 편지』에는 한편으로 그 당시 남녀들의 자유스러운 애정 행각을 경박한 것으로 비난하면서도 다른 한편으로는 윤리적으로 남녀의 정절을 중요시하는 것으로서 일부일처제를 여러 서간에서 수없이 정당화하는 데에서도 나타나는 것으로서 조금은 비합리적인 듯하고 기묘한 것이다.[7] 이러한 자유의 정신은 〈편지, 76〉에 나타나는 자살자를 벌하는 유럽 제국의 법률에 대한 반대 의사를 표명하는 곳에서도 나타난다.

> "유럽에서는 자살자를 벌하는 법률이 매우 엄해서 이를테면 두 번 죽게 한다오. 자살하려 한 자는 온 마을 안을 무지막지하게 끌고 다니며, 주리를 틀고 욕설을 퍼붓고 재산마저 몰수해버린다네. ...나는 이 법률을 부당하다고

---

7 이러한 비합리적인 듯하고 기묘한 관념의 이데아론적인 사상은 플라톤의 『국가-정체』에서 남녀평등을 주장하고 처자식을 공유하자고 한 것이나 철학자-왕에게 결혼을 금지한 것과 같은 성격의 것으로서 존재론적 이성의 모순율에 따르는 단순성을 지향하는 관념의 이데아론적인 변증법일 뿐이다. 이러한 이성의 자율성이 함축하는 단순성에 대한 지향성은 고대 자연철학에서는 제작이나 창조를 전제하는 실험적 정신의 표현으로서 원자론적 사상으로 나타났으며, 그 기원은 파르메니데스의 존재론적 사고에 있다. 문제는 이러한 창조적이거나 실험적 정신의 낭만적 정신이나 변증법이 모순점을 함축하고 있다는 사실을 철학자들은 인식하고 있다는 점에서 상식적인 사람들이 비합리적이고 기묘하다고 판정하는 정신과는 다르나 그 결과는 같다.

생각하오. 도대체 슬픔이나 빈곤이나 수모로 짓밟혔을 때, 스스로의 고통을 그치게 하는 유일한 해결책을 왜 무참하게도 빼앗아 버리는 것일까요. 살아갈 보람이 없어 죽어버리고 싶다고 생각하는 사람을 그 사회를 위해서 일을 하게하고, 자신만을 제외해 놓고 이루어진 약속을 자기 뜻을 어겨가며 억지로 시키게 하는 것은 무슨 까닭인가요. 사회란 상호 이익을 바탕으로 성립되고 있는 것일 진데, 그것이 자기에 해롭게 되었을 때, 누가 그것을 저버리는 것을 막을 수 있단 말이요. 생명이란 우리에게 혜택으로 주어진 것이오. 그렇다면 그것이 혜택이 아니게 되었을 때 돌려드릴 수도 있는 것이며, 원인이 없어진 이상 그 효과도 사라져야만 할 것이 아니오."

몽테스키외의 자유주의적 관점에서 해석된 기독교의 인간중심적인 정신은 다음과 같은 그의 인간관에도 리얼하게 나타난다. "우리는 스스로가 미소함을 깨닫지 못하고 우주의 일부를 차지하고 이 우주에서 한 가지 구실을 하고 있는 자기를 알아주기를 원하고, 자기와 같은 완전한 존재는 자연을 타락시키는 것이라고 생각될 뿐, 이 세계 한 사람이 더 많거나 적거나 전 인류, 아니 우리와 같은 사람이 1억 명이 더 있어도 그것은 아주 미세한 원자에 지나지 않고 또 하나님은 그 예지가 웅대함으로 해서, 이를 알아보시지도 않는다는 것을 우리는 수긍하려 하지 않고 있다는 것이오."[8] 이러한 자연주의적이면서도 사랑이나 우정에 기초한 이성적이고도 귀족적이며, 귀족적이면서도 기독교적인 냄새가 더불어 있는 근대 계몽주의적인 개인주의적 자유의 인간관에 기초한 몽테스키외의 자유주의적 정신은 '인간 스스로'가 평화와 안정을 추구하고 노력하여야만 하는 정신으로 나타나며, 후에 『법의 정신』에서 그가 역설한 것으로서 민주주의에서 성립하는 개인의 자유주의적 정신과 귀족정의 미덕이 혼합된 혼합정(공화정)의 정치철학으로 나타난다. 이러한 혼합정에서 모든 시민의 미덕이 공화제의 정체의 지배 원리이며, 미덕이 사라지면 자유는 홉스가 말한 '인간은 인간에 대한 이리 상태'를 초래하는 것으로서, 그래서

8 『페르시아인의 편지』, 76.

역설적으로 자유에서의 도피처로서 군주 내지 전제군주의 수중에서 자유는 소실되고 만다는 것이다. 이리하여 최초의 저술과 최종 저술에서 몽테스키외는 동일한 대주제인 남녀평등의 개인주의적인 자유와 공동체를 가능하게 하는 사랑과 애정윤리를 기초로 하는 가족 윤리와 우정을 기초로 하는 공동체를 유지케 하는, 즉 이성에 기초한 사랑의 미덕과 방종이 아닌 이성에 따르는 자유를 법의 정신으로 제시하였던 것이다.[9]

2. 『로마인의 흥망성쇠 원인론』과 공화정신.

몽테스키외의 사상은 『페르시아인의 편지』에 잇따라 나온 2대 저술 『로마인의 흥망성쇠 원인론』과 『법의 정신』에서 좀 더 공식적으로 그리고 좀 더 진지하게 제시되었다. 이러한 저술을 쓰기 위한 준비로서 몽테스키외는 다수 유럽 국가들의 정치적 · 사회적 제도를 직접 체험하고 익히기 위해 유럽 여러 나라를 순방하게 되었다. 그는 1728년 파리를 출발하여 독일, 오스트리아, 헝가리, 이탈리아(특히 베네치아 밀라노, 리노, 피렌체, 로마), 스위스, 라인강 지역 국가들, 저지대 지역 국가들을, 특히 네델란드를 두루 거쳐, 끝으로 영국을 순방하였다. 몽테스키외는 이 기간의 대부분을 영국에 체류하였다. 그가 영국에 도착한 것은 볼테르가 프랑스에 돌아온 직후인 1729년이며, 영국에서 1731년까지 체류하였다.

몽테스키외의 주 관심은 영국의 정치제도에 있었다. 비록 1716년 보르도 아카데미에 선출된 후에는 과학에 관심을 갖고 있었지만, 이제 그는 뉴턴이나 로크, 혹은 물리학이나 심리학 또는 인식론에는 별로 관심을 두지 않았다.

---

9 몽테스키외의 이성에 기초한 자유에 대한 찬양은 〈서한 131〉에서 그리스-로마의 영향력에 의해 형성된 유럽의 여러 나라의 정체가 공화정체에 있음을 찬양하는 데에서도 나타나고 있다. 왕정이나 절대 군주정은 원시적인 정체이며, 공화정은 자유로운 여러 사람이 서로를 사랑하는 마음에서 협의를 할 수 있는 '이주민과 식민'에 의해 이루어진 나라에서만 나타나는 현상으로서 그리스-로마가 그러했음을 말한다.

볼테르와는 달리 몽테스키외는 과학자들이나 사업가들의 신분보다는 영국의 귀족계급의 지위에서 좀 더 강한 인상을 받았다. 그는 영국에서 주로 동료집단이라 할 귀족들과 친하게 사귀었다. 그는 상하 양원의 회의에 참석하고, 국왕에게 배알하였으며, 종국에는 영국 왕립학회 회원이 되었다. 몽테스키외는 영국 견문으로 귀족이 국가의 '균형' 세력이라는 자신의 선입관을 더 굳히게 되었다.

1731년 귀국한 몽테스키외는 브레드(Brède)의 자기 영지에 은거하여 로마의 융성과 쇠퇴에 관한 연구를 저술하기 시작하였다. 그의 염두에 있는 진짜 주제는 어느 한 나라가 쇠망하는 원인이 무엇인가 하는 문제였다. 사실상 1734년에 출판된 『로마인의 흥망성쇠 원인론』은 마키아벨리의 『군주론』과 『로마사 논고』의 연장으로 간주할 정도로 로마공화정의 흥망성쇠의 원인을 인간의 명예와 이익을 탐하는, 어떻게 보면 동일하면서도 상호 모순된 욕망의 변증법적 갈등의 전개로 바라보고 있다는 점에서 역사철학적 저서에 가까운 형태로 제시되고 있다.

명예는 덕이나 윤리적인 행위에 주어진다. 그것은 플라톤에서 보이듯이 욕망에 대한 절제를 내포한다. 그러나 살아남기 위해서 혹은 잘 살기 위해서 이익은 누구나 탐하는 것으로서 이러한 욕망에는 한계(절제)가 없다. 이러한 명예와 이익에 대한 욕망은 플라톤에서 제기된 인간 정신의 신체와의 갈등과 같은 것으로서 인간의 현실적인 삶에서 국가의 성립과 존망에 결정론적으로 작용하고 있음을 몽테스키외는 로마의 공화정의 역사적 과정에서 확인하고 있다고 말할 수 있을 정도이다. 특히 몽테스키외의 공화정신은 마키아벨리의 로마공화정의 성립이 군주정과 귀족정의 혼합에서 성립한다는 것을 확인할 정도로 혼합정의 고대적인 이상적 양상을 띠고 있다.

몽테스키외의 『로마인의 흥망성쇠 원인론』은 프랑스를 각성시켜 개혁과 부흥으로 향하게 하려는 목적에 실제 도움이 되었다. 이를 위해 몽테스키외가 한 것은 비교사의 방법을 쓰는 것이었다. 모든 인간적 사물들에는 종말이 있는 것처럼 우리가 언급하는 국가도 궁극적으로는 그 자유를 잃을 것이다. 로마나 스파르타나 카르타고도 모두 멸망하였다. 몽테스키외는 우리가 그 원인을 안다면 국가의 쇠망이나 제도의 부패를 방지할 수 있다고 믿었다. 그는 로마 제도의 연구에서 이러한 원인을 발견하려고 시도하였다. 그는 또 과거가 현재에 대해 교훈을 줄 수 있다고 믿었는데, 왜냐하면 인간은 그때나 지금이나 마찬가지이기 때문이었다. 그리고 인간은 항상 같은 욕구를 갖고 있고 따라서 인간의 제도는 영원히 같은 기능을 가질 것이라고 믿었다. 『로마인 흥망성쇠 원인론』에서 몽테스키외는 다음과 같이 말하였다.

> "현대사는 당신의 로마에서 어떤 일이 일어났는가에 대한 실례를 우리에게 제공하고 있는데 이것은 매우 주목할 만한 가치가 있다. 왜냐하면 인간은 항상 어느 시대에 있어서도 같은 욕구를 갖고 있기 때문에 설사 커다란 변혁을 일으키는 계기는 서로 다르다 해도 원인은 항상 같기 때문이다."[10]

분명한 것은 몽테스키외가 엄격한 인과율에 대한 18세기적 신념을 다른 사람들과 같이 갖고 있어서 그것을 역사의 영역에 확대 적용하였다는 것이다. 이러한 신념에 근거하여 그는 역사적 변화의 법칙을 만들어내려고 시도하였던 것이다. 이미 지적한 바와 같이 그의 저술에 대한 자극이 된 것은 프랑스의 정치적 · 사회적 제도의 개혁을 위한 욕구였다. 몽테스키외는 『로마인 흥망성쇠 원인론』에서 로마인의 선례에 따라 프랑스인에게 교훈을 주려고 하였고, 『법의 정신』에서는 프랑스인이 영국인으로부터 배우게 되기를 희망하였다. 그렇지 않으면 프랑스인은 프랑스의 기후풍토가 주는 방종에 가까운 자유분방한 감정의 기질적 성격 때문에 역사적 현실을 상식적인 중용의 정신에 의해 조정하는 영국인에게 뒤질 것임을 그는 알고 있었다. 사실 역사적으로도 18세기에 산업 혁명을 기초로 하여 나타난 군주정에서 영국과 프랑스의

10 『로마인의 흥망성쇠 원인론』, 71쪽.

충돌이 필연적으로 식민지 쟁탈전으로 나타났으며, 이러한 식민지 쟁탈전에서 중상주의를 기초로 한 혼합정의 체제를 지닌 영국이 프랑스를 압도하였던 것이다.

몽테스키외는 『로마인의 흥망성쇠 원인론』에서 로마 공화정의 정신이 국가의 성립 조건인 도시적 속성, 그것도 군사문화의 약탈적 성격에서 유래함을 확인하고 있다. 몽테스키외에 따르면 로마는 상업 활동도 거의 이루어지지 않았고 공예품도 거의 생산하지 않는 도시로서 약탈이 시민 개인을 부유하게 만드는 유일한 수단이다. 그런데 로마 공화정의 이러한 약탈의 방식은 대내외적으로 공히 자연적으로 성립한 왕정이나 봉건제도에서의 힘이 정의인 세계를 이루는 야만인들의 약육강식의 법칙과 달리 개개인의 '자유를 위한 정의로운 규율'을 통하여 행하여졌다. 로마는 자신의 주변에 있었던 대외적으로는 정복된 국민들을 최초에는 다른 민족을 위한 수단인 '로마 군인'으로 활용하거나 아니면 노예로 취급하였다. 그러나 이들은 아리스토텔레스가 말한 가부장제의 남자와 여자, 군대 내에서의 상관과 부하의 관계, 그리고 일반적으로 말한 주인과 노예의 관계에서 가정이나 국가에 공헌한(헌신한) 정도에 따라, 혹은 일반적으로는 주인과 노예의 친밀도에 따라 자유민으로 해방하여 자신들과 동등한 시민으로 대우하였다. 이러한 로마인의 현실적이고 실제적인 사상은 스토아학파가 말했듯이 개방된 이성이나 세계 시민의 관점에서는 평등사상으로 발전할 수 있는 것이다. 특히 이러한 평등사상은 군 내부에서는 전쟁에서의 승리의 공헌에 따라 신분이나 사회적 계급에 상관없이 졸병이 장수가 되는 현상과 같다. 이러한 현상은 군대 내적으로는 한데 모아진 전리품이 병사들에게 공과에 따라 아리스토텔레스가 말한 분배적 정의에 따라 공정하게 분배되는 것에서도 볼 수 있었다. 로마 군인은 출정하기 전에 어떤 것이든 사사로운 이익을 위해 가로채지 않겠다고 서약을 했기 때문이다. 몽테스키외에 따르면, 도시에 남은 시민들도 승리의 과실을 맛보았다. 피정복민의 토지 일부는 몰수된 뒤 두 개로 나뉘어졌다. 하나는 공공의 이익을 위해 매각되었고, 다른 하나는 국가에 지대를 내는 조건으로 가난한 시민들에게 분배되었다. 더 나아가 로마에서만 존재했던 원로원의 공화정신에 의해 자유민이 된 로마인들이 모두 권력에 자신들의 의지를 표현하고 이러한 권력에의 참여를 보장하는 기회를 군인이 됨으로써 가졌다고 볼 수 있다. 결국 로마공화정은 약탈문화가 지속되기 위한 건전한 군인 정신을 아리스토텔레스가 말한 분배적 정의와 중용의 정신으로 군대 대내외적으로 조화롭게 체현한 데에 기초하는 것이다.

몽테스키외에 따르면, 약탈문화에 기초한 로마는 지속되기 위해서 끊임없는 전쟁 상태 속에 놓여 있어야만 했었다. 그리고 로마 시민들의 의식 속에는 다른 야만 민족을 정복하되 항상 승리하지 않으면 안 되었고, 그래서 항상 승리할 수 있는 전쟁만을 수행하였다. 이를 위해 로마인은 이방인들로부터 탁월한 군사기술을 학습하는데 주저하지 않았고, 더 나아가 전략 전술을 고도로 발전시킬 수 있었다. 로마인은 승리자로서가 아니면 절대 강화하지 않았다. 이러한 지혜는 대내적으로는 원로원의 외국에 대한 정책결정에서도 대화와 타협의 정신을 가지고 시간까지도 이용하는 노회한 전략으로 나타났다. 그 결과 로마인은 끈기 있고 강인한 민족으로 여러 민족에게 인식되었고, 역설적으로 여러 국가의 보복 행위의 표적이 되었기 때문에 로마인들에게는 전쟁과 위기의 시기에도 시간의 완급을 조정하면서 명예를 중시하는 군인정신의 표본이 될 수 있는 의연한 태도와 용기가 로마시민이 되기 위한 필수적인 요건이 되었다. 그리고 이러한 전쟁에서의 미덕은 자기 자신과 가족, 그리고 조국과 인간에게 가장 소중한 모든 것에 대한 사랑과 구별되지 않았다. 로마는 항상 노력하고 장애물에 끊임없이 대항하면서 그 권세를 확대시키지 못하더라도 이방인들로 하여금 바깥에서 느끼도록 만들었고, 작은 세력권 아래서는 세계의 운명을 좌우할 미덕을 갖추고 있었다고 말할 수 있다.[11]

11 『로마인의 흥망성쇠 원인론』, 22쪽.

그러나 이러한 미덕에 의해 융성한 로마는 몽테스키외에 따르면, 두 가지 가장 큰 원인에 의해 멸망했다. 하나는 로마의 공화정이 이탈리아라는 지역의 한계를 넘어서는 만큼 인구나 지역이 확장되고 성장했기 때문이라는 것이다.(트로글로티드인의 노인 이야기에 나타난 것처럼 우정이나 사랑은 소단위의 공동체에서만 발휘될 수 있다).

> "로마의 지배권이 이탈리아에 한정되었을 때에는 어렵지 않게 국가가 유지될 수 있었다. 이때는 병사가 곧 시민이었다. ...군대의 숫자가 그리 많지 않아서 주의를 기울여 도시를 보존하는데 관심을 기울일 만큼의 재산을 소유한 사람만을 시민군에 입대시켰다. 그리고 원로원이 장군들을 감시하고 있어서 그 의무에 반하는 행동을 할 수 없었다. 그러나 알프스를 넘고 지중해 바다를 건너게 되자 전사들은 점차 시민정신을 잃어 갔고 군대나 왕국들을 처분한 장군들은 자신들의 힘을 깨닫고 상부의 명령에 더 이상 순순히 따르지 않게 되었다. ...로마 민중이 자신들의 권력을 넘겨 준 호민관에 의해 부패하는 한, 원로원은 쉽사리 자신을 방어할 수 있었다. 원로원은 일관되게 행동하는 반면, 하층 민중은 언제나 극단적인 열성과 극단적인 우유부단함을 오갔기 때문이다. 그러나 민중의 인기를 얻은 사람이 국외에서 무서운 권력을 손에 넣을 수 있게 되자 원로원이 가진 지혜는 쓸모없게 되었고 공화국은 멸망했다."[12]

즉 많은 수의 자기 군대와 절대 권력 지닌 시저(Caesar)와 같은 장군들이 전제군주, 즉 황제나 참주가 되기 위해 루비콘 강을 넘어 로마로 진격함으로써 원로원을 무시하고 국정을 군대처럼 경영하는 전제적인 군사정권을 탄생케 한 것이다. 전제적인 군사정권 하에서는 민중들이 자유로운 국가는 오래 지속되지 못하는 이유가 재난에 부딪쳐 성공하든 실패하든 절대 군주나 참주에 의해 대부분 자유를 잃게 되기 때문이다. 민중이 군주에 종속되어 있는 경우에

12 『로마인의 흥망성쇠 원인론』, 9장, 105-106쪽들.

는 성공하든 실패하든 예속이 강화된다.[13] 몽테스키외는 마키아벨리의 정체 변혁의 원인론이 의미하는 부패, 즉 황제나 참주가 지니는 절대 권력은 절대 부패하기 때문이고, 다른 한편 다수의 민중들이 자유를 지니면 방종하여 무법천지가 되기 때문에 역설적으로 절대 군주나 참주에 예속되기 때문이라는 것이다. 결국 로마 제국의 융성이 공화국을 멸망시킨 것처럼 도시의 융성이 또한 공화국을 멸망시킨다는 것이다.

다른 한편, 로마의 멸망의 또 다른 원인은 로마가 이용한 자기 세력의 확장의 수단으로 이용한 이민족에게 마치 헤겔이 말하는 주인과 노예의 변증법에 의해 역설적으로 정복당한 사실을 말하고 있다.

"로마는 여러 번의 기회를 통해 이 도시로부터 다양한 특권을 부여하여 이탈리아 여러 민족의 원조로 전 세계를 정복했다. 처음에 이들 민족 대부분은 로마 시민권에 큰 관심을 갖지 않았다. 일부 민족들은 자신들의 관습을 지키는 쪽은 선호했다. 그러나 이 권리가 보편적 주권을 의미하게 되고, 로마 시민이 아니면 세계에서 아무것도 아니고 그 자격을 얻으면 귀중한 존재가 되자 이탈리아의 제 민족은 멸망하든가 로마인이 되기로 결심했다. 그러나 자신들의 술책이나 간청으로 성공할 수 없게 되자 그들은 무기를 드는 길을 선택했다. 그들은 이오니아 해 연안을 따라 모든 곳에서 반란을 일으켰고, 다른 동맹국도 그 뒤를 따르기 시작했다. 로마는 말하자면 세계를 예속시키는 자신들의 손이었던 자들과의 싸움에서 패배했다. 로마는 성벽까지 그 세력권이 축소될 지경에 이르자 아직 충성심을 잃지 않은 동맹국들에게 열망하는 시민권을 수여하더니 점차 모두에게 시민권을 주었다. 그 후 로마는 더 이상 국민이 단 하나의 정신, 단 하나의 자유에 대한 사람과 단 하나의 전제에 대한 증오심만을 지닌 도시가 아니었다. 그리고 원로원의 권력과 고귀한 자들의 특권에 대한 질투심이 언제나 존경심과 뒤섞여 있는 동시에 평등에 대한 사랑을 지닌 도시가 아니었다. ...로마가 자유를 잃어버린 것은 하고 있

13 인구가 많아지고 군인의 숫자가 많아졌다고 해서 반드시 황제와 같은 절대 군주나 전제정치의 참주가 나타나는 것처럼 말하는 것은 평화시의 문민정부에서는 타당하지 않다. 전시와 평화시가 항상 공존하는 현대의 국가에서는 선거에 의한 대의 민주주의나 권력자에 임기를 제한함으로써, 그리고 분권에 의해 권력의 독제화를 피할 수 있는 것으로써 국가의 크기에 상관없이 공화정이 성립할 수 있다는 것을 다음 장의 토크빌의 『미국의 민주주의』에 대한 분석에서 미국 민주주의가 지방자치체를 기초로 하고 있다는 것을 밝히고 있기 때문에 몽테스키외의 이러한 발언은 역설적으로 해석하면 보편적 타당성을 결여한 발언이 아니다.

는 일을 너무나 빨리 달성했기 때문이다."[14]

결국 몽테스키외에 따르면, 경제적인 영역을 제외한 정치적 영역만에 국한하여 말한다면, 로마의 공화정은 약탈문화에 기초한 공화정이었기에 항상 전쟁 상태에 있어야만 했는데, 이러한 전쟁 상태를 이탈리아를 넘어선 지경에까지 확대하였기에 공화정이 멸망하고 동양의 제국주의를 닮을 수밖에 없음을 말하고 있다. 로마는 공화정에서 제정으로 변화하는 가운데에 그 멸망의 필연적인 요소를 자신 안에 지니고 있었다는 것이 된다. 그렇다면 몽테스키외가 말하는 공화정도 전쟁을 필수적인 요인으로 전제한다면, 그것이 혼합정의 형식을 취한다하더라도 전쟁이 지니는 자유에 대한 아이러니컬한 측면이 야기하는 헤겔이 말하는 주인과 노예의 변증법적 운동에 휩쓸릴 수밖에 없다. 몽테스키외의 공화국에서 인민들이 갖추어야 하는 '자유'를 수호하기 위한 사랑이나 우정과 같은 미덕이나 평등 의식은 스토아학파가 말하는 세계시민이 지닐 수 있는 진정한 덕과 자유의 중용을 지키는 평등함이 아니라, 다른 나라를 침략하기 위한 일종의 허울 좋은 명분이 될 뿐이다. 즉 자유를 위한 절제 있는 약탈이 미덕인 셈이고 아리스토텔레스가 말한 정의로운 전쟁인 것이다. 이러한 로마 공화정의 한계를 어떻게 극복할 것인가? 몽테스키외에 있어서는 이 딜레마를 『로마인 흥망성쇠 원인론』에서는 플라톤이 말했듯이 자족(autakeia)할 수 있는 정도의 일정한 인구와 영토의 크기나 범위 내에서만 안정될 수 있다고 말하는 소국주의를 주장하는 측면에서, 다른 한편으로는 이러한 딜레마가 역설적으로 근대 산업혁명과 더불어 나타난 자유 시장을 전제한 상업과 국제 무역에 의해 극복할 수 있다는 것을 『법의 정신』에서 가르쳐 준다고 볼 수 있다.[15]

---

14 『로마인의 흥망성쇠 원인론』, 106-109쪽.

15 플라톤 이래 자족(autarkeia)을 전제한 공화정(혼합정)의 소국주의에 대한 논변은 폐쇄적인 것으로서 개방성을 전제하는 자유 시장 체제의 부르주아에 의해 주도되는 근대 이후의 공화정체와 모순된다. 즉 도덕적 정의를 전제하는 정치와 상호 이익을 전제하는 경제적 가치로 표현되는 현실적 정의 개념이 서로 모순된다고 볼 수 있다. 현

어쨌든 몽테스키외의 『로마인의 흥망성쇠 원인론』은 미덕과 악덕에 관한 책이라고 생각될 수도 있다. 그리하여 로마가 강대국으로 융성하던 기간에는 이러한 정치적 개화의 원인이 된 미덕에 관해서, 그리고 쇠퇴기에는 그 원인이 된 악덕에 관해서 우리는 알게 된다. 일반적으로 몽테스키외는 미덕에 초점을 맞추었다. 즉 루소의 '고귀한 미개인'의 상 대신, 그는 '고귀한 로마인'의 상을 그려냈던 것이다. 이 고귀한 로마인은 미덕을 갖추고 상무적이며 욕심이 없고 명예를 중히 여기며 자기 나라 내지 도시국가를 사랑하였다.

한편 몽테스키외는 로마의 제도가 지닌 미덕을 인간 개인의 미덕보다 한층 더 중요시하였다. 왜냐하면 제도는 인간을 인도하는 것이기 때문이었다. 즉 로마의 위대성의 원천은 다른 민족들의 관습이 더 우수할 경우 그것을 기꺼이 받아들이도록 문호가 개방적이었다. 동시에 로마의 위대성의 또 한 가지 원천은 부단히 전쟁술을 연마하는 동시에 (마키아벨리와 마찬가지로 베게티우스(Vegetius)에 근거하여 몽테스키외는 '로마인의 전쟁술'을 분석하였다.) 합리적 이성에 따르는 자유를 국가의 혼으로 만들어 국가를 '움직이는' 힘으로 삼았다는 점이다. 이러한 제도적 미덕에서 주목할 만한 점은 로마인들 간의 공평한 토지분배였다. 이것은 농민이 곧 군인이라는 것, 사치의 추구는 존재하지 않았다는 것 등을 의미하였다.

후에 루소처럼 몽테스키외는 불평등의 출현과 함께 '전쟁기술'과 상무정신이 발생하였다고 믿었다.[16] '공평한 재산에 관한' 법이 엄격히 지켜지지 않을 때 오늘날 우리 사이에 일어나고 있는 것과 똑같은 사태가 일어났다. 어떤 일

대 자유민주주의는 지구적 차원으로 개방되는 세계주의를 부르짖으면서 현실적 정의 개념을 지향한다. "상업과 자본의 논리는 정치의 관성을 압도하였고 새로운 사회적 전환의 시기를 열었다. 20세기의 심각했던 정치적 투쟁의 결과 형성된 사회적 공감대는 흔들리게 되었다. 기존의 국가 간 순위는 수정되고, 새로운 세계지도가 만들어지고 있다. 이와 같은 거대한 변화가 빈국과 부국의 정부를 변화시키며, 기존의 정치질서를 불안정하게 하고 있다. 모든 것이 새롭고, 낯설어 보인다. 확실한 것은 아무것도 없다." 그라이더 W.(Greider W. One world ready or not(Penguin, 1998) P.11. 베일리스 J. & 스미스, S.(Baylis, J. & Smith S.)편저, 하영선 외 역, 『세계정치론』(을유문화사, 2001), 2부와 3부 참조.

16 여기에서의 몽테스키외가 말하는 기술은 고대 플라톤이 말하는 자연과학의 'technology'와 인문 사회과학적 의미의 인문학적인 'art'를 총칭한다. 이러한 기술 중에 국가를 가능하게 하는 '제도나 법'이 가장 소중하다.

부 사람들의 탐욕과 낭비는 소수인의 수중에 재산을 넘겨주는 원인이 되었으며 따라서 출발부터 빈부 간 상호 필요성에 의하여 '전쟁기술'이 도입되었다고 주장한다. 몽테스키외에 따르면 초기 로마인들의 공성전은 기계를 전혀 사용하지 않았다고 한다. 게다가 병사들은 급료를 지불받지 않고 싸웠기 때문에 한 성채 앞에 오래 머물 수 없었다고 한다. 따라서 그들의 전쟁은 대부분 확실한 결말이 없었다. 그들은 적의 진영이나 영토를 약탈하기 위해 싸웠으나 승리한 측이나 패배한 측은 모두 자기 도시로 퇴각했다. 이탈리아의 여러 민족이 계속해서 저항하고 동시에 이들을 정복하기 위해 로마인이 끈질기게 싸운 이유이다. 여러 차례 승리를 거두었음에도 불구하고 로마인은 타락하지 않고 줄곧 빈곤상태에 머물렀다.[17]

그러나 로마의 쇠퇴가 일어난 것은 그 영토 확대로 인해 불가피하게 부가 로마로 집중되고 부에 의한 사치와 향락에 의한 사욕이 발동하면서 로마인의 미덕의 부패가 초래되었기 때문이다. 초기 로마인들의 상무 정신은 명예를 중하게 여기는 열정에 기반하여 청빈한 가운데서도 국가를 흥성할 수 있게 하는 미덕이 공화정의 정신으로 발달하며, 로마 공화국은 오로지 작은 영토에서만 존립이 가능하다는 생각을 일반화한 『법의 정신』에 앞서, 몽테스키외는 로마 공화국이 일단 그 원리(즉 미덕)가 부에 의해 소멸되고 혹은 군대와 전쟁으로 흥성한 로마가 더 이상 정복할 대상이 사라지고 상무정신이 사라지면서, 술라거나 폼페이우스거나 혹은 카이사르거나 간에 제국주의화에 따른 정체가 근대의 군주정과 같은 형태로 발전하는데, 이에 따라 공화 정신은 사라지고 로마 공화정은 근대 절대군주정과 같이 전쟁과 평화를 동시에 지향하는 모순적인 속성을 지닌 정체가 되었다는 것이다.

그런데 전쟁과 평화는 시민들의 의식에서 상호 역설적인 결과를 초래한다.

---

17 『로마인의 흥망성쇠 원인론』, 22-23쪽들. 몽테스키외나 다른 정치 철학자들이 흔히 말하듯이, 인간은 어느 정도 빈곤 상태에 있어야 덕성을 발휘한다는 기독교 사상이 깔려 있다.

즉 전쟁의 목적은 부를 지향하지만 이 부에 대한 절제의 정신이 없으면 야만의 상태로 전락하여 폭력이 난무하는 무법천지가 되는데 반해, 부가 이루어진 평화시에는 부가 전쟁 당시의 국가나 도시의 기초가 된 상무적 정신의 덕을 망각하게 하고 인간은 곧바로 향락과 방종한 생활로 부패하게 되어 멸망하게 된다는 것이다. 결국 근대 절대 군주정에서는 군주가 공화의 정신과 상무정신이 지니는 덕을 지니지 못하고 권력을 사익을 위해 사용하면, 결국 시민들도 이를 본받게 되어 이와 똑같은 정신으로 공공의 덕을 망각한 방종한 자유를 행사하는 폭력집단으로 변모하여 법보다는 폭력이 지배하는 야만의 상태와 동일하게 된다는 것이다.

군주정은 로마가 동양의 제왕을 모방한 제국주의가 되면서, 그리고 제국주의래도 군인들과 시민들의 힘을 군주가 자신의 권력을 위해 군인들에게는 급료를 지불하고 시민들에게는 놀이와 향락을 조장하는 포퓰리즘의 정치를 수행하기 때문에 군주나 참주들이 국민들에게까지 사익을 조장하는 의식을 형성하게 함으로써, 다른 한편 국가에서는 이에 상응하여 용병대와 토지 없는 대중이 출현함으로써, 결국 공화정의 정신이 자신들도 모르게 사라졌기 때문에 쇠망은 필연적이라는 것이다. 즉 한 국가가 전쟁시나 평화시에나 항상 이처럼 이성의 합리적인 중용의 정신이나 공화정에 따른 법의 정신이 없으면 국가의 소멸은 불가피하며, 그것도 고대 철학자들이나 역사가들이 말하는 인간의 보편적인 이기심의 결과로 사멸할 수밖에 없다는 것이다. 이 때문에 그 당시 철학자들이나 역사가들이 말하는 계급 전쟁이 로마 쇠망의 원인이라는 것을 몽테스키외는 강하게 부인하였다. 이러한 사상 때문에 몽테스키외는 플라톤의 생각과는 반대로 마키아벨리처럼 귀족과 평민의 적대관계는 건전하다는 것을 표명하였다. 그의 다음과 같은 주장은 오늘날 아직도 그 의의가 사라지지 않는 말이다.

"역사가들은 로마를 멸망시킨 분열에 관해서만 이야기한다. 그러나 이러한 분열이 필요했다는 것, 그것은 항상 존재했고 또 불가피하게 늘 존재할 것이라 함을 그들은 알지 못한다. 공화국의 팽창이야말로 사태를 악화시키고 대중의 소동을 내란으로까지 바꾸어버린 것이었다. ...일반적인 통칙에 의하면 공화제를 자칭하는 국가에 있어서 절대적인 평온이 지배할 때에는 (역설적으로) 자유는 거기에 존재치 않음이 확실하다는 것이다. 정치에 있어서 일체성이라 하는 것은 매우 애매한 것이다. 참다운 일체성은 하나의 조화된 일체성이며 그 조화를 통해 우리에게는 상반되고 있는 것같이 보이는 그러한 부분 부분이 사회 전체의 선을 위해 합치되는 것이다. 음악에 있어서의 불협화음처럼 그런 부분들은 전체적 조화와 합치하는 것이다."[18]

반면에 "아시아적 전제정치, 즉 극단으로 흐르는 모든 정체의 화합에는 언제나 실제적인 분쟁이 있었다고 말한다. 직공이나 군인, 법률가, 관리, 귀족이 단지 그 일부가 저항 받지 않고 다른 사람들을 [힘에 의해] '억압하고' 있기 때문에 결합되어 있다. 그리고 그곳에서 어떤 결합이 발견된다 하더라도 결합되어 있는 것은 시민이 아니라 나란히 매장되어 있는 시신들이다."[19] 라고 말한다. 이는 아리스토텔레스와 같이 공화국 내의 분열이 공적인 일의 의사결정과정에서 국가의 이익에 합당한 어느 정도에서까지만 허용되어야 하는 합리적인 이성의 중용이 역동적 성격을 지녔음을 의미한다.

역사적으로 국가의 흥망성쇠는 이처럼 인간 욕망의 유한-무한의 변증법적 기능에 따르는 아이러니로 충만하다는 것에서 나아가 현실적으로 전제주의나 전체주의의 일체성을 말하는 것은 '죽은' 일체성에 관해 말하는 것과 같다고 몽테스키외는 말하였다. 몽테스키외에 따르면, 정치적 분열 때문이 아니라, 욕망에 따른 인간 심리가 헤겔식의 변증법과 같이 작동함으로써 이성의 합리적인 중용이 없으면 군의 기강과 같은 상무 정신과 미덕의 상실이 정신적으로는 도덕적 해이로 발전됨으로 인해 로마와 같은 세계국가도 쇠망하였

18 『로마인의 흥망성쇠 원인론』, 107-108쪽들.

19 『로마인의 흥망성쇠 원인론』, 108쪽.

다고 보는 것이다. 또한 로마가 국가 존립의 지정학적 원칙을 어기고 과도하게 팽창시켰기 때문(그리하여 필연적으로 전제주의를 초래하고 그 결과 쇠퇴를 자초하였기 때문)이었다. 그리고 경제학적으로는 전성기에는 화폐를 모든 속주들로부터 환수하는 한편, 그 보유 화폐를 역설적으로 용병대를 통해 동방으로 유출해 버렸으며, 궁극적으로는 로마가 소유한 부가 역설적으로 로마를 약하게 만들고 부패시켰다는 것이다. 즉 정당한 힘과 권력이 아닌 폭력과 욕망을 향락과 방종에 가까운 자유로 지향하게 한 부에 의해 역설적으로 로마가 가난하게 됨으로 인해, 말하자면 철학적으로는 쾌락주의의 역설에 의해 로마는 타락하고 멸망하고 말았다는 것이다. 로마는 우수한 예컨대 마르쿠스 아우렐리우스와 같은 황제들이나 몽테스키외가 대단히 숭배하던 철학사상인 스토아주의를 망각하고 말았다. (실제로 몽테스키외는 스토아주의를 극히 사랑했기 때문에 로마인의 자살 관습에 대한 찬성을 『로마인의 흥망성쇠 원인론』 13장에 집어넣음으로써 그의 책에 대한 교회의 엄한 비난을 초래하는 위험을 마다하지 않았다.) 에피쿠로스적(즉 쾌락주의적)이며 미덕을 잃은 로마인은 트로글로디트인과 똑같은 길에 발을 들여놓게 되었다. 로마인들의 숙명적인 멸망은 오직 시간문제에 불과하였다는 것이다.

3. 『법의 정신』에 나타난 혼합정체론

마키아벨리의 『군주론』이 좀 더 큰 저술인 『논고』의 단편이었던 것과 똑같이 근본적으로 『로마인의 흥망성쇠 원인론』은 『법의 정신』의 부분적 전개에 불과했다. 1748년에 출판된 『법의 정신』은 몽테스키외 자신이 말하고 있는 바와 같이 20년 이상이나 몰두한 산물이었다. 그것은 그의 노력에 대한 총결산이 의도된 것으로 많은 새로운 사상과 함께 『페르시아인의 편지』나 『로마인의 흥망성쇠 원인론』에서 보이는 역사적 인식이 한층 일반화된 형식으로 쓰인 것이었다. 몽테스키외는 『법의 정신』의 1 장에서 만물이 존재하는 한에는 존재에 따르는 법칙이 있다는 스토아적인 이성적 세계관을 피력한다.

> "법은 사물의 본성에서 유래하는 필연적 관계이며 이러한 의미에서 모든 존재물은 자체의 법을 갖고 있다. 신은 자신의 법, 물질계는 자체의 법을 갖고 있으며..., 인간은 자신의 법을 갖고 있다. 맹목적인 운명이 우리가 세상에서 보는 모든 결과를 낳았다고 말하는 자들은 굉장히 어리석은 말을 한 셈이다. 왜냐하면 지성이 있는 존재물을 맹목적인 운명이 낳았다고 하는 것처럼 이치에 어긋나는 말은 없다 그러므로 본래 이성이 있고 또 법은 이성과 여러 다른 존재물 간에 발견되는 관계, 또한 이러한 존재물 상호간의 관계이다."[20]

인간에게도 존재하는 스스로 만들지 않은 자연법(동물과 같은 정념에 의한 법)과 인간이 지능을 지녔기 때문에 스스로 만든 실정법에 따라 존재한다고 말한다. 전자는 어떤 한 인간 존재가 가능한 한 가능했던 법(정념에 의한 법)이고, 후자는 인간이 사회생활을 하도록 창조되었기 때문에 지능이 만들어낸 법이라고 말하고 있다. 그리고 이러한 법의 이면에는 인간이 자신에게 주어진 원초적인 법에 반드시 항구적으로 따르지 않을 뿐만 아니라 자기 스스로 만든 법에조차 따르지 않는다고 말하면서, 인간에게 특유한 지능 때문에 동물과는 다른 정념은 물론, 이를 조절하는 지성의 이면에 '자유로운 의식'의 능동성이 있음을 천명한다. 몽테스키외는 인간에게 특유한 이러한 지능(이성)이 아우구스티누스의 기독교적 전통에서 말하듯이 유한한 것이라고 말하면서, 무지나 오류를 피할 수 없음에도 불구하고 인간의 마음속에 창조자의 관념을 심어주고 그에게 의지하게 만드는 것이라고 말한다. 이러한 지성(혹은 이성)은 성서의 창세기가 묘사하듯이 하나님이 인간(아담)에게만 부여한 것이다.[21]

---

20 『법의 정신』, 229쪽.

21 『구약성서』 창세기에서 하나님은 인간에게만은 하나님의 영기(호흡)를 불어넣는 것으로 묘사되며, 이러한 영기는 아담에게서 만물에 이름(logos)을 지어주는 능력으로 나타난다. 이는 현대 철학의 관점에서 보면 인간이 언어를 통하여 사유하는 인간으로서 생물학적 존재에서 사유하는 이성을 지닌 인간으로의 재탄생을 의미한다. 성서 실낙원 신화에서는 인간이 선악을 판단하는 사유능력이 하나님의 명령(율법)을 어기는데서 얻어진 것으로서 인

몽테스키외는 이 지성이 부여하는 법을 인간이 이 세상을 살아가면서 따라야 할 '제일의 자연법'으로 다시 명명한다. 결국 몽테스키외에서는 자연법은 물질의 자연법과 식물에서의 자연법, 그리고 동물에서의 자연법, 사회적으로 살도록 창조된 인간에서의 지성이 부여하는 자연법(만민법) 등, 2중-4중의 자연법이 인간에게서 변증법적으로 복잡하게 혼합되면서 발전되고, 다른 한편으로는 분화되는 양상으로 분류되며, 인간이 이러한 자연법들에 준하여 만들어 놓은 실정법 또한 정법과 시민법으로 분화된다. 결국 인간에서의 자연스런 법이란 자연의 우연성에 인간의 이성이 발휘되어 나타나는 것이다. 결국 몽테스키외의 정치철학에서 법이란 개별자에 고유한, 그러면서도 보편적인 인류적 인간의 본성에서 유래하는 것이다.

몽테스키외에서 법이란 사물의 본성(nature)을 의미하며, 이 때문에 인간 본성에서 기원하는 '자연 상태'를 '인간의 인간에 대한 이리(homo homini lupus)'라고 표현한 홉스와 달리 표현한다. 몽테스키외에 따르면, 개인적인 인간은 숲 속에 살았던 미개인이 그러하듯이 자연 상태에서는 약자이고 소심함으로 스스로를 열등하다고 느낄 뿐 서로 평등하다고 여기지 않는다(기독교적으로는 평등하다). 그래서 원시상태에서는 서로 공격하려 하지 않는다. 자연 상태에서는 평화가 제1의 자연법이다. 몽테스키외의 이러한 자연 상태에 대한 묘사는 근대 프랑스의 사회 계약론자들, 특히 J. J. 루소(Jean Jacques Rousseau)에 의해 강화되고 표준이 되었다. 루소는 『사회 계약론(Du contrat social)』 2장에서 아리스토텔레스와 같이 자연발생적으로 국가는 가족단위에서 기원함을 밝히면서도 인간이 자연 상태에서는 인간은 자유로웠다고 선언하는데, 그것은 인간이 계약을 맺어 인간이 사회나 국가를 이룰 때에는 인간이 성인이 되어 이성적으로 되었을 때 비로소 맺을 수 있는 것으로 이해하고 있었기 때문이다. 그러면서 홉스

간성의 타락으로 표명되나 몽테스키외는 아우구스티누스에 반하는 펠라기우스처럼 사유능력을 오히려 구원의 가능성의 원인으로서 인간 지성(이성)과 그 배후에 있는 능동성에서 기원하는 창조적 자유에 대한 낙관론을 표명하고 있다. 물론 이러한 자유의 능력은 컨포드(F. M. Cornford)(남경희 역, 『종교에서 철학으로』(이화여대 출판부, 1995), 17쪽)가 말하듯이 '가능성'의 능력으로서 이성의 자율성에 따르는 한계성을 지닌다.

가 자연 상태를 만인의 만인에 대한 투쟁 상태(homo homini lupus)로 묘사한 것에 대한 잘못을 지적하는데, 그것은 봉건정이나 군주정이나 대외적으로 국가 간에 전쟁을 전제한 경우나 대내적으로는 폭력에 기초한 군주정을 정당화하는 논리에 불과한 것으로 파악하였기 때문인데 이는 전적으로 타당하다.

몽테스키외는 인간의 열등하고 약한 감정에 더하여 제2의 자연법은 먹을 것을 찾는 마음이라고 말한다. 그리고 제3의 자연법이 양성에서 기원하는 남녀 간의 서로 사모하는 소원이다. 여기에 덧붙여서 다른 동물이 가지고 있지 않는 서로를 결합하는 동기, 즉 사회생활을 영위하는 욕구가 발생한다. 이것이 제4의 자연법이다. 그런데 제4의 자연법이라고 명명된 것은 곧 실정법으로 현실화되는 것이다. 그리고 이러한 실정법은 인간이 사회를 이루면서 가지게 되는 '힘과 권력'에서 기원하는 것으로서 이러한 실정법의 이면에는 인간이 사회를 이루면서 다른 동물보다 큰 힘을 갖게 되는 것에서 기원하는 것이다. 즉 실정법의 이면에는 '힘이 정의'라는 칼리클레스의 원리가 숨어 있다.

> "인간은 사회생활을 하면서 곧 열등하고 약한 심성(감정)을 잃었다. 상호간에 존재하던 평등이 끝나고 전쟁상태가 시작되자 각 사회는 그 힘을 자각하기에 이르고, 그 사실은 민족과 민족 사이의 전쟁을 일으켰다. 개인은 각 사회에 있어서의 자신의 힘을 자각하기 시작하였고, 그 사회의 주된 이익을 자기에게만 돌리려고 노력한다. 그것이 그들 사이에 전쟁상태를 조성한다. 이 두 가지 전쟁 상태가 인간들 사이에서 법률을 제정하게 하는 것이다. 서로 다른 민족의 존재는 필연적인 것이므로 큰 유성[지구]의 주민으로서 고찰할 때, 인간은 민족끼리 상호간의 관계에 있어서의 법을 지닌다. 그것이 만민법이다. 유지되어야 할 사회에서 생활하는 자로서 고찰할 때, 그들은 통치하는 자가 통치를 받는 자에 대해 갖는 관계에 있어서 법을 지닌다. 그것이 바로 실정법이다. 또 모든 시민 상호 간에 관계에서도 법을 갖는다. 그것이 시민법이다."[22]

22 『법의정신』, 1편, 15쪽.

모든 사물의 본성으로부터 몽테스키외는 필연적인 관계를 나타내는 원리, 즉 법을 끄집어내기로 하였다. 각별히 그의 책의 전체 제목이 가리키는 바와 같이 법의 정신 또는 법이 풍토, 종교, 각 정부의 기본조직(정체)에서 기원하는 통치의 격률, 과거의 사례, 관습, 생활양식, 상업 등에 대해 갖는 관계'를 도출하는 것을 의도하였다. 몽테스키외는 (자신의 여행과 역사의 연구를 통해 발견된) 사람들 사이에서 볼 수 있는 '천차만별의 법과 관습' 속에서도 단순한 원리가 있다는 그런 신념을 갖고 있었다. 이러한 신념은 사실 역설적으로 사회적 인간의 심성에서 기원하는 것이지만 현실적인 삶에서의 천차만별로 나타나는 다양한 구체적 사태를 범례적으로 일반화하는 몽테스키외의 천재적 능력에 의해 귀납된 것으로 나타난다. 몽테스키외는 이렇게 말하였다. "나는 원리를 정하였다. 그리고 특수한 개개의 경우가 그대로 원리 속에 포괄되는 것과 같이 모든 국민의 역사가 단지 그 원리의 결과에 불과함을 알았다."[23]

이러한 일반적인 법의 정의에 국한해 본다면 몽테스키외는 인간 지성이 법을 가능하게 하는 다수의 요인들의 관계를 상정하고 있다고 여기는 것처럼 보인다. 이 때문에 그는 주어+술어적 형식으로 된 언어를 통해서 사유하는 인간 지성이 지니는 원초적인 이성의 존재를 인정하며 그것과 다른 존재들 사이의 관계를 언급하고 있기는 하지만, 모든 존재들을 지배하는 규준은 그러한 하나의 원초적 이성, 즉 기독교에서 말하는 신적인 최고의 의지나 이성에서만 유래하는 것이라기보다는, 상호작용하는 다수의 존재자들 사이의 관계에서 성립하는 것으로 파악한다. 이 때문에 그는 마치 권리나 법에 대한 절대적이고 보편적인 기준이 있어야 한다는 일체의 독단적인 가정을 처음부터 배제하고 있다. 뿐만 아니라 존재자들의 관계에서 그러한 기준의 원천을 찾는다는 점에서 추상적인 가치나 당위 개념에 의존하는 - 예컨대 '자연권'이나 '인권' 등과 같은 - 사변적인 이론보다는 사실세계에 대한 실증적 연구를 통해

23 『법의정신』, 1편, 15쪽.

자신의 법과 정치사상을 설명하고자 하는 의도를 읽을 수 있다는 점에서 현대적 사유에 적합한 지성을 소유한 것으로 여겨진다. 그래서 『법의 정신』에서 몽테스키외는 자연 상태의 인간에 대한 서술이나 자연권 등에 대한 추상적인 분석은 최소한도 내에 그치며, 그것보다는 오히려 역사와 현실 속에서 만나는 구체적인 인간들의 욕구나 목표, 그리고 이들을 주어진 조건 속에서 어떻게 성취하는가에 대한 이해를 도모하는 프랑스인들의 셈세 정신(bon sens)이 영국의 경험론적 정신과 조화되어 몽테스키외의 구체성을 지향하는 정신으로 드러나 있다.

법에 대한 일반적인 정의를 제시한 몽테스키외는 실정법을 가능하게 하는 기초 내지 근거(raison d'être)를 '법의 정신'이라 부르며 대략 네 가지의 관계로 설명한다. 이것은 말하자면 몽테스키외가 말하는 법의 의미를 이해하게 하는 관점이자 바람직한 법이 고려해야 할 기본 요소들이라고 할 수 있겠다. 즉 법이란 ①각 정부의 본성과 원리, ②기후, 토양, 영토의 위치와 크기, 농경, 수렵, 목축 등과 같은 거주민들의 주요 생활양식, ③정치체제와 그 헌법이 지지할 수 있는 자유의 정도, 거주민들의 종교, 성정(inclination), 부, 인구, 상업, 예절, 풍습, ④법들 상호간의 관계, 법의 기원, 입법자의 의도, 법을 확립시킨 사물들의 질서 등과의 관계 속에 있으며, 그렇기 때문에 이들 관계 속에서 고찰되어야 한다.[24]

법의 이러한 요소들과 관계들은 몽테스키외가 법제도나 정치 현상을 특정한 하나의 관점이나 방법을 동원하여 분석하거나 추상적인 이론에 의해서 해명하기 곤란한 인간 존재의 다양한 측면들과 자연적 조건들이 반영되어 만들어진 결과물로 간주한다는 사실을 보여준다. 따라서 그는 법제도나 정치권력이 반영해야 할 최선의 구조에 관한 추상적인 보편 원칙이나 이론을 수립하려하기보다는, 그 제도나 정체를 다양한 관계들과 조건 속에 놓여 있던 각 국가들이 그들의 역사적인 배경과 국민적 본성, 자연적 조건 등에 따라 인간 이

24 『법의 정신』, I. 3, 38 이하 참조.

성이 발견하고 '만들어낸 산물'로 인식할 뿐이다. 물론 그가 영국의 정체를 적극적으로 검토하였으며, 프랑스의 역사 연구에 의거해 자국의 현실을 비판하고 권력 분립형의 군주정 회복에 큰 관심을 보인 것은 사실이다. 그러나 영국의 헌법 모델이 그의 이상도 아니었고, 하나의 특정 질서를 모든 특수한 상황에 적합한 것으로 처방하려는 보편주의적 태도를 취하지도 않았다. 이는 그가 계몽주의의 대다수 사상가들과 마찬가지로 인간의 자연, 즉 본성의 존재 자체를 부정하지는 않으나, 그들과 달리 그것을 확정적이고 결정론적인 성격의 것으로 간주하지 않았기 때문이다.

몽테스키외의 이러한 '현대적일 수 있는' 일반적인 법사상은 시민과의 관계에서 정치적 자유를 형성하는 법으로 나타나는데, 여기에서 "'정치적 자유'란 인간이 사회를 이루면서 지니는 안전 또는 자신의 안전에 관한 사람이 가지고 있는 의견'에 있고, 시민의 자유란 주로 형법에 의존한다."고 말하면서 범죄에는 4가지가 있다고 말한다. 즉 첫째는 종교, 둘째는 습속, 셋째는 평온(화), 넷째는 시민의 안전을 해치는 것이다. 이 가운데 습속에 관한 형법은 가장 기초적인 것으로서 공적이거나 사적인 절제, 다시 말해서 감각기관의 사용과 육체의 결합에 결부된 쾌락을 누릴 방법에 관한 사회적인 규율인데, 이는 인간이 살고 있는 지역의 기후풍토에 따라 다른 것으로 다양하게 나타난다.

몽테스키외는 한 지역의 기후풍토가 인간의 성격 형성에 커다란 영향을 미치는데 이는 기후풍토가 인간의 감각-기관의 감수성에 커다란 영향을 미치는 데에서 기인한다고 말한다. 그래서 더운 지방에 사는 사람들은 감각기관이 섬세하게 발달하는 반면, 추운 지방에서는 쾌-고에 둔감하게 발현되는 현상을 생리적으로 설명한다. 그 결과 인간의 성격의 측면에서 북방의 풍토에서는 악덕은 거의 찾아볼 수 없는 대신에 남쪽 지방은 도덕 자체에서 멀어지는 것처럼 느껴지고 또 보다 활발하게 범죄를 증가시킨다고 말한다.[25] 그리고 이

25 『법의 정신』, 226쪽.

러한 인간의 성격은 여럿이 함께 사는 사회적 삶의 필요성 때문에 적절한 규제를 필요로 하는 것으로서, 여기에서 습속의 법이 탄생하는 것을 말한다. 그런데 몽테스키외의 눈으로 보면, 나쁜 입법자는 풍토의 결점을 조장한 자이고 좋은 입법자는 이에 저항한 자라고 말하면서 다음과 같이 자신의 생에 대한 적극적인 사상을 표현하고 있다.

> "인도인은 휴식과 무가 만물의 기초이고, 만물이 귀결되는 목표라고 믿고 있다. 따라서 그들은 무활동이 가장 완전한 형태이고, 그들의 욕망의 목표라고 생각하는 것이다. 그들은 지고의 존재에 부동이라는 이명(異名)을 주고 있다. 샴인은 지고의 행복이란 기관에 활력을 주거나 육체를 움직이거나 하는 일을 강요당하지 않는데 있다고 믿는다. 심한 더위가 사람을 쇠약하게 만들고 괴롭히는 그런 지방에서는 휴식은 매우 기분 좋고 운동은 너무 괴로운 것이므로, 이런 형이상학의 체계도 자연스럽게 보인다. 그리고 인도의 입법자 붓다가 인간을 극단의 수동적인 상태에 놓았을 때, 그는 자기의 느낌대로 행했던 것이다. 그리고 그 (불교)교설은 풍토의 나태에서 생겼고, 그 나태를 조장했으므로 수많은 악을 불러 일으켰다. 중국의 입법자들은 사람을 언젠가는 도달할 평온의 상태가 아니라 생활의 의무를 완수할 수 있는 적당한 행동으로 고찰하고, 각 종교와 철학과 법을 실용적인 것으로 만들었다. 그들이 훨씬 합리적이었다. 자연적인 원인이 사람을 휴식으로 이끌면 이끌수록 도덕적인 원인은 사람을 휴식으로부터 멀어지게 한다."[26]

결국 몽테스키외에 있어서 법은 사회적 인간이 이 지상에서 살아가는데 필요한 활동적인 삶을 이루는데 필요한 적당한 정신적 제약, 즉 아리스토텔레스가 말한 중용의 합리적 정신을 표현하는 것을 의미한다. 이 때문에 몽테스키외는 법적 · 정치적 제도를 자기의 탐구의 주제로 삼고 그것에 생기를 불어 · 넣어 주는 '정신'에 초점을 맞추었다.

그의 견해에 의하면 주요한 정치제도는 정부의 구성이며, 아리스토텔레스

---

26 『법의 정신』, 228쪽.

와 마찬가지로 정부형태로부터 '법의 정신(법제정의 정신)'이 유래하는 것이었다. 이를 위해 몽테스키외는 세 정치형태 즉 공화정, 군주정, 전제정을 추려냈다. 그리고 공화정은 몽테스키외에 있어서 곧 민주정을 의미한다. 이러한 민주정은 두 가지 형태가 있다. 하나는 국민 전체가 주권을 갖는 형태이고, 다른 하나는 국민의 일부가 주권을 갖는 형태이다. 이 후자는 사실 귀족정이다. 국민의 일부가 주권을 갖는 형태를 민주정이라 부르는 것은 몽테스키외가 "군주와 마찬가지로, 때로는 군주 이상으로 고문회의, 즉 원로원에 의해 인도되어야 한다."[27]는 원리에 따르는 것으로서, 인민이나 민중은 군주처럼 나라 (전체의) 일을 생각할 때는 루소가 말한 일반의지가 발동하여 훌륭하나, 자기 이익을 생각할 때는 방종에 가깝기 때문이라는 민중의 현실적이고 역사적인 삶과 사건들에 대한 아리스토텔레스나 마키아벨리와 같은 인식에 의해서이다. 이 정의에 따라 몽테스키외는 귀족정치를 공화제로 분류할 수 있었다. 한 사람이 일정한 확립된 법에 따라 지배하는 경우에는 군주제가 성립한다. 법에 의하지 않고 한 사람이 지배하는 경우에는 전제정이 된다. 몽테스키외가 말하는 군주제는 '가장 비천한 시민의 목숨이라도 존중되는 제한 정체로서 치밀한 조사를 거친 뒤가 아니면 그 명예와 재산을 빼앗을 수 없는'[28] 근대의 입헌군주제이다.

몽테스키외에 따르면, 법은 전제정을 제외한 어느 정체에나 존재하는데, 전제정을 포함하여 일반적으로 말하면 세 가지의 정체의 본성에는 정체를 움직이는 '정치 원리'가 있기 때문이다. 이 정치의 원리는 아리스토텔레스가 말한 바와 마찬가지로 인간의 '정념'에 따라 움직이기 때문에 각각의 정체에 따르는 고유한 정의의 원리와 부패가 있다.[29] 공화제, 즉 민주제는 이 체제를 움직이게 하는 것이 플라톤이 말하는 정의의 덕, 즉 국가 전체의 일(res publica)에

27 『법의 정신』, 2편, 1, 19쪽.
28 『법의 정신』, 6편, 2, 82쪽.
29 『법의 정신』, 3편, 28-29.쪽.

항상 정의가 살아 움직이게 하는 정체이다. 이 정체에서는 모든 인민이나 개개의 시민의 자유가 정치의 일차적인 목표이다. 그리고 이 정치체제에서 시민이나 인민의 자유는 아리스토텔레스가 말하는 경제력에 기초하고 있는 현실적인 자유이다. 이 자유는 인간에게서는 다른 동물과 다른 우월성의 표현으로 나타난다. 즉 인간에게만 나타나는 이러한 자유(힘)의 우월성은 앞에서 언급된 것처럼 인간이 국가 사회를 구성하는 능력에 따른 것이다. 그리고 이러한 국가나 사회에서는 정의를 실현하는 것이 이성을 지닌 인간의 또 다른 목표가 된다. 그런데 정의는 형식적으로만 보면 모든 인간의 평등함을 지향한다. 결국 인간의 국가의식이나 사회의식에서는 자유(힘)와 평등(정의)의 변증법적 상황이 나타나는데, 이러한 변증법적 상황에서의 지혜는 아리스토텔레스가 말하는 중용의 정신이며, 인간이 이성을 지니면서 지니는 상식인이 가지는 공통감각(bon sens: common sense)의 정치의식이다. 이러한 정치의식이 바로 몽테스키외가 말하는 민주정에서의 인민의 덕이며, 귀족정에서는 명예를 중시하는 공화정의 정신이다.

"[평등을 지향하는 민주정인] 공화정에서의 인민의 덕은 단순하다. 그것은 공화국에 대한 사랑이며, 이 사랑은 모든 지식의 귀결이 아닌 감정일 뿐이다. 따라서 모든 인간이 이 감정을 가질 수 있다. 조국애는 선량한 습속으로 인도하고 선량한 습속은 조국애로 인도한다. 우리는 개별적인 정념을 만족시킬 수 없으면 없을수록 더 한층 보편적인 정념에 몸을 맡긴다. 민주정체에서의 국가에 대한 사랑이란 평등에 대한 사랑인 동시에 검약에 대한 사랑이다. ...검약에 대한 사랑은 소유욕을 자기 가족을 위해 필요한 물품을 확보하고, 나아가 조국을 위해 나머지를 확보하는데 필요한 마음가짐만으로 제한한다. 부(富)는 힘을 부여하지만 민주정체 하에서의 사람들은 그것을 자신을 위해 행사할 수 없다. 그렇지 않으면 그들은 평등해지지 않는다. 평등에 대한 사랑은 민주정체에서는 다른 시민보다 조국에 더 큰 봉사를 한다는 단 한 가지 욕망과 행복으로 한정시킨다. ...개인의 양식과 행복은 대개 그 재능과 자산의 중용에 의하는 수가 많다."[30]

민주정체는 아리스토텔레스에 따르면 가난한 자들의 지배이다. 자유가 재정적 능력에 따라 방종과 사치로 나타남으로 이러한 자유가 재정적 능력에 의해 조정되어야 한다. 그런데 마침 자연은 만인에게 풍부한 자원과 재산을 제공하지 않는다. 결국 민주정에서의 공화정의 정신은 이러한 절제가 자연적으로 수행될 수 있게 되어 있다. 그러나 자연적인 환경에서 출발하지 못하고 군사력에 의해 도시국가를 세운 로마에서는 원로원이나 입법가들이 자연적인 환경을 조성하는 법을 다음과 같은 말을 내세우며 만들어낸다. "작은 토지라도 인간을 양육하는데 충분하다고 생각하는 시민만이 신의 마음에 드는 것이다." 이러한 명언은 몽테스키외로 하여금 또다시 다음과 같은 말을 하게 한다. "좋은 민주정체에서는 토지의 배분이 평등한 것만으로 충분하지 못하며 로마인의 경우처럼 그 배당분이 적어야 한다."[31] 결국 가난은 민주정을 지배하는 원리이지만, 이 가난이 욕망의 절제를 자연스럽게 수행할 수 있는 정도(중용)의 것이어야 한다는 것이다.

자연의 원리를 따르는 지혜를 미덕으로 지니는 재정적으로 부유한 귀족들의 다수가 지배하는 귀족정에서 한편으로 영광과 명예를 중시하는 군주정에서 유래하는 미덕이 다른 한편 공화정의 정신 아래에서의 귀족들의 절제로 나타난다. 그리고 명예와 절제라는 귀족들이 지녀야 하는 덕의 상호 모순되는 듯이 보이는 성격은 인간의 정념이 중용의 정도에 따를 때 나타나는 것임을 몽테스키외는 갈파하고 있다. 따라서 공화정에서의 부패는 절제에 따르는 민중들의 평등 의식의 상실, 혹은 귀족들의 명예의 미덕의 정신의 과잉 또는 상실로 인해 이중적인 측면에서 일어난다. 즉 자유로운 정신과 평등의 정신

30 『법의 정신』, 5편 1. 49쪽.

31 『법의 정신』, 5편 5. 55쪽.

이 변증법적으로 조화되지 않은 경우에는 말할 것도 없거니와 이 양자가 혼합되어 변증법적으로 고양되는 것이 아니라, 지나친 평등의 정신이나 지나친 자유(우월성)의 강조가 국가경영의 원리로 작용할 때, 혹은 개개인의 사익을 보장하거나 사적 이익을 보장하지 않고 공적인 정신만을 내세우는 공화정의 정신(나라를 생각하는 정신)이 국가에서 단일한 원리로서 작용할 경우, 이러한 공화정은 각각 개인주의(이기주의)와 전체주의에로 향할 수 있는 측면이 있기 때문에 종국적으로는 국가를 소멸하게 하는 부정적인 것이다. 결국 이러한 귀족정이나 공화정의 원리가 과도함으로 일어나는 부패는 전제정이나 참주정을 끌어들이는 요인이 된다.[32]

귀족정체는 귀족들이 다수가 군주가 되어 있는 귀족단이므로 서로가 서로를 견제하는 정체이며 동시에 귀족정신은 군주에서 기원하는 명예가 목표이다. 따라서 이 정체를 움직이게 하는 것은 명예와 더불어 민주주의와 관련되는 측면에서의 평등에 해당하는 절제의 덕이 동시적으로 존재한다.

> "귀족정체에는 민주정체가 갖지 못한 힘을 지니고 있다. 귀족은 하나의 단체를 형성하며, 그 특수한 이익을 위해 인민을 억압한다. 그러나 이 단체로서는 남을 억압하기 쉬운 정도로 자기 자신을 억제하기가 어렵다. 귀족정체의 구조의 성질이 이러함으로, 같은 사람들을 법의 지배 밑에 두고 있으면서도 동시에 법의 지배로부터 해방시켜주는 듯이 보이는 것이다."[33]

귀족들은 자신들과 동일한 신분들과 공동체적 정신을 지니면서도, 다른 한편으로 군주가 되기 위해 서로 경쟁하는 집단인 것이다. 이런 집단에 평화가 있기 위해서는 서로를 동등하게 대우하는 법, 즉 정념에서의 중용이 존재하는데 그것이 국가에 헌신하는 덕으로서의 욕망의 절제를 함축한 명예이다.

---

32 『법의 정신』, 8편, 1. 119쪽

33 『법의 정신』, 3편, 31쪽.

몽테스키외는 "그런 단체가 자신을 억제할 수 있는 방법은 두 가지로 국한된다."고 말한다. 즉 "어떤 의미에서 귀족을 인민과 평등하게 만드는 위대한 덕성에 의해서이든가, 아니면 귀족을 인민과 최소한으로 동등하게 하는 일종의 절도, 즉 보다 작은 덕성에 의해서든가이다. 전자는 위대한 공화국을 형성할 수 있고 후자는 귀족의 보전을 가져온다."[34]

이러한 귀족정의 부패는 바로 인민들에게 적절한 법으로 작용하는 귀족들의 명예심이 절제를 잃고 자신들의 이익을 위한 집단으로 변모할 때, 즉 군주처럼 자의적으로 될 때, 혹은 정치적으로 권력을 지니고 있으면서 또한 경제적으로 가진 자들이 민중과의 평등감을 상실하고, 절제를 상실한 우월성만을 고집할 때 나타난다.[35] "지배하는 자에게도 지배당하는 자에게도 이미 덕성은 존재하지 않는다. 지배하는 여러 가문이 법을 지키고 있을 경우에는 다수의 군주를 지니는 군주정체이며 그것은 훌륭한 군주정체이다. 그들 군주 대부분이 법의 구속을 받기 때문이다. 만약 법을 지키지 않을 경우 그것은 다수의 전제군주를 갖는 전제국가이다."[36] 말하자면 귀족들의 덕인 명예심이 다수가 경쟁하는 상태는 서로가 서로를 견제하는 법으로 작동한다는 것이다. 그런데 이 다수가 일인으로 통합되는 데에서 정념의 관점에서는 일인 군주의 정념에 의한, 즉 법이 없는 전제정치가 성립함을 말한다.

> "귀족정에서 극도의 부패는 귀족이 세습적일 경우에 생긴다. 그들은 절도를 거의 가질 수 없게 되며, 그들이 소수이면 그 권력은 커지지만 안전은 감소한다. 반면 그들이 다수이면 그 권력은 작아지고 안전은 커진다. 그 결과 그 몫도 과도한 권력과 위험이 걸려있는 전제 군주에 이르기까지 권력은 점증하고 안전은 점감된다. 따라서 귀족 수가 많다는 것은 세습적 귀족 정체에서는 정치를 제한하게 만든다는 것을 의미한다."[37]

34 『법의 정신』, 3편, 31쪽.
35 『법의 정신』, 8편 122쪽.
36 『법의 정신』, 8편 122쪽.
37 『법의 정신』, 8편 123쪽.

여기서 특별한 주의를 요하는 것이 바로 여럿이 하나를 제한하는 결과를 가지는 정념에 대한 몽테스키외의 하나와 여럿에 대한 변증법이다. 그리고 이러한 하나와 여럿의 변증법은 정념에서는 플라톤이 말하는 동일자와 타자의 변증법이 전도되는 것으로 나타난다는 것이다.[38] 결국 법이란 다수가 공존을 지향할 때 질서를 창안하는 것이다. 여기에서 법이 있는 군주제에 대한 정의가 나타나고 권력 분립의 사상의 맹아가 숨어 있다.

법이 있는 군주제는 정직이나 근면과 같은 덕이 아니라 (나라에서 큰일을 하는) 영광이나 명예가 이 정체를 움직이는 힘이다. 영광과 명예는 국가 전체의 일에 관하여 항상 유익하거나 승리를 목표로 하는 일을 수행하는 군인의 정신에서 유래하는 군주의 것으로서 인간성에게서는 우월성으로 표현된다. 군주정에서의 이러한 영광에 대한 의식이나 명예심은 인간성의 자유의 우월성으로 표현되는 것이기도 하나, 이의 과잉은 영웅이나 계급의식을 불러일으키고 더 나아가서는 국가 사회에 군주의 절대 권력을 지향하는 성격 때문에 봉건 체제에서는 왕족들 간에, 귀족정에서는 상호간에 권력 투쟁을 일으키며 이기심만을 지닌 경우의 인민들의 생존경쟁처럼 홉스가 말하는 '만인의 만인에 대한 투쟁의식'을 불러일으킨다. 법이 없는 군주정에서의 부패는 "국민이 원로원, 집정관, 재판관으로부터 그 기능을 빼앗을 때 민주정체가 멸망하는 것과 같이, 군주가 점차 사적인 단체들이나 특수한 도시들의 특전과 특권을 빼앗을 때 부패한다."[39] 즉 군주가 절대 권력을 지향하여 한 사람의 전제를 초래함으로써 부패한다. 전제정은 군주의 명예심의 과잉이 군주가 오로지 자신만의 위한 권력을 향유하는 자의에 의해 공포로 정치를 수행하기 때문에 부패의 내리막길을 치닫고 있을 뿐이다. 말하자면, 군주가 자신도 복종해야 하는 법

---

38 플라톤에서 하나와 여럿의 변증법에서는 법(logos) 사상이 몽테스키외와 달리, 이원론적인 동일자와 타자의 변증법으로 다음과 같이 나타난다. "동일자는 무한성(apeiron) 과 관계하여 동일자의 반복으로 나타나지만, 동일성에 상대적인 타자성은 타자와 다르고 자기 자신에게마저도 다른 운동을 하는 것"으로서 무규정성으로 전락하는 것이다.

39 『법의 정신』, 8편, 124쪽.

이 없는 자의에 의해 절대 권력을 행사하는 정체는 전제정이다. 이러한 모든 권력에 대해 제한을 가하는 것이 몽테스키외가 말하는 민의에 기초한 법, 혹은 루소가 말하는 인간의 일반의지에 기초한 법이다.

몽테스키외에 있어서 정의와 덕은 보다 현실적으로는 경제능력에 기초한 자유의 실현을 말하고 있다고 보아야 한다. 정치의 형태 내지 본질은, 몽테스키외에 따르면 그 특정한 구조에 있다. 그리고 정치의 원리라 함은 그것을 움직이고 있는 것, 또는 좀 더 자세히 말하면 정치를 움직이게 하는 인간의 정념의 하부에 있는 '욕구'이다. 이 때문에 군주정이든, 귀족정이든, 공화정이든 그 주권자를 재산 정도에 따라 현실적으로 자유를 실현함을 전제하지만 이 자유가 각 정체의 존재를 가능하게 하는 구성(생성) 원리에 따를 때, 즉 정체의 구성원리가 모순이 없이 현실에 맞게 이성적으로 조정될 경우, 아리스토텔레스식으로 말하면 법이 중용의 원리에 따라 실현되면, 아리스토텔레스가 『정치학』에서 말한 것처럼 한 국가의 구성원 전체의 행복을 실현할 수 있는 안정과 평화가 약속된다는 것이다. 이러한 정의론에 따르면, 민주정에 있어서는 그 원리는 미덕(이것으로 몽테스키외는 개인적 미덕이 아니라 루소가 말하는 일반의지가 지니는 정치적 미덕을 의미하고 있다.)이다. 그리고 이러한 미덕은 인간이 약자로서 자연 상태에서 가지는 평화의 제일의 자연법에서 기원하는 것이다. 이 자연법에 의한 사회의 구성은 조국애로 나타나는 '민의'에 따르는 것이며, 이러한 민심은 전제정의 폭력이나 극렬한 악행을 싫어하는 '인심'으로 나타난다.[40] 즉 몽테스키외가 말하는 인심은 자유가 전제된 개인들의 공통의지로서 기독교적 절제에 따르는 선의지(공동체 의지)에 기초하고 있다.[41]

귀족정에 있어서도 그것은 여전히 미덕인데 거기에 우월성을 위한 명예가

---

40 『법의 정신』, 6편, 92쪽, '일본법의 무력', 참조.

41 인간의 이기심이 사회 구성에서는 선의지로 변모하는 이러한 변증법은, 신 앞에서 약자인 인간의 죄로 표현하는 기독교의 변증법적 표현이 몽테스키외에서는 다음과 같이 나타난다. "인간은 날 때부터 악하므로, 법은 인간을 실제보다 선량한 것으로 간주하지 않을 수 없다." 『법의 정신』, 6편, '죄인에 대한 고문 또는 심문'.

추가된다. 이 명예는 평민과의 평등을 지향하는 정신에 따라 귀족으로서의 재산에 따르는 자유의 향유 대신에 이의 희생을 내포하는(약자를 돕는 것으로 나타나는) 절제가 함축된 것이다. 군주제에서는 법이 미덕을 대신하고 (트로글로디트인의 이야기에서 본 바와 같이) 명예가 추진원리가 된다. 명예는 우월성을 지향하는 것으로서 절제가 없는 것이 특징이다. 전제주의에 있어서는 군사력에 기초한 무력을 행사하기에 군주의 권력은 공포가 추진원리이다. 몽테스키외에 따르면, 공화제란 것은 마키아벨리에서처럼 귀족의 명예와 시민의 미덕이 공존하는 정체이며, 명예와 시민의 덕을 교육에 의해 확보할 수 있음을 말한다. 군주나 귀족이나 시민에 각각 고유한 미덕은 타고나면서부터 갖는 것이 아니라 '가져야만 하는 것'이며, 만일 그렇지 않으면 정치는 불완전한 것이 되기 때문이라고 지적하였다.[42] 즉 각 정체에서 고유한 미덕은 교육과 전통에 의해 훈련되는 것으로서 부패의 원인은 국가 정체에 합당한 이러한 미덕을 상실하고 국가성원, 특히 권력과 주권을 지닌 자들이 이기적인 동물적으로 변모할 때이다. 또한 미덕이 각 정치 체제에서 권력을 제한하는 원리로 작용하지 않고 단일한 원리로서 과도하거나 과소할 경우, 자유와 평등의 변증법이 산술적인 평균적 정의와 비례적 정의의 (중용에 의한) 조화가 깨질 때이다. 인간의 정념에 따르는 정치원리는 이성에 의해 조정되어야 하며, 일반의지와 특수의지의 중용에 따르는 조화에서 법이 제정되고 실현되어야 함을 상징한다. 이러한 정치의 원리가 부패하면 최선의 법까지도 악법이 되고 만다고 몽테스키외는 말한다.[43]

몽테스키외가 말하는 여러 정체에서는 권력의 전달방식이 중요한 요인이다. 군주제에서는 봉건적인 왕정의 연장으로서 법으로 제정한 세습제를 택하는 것이 보통이나 이러한 세습제는 능력의 우월성에 대한 선택의 여지가 없

---

42 『법의 정신』, 3편, 36쪽

43 『법의 정신』, 3편, 28-36. 쪽들.

기 때문에 군주정체의 원리에 반한다. 반면에 전제정에서는 권력이 군주의 판단에 의해 우월한 자로서 위임받는 사람에게 전해진다. 이러한 양 극단(세습과 선택)을 조정하는 방법이 군주제에서 군주에게 권력을 주는데 제한을 가한다는 사태와 관련된다. 즉 입헌 군주국에서는 군주는 권력의 분배에 있어서 권력의 보다 많은 부분을 보류하지 않고서는 그 일부분도 주지 않는다는 방식이다.[44] 이러한 군주의 권력의 분배의 원리는 역설적으로 군주 자신에게도 해당되는 원리이다. 여기에서 군주 한 사람에게 입법, 사법, 행정권이 집중되는 방식이 회피되고 분권 형식으로 나타나야 한다는 삼권분립사상의 맹아를 본다. 반면에 민주정에서는 몽테스키외에 따르면, 투표권을 제정하는 법이 이 정체에서는 기본이다. 투표 방법은 추첨과 선택 두 가지가 있는데, "추첨에 의한 투표는 민주정체의 성격을 띠며, 선택에 의한 투표는 귀족정체의 성격을 띤다."고 함으로써 관직을 부여할 때 추첨과 투표는 플라톤이 말한 산술적 정의와 비례적 정의의 성격을 혼합한 것처럼 여겨진다. 또한 투표 방법에는 비밀 투표와 공개 투표가 있는데 국민들에서는 공개투표가 일반의지를 표현함으로 선택되고, 귀족단에서는 당쟁을 방지하기 위하여 비밀투표로 해야 한다고 역사적 사례를 통하여 주장한다.[45]

몽테스키외는 세 가지 정체론의 원리를 마무리하면서 세 가지 정체의 원리의 보전에 가장 효과적인 방법을 논하는 장에서 공화정체를 논한다. 그리고 공화국은 그 본성으로 볼 때, 작은 영토밖에 갖지 못한다고 말한다. 그렇지 않으면 그것은 거의 존속할 수 없기 때문이라는 것이다. 왜냐하면 거대한 공화국에서는 큰 재산이 존재하고 그 결과 인심에는 절도가 거의 사라지기 때문이라는 것이다. 거대한 공화국에서는 공공의 복지(res publica: 현실적인 자유를 가능하게 하는 국가 관리에 참여하는 귀족들의 헌신적인 정신인 명예와 재정적 힘)를 이루려는 욕망이 거대

44 『법의 정신』, 5편, 72쪽.

45 『법의 정신』, 2편, 21쪽.

해지기에 무수한 개인적 고려를 무시하고 개인들의 의지가 희생이 된다. 즉 현대의 자본주의 국가에서 이루어지는 다양하게 개발되는 욕망이나 이에 수반되는 수많은 욕망의 총합으로 나타나는 영광이나 복지를 위한 행태를 예견하는 듯이 권력을 분담하는 정치인이나 관료들의 전체주의적인 정신과 다른 한편으로는 관료제의 일반화된 편의주의나 안일 주의적 태도와 이기심에 국가 전체의 일이 훼손되기 때문이라는 것이다. 이 때문에 개인의 의지는 여러 예외에 종속되고 우연한 일에 의존한다. 그 반대로 작은 공화국에서는 공공의 복지가 보다 건전한 수준에서 잘 체감되고 잘 알려져, 시민들 바로 곁에 있다는 것이다. 그래서 공화국은 그 법과 마찬가지로 작은 영토로 만족해야 한다고 말한다. 이러한 공화국의 소국주의는 플라톤이 『국가-정체』 편이나 『법률』 편에서 국가가 소국이어야 한다는 이상과 현실적으로 절묘하게 맞아 떨어지는 사상이다. 이러한 공화국의 정신이 영토의 확대를 보다 더 지향하는 정신을 가진 군주정이 발흥할 때, 공화정신의 모든 것은 붕괴되고 만다는 것이다.[46]

군주정은 작을 때에는 공화정의 형태를 취할 수 있으나, 반면에 공화정이 영토의 확대를 기초로 하는 정체로서 무제한으로 확대될 때에는, 만일 그것이 매우 크다면, 그 나라의 유력자들(귀족들)은 스스로 힘이 강해져 군주의 시야를 벗어날 것이다. 그리하여 궁정밖에 궁전을 따로 만들어 자기들만의 법과 풍습으로 군주의 처형(세력)으로부터 보호를 받는다는 것이다. 그래서 역사에서는 제국이 형성되자마자 분할되어야 했다는 것이다. 대제국이 존립하는 조건으로서 통치자에게는 전제적 권위가 있어야 하며, 결정의 신속성은 먼 거리를 보충하고 공포가 멀리 떨어진 총독이나 장관의 게으름을 저지해야 하고, 법은 한 사람의 머릿속에 존재해야 하며, 또 크기에 비례하여 나라 안에 항상 쌓여가는 우발적이 사건처럼 끊임없이 변화할 필요가 있는데 이는 인간

46 『법의 정신』, 8편, 129쪽.

의 능력 범위 밖의 일이기 때문이라는 것이다. 결국 군주정의 크기는 중간쯤이 되어야 한다는 것이다.[47]

몽테스키외에 따르면, 이상적인 정체는 플라톤이 말하듯이 자족하는 수준의 영토를 가진 작은 국가로서 정체는 공화정이다. 그런데 이러한 공화국은 섬나라와 같이 외세를 배제한 상태의 것이어서 대륙에서는 결함이 나타난다. 즉 "공화국은 작을 때에는 외세에 의해 파괴되고 클 때에는 내부적인 결함에 의해서 멸망한다. 이 이중의 결함은 민주정체에도 귀족정체에도 그것이 좋든 나쁘든 마찬가지로 해가 되는 것이다. 그러므로 공화정체의 대내적인 장점과 군주 정체의 대외적인 세력을 함께 갖추는 일종의 국가 조직을 고안해 내지 않았더라면 사람은 영원히 일인 통치의 정체(왕정)밑에 살았어야 할 것이다. 내가 지금 말한 것이 연방적 공화국이다."[48] 결국 플라톤이 구상했고 아리스토텔레스가 현실화했던 혼합정의 정신이란 몽테스키외의 『법의 정신』에서 공화국들의 연합이나 연방체제로 나타나는 것이다. 그는 (도시)국가 연합이나 연방 체제를 다음과 같이 묘사하고 있다.

> "이 정치 형태란 하나의 협정이므로, 그로 말미암아 많은 정치 단체가 형성되고자 하는 보다 큰 국가의 시민이 되는 일에 동의하는 것이다. 이것은 다수의 사회가 합쳐서 새로운 사회를 만드는 사회 중의 사회이다. 따라서 결합되어 이루어지는 새로운 가맹체가 되어 그 위력이 확대되어 나갈 수 있다. 그리스로 하여금 오랫동안 영화를 누리게 한 것도 바로 그러한 연합체였다. 로마인은 그것으로 세계를 공격했고, 또 세계인은 그것으로 로마인을 방어했다. 그리고 로마가 번영의 절정에 도달했을 때, 도나우 강 저편의 연합, 즉 공포가 만들어낸 연합에 의해서 야만족은 능히 로마에 저항 할 수 있었던 것이다. 유럽에서 네델란드, 독일, 스위스 연방이 영구적 공화국으로 간주되고 있는 것은 바로 그 때문이다. 도시의 연합은 지난날보다 오늘날 더 긴요했었다. 정복은 그들에게 오늘날과 마찬가지로 집행권, 입법권을 상실하게 할 뿐

47 『법의 정신』, 8편, 130-131쪽들.

48 『법의 정신』, 8편, 136쪽.

만 아니라 나아가서 사람들이 소유하고 있는 모든 것을 잃게 했던 것이다. 외적 세력에 저항할 수 있었던 이런 종류의 공화국은 내부가 부패하는 일 없이 그 권위를 유지할 수 있는데, 그 결사 형태가 모든 결함을 예방하는 것이다. 가맹국 중의 어느 하나에 반란이 일어날 경우 다른 가맹국이 진압할 수 있으며, 어딘가 악폐가 생기더라도 건전한 부분에 의해서 교정된다. 따라서 어떤 부분이 멸망하더라도 다른 부분이 멸망하지 않으므로 국가 전체는 멸망을 피할 수 있다. 동맹은 해체될 수 있으나 가맹국은 여전히 독립국으로 존재하는 것이다."[49]

몽테스키외의 법의 정신으로부터 연역되다시피 한 혼합 정체론은 (도시)국가들의 연합(연방)의 사상에서 한 생명체의 존재가 유기체 논리에 따르는 구조를 가진다는 것을 나타내듯이 그 절정에 달하고 있다. 이러한 몽테스키외의 국가연합(연방) 사상의 맹아는 이탈리아의 각 도시를 동일한 형태의 정체로 통일한 로마의 공화정 사상에 의해서 어느 정도 나타나 있다. 더 나아가 로마는 이탈리아 주변의 나라들까지도 군대를 통해 정복함으로써 총독을 두고 로마 공화정에 유사한 통치방식을 수행함으로써 특정지역의 특수한 왕정(종교나 관습에 의한 다양한 왕정까지도 포함한다는 의미)과 공화정을 결합한 혼합정의 양상을 지닌 형태의 국가들을 이탈리아 주변에 위치시킴으로써 주변국을 연맹의 형태로써 통합하여 세계 대제국을 형성할 수 있었다. 이러한 통치방식은 한편으로 인간이 사회적 동물로써 동물과는 다른 사회를 구성하는 능력이 형성한 경험을 중시하는 역사적 정신과 합리적이고도 건전한 생활을 영위할 수 있는 국가를 구성함으로써 전쟁보다는 평화를, 권력보다는 자유를, 그래서 궁극적으로는 지상에서 인류의 삶을 행복(비유하자면 마치 수많은 세포로 구성된 한 생명체가 외부환경과 병렬처리 방식으로 생사의 문제를 처리하듯이 건강하게 생을 유지하는 절제를 수반한 복지)하게 하려는 플라톤-아리스토텔레스의 철학적 사고와 만나 인류를 이 지상에서 번성하게 하는 효과를 가져왔다. 이러한 역사적 정신에 기초한 합리적 이성을 존중하는 혼

49 『법의 정신』, 9편, 136-137쪽들.

합정의 정신은 근대 산업혁명이 일어나면서 민주주의 정체에 대한 이상을 이 지상에서 현실화 시킬 수 있다는 희망으로 나타났고, 그것이 영국에서 최초로 실현되는 역사적 과정을 몽테스키외가 체험했다고 보아야 한다.

몽테스키외는 자신의 설명처럼 영국 정체를 하나의 사례연구로서 선택하였다. 왜냐하면 영국 정체가 모든 인민들의 정치적 자유를 그 직접적인 목적으로 하고 있기 때문이었다. 그는 자유를 이렇게 정의하였다. "국가, 즉 법이 존재하는 사회에서의 자유란 원하는 것을 행할 수 있고 원하지 않는 것을 강제 당하지 않는데 있다. 자유란 법이 허용하는 것을 누리는 권리이다. 가령 어떤 시민이 법이 금지하는 것을 할 수 있다면 그는 더 이상 자유를 갖지 않는 것이 된다. 왜냐하면 다른 사람들도 역시 이러한 능력을 갖기 때문이다."[50] 그리고 몽테스키외가 주장하는 바에 따르면, 자유를 보존하는 길은 하나뿐이며 그것은 영국에서와 같이 권력의 분립과 분립된 권력의 균형에 의해서인 것이다. 그러므로 자유는 '절도 있는 (즉 귀족정체적) 정부에서만 발견될 수' 있다. 거기에는 '권력이 권력을 억제하도록 사물이 처리되고 있기' 때문이다. 결국 몽테스키외의 권력 분립론도 근원적으로는 인간이 사회적 존재로서 평화 가운데에서 인민 모두의 자유를 지향케 하는 국가나 사회를 구성하는 원리인 플라톤에서 기원하고 아리스토텔레스에서 현실화 가능한 것으로 드러난 혼합정체의 이념으로부터 나타났다고 보아야 한다.

4. 권력 분립론

몽테스키외는 자신의 '미덕에 기초한 자유론'으로부터 권력을 행정권, 입법권, 사법권으로 분할하였다. 몽테스키외에 따르면, "그 본성으로 볼 때, 민

50 『법의 정신』, 395쪽.

주정체와 군주정체는 결코 자유로운 국가는 아니다. 정치적 자유는 제한된 정체에서만 찾아볼 수 있으나, 그것이 제한 정체에 있어서 항상 있다는 의미는 아니다. 그것은 권력이 남용되지 않을 때에만 존재한다. 그러나 경험에 의하면 권력을 가진 자는 모두 그것을 남용한다."[51] 사실 모든 국가는 자신을 유지한다는 공통의 목적이 있으나 각 국가는 또 다른 특수한 고유의 목적을 지닌다고 말한다. 로마는 영토를 확장하는 목적, 유대법은 종교를 목적으로, 마르세이유는 상업이 목적, 중국은 공공의 안녕이 목적이다. 그런데 세상에는 개인들의 '정치적 자유'를 그 국가조직의 목적으로 삼는 국민이 있다고 말하면서 권력 분립론을 말한다. 권력 분립의 목적은 권력의 남용으로부터 시민이나 국민의 자유를 보호하기 위한 것이라는 것이다.

"한 시민의 정치적 자유란 각자가 자기의 안전에 대해 가지는 의견에서 유래하는 그 정신의 안정을 의미한다. 그리고 그 자유를 갖기 위해서는 한 시민이 다른 시민을 두려워할 이유가 없는 정체여야 한다."고 말한다. 자유란 지배하는 자와 지배받는 자 사이에 두려움, 즉 '힘의 공포'를 느끼지 않는, 몽테스키외가 말한 자연 상태에서 연역하자면 한 개인으로서는 힘이 연약한 인간이 사회가 형성되고 국가가 나타나면서부터 만물을 지배하는 강한 권력을 의식하면서 권력의지를 가지게 되며, 역설적으로 인간을 서로 구속하는 지경에 이르렀다는 것이다. 이 때문에 인간은 이러한 권력으로부터 자신의 자유를 확보하기 위하여 투쟁을 전개하게 되는데, 이를 계약에 의한 법으로 보호하는 데에서 서로로부터 숨지 않고 결합하는 '사회성'이 나타나 시민 서로 간의 평화(신뢰)가 유지되는 것이라는 것이다. 그런데 "각 국가에는 입법권과 만민법에 속하는 사물의 집행권, 시민법에 속하는 집행권이 있는데, 첫째의 권력에 의해 군주나 집정관은 일시적 또는 항구적 법률을 제정하고 이미 정해진 법률을 수정한다. 둘째의 권력(시민법에서 유래하는 만민법에 속하는 사물의 집행권)에 의

51 『법의 정신』, '자유란 무엇인가?', 160쪽.

해서는 외국과 강화와 선전을 행하고 대사를 교환하고 시민들의 안전을 보장하고 침략을 예방한다. 셋째의 권력에 의해서 그는 죄를 처벌하고 개인의 쟁송을 심판한다고 하면서 마지막 것을 재판권으로써, 다른 하나의 국가의 집행권"이라고 다소 모호하게 삼권을 분리한다.[52] 그리고 권력이 삼분되어야 하는 까닭을 다음과 같이 설명한다.

몽테스키외는 '동일한 인간 또는 동일한 집정관 단체의 수중에 입법권과 집행권이 결합되어 있다면, 자유란 존재하지 않는다.'고 추론한다. 왜냐하면 같은 군주 또는 같은 원로원이 폭정적인 법률을 만들고 그것을 폭정적으로 집행할 우려가 있기 때문이다. 즉 권력자가 자기 이익이나 자의에 따른 법률을 제정하고 이를 집행할 것을 염려한 것이다. 이 점은 입법자들이나 집행자들이 법을 시민이나 백성을 지배하기 위한 수단으로만 고려한다는 것으로서 법을 자신들의 권력에 대한 제한으로 여기지 않기 때문이다. 몽테스키외는 절대 권력은 절대적으로 부패한다는, 고대 철학자들과 같은 의견을 가지고 있었기 때문에 어떠한 방법으로라도 권력을 제한하여야 한다는 것이다. 이 때문에 그의 권력 분립론에서 입법권과 행정권의 분립은 『로마인의 흥망성쇠 원인론』에서 이미 나타나 있다고 보아야 한다. 그러나 몽테스키외는 집행권과 입법권의 분리를 영국에서 간취한 것으로 말하고 있다.

> "나는 풍토가 이 국민[영국]의 법 습속-생활양식을 만들어 내는데 기여했다는 것을 부정하지 않는다. 단지 나는 이 국민의 습속과 생활양식이 법과 큰 관련을 가졌다는 것을 주장할 뿐이다. 이 국가에는 입법권과 집행권이라는 두 가지 권력이 있으며, 또 모든 국민은 그들 특유의 의지를 가지고 그 독립을 뜻대로 주장하기 때문에, 이 두 가지 권력의 한쪽에 대해 더 많은 애착을 나타낼 것이다. 그것은 대부분의 사람들이 양자에 평등한 애정을 쏟을만한 공정함을 갖지 않기 때문이다. 그리고 모든 관직을 수중에 쥐고 있는 집행권은 큰 희망을 주되 절대로 공포를 주는 일이 없을 것이며, 집행권에 의해 이

52 『법의 정신』, '영국의 국가 조직', 162쪽.

익을 얻는 자는 모두 그쪽으로 관심을 갖게 될 것이다. 그 대신 아무것도 기대하지 않는 모든 사람들은 집행권을 공격할 것이다."[53]

집행권이란 결국 군주권에서 유래하는 것인 반면, 입법권이란 이를 제제하기 위한 다수 인민의 권력(특히 루소가 말하는 일반의지)임을 간파한 것이다. 그런데 이러한 집행권과 입법권이 결탁할 우려가 있다. 왜냐하면 입법권은 일반의지로 표명되는 국민 전체에서 나온 것이 아닌 귀족들이나 선량들이 가질 수 있기 때문이다. 집행권과 입법권의 결탁 때문에 이러한 집행권에 대한 '인민의 비판적 권력'이 다시 표명되어야 하는데 그것이 바로 행정권과 입법권에서 사법권을 분리하는 현명한 판단으로 자연스럽게 나아갈 수 있었다. 이 부분이 근대 민주주의 사상으로 발전하는데 결정적인 역할을 한 몽테스키외의 사상에서 혁명적인 부분이다.[54] 위 인용문에 따르면, 사법권은 전체 인민의 비판적 권력의 표명이다. 이 때문에 몽테스키외는 재판권이 입법권과 집행권으로부터 분리되어 있지 않을 때에는 자유도 존재할 수 없다고 말한다. '만약 그것이 입법권과 결합되어 있다고 한다면, 제판관이 곧 입법자이기 때문에 시민의 생명과 자유를 지배하는 권력은 앞서와 같이 자의적인 것이 되기 때문이다. 만약 그것이 집행권과 결합되어 있다고 한다면, 재판권은 압제자의 힘을 갖게 될 것이며, 또한 동일한 인간, 또는 귀족이나 시민 중 주요한 사람의 동일 단체가 이 세 가지 권력을 행사한다면 모든 것이 상실되고 말 것'[55]이라고 다소 모호하게 말하고 있다.

문제는 시민이나 개인의 자유를 확보하기 위해서 우선 재판관이 입법자이면 안 되는가이다. 재판권은 사실 범법자를 형벌로 집행하는 행정부와 동일

---

53 『법의 정신』, 302-303쪽들.

54 사실 행정권이나 입법권에서 분리된 사법권에 대한 몽테스키외의 변론이야말로 현대 민주주의 사회에서의 계몽되고 현명한 '시민정신'을 표명하고 있는 것이다. 달리 말하자면 법 앞에서 모든 시민의 평등을 주장하는 민주주의란 정치적으로는 링컨에 의해 '인민의, 인민에 의한, 인민을 위한 것'으로서 표명되지만 현실적으로는 사법 제도가 모든 사람을 지배하는 법(법의 지배)을 제정하는 입법가의 정신에 맞게 잘 구비된 사회라는 것이다.

55 『법의 정신』, 162쪽.

한 권력을 의미하기 때문이다. 말하자면 입법권과 행정권이 결합된 것과 똑같은 성격을 지니고 있기 때문이다. 다른 한편, 재판권이 행정권과 분리되지 않으면 안 되는 이유를 우리는 플라톤이 말한 법률의 성격과 관련하여 다음과 같이 추론 할 수 있다. 즉 재판은 구체적인 범법 사건에 대한 일반적 법률을 적용하여 그때그때마다 범법 사실이나 개별적인 사안에 대한 형벌을 판정하는 것이다. 여기에서 중요시되는 것은 법이라는 것은 '일반적이고 개괄적인' 것인데 이러한 일반법이 구체적인 사항 사항마다 특수한 상황을 고려하여 적용되어야하기 때문에 그때그때마다의 진실이나 사실 여부와 함께 법 적용의 정당성에 대한 문제가 제기된다. 특히 재판은 법률에 저촉되는 사건을 다루기에, 그리고 법에 저촉된 사건에 대한 형벌을 형량으로 판정함에 있어서 일반적인 법의 적용이 법률 제정의 취지에 맞게 해석되어야 함에도 불구하고 재판관의 지식이나 자의성의 정도에 따라 여러 가지로 해석되고 이용될 가능성이 제기된다. 플라톤이 말하듯이 법률이란 이차적인 항해법에 불과한 것이기 때문이다. 그래서 재판권이 집행권과 결합된다면 여러 사람의 현실적이고 구체적인 지혜나 의견(배심원 제도를 정당화하는 것)이 무시되고, 법률이 목표로 하는 정의의 실현의 전체주의적 성격 때문에 객관성이나 보편타당성을 잃는다는 것이다. 이러한 사태를 우려하여 몽테스키외는 다음과 같이 말한다.

> "재판권은 상설적인 원로원에 부여되어서는 안 된다. 그것은 해마다 일정한 시기에 법률에 필요한 기관에 존속하는 법정을 구성해야 하며, 또 그러한 시민 단체로부터 선출된 사람들에 의해 행사되어야 한다. 그렇게 하면 사람들이 몹시 두려워하는 재판권은 특정한 신분이나 특정한 직업과 결합되지 않으므로, 눈에 보이지 않는 것이 된다. 사람들은 항상 같은 재판관이 있을 리 없고, 사람들은 재판관직을 무서워해도 재판관은 무서워하지 않는다. 중대한 재판에서 범죄인은 법과 협력해서 스스로 재판관을 선출해야 한다. 또는 적어도 많은 수의 재판관을 기피할 수 있어서 남은 사람이 그가 선택한 사람으로 간주되어도 좋을 정도가 되어야 한다. 다른 두 개의 권력은 한쪽은 국가의 일반의지이고 다른 쪽은 그 일반 의지의 실행에 지나지 않아 어떤 개

인에 대해 행사될 수 있는 것이 아니므로 오히려 항구적인 기구 또는 집정관에게 주어질 수 있을 것이다. 그러나 재판소는 고정되어서는 안 되지만 판결은 그것이 명문이라 할 정도로 고정되어야 한다. 만약 그것이 한 재판관의 개인적 견해라 가정한다면, 사람들은 그 계약의 본질이 무엇인지 모르는 채 사회생활을 하는 것과 다름없게 될 것이다. 그리고 재판관은 피고와 같은 신분의 사람이어야 하는데, 그것은 피고가 자기를 해치려는 사람들의 수중에 빠진 것이 아닌가 하고 생각하는 일이 없게 하기 위해서이다."[56]

몽테스키외는 시민의 자유가 시민들 상호간에 '힘의 공포'를 느끼지 않을 정도로 사법권이 현대의 권력의 기능에 대한 기계적 분류에 의한 상설제도와는 다른 임시적인 것으로 운영되도록 하는 여러 가지 사항을 배려하고 있다. 특히 이러한 몽테스키외의 국민의 사법권에 대한 배려는 현대 미국에서 실행되는 배심원 제도에서 실현되고 있다. 사실 사법권의 행정권으로부터의 분리는 권력의 공포로부터 시민 개개인의 자유의 실현을 보장하는 것으로서 현대의 자유민주주의가 성립될 수 있게 하는 가장 중요한 원리를 강조한 것으로 볼 수 있다. 즉 사법제도가 플라톤이 말하듯이 개개인의 영혼을 배려하듯이 혹은 현대적인 의미로 말한다면 개개인의 자유를 보호하려는 법제정의 원리(정신)에 맞게 형성됨으로써 자유민주주의의 발전의 척도로 활용될 수 있는 것이다.

몽테스키외가 입법권과 행정권, 그리고 사법권이라는 삼권을 분리한 것은 현실적으로는 로마 공화정과 영국에서 간취한 것으로서 국가의 운영에 지역과 풍토는 물론, 역사와 관습이 다른 '여러 사람들이 함께 모여 인간성의 다양한 변이의 측면을 고려하는 정치를 해야만 인간의 자유가 확보된다.'는 그의 귀족주의적인 정신이 지니는 자유주의적인 개인들로 이루어진 자연 상태에 대한 고려로부터 연역될 수 있다.[57] 그리고 이러한 몽테스키외가 생각한 시민

56 『법의 정신』, 163쪽.

57 개인주의의 자유주의적 정신은 고대나 근대에서는 귀족정신에서, 현대에서는 부르주아의 정신에서 실현된다.

의 자유가 법률로써 보장되어야 나라가 안정될 수 있다는 것은 플라톤 이래 인정된 정의에 기초한 법률의 성격상 가능하다는 것을 간파한 것으로 간주할 수 있기 때문이다. 몽테스키외에 따르면,

> "자유국가에서는 자유스러운 영혼을 가졌다고 간주되는 모든 인간은 스스로에 의해 통치되어야 하므로, 단체로서의 국민이 입법권을 소유해야 할 것이다. 그러나 그것은 큰 나라에서는 불가능하며, 작은 나라에서도 다소 불편이 따르므로 국민은 자신이 할 수 없는 일을 대표자를 통해서 하지 않으면 안 된다. 어떤 사람이든 자기가 사는 도시가 필요로 하는 것을 다른 도시가 필요로 하는 것보다 훨씬 잘 알고 있다. 그리고 이웃에 사는 사람의 장점을 다른 곳에 사는 사람의 장점보다 더 잘 판단한다. 그러므로 입법체의 구성원은 국민 전체에서 일반적으로 선출해서는 안 되고 각 주요 지점에서 주민들이 한사람의 대표를 선출해야 한다."[58]

고 함으로써 현대의 대의민주주의와 지방 자치 체제의 기본이 되는 원리를 역설하고 있다. 사실 몽테스키외는 이러한 정치권력의 분립을 '영국의 국가조직'이라는 항목에서 말하고 있다는 점에서 역사적으로 형성된 현실적인 권력의 분립과 분명하게 구별하지는 않았다. 그러나 이 구별은 한편으로 군주제에서는 군주가 재판권을 가져서는 안 된다는 형식으로 그의 저서에서 암암리에 표현되고 있었고,[59] 다른 한편으로는 모든 자유가 상실되는 것은 동일한 인간이나 혹은 동일 집단의 제후들, 귀족들, 인민들이 이러한 3권을 행사할 때라는 것은 말할 것도 없고, 한 개인 혹은 한 집단에 의해 행정권과 입법권이 합동으로 행사되기만 해도 자유는 질식될 것이라고 말한다. 그런데 몽테스키외가 이 말을 한 것은 1730년 영국에서 월폴(Walpole)과 그의 내각이 이 양 권력을 행사하고 있는 시기였다.

58 『법의 정신』, 11편, 163쪽.

59 『법의 정신』, 6편, '주권자가 재판관이 될 수 있는 정체,' 84-86쪽들.

몽테스키외의 또 다른 하나의 권력 분립론은 세 가지 사회세력 즉 국왕, 귀족(중간층), 인민으로 분할한 것에서 유래한 것이었다. 마치 로마 공화정이 통령과 원로원 그리고 민회가 균형을 이루었던 것처럼 몽테스키외의 이론에서는 중간 세력 층은 '특권층'인 귀족계급이다. 몽테스키외에 의하면 출생이라든가 부라든가 명예라는 점에서 두드러진 이러한 사람들은 군주정 정신에서 유래하는 명예라는 그들의 가치에 상응한 역할을 해야 한다. 그러면서도 그들이 시민이나 인민의 심판을 받는 것은 그들이 명예를 잃고 이기심 때문에 역설적으로 군주나 인민의 노예로 화하는 것을 의미한다. 그리하여 귀족은 그들의 가치를 세습해야만 하고 상원에 자리를 가져야 하는데, 거기서 그들은 인민의 탄핵과 귀족의 가치를 전복하는 기도를 견제할 수 있을 것이라고 말하면서 몽테스키외는 귀족에 의한 공화정을 이상으로 말하고 있다. 그러나 다른 한편으로 인민은 하원에 자리를 갖고 귀족들의 이기심에 기초한 부정한 행위를 비판하고 견제할 수 있을 것이라고 말함으로써, 몽테스키외는 두 신분간의 계급적 항쟁을 공공연히 인정하였고, 그 신분들이 '분열된 견해와 이해관계'를 갖고 있음을 인정하였다. 그러나 이 갈등은 『로마인의 흥망성쇠 원인론』에서 벌써 고찰한 바와 같이 국가에 활력을 주는 것이었고 건전한 '조화' 내지 세력 균형상태 속에서는 국가를 보존하는 것으로도 작용하는 것이었다.

몽테스키외는 마키아벨리와 같이 미덕과 '정치적 권력의 분립'의 필연성에 대한 자신의 신념을 보편적인 인간성(인간의 심리)을 기초로 하여 표명함으로써 근대적 민주주의에서 자유주의의 관건이 되는 평화와 권력 분립의 신념을 분명히 표명하였다고 말할 수 있다. 이러한 자유민주주의의 기원이 되는 『법의 정신』에 표명된, 플라톤에 의해 제기되고 아리스토텔레스에 의해 현실화될 수 있는 정치에 대한 철학적 사상인 혼합정의 정치의 형태와 원리에 관한 일반론에 덧붙여, 몽테스키외는 역사적인 성찰과 현실적인 경험적 체험에 의해 구성된 영국 국가제도에 대한 설명과 분석을 제시하였다. 그가 영국의 정치

형태에 관해 한 말은 동시대인들에게 강한 영향을 주었고 미국의 헌법 제정의 정신과 원리에도 큰 영향을 주었다.[60]

몽테스키외의 권력 분립론은 혼합정을 생각하면서도 혼합정의 성격이 혼합으로 인해 혼란되지 않게 방지하는 역할을 하는 것으로서 그가 말한 입법권과 만민법에 관계하는 사물의 집행권, 그리고 시민법에 해당하는 집행권(사법권)에서 유래한다. 그런데 적과 친구를 구분하는 플라톤의 정의론의 관점에서 그가 집행권을 국외적인 것과 국내적인 것, 두 가지로 분리하고 있음을 간취할 수 있다. 즉 집행권이 현대에서 국방과 내치의 이원 집정부제를 가능케 하는 것으로 현명하게 이원적으로 분류되어 있다. 따라서 그의 권력 분립론은 한편으로는 기능적 측면으로 다른 한편으로는 세 가지 사회세력으로 분류하는 것으로 되어 있는데 후자는 (기능의 표현형인) 업무의 성격상 분류로 이루어지지 않고 로마 공화정의 역사적 성찰에 기초한 것으로서 몽테스키외는 귀족정에서 가능한 것으로 말하고 있다. 이 때문에 그의 정치철학은 전적으로 이성적 · 지적 분류가 아닌 그의 역사적 현실을 중시하는 합리적인 정신의 산물로서 현대의 사회주의나 공산주의자들이 말하는 혁명적 이론으로는 부적합할지는 몰라도 생명체의 현실적인 실존에 기초하는 인간의 사회적 삶에는 전적으로 타당한 것이다.[61]

60 김동영 역, 『페더럴리스트 페이퍼』(도서출판 한울, 1995)와 김용민의 "『페더럴리스트 페이퍼』의 정치철학적 이해" 참조.

61 정치철학의 전통에서 몽테스키외의 귀족정(사실은 혼합정)에 의한 삼권 분립론은 영국의 왕정과 결합된 내각 책임제나 미국의 상원과 하원으로 구분되면서도 민주당과 공화당의 양당제도에 의한 대통령 중심제로 변형되어 인류가 고안해낸 민주주의의 발전 역사의 역사적 현실을 반영하고 있는데, 대한민국은 상원과 하원이 없는 민주당과 공화당의 양당제도만에 의한 미국의 대통령 중심제를 변형하여 따르고 있다. 이 점은 대한민국의 정체가 양당제도에 의한 입헌 민주 공화국임에도 불구하고 남한에서의 민주정은 인민민주주의를 표방하는 북한과의 관계에서 정체의 혼란과 더불어 심각한 민생 문제를 제공하고 있다. 작금의 양당제도에 의한 한국의 정치적 현실은 헌법에서는 삼권분립을 말하면서도 이원집정부제와 내각책임제를 동시에 요구하고 있다. 그리고 대한민국의 사법제도는 현재 논의되고 있는 로스쿨 정립과 관련하여 몽테스키외의 『법의 정신』에 나타난 사법제도의 정신에 비추어 개선되어야할 측면이 많이 있음을 간취할 수 있다.

5. 혼합정의 사회학

몽테스키외는 어떤 각별한 정치적 입장을 취하였으며, 또 그의 이론은 전체적으로 어떤 결과를 가져왔는가? 그는 확실히 현대적인 의미에서 자유 민주주의자는 아니었다. 권력의 분립의 균형은 혼합정에서 뿐만 아니라 안정과 평화를 위해서 군주정이나 귀족정 그리고 민주정 어느 정체에서나 모두 필요한 것으로서, 군주정에서는 다양한 관직과 법이, 귀족정에서는 로마공화정에서처럼 혼합정의 양상으로, 그리고 현대의 자유 민주주의의 삼권 분립의 형식으로 다양하게 나타나는 것이다. 그리고 현대에서 보면 그는 자유 민주주의의 신봉자가 아니라 자유주의적 보수주의자 혹은 보수주의적 자유주의자로서 균형 잡힌 입헌제의 제한 정부, 즉 고대에서는 로마 공화정을, 그 당시에서는 영국적 모델에 입각한 정부를 최선의 정체로 논하였던 것이다.

몽테스키외 자신은 『법의 정신』의 서문에서 분명히 자기는 당시의 프랑스 혁명을 반영하는 민주주의를 위한 혁명적 의도를 갖지 않았다고 말하였다. "내가 이 책을 쓰는 것은 어떠한 국가든지 간에 거기서 수립된 제도를 검열하기 위해서 쓰는 것이 아니다. 각 국민은 이 책에서, 자신들이 갖고 있는 격언의 이론적 근거를 찾을 것이다."[62] 몽테스키외의 이론은 그 의도에 있어서나 그 결과에 있어서 이 한계를 넘어선 것인가? 몽테스키외는 경고하기를 만일 인민이 계몽되기만 하면 그들은 결함과 미덕이 결부되어 있음을 깨닫고 온건 노선으로 나아갈 것이라고 하였다. 사실상 그의 책이 복종하는 자들에게는 복종의 새 기쁨을 줄 것이라고 그는 덧붙여 말하였다. 만일 한 국민에게 맞는 법이 풍토나 영토, 또는 역사가 아주 다른 국민에게 적합하다면 그것은 매우 드문 일일 것이라고 그는 단호히 말하였다.

몽테스키외의 정치철학은 이러한 현상유지의 방향으로 일단 순응하는 점

---

62 『법의 정신』, 230쪽.

이 있는데도 불구하고 역사적으로는 위험한 혁신사상을 포함하고 있는 것이었다. 나라들이 각각 다른 관습과 법을 가져야 한다고 설명한 것은 극히 타당한 말이다. 그러나 시민의 '정치적 자유'란 점에서 민주주의를 지향하는 영국 국체를 찬양한 것은 모든 정치 형태를 동등하게 관용하겠다는 몽테스키외의 태도가 어느 정도 진지한가에 대해 약간 의문을 던지게 하는 것 같다. 요컨대 그의 저서 중 『로마인의 흥망성쇠 원인론』이 역사적 관점에서 쓰인 책이 아니라, 고대 플라톤이나 아리스토텔레스의 정치철학적 관점이 분명히 나타나 있고, 역사적으로 실현된 로마공화정에서 시민의 자유를 전제로 한 혼합정체에 호의를 가졌다는 점이다. 우리는 이 문제에서 역사에서 현실의 법칙을 인식하려는 '과학자'로서의 몽테스키외와 인간의 보편적 정념에 기초하여 『법의 정신』을 순환론의 관점에서가 아니라 초월론적인 관점에서 종합적으로 바라보는 '철학자'로서의 몽테스키외 간의 갈등보다는 플라톤이 주장하는 혼합정의 정신에 잘 어울리는 타협의 조화를 보게 된다. 즉 과학자는 반드시 모든 형태를 '사물의 본성'에 따른 운동의 불가피한 결과로서 현실로 나타나는 것을 받아들이지 않으면 안 된다. 철학자는 다양한 현실이 거기에 상응하게 되기를 바라는 플라톤처럼 현실의 역사에서 초월적인 하나의 '이상형'을 세우는 것이다. 이 두 태도가 몽테스키외에서는 공존하고 있다. 물론 근본적으로 몽테스키외의 의도는 각 정체의 형성과정 속에 들어 있는 전통과 관습을 중요시하기에 볼테르처럼 혁명적이라기보다는 차라리 개혁적이었다. 그럼에도 불구하고 그의 사상은 18세기의 두 정치혁명 즉 프랑스혁명과 미국의 독립에 큰 영향을 미쳤다. 특히 미국 헌법을 입안하는 데 있어서는 몽테스키외의 권력 분립과 권력 균형 이론이 의도적으로 인용되었다. 프랑스에 있어서는 『법의 정신』의 결과로서 구제도에 대한 불만은 증대되었고 영국의 선례에 따라 자유를 찾도록 사람들을 고무시켰다.

계몽 군주제를 선호한 볼테르와는 달리 몽테스키외는 귀족제를 신뢰하고 군주제에 대항하는 고등법원을 지지하였다. 그러나 사건의 경과는 그의 신뢰를 저버리는 쪽으로 진행되었다. 프랑스혁명을 처음 시작한 것은 바로 프랑스의 귀족계급이었다. 1787년 고등법원은 필요한 개혁을 실시하려는 국왕 측의 노력에 반대하였다. 이 사태는 몽테스키외가 정치의 4 형태의 원리가 혼합될 수 있다고 생각했음을 의미하는가? 그의 저술에서는 이 점이 분명치 않다. 그러므로 몽테스키외는 예를 들면, 왕당파의 아베 뒤보(Abbé Dubos)나 중농파에 반대하여 귀족의 정부지배를 찬성하였으며, 예를 들면, 불랭빌리에 백작(Comte de Boulainvillier)과 같은 진영에 소속되어 있었다. 그런데 귀족정을 지향하는 그들은 자기들의 생각으로는 귀족계급이 장악하리라고 본 신분회(身分會)의 소집을 주장하였다. 1789년 신분회가 소집되자, 집권하게 된 것은 귀족계급이 아니라 민중이었다. 귀족은 국가의 균형을 잡아 주는 대신 국가의 전복을 도와주었던 것이다.

볼테르를 비롯한 그 밖의 계몽 사상가들과 함께 고래의 휴머니스트들처럼 몽테스키외의 사상은 역설적으로 스토아적 이성에 근거한 당시의 귀족정에 이론(異論)(군주정과 민주정에로의 양 경향)의 분위기를 이루는데 기여하였던 것이다. 그것은 그의 권력 분립의 사상 속에 들어있는 정치적 권력에 대한 분립과 제한이 점증하는 인민의 자유의지를 반영하는 것이었기 때문이다. 그렇지만 몽테스키외 등 계몽 사상가들은 개혁에의 의욕을 좌우할 입장에 놓여 있지 않았다. 그리고 몽테스키외나 볼테르에게 다 같이 부족했던 민주주의에 대한 철학적 합리화를 마련한 사람은 다름 아닌 루소였다.[63] 몽테스키외에 관해서 말하면 그의 이론을 가장 충실히 실현시킨 것은 그 자신의 나라가 아니고 귀족계급이 없는 나라인 미국이었다. 이것은 실로 정치사상사에 있어서의 아이러니일 것이다. 그리고 이러한 아이러니컬한 결과는 현대의 정치철학의 관점에서 살펴보면, 그가 말하는 시민의 '일반적 정신'과 상업정신의 조화(혼합)에서 기인하는 것이다.

---

63 김용민, 『루소의 정치철학』 (인간사랑, 2004) 참조.

1) 서구 그리스 정신의 기원 : 인민의 일반적 정신과 상업정신의 조화[64]

> "인간은 많은 것들의 지배를 받는다. 즉 풍토, 종교, 법률, 통치의 격률, 과거의 사례, 습속, 생활양식 등이다. 그것들로부터 그 자체에서 유래하는 일반정신이 형성된다. 각 민족에게는 이 원인 중에 하나가 보다 큰 힘을 가지면 가질수록 다른 원인은 그것에 양보하게 된다. 미개인에게 있어서는 자연과 풍토가 거의 그것 자체로서 지배하고 있으며, 중국인은 생활양식의 지배를 받고 있다. 일본에서는 법이 폭정을 편다. 스파르타에서는 풍습이 모범을 보였으며, 로마에서는 통치의 격률과 고대로부터 내려오는 생활양식이 지배했던 적이 있었다."[65]

몽테스키외가 말하는 '일반 정신'은 공시적으로는 이성적 동물인 인간이 자연과의 관계에서 형성한 문화의 일정한 패턴으로 일반화 할 수 있고, 통시적으로는 역사적으로 형성된 문화의 발전 패턴으로 말할 수도 있다. 몽테스키외에 따르면, 인류가 역사적으로 수렵을 하던 '야만'의 시대에서 목축을 중심으로 하는 '미개'의 상태를 거쳐 농사를 짓는 '문명'의 상태로 발전한 것으로 말하고 있다. 그러나 인류의 역사가 몽고족이나 아메리카 인디언에서 보이듯이 이러한 순서를 따라 전개되었는가는 의문시될 수도 있다. 기후나 자연환경에 따라 지역마다 다르게 일반정신이 형성되어 왔기 때문에, 역사적인 관점에서 보면 이러한 문화의 패턴들이 단순하거나 다양하게 결합될 가능성이 있기 때문이다. 이 때문에 몽테스키외는 이러한 문화의 패턴을 '일반정신'으로 말하면서 역사적(통시적) 통찰과 함께 이를 비역사적인(공시적인) 방식으로도 현실에서 나타남을 묘사하고 있다. 야만 민족은 어떤 특수한 이유로 서로 단결할 수 없어 흩어진 소국민으로서 생활양식은 가족 중심적이다. 이에 반해 있는 수렵이나 약탈을 주로 하는 미개민족은 보통 서로 단결할 수 있는 소국

64 이 항목은 그리스 철학정신의 기초에 있는 서구 정치철학의 기원의 관점에서 『법의 정신』에 나타난 자유정신을 지향하는 몽테스키외의 생철학적 정신을 몽테스키외의 말로 구성적으로 해명한 것이다.

65 『법의 정신』, 270쪽들.

민이다.

"미개 민족은 한정된 경계 속에 살고 있지 않음으로써 서로 싸울 소지가 많다. 그들은 개간 되지 않은 땅을 두고 다툴 것이며, 또한 수렵, 어로, 가축 사료, 노예의 약탈 등 이해관계 때문에 자주 전쟁을 벌이게 될 것이다. 또 그들은 영토를 가지고 있지 않아 시민법에 의해서 결정할 일이 적고 그 대신 만민법(蠻民法)에 의해 결정해야 할 일이 많다. ...반면에 토지를 경작하게 된 농사의 시대에서는 주로 시민 법전이 증대하는데 그것은 토지의 분할 때문이다. 이러한 분할이 행해지지 않은 국민에게는 극히 적은 시민법 밖에 없다. 이러한 시민법은 법이라기보다는 차라리 습속이라 부르는 것이 낫다... 이러한 민족은 많은 자유를 누리고 있다. 왜냐하면 땅을 갈지 않으므로 땅에 정착할 필요가 없기 때문이다. 그들은 방황과 유랑을 일삼으며, 만약 어떤 우두머리가 그들로부터 자유를 빼앗으려 한다면 그들은 곧 다른 우두머리를 찾아가든가 아니면 숲에 들어가 가족과 더불어 살 것이다. 이런 민족들에게는 인간의 자유가 크므로 필연적으로 시민의 자유를 동반한다."[66]

반면에 인간이 땅을 경작하면서부터는 토지의 분할과 더불어 법이 증가한다. 몽테스키외는 문명인이 이렇게 토지를 경작하면서 발생함을 "토지의 성질이 법에 미치는 영향"의 제목 아래에서 다음과 같이 묘사한다.

"한 나라의 토질의 비옥은 거기에 자연적으로 종속체제를 성립시킨다. 국민의 주요 부분을 이루는 농민은 그 자유를 그다지 소중하게 여기지 않는다. 그들은 개인적인 일에 너무 쫓기고 열중해 있기 때문이다. 재력이 풍부한 농촌은 약탈을 무서워하고 군대를 무서워한다. 키케로는 아티쿠스에게 말했다. '누가 정부 편이 될 것인가? 그들은 농민이나 상인일 것이다. 그들은 이 군주 정체에 반대한다고 가정하지 않을 때, 안락하게 지낼 수만 있다면 어떤 정체든지 다 같지 않을까?' 그러므로 일인 통치는 비옥한 지방에서 더욱 자주 볼 수 있으며 다수 통치의 정체는 그렇지 못한 지방에서 볼 수 있다. ... 비옥한 땅은 강한 자에 대해서 어떠한 싸움도 걸 수 없는 평야이다. 따라서 사

---

66 『법의 정신』, 276-277쪽들.

람들은 강자에 복종한다. 일단 강자에 항복하고 나면 자유정신은 영원히 상실되고 마는 것이다. 농촌의 재화는 충성의 담보이다. 그러나 산간 지방 사람들은 그들이 가지고 있는 것을 보존할 수 있다. 그러나 보존 할 수 있는 것이란 아주 작은 양에 불과하다. 자유, 즉 사람들이 그 정체로부터 누리는 자유란 그들이 그 정체를 방위할 만한 가치가 있는 유일한 재산이다. 따라서 자유는 자연의 혜택을 보다 많이 받은 지방보다 산이 많고 자연조건이 나쁜 지방에 더 많이 군림한다. 산간의 주민들은 보다 제한적인 정체를 유지하는데 그들은 정복될 위험이 거의 없음으로 쉽게 자기를 방위할 수 있기 때문이다."[67]

역사적으로 볼 때 농경민족에게서는 왕정과 봉건정이 발달한다. 이러한 왕정에서는 필연적으로 사농공상의 계급이 나타나며, 이러한 전형을 몽테스키외는 중국문명에서 보고 있다. 문제는 이러한 왕정이 상업을 어떻게 관리하느냐 하는 방식에 따라 서구에서는 근대적인 군주정으로 발전한다. 즉 한편으로, 역사적으로 목축문명이 농경을 발달시킨 문명과 만나거나 침략함으로써 이루어진 문명이 있는데, 그것이 그리스 도시문명이다. "아티카의 토지의 불모는 거기서 민중정체를 성립시켰고 스파르타의 토지의 비옥은 귀족 정체를 성립시켰다. 왜냐하면 그 시대에는 그리스 사람들이 일인 통치를 바라지 않았기 때문이다. 그런데 귀족 정치는 일인 통치의 정체와 보다 많은 관련을 가지고 있다."[68] 이러한 그리스의 도시국가들은 당시 지리적 조건이나 각 지역의 풍토와 관련하여 상업을 발달시킴으로써 연합 체제를 이룰 수밖에 없었는데, 이러한 연합 체제를 가능하게 한 상업정신을 몽테스키외는 근대의 산업혁명과 함께 나타난 상업정신과 본질적으로 동일한 것으로 간주한다. 다른 점이 있다면 이러한 상업정신을 근대의 군주정에서는 긍정적인 것으로 받아

67 『법의 정신』, 271-272쪽들.

68 반면에 중세나 근대에서 도시를 이룬 산악인과 비슷한 조건에서 산 삼림인들인 게르만인들은 토지를 중시하는 문명으로 발달하는데 몽테스키외는 역사상 가장 중요한 발전을 이룬 프랑크족의 한 지류인 살리족의 살리카법을 분석하는 가운데, 살리족을 야만 민족으로 칭하면서도 게르만의 봉건주의의 특징이 동양의 농촌문화와 달리 남녀 차별이 없는 가운데 일부일처제로 발전한 프랑크 왕국의 형태를 동아시아식의 봉건주의라고 칭하는 것부터 거부한다. 서구의 봉건주의는 동아시아의 중국의 그것과 다른 것이다. 『법의 정신』, 279-287쪽들.

들여야 할 것으로 갈파하고 있다는 것이다.[69] 이 점은 고대의 플라톤 아리스토텔레스의 정치사상에 나타난 상업과 상인에 대한 사상에 정면으로 반하는 것이다.

몽테스키외는 "상업 정신은 사람들 가운데 있는 일종의 착실한 정의감을 이끌어낸다. 이 감정은 한편으로는 약탈 행위에 대립하고, 다른 한편으로는 사람들로 하여금 자기 이익을 엄밀하게 따지기보다 타인의 이익을 위해 그것을 무시할 수 있도록 하는 도덕적 덕성과도 대립한다."는 말로 영국에서 발생한 중상주의 정책에서 기원하는 공리주의적 정신을 단적으로 표명하고 있다. 즉 상인의 의지는 개인적인 이익을 위한 것이지만 재화를 교환함으로써 당사자들은 자연적으로 모두 이익을 보는 행위(최대 다수의 최대 행복의 원리에 맞는 공리주의)에로 이끌리게 된다. 즉 상인은 자신의 이익을 위해 활동하지만 전체적으로는 모든 사람에 유익한 결과를 가져오는 것으로서 그 배후에는 정치적으로는 공화의 정신이나 윤리적으로는 공리주의적인 이성적 능력을 전제하는 것이다. "평화로 이끄는 것이 상업의 자연적인 효과이다. 상업적으로 거래하는 두 국민은 서로 의존하게 된다. 한쪽이 사는 것으로 이익을 얻는다면, 다른 쪽은 파는 것으로 이익을 얻는다. 모든 결합은 상호간의 욕망을 기초로 한다. 그러나 상업 정신이 여러 국민을 결합시킨다 하더라도 그것이 개인까지 결합시키는 것은 아니다. 사람들의 상업 정신만으로 움직여지는 나라에서는 모든 행위나 온갖 덕성도 거래의 대상이 된다."[70] 즉 상업은 인간의 이기심에 기초하기에 개인들의 감정까지도 결합하는 덕성과는 거리가 있는 타산적 성격의 행위이다.

상업에 대한 이러한 몽테스키외의 통찰은 시민사회가 국가로부터 분화될

---

69 근대 산업자본주의가 상업 자본주의의 토대 아래서 발전할 수 있었던 것을 설명한다고 볼 수 있다. 주한광 저, 『경제학 원론』(율곡출판사, 1998), 8-9쪽들.

70 『법의 정신』, 312쪽. 몽테스키외의 이러한 정신이 표현된 현대의 저서는 A. 기딘스(Anthony Giddens), 박영일&박노영 역, 『자본주의와 사회이론』(한길사, 1981)과 뤼시마이어(외), 박명수 외 역, 『자본주의의 발전과 민주주의』(나남, 1992), 참조.

수 있는 가능성을 제시한 것으로 볼 수 있다. 그리고 시민 사회가 비록 근대초기의 부르주아의 상업자본주의적 운동에 의해 성장했으나 산업혁명이후 산업자본주의적 운동으로 변화된 후 정치적으로는 군국주의와 결부되어 일어난 1, 2차 대전 이후의 현대 민주주의가 군국주의나 자본주의를 반성하여 성립한 자유민주주의의 산업자본주의와 결합하여 인류문명의 절정기에 도달했음을 예언하기에 조금도 손색이 없다. 사실 상업정신은 인류의 생물학적 본성에 따르는 전쟁을 바탕으로 한 문명에 대화와 타협이나 협상의 정신(외교술)을 통하여 평화를 가능하게 한 문명으로 전환하게 한 것이다. 왜냐하면 상업이란 재화가 지니는 시간과 장소의 차이를 인식하고 여기에서 교환적 가치를 발견하는 경제적인 사고와 경영능력을 발휘하는 인간의 동물과는 다른 '사회적 존재'의 본질이나 방식을 단적으로 나타내 보여주는 행위이기 때문이다. 즉 상업이란 여타 모든 다른 동물과는 다른 사유하는 인간에 존재하는 독특한 행위로서 평화 공존을 지향하는 인간 지성의 합리성을 그대로 보여 준다. 이 때문에 전통적으로 인간을 호모 사피엔스(homo sapiens)나 호모 파베르(homo faber)로 정의하던 것에, 즉 현생 인류에 독특한 자유를 토대로 하는 이성적 능력에 호모 에코노미쿠스(homo oeconomicus)를 첨가한다면, 인류의 언어를 사용하는 능력이 지니는 인간적 활동의 모든 문명적 특징을 드러내 줄 수 있다.

인간의 사회적 본성이 자연 상태와 관련하여 발전하는 가능성을 몽테스키외는 다음과 같이 설정하고 있다. "빈곤한 국민에는 두 가지 계층(종류)이 있는데, 그 하나는 정치의 가혹함이 그렇게 만든 국민이다. 그런 사람들에게서는 어떠한 덕성도 볼 수 없다. 왜냐하면, 그들의 빈곤이 그 예속 상태의 일부를 이루고 있기 때문이다. 또 하나는 편리한 생활을 경멸하고 또 그것을 모르기 때문에 빈곤한 국민이다. 그들의 빈곤은 그 자유의 일부를 이루기 때문에 위대한 일을 할 수 있다."[71]고 말함으로써 정치적 동물이자 사회적 동물인 인

71 『법의 정신』, 313쪽.

간의 '일반정신'이 인구증가와 더불어 나타나는 자연의 불충분함에서 비롯되는 빈곤과의 관계에서 두 가지로 나타난다는 것을 보여 준다. 하나는 빈곤이 정치적 권력에 의해 야기된 것이고, 다른 하나는 자연이나 지역의 특징 때문에 근면할 수밖에 없는 국민에서 이루어진 빈곤이다. 즉 몽테스키외는 인민의 일반정신에 기초하여 모든 정체의 특징을 요약하고 있다. 즉 전자는 농촌문화를 배경으로 하는 군대문화가 지배한 왕정이나 봉건국가에서의 국민의 상태를 지칭하는 반면, 후자는 농경문화를 기초로 하는 도시문명의 시민의식을 특징지어 나타내는 것이다. 이러한 도시문명을 일으키는 시민의식은 사실 초기에는 농촌을 약탈함에 의해서 성립하나 후에는 농촌문화와 조화를 이루기 위해 지적으로 상업문명을 일으킨 고대 그리스인들의 정치의식을 이루고, 근대에서처럼 산업혁명 이후 상업문명을 보다 풍성하게 가능하게 하는 공업문명을 개발하는 근대 도시의 시민의식에 기초한 정치의식을 지칭한다. 이 때문에 몽테스키외는 다음 항에서 여러 종류의 정체에 있어서의 상업에 대한 평가와 정치체제나 법과의 관계를 상론하고 있다.

> "상업은 국가 구조와 밀접한 관계를 갖는다. 일인 통치의 정체에서의 상업은 대부분 사치를 바탕으로 하고 있다. 또한 비록 그것이 현실적인 욕망에 기초한다 하더라도 그 주된 목적은 그것을 수행하는 국민에게 오락, 쾌락, 호기심에 도움이 되는 것을 얻게 하는데 있다. 다수자 정체에 있어서 상업은 보다 많은 경우, 근검을 기초로 하고 있다. 무역업자는 지상의 모든 국민을 주시하여 한 국민으로부터 얻은 것을 다른 국민에게 공급한다. 이런 종류의 거래는 그 성질상 다수자의 정체에 관계하고 군주 정체와는 우연히 관계할 뿐이다. 그것은 박리를 얻고 다른 국민보다 박리를 감수하기도 하며, 계속적으로 이익을 얻음으로써 손해를 아주 적게 본다는 생각에 기초한 것으로서 이런 종류의 거래가 사치가 만연하여 낭비가 심한 민족에 의해 영위되는 일은 드물기 때문이다."[72]

72 『법의 정신』, 313쪽.

몽테스키외에 따르면, 상업은 재화의 교환을 토대로 하여 인간 욕구에 서비스하는 것을 본질로 하면서도 '숙고에 따르는 자유의지'를 전제하는 시장원리에 따른다. 이러한 상업을 개인적 차원에서가 아닌 국가적 차원에서 살펴보면 그것은 무역의 형태로 나타나는데, 무역업자는 '지상의 모든 국민을 주시하되 한 국민으로부터 얻은 것을 다른 국민에게 공급함'으로써 두 국민들 사이에 평화가 존재하게 한다. 그럼에도 불구하고 소위 '자유 시장'처럼 이러한 무역업자들의 행위는 무제약적으로 자유스럽게 행해질 수 있는 성격이 아니다.

> "통상(상업)의 자유는 무역업자에게 주어진 것이다. 그러나 이 자유는 자기가 바라는 바를 행하는 (욕구대로 행하는) 원리가 아니다. 남이 그러한 일을 행하면, 오히려 통상이 예속될 것이다. 그러므로 상인을 속박하는 것이 곧 통상을 속박하는 것은 아니다. 무역상이 수많은 제한에 봉착하는 것은 자유로운 나라들의 경우이다. 그들은 노예국가에서보다 법에 의한 감시를 덜 받은 수는 없다. ...통상이 행해지는 곳에는 반드시 관세가 따르기 마련이다. 통상의 목적은 국가의 이익을 위한 상품의 수출이다. 그리고 관세의 목적 또한 국가를 위해 하는 이 수출입에 대한 일정한 과제(의무)인 것이다. 그러므로 국가는 관세와 통상 사이에서 중립을 지키도록, 또는 이 양자가 충돌하지 않도록 해야 한다. 그런 다음에야 국민은 비로소 통상의 자유라는 특혜를 누릴 수 있게 되는 것이다."[73]

몽테스키외에 따르면, 자유 시장을 전제하는 상인의 자유란 이기적인 이익과 여러 사람들 사이에 '보이지 않는 손'(국가적 이성)이 혼합되어 변증법적으로 작동하듯이 자연스럽게 이루어지는 공리나 공익의 정신의 조화를 이루는데 있다. 이 때문에 국가 간에 자유로운 통상이 수행된다고 하지만, 이러한 통상행위에는 각 나라마다 서로 다른 지리 풍토와의 관계에서 형성되는 일반정신이 있기 때문에 이들 사이에 충돌이 있기 마련이다. 따라서 통상에 관계하는

73 『법의 정신』, 301-302쪽들.

무역업자의 자유란 필연적으로 온갖 상호 국가적 규제에 접하게 되는 자유를 의미하고, 국가 간에 성립하는 자유무역도 사실 이러한 국가나 개인들의 전체의지와 특수의지의 조화나 협동에 의해 성립한 일반정신 아래에서 수행될 뿐이다. 결국 이러한 통상의 자유란 한 국가 안에서의 개인적인 상인의 자유시장 아래에서 수행되는 인류의 경제활동의 확대판임을 관세법의 관점에서 다음과 같이도 설명하고 있다.

> "경제적 상업을 영위하는 여러 나라에서는 그 신용에 의해 새로운 가치의 표상을 만들었다. 그러나 그것을 비경제적 상업을 하는 나라에 옮기는 것은 잘못된 일일 것이다. 단 한사람에 의해 통치되는 나라에 그것을 설치하면 한쪽에는 금전, 다른 쪽에는 권력을 상정해야 한다. 그런 정체에서 재보를 가진, 또는 가질 수 있었던 자는 군주 이외에는 없다. 그래서 재보가 있는 데는 어디나 그것이 지나치게 많아짐과 동시에 군주의 재보가 되고 마는 것이다. 같은 이유로 일정한 상업을 위해서 결합하는 무역 상인들의 회사는 일인 통치의 국가에는 거의 적합하지가 않다. 이러한 회사의 본성은 개개인의 부에 공공의 부의 힘을 부여하는 것이다. 그런데 국가에서는 그와 같은 힘은 오직 군주만 가질 수 있으며, 또한 그런 회사는 경제적 상업을 하는 국가에 적합하지가 않다. 그리고 만약 사업이 개인이 관리할 수 없을 정도의 크기가 아니라면 배타적 특권에 의해 통상의 자유를 방해하지 않는 편이 더 좋을 것이다. (그래서) 경제적 상업을 행하는 국가에서는 자유항을 설치한다. 국가 경제는 항상 개인의 검소함에 따라 그 경제적 상업에 검소함을 부여한다. 우리가 말하는 제도에 의해, 관세로 잃게 되는 것은 공화국의 산업적 재보에서 꺼낼 수 있는 것으로 보충된다. 그러나 군주 정체에서는 그와 같은 제도를 만드는 것이 합리적인 일이 못된다. 그것은 사치를 조세부담에서 면하게 해주는 효과만 있을 뿐 그 외의 효과는 없다. 또한 사치로 인해 유일한 이익과 이 정체에서 사치가 받을 수 있는 유일한 제한을 잃는 셈이 될 것이다."[74]

몽테스키외는 그리스 도시국가들이 고대세계에서 세계국가로 탄생할 수 있었던 것은 이러한 국가의 공화정 정신을 상업정신이 밑받침하고 있었다는

---

74 『법의 정신』, 317쪽.

점에서 가능하였다는 것을 간파하였고, 다른 한편, 로마의 공화정의 멸망 원인은 이러한 상업정신의 미발달에서 기인한 것으로 말한다.[75] 이 점은 현대의 민주주의가 '보이지 않는 손'을 국가의 간섭으로 규정하는 자유 시장을 전제하는 자본주의에 의해서 가능한 것을 예견하는 듯한 몽테스키외의 탁월한 지적 통찰이다.[76]

2) 정치적인 것과 사회적인 것

몽테스키외의 이론의 직접적인 결과를 떠나서 그의 방법론적 · 철학적 의의에 대해 우리의 관심을 돌리기로 하자. 그 자신은 자기의 저작이 전혀 새 분야를 개척했다고 생각하였다. 『법의 정신』의 첫 페이지에 몽테스키외는 '어미 없이 태어난 아이'[77]라는 경구를 내걸었다. 실제로 몽테스키외의 저작은 그 자신이 생각한 것만큼 독창적인 것인지는 의심스럽다. 앞에서 살펴본 대로 그의 정체론은 마키아벨리의 정체론은 많은 부분에서 닮아 있고 그의 연합(연방)국가에 대한 설명도 마찬가지이기 때문이다. 특히 몽테스키외와 마키아벨리를 비교하면 두드러진 몇몇 유사점이 있다. 양자가 모두 같이 로마사에 대한 논평을 저술하였고 둘 다 전쟁술에 관심을 보였으며, 베게티우스를 인용의 토대로 삼았다. 그들은 둘 다 역사 속에서 '법칙'을 찾아내기를 바랐고, 둘 다 인간은 도처에서 '같은 정념'을 갖고 있기 때문에 법칙이 가능하다고 믿었다. 그리하여 가능한 가장 넓은 의미에서 그들이 둘 다 정치과학을 창조하겠다고 의도한 점에서도 같은 목적을 갖고 있었다.

---

75 몽테스키외는 그리스인의 상업에 대한 법의 정신을 '그리스인의 상업' 항(328-330쪽들)에서, 로마인의 상업에 대한 법의 정신을 '상업에 대한 로마의의 정신' 항(340-342쪽들)에서 잘 설명하고 있다.

76 이러한 몽테스키외의 '보이지 않는 손'에 의해 조정되는 자유 시장에 의한 자본주의 정신은 정치적으로는 군주정을 닮은 듯한 재벌의 행태에서 나타나는 우리나라의 상인 정신(mercantilism)과는 정면으로 배치된다. 다른 한편, 자유 시장에 전제된 '보이지 않는 손'을 정확히 규정하는 것은 경제학자들의 '시장의 철학'으로 나타나야 할 것이다.

77 『법의 정신』, 231쪽.

사실 많은 비평가들이 지적한 바와 같이 그는 역사적 사실의 연대에 대해서는 거의, 전체적으로 전혀 관심을 보이지 않았는데, 이러한 연대에 대한 무관심은 사실과 사실 간의 비교를 위해서는 필수불가결의 조건이었던 것이다. 그리하여 몽테스키외의 비교는 '이성적이고' 무시간적인 공시적인 비교이다. 이 때문에 『법의 정신』에 나타난 그의 정치철학은 로마인에 관한 저작에서 매우 공들여 발전시킨 역사적 방법의 가치를 모두 상실하게 되는 것이었다. 이 점을 우리는 『법의 정신』에 있어서 법적, 정치적 제도를 정태적인 사물로서, 주로 플라톤에서 나타난 하나와 여럿, 혹은 대소 관계라는 잣대와 기후라는 조건, 즉 인문 지리적 조건에 의해 좌우되는 것으로 취급한 데서 분명히 알 수 있다.

몽테스키외가 자기 자신의 역사적 방법을 저버리게 된 것은 프랑스인 특유의 구체성에 주의하는 태도와 R. 데카르트에서 유래하는 '일반화하는 이성'을 전제한 철학자와 같은 합리주의적 태도의 결합 때문이다. 사실 몽테스키외는 역사적 현실과 철학적 합리주의의 협동에 의해서 폴리비우스처럼 역사순환론을 주장하는 것이 아니라, 그에게 또 다른 하나의 좀 더 새로운 분야의 연구, 즉 사회학의 창시를 가능케 하였다. 그리고 인류의 역사에서는 근대의 산업혁명과 더불어 이와 결부되어 발전한 상업 정신과 결부된 전혀 새로운 정체, 즉 자본주의와 결부된 민주주의의 맹아가 그에게서 탄생하고 있었던 것이다. 이러한 의미에서는 그의 책 『법의 정신』은 '어미 없이 태어난 아이'라고 할 수 있을 것이다. 즉 프랑스의 근대 사회학자 뒤르켕(Emile Durkheim)이 말하고 있는 바와 같이 몽테스키외는 새로운 분야에 적절한 연구대상과 그 연구가 나아가야 할 길, 두 가지를 함께 제시하였다고 볼 수 있다. 사실 몽테스키외는 상업정신에 따르는 사회학적 사실이 정통과학의 대상이며 다른 사실과 마찬가지로 일반법칙에 따라야 한다는 것을 인식하였다. 그는 또한 모든 사회적 사실이 하나의 전체와의 상호 관련을 맺고 있는 부분들이며, 특히 한 국가의 법체계가 정체와의 관계에서 지역과 풍토에 따르는 인간 정념과의 관계에서 그러한 맥락에서만 판단되고 평가되어야 한다고 인식하였다. 그는 이 새로운 과학에 있어서 추구되어야 할 올바른 방법은 비교와 분류라고 주장하였고 분류에 관하여서는 문화의 패턴과 사회적 유형이라는 개념을 사유 실험의 '이상형'으로 정립하였다.

역사라는 관점에서 보면 몽테스키외의 합리주의적인 '이상형'에는 결함이 있고 분석-종합의 방법상의 일보 후퇴를 의미하였다. 그렇지만, 다른 관점에서 보면 '이상형'의 도입은 사회과학의 방법상의 창조적 전진을 가리키는 것이다 '이상형'은 강력한 분석도구이며, 그것에 의해 우리는 여러 상이한 현상의 외관 밑에 숨어 있는 원리를 찾을 수 있는 것, 아니 창조적으로 구성할 수 있는 것이다. 그리고 이러한 창조적으로 구성한 이상형의 역사적 현실과의 관계는 변증법적인 것이므로 논란의 여지가 많다. 사실 몽테스키외는 이러한 자기의 방법에 포함되고 있는 애매함에 대해서는 어느 정도 의식하고 있었다. 그가 부단히 강조한 사실은 현재 있는 것이 아니라 이상적으로 있는 것을 이성적으로 논하고 있다는 점이었다. 그리하여 그가 관심을 갖는 것은, 영국에서는 그가 말한 것처럼 "현실적으로 자유가 향유되고 있는가의 여부가 아니라 오로지 자유가 법에 의해 확립되었다는 점에 있다."[78]는 것이다. 몽테스키외의 『영국에 관한 노트』를 잠깐 들여다보면 18세기의 영국의 현실이 얼마나 부패하고 근대 민주주의의 발생 초기에서 공화정의 정신을 나타내는 '민의'를 대변하지 않게 되어 있는가를 그가 통감하였음을 알 수 있다.

일부 동시대인들은 몽테스키외가 사실 세계 속의 질서나 인간의 본성적 욕구에 대한 탐구를 통해 뉴턴 물리학의 법 개념에 비교할 수 있는 지적 세계의 법 개념을 확립하려 한다고 여기기도 했다.[79] 하지만 몽테스키외는 수학과 기

78 『법의 정신』, 399쪽.

79 Sharon Krause, "History and the Human Soul in Montesquieu", in: *History of Political Thought*, vol. xxiv, no 2(2003), 238쪽. 콩트나 뒤르켕은 몽테스키외를 "과학적 정치학의 창시자"로 부르기도 했다. 진병운, 『몽테스키외 '법의 정신'』, 서울대 철학사상연구소, 2004, 37 이하.

하학의 방법이라 여겼던 연역 논증의 방법을 자신의 형이상학 체계에 동원한 스피노자나 17세기 자연과학의 진보에 의해 자극받아 기계론적인 인간관을 내세웠던 홉스와 달리, 사실 세계의 복잡성이 그와 같이 단순한 소수의 원리들이나 방법으로 환원될 수 있다고 여기지 않았다.[80] 그러므로 몽테스키외가 말하는 '사물들의 본성에서 유래하는 필연적인 관계'는 기계론이나 결정론의 관점에 의해 적절히 파악되기 어렵다고 본다. 그는 과거로부터 현재까지 인간 자신들이 살아온 방식을 기록한 인류 역사의 다양한 경험적 사실을 통해 왜곡되지 않은 인간 현실을 바라봄으로써 법과 정치권력의 바람직한 질서를 모색하는데, 이때 그가 발견하는 '인간 본성'은 결정적인 요소들보다는 보다 합리적이고 유연한 부분들에 의해 특징지어진다. 몽테스키외가 창안한 근대 과학자들의 이성적 사유 공간에서와 같은 '이상형'은 그 결점과 한계가 있음에도 불구하고 그로 하여금 정치적 유기체의 본질적 구조에 파고 들어가게 하고 그 유기체에 생기를 불어넣어 움직이게 하는 힘들의 상호작용을 분명히 관찰하게 했기 때문에, 그는 이상형을 현실인식에서 적용하였던 것이다. 생물학이 발달하고 진화론이 진리로 여겨지게 된 오늘날 우리도 같은 이유에서 생물학적 진리를 현실에서 적용시키고 미래의 세계를 개척하고 있다. 그러므로 이러한 방법론은 근대 사회학이 몽테스키외로부터 고맙게 빌려 쓰고 있는 도구라 하겠다.

그렇다면 모든 것을 감안해 볼 때, 몽테스키외의 최고의 공헌은 역사철학에 대해서라기보다 상업정신과 결부된 사회철학에 대한 것이었다. 그의 독특한 업적은 처음에는 삶의 철학을 목적으로, 다음에는 과학을 목적으로 관습과 법의 세계를 '순방하는' 것이었다. 이 점에서 그의 정신은 18세기의 코스모폴리턴의 태도와 국제적인 관심을 반영하는 것이었다. 그 결과로서 그는 프

80 Paul Carrese, "Montesquieu's Complex Natural Right and Moderate Liberalism", in: *Polity*, vol. 36, No. 2(2004), 231 이하 참조.

랑스나 유럽뿐 아니라 모든 사회의 제도를 비교하고 그 최상의 순간에서 그것들을 공평하게 비교할 수 있었던 것이다. 그가 사용한 접근방법이 너무나 데카르트적이었으며 또한 너무 자주 아프리오리적인 원리를 뒷받침하기 위한 사실들을 사용했다는 것은 그의 약점으로 나타났다. 그러나 이것은 그의 전반적 방법이 옳지 않음을 의미하는 것은 아니다. 다른 사람들은 경험주의를 그의 합리주의에 가미함으로써, 또는 좀 더 과학적인 사회학을 만들어냄으로써 그의 방법을 현대의 자본주의에 기초한 민주주의 사회에서도 적용할 수 있도록, 즉 인류의 역사를 창조할 수 있도록 개선할 수 있었던 것이다. 그 결과 아마 몽테스키외의 '어머니 없는 아이'는 현대에서는 그 후손이 끊이지 않게 되었다.

아리스토텔레스의 정치철학에서 보았듯이 엄격하게 구분되었던 공적 영역과 사적 영역은 각각 정치적인 영역과 경제적인 영역의 분리를 의미하였다. 즉 고대 그리스 도시국가들은 노예제를 바탕으로 구성되어 있어서 정치에 참여하는 시민이 경제적인 생산 활동에서 자유로워져 공적영역에서 민주적인 토론과 대화에 의한 정치영역이 이성적으로 확보되고 그래서 정치적인 것은 공적인 것이고 경제적인 것은 사적인 것이라는 인식이 이루어져 있었다. 그러던 것이 알렉산더이후 헬레니즘 시대에서 대화와 타협으로 즉 이성적으로 이루어져야 할 정치가 현실적인 군사적 권력을 중심으로 이루어지고, 이에 반발하는 스토아 사상에서는 자연의 로고스에 따른 것이 정치적인 것의 의미를 갖게 됨을 우리는 키케로의 정치철학을 통하여 볼 수 있었다. 그러던 것이 중세의 봉건적 사회구조에서는 왕이나 영주를 정점으로 수직적인 경제적 관계가 곧 정치관계를 의미하는 것이 되었다. 중세적 배경으로 볼 때, 사회구조적 차원에서 경제가 핵심적 지위를 갖게 되었는데 이는 그리스인의 구분에서 보면 사적인 것에 속하는 경제가 공적 차원에 등장하였음을 볼 수 있다. 여기에서 정치적인 것과 사회적인 것의 의미의 복합이나 혼란이 가중되는데, 한나 아렌트에 따르면, 사회적이란 말이 정치적으로 문제가 된 것은 아리스토텔레스가 한 인간은 정치적 동물이라는 말을 토마스 아퀴나스가 "인간은 본성상 정치적인, 다시 말해 사회적인 존재이다(homo est naturaliter politicus, id est socialis)"[81]라고 한데서 기원하는 것이 된다. 현대에서 사회(society)란 경제를 중심으로 하는 이익 집단을 지칭하게 된다.[82]

몽테스키외의 『법의 정신』에서 나타나는 정치와 경제를 결합한 사회학의 원리는 현대에서는 자유 민주주의 사회의 기초가 되는 복지 국가 이론으로 정립될 수 있는데, 이러한 복지 국가사상의 기초에는 조세의 징수 및 국가 수입과 자유의 관계에서 국가의 존재이유를 표명하는 데에서 잘 나타나고 있다. 그는 국가의 수입을 "각 국민이 자기 재산을 안전하게 유지하거나 또는 그것을 안락하게 누리기 위해 제공하는 그 재산의 일부"라고 정의하고 있다. 이러한 정의가 나올 수 있기 위해서는 국가의 수입이 풍요에 가깝게 형성되어야 한다.[83] 또한 몽테스키외는 국가의 이 수입을 정당하게 정하기 위해서는 "국가의 필요에 대해서도 또 시민의 필요에 대해서도 똑같이 고려되어야 한다."고 말한다. 그리고 국가의 상상적 필요 때문에 국민으로부터 현실적인 필요를 빼앗아서는 안 된다고 말한다. 몽테스키외에 따르면 상상적 필요란 "통치하는 사람들의 정념과 약점이 요구하는 것, 즉 터무니없는 계획이 갖는 매력, 허망한 영광에 대한 병적 갈망, 방자함에 대한 정신적 무력에서 비롯된 것이다. 때때로 군주 밑에서 정무를 주재하는 정신이 불안정한 사람들은 국가의 필요를 바로 자신들의 야비한 요구와 동일시하는 경향이 있다. 국민들에

---

81 Hannah Arendt, *The Human Condition*, 23.

82 그러나 우리는 그리스의 폴리스들의 상호 독립적 지위는 침략과 전쟁을 통해서가 아니라 그 당시 지중해의 상업을 토대로 상호 공존의 형태로 형성되어 있음을 알 수 있었고, 로마의 정치권력인 군사집단의 현실적 목적도 경제적인 것이었음을 상기할 때, 아리스토텔레스에서 공적인 것과 사적인 것의 구분은 정치적 권력의 현실과의 관계에서 전도되거나 더욱 분화되어야 함을 간취할 수 있었다. 더욱이 이러한 공적인 것과 사적인 것의 분화는 스토아학파의 자연적인 것과 관계에서 정치적 권력은 현실적인 것과 자연적인 것으로 전도되기까지 함으로써 복잡하게 분화되는 것을 의미하게 된다. 결국 공적인 것과 사적인 것의 구분은 근본적으로는 정치적인 것과 경제적인 것의 구분을 의미했으나 경제적인 것이 현실적으로 정치의 영역에서 중요시됨에 따라서 사적인 것은 루소의 '자연으로 돌아가라.'는 말에서처럼 보다 근원적인 자연적인 것으로 후퇴하게 된다.

83 송영진, 『철학테마산책』, 풍요론. 참조.

게서 무엇을 걷어 들이고 남겨야 하는 것에 대한 영지와 깊은 사려가 필요하다."고 말한다.

몽테스키외에 따르면, 국가의 수입을 정하는 것은, "국민이 제공할 수 있는 것에 의해서가 아니라 국민이 제공해야만 할 것에 의해야 한다. 만약 국민이 제공 할 수 있는 것에 의해서 정한다면 그것은 적어도 국민이 항상 제공할 수 있는 것이어야 한다."는 유명한 말을 한다. 여기에서 국민이 제공해야만 할 것이란 말은 국민들이 이성적으로 생각하여 국가생활을 영위하는데 필수적으로 제공해야 하는 비용을 의미하는 것으로서 사회적 자본이며, 이러한 사회적 자본은 확대 재생산되는 과정에 있어야만 하는 것으로서 적어도 이성적으로 납득되거나 설득될 수 있는 것이다. 또한 국민이 항상 제공할 수 있는 것이란 말은 국민의 능력으로 충분히 가능한 것이란 의미이다. 이러한 국민의 능력이 충분이 가능한 것은 근대에서는 산업혁명이 일어난 이후의 일임을 암시하는 것이 바로 다음에 언급되고 있다.

> "어떤 군주국에서는 조세가 면제되는 작은 지방인데도 조세에 압박받고 있는 다른 지방과 같이 빈궁한 것을 볼 수 있다. 그 가장 큰 원인은 그 주위를 둘러싸고 있는 대국가에 의해 수많은 방법으로 방해를 받기 때문에 공업이나 수공업 및 제조 공업을 가질 수 없다는데 있다. 대국가는 공업, 즉 제조 공업과 수공업으로써 그 모든 이익을 얻을 수 있는 규칙을 만든다. 따라서 소국가는 아무리 조세를 적게 물어도 가난해질 수밖에 없다."[84]

위와 같은 사태는 역설적으로, 인간의 지능을 필요로 하는 노동을 수행함으로써 발달하는 공업이 부의 원천임에도 불구하고, 공업을 중심으로 한 산업혁명은 상당한 자본력을 토대로 하여야만 일어날 수 있고, 이러한 산업 세계에서도 '힘이 강한 것이 약한 것을 억누르는 것'이 자연의 [인간세계의] 법

84 『법의 정신』, 13편, 210쪽.

칙이라는 것을 보여준다. 또한 이러한 공업을 발전시키지 못하는 또 다른 요인은 몽테스키외의 『법의 정신』에서는 산업 혁명에 따른 공업이 사실 분업과 교환에 의해 정의되어야 하듯이 재화의 교환에 의해 이루어지는 상업을 긍정적으로 생각하지 못하는 데에서 기인함을 몽테스키외가 상법을 규정하는 데에서 잘 나타난다.

몽테스키외에 따르면, 자연이 중용의 덕을 실천한다. 이러한 중용의 덕은 인간에게서는 군주의 덕으로 나타난다. 그런데 이러한 중용의 덕은 마키아벨리가 『군주론』에 말하고, 아리스토텔레스가 『정치학』에서 말하듯이 민주주의가 가난한 자들이 지배하는 정체이며, 가난한 자들이 자유를 누리게 되면 방종에 흐르게 되고, 따라서 정체 중에서 가장 허약한 정체라고 말하며, 이러한 방종에 빠지지 않기 위해서 인민들이 가난하게 머물러야 한다고 말하는 장면에서는 몽테스키외가 말하는 혼합정에서의 중용의 원리와 전혀 다른 것을 볼 수가 있다. 몽테스키외에 따르면 중용의 정신은 귀족들이 지닐 수 있는 것으로서 어느 정도 부가 전제된 상태에서 발휘되는 것이다. 이 때문에 고대에서의 군주들의 정신에서는 다음과 같은 잘못된 통치의 정신이 나타난다는 것을 다음 문장에서 보여준다.

> "그러나 통치자들은 소국가의 빈곤에서 시민을 근면하게 만들기 위해서는 세금을 무겁게 매길 필요가 있다고 결론지었다. 사실은 무거운 세금을 과해서는 안 된다고 결론짓는 편이 옳았을 것이다. 그런 지방에 무위하게 살고자 모여드는 것은 주변의 가난한 자들로서 그들은 이미 노동에 지친 나머지 모든 행복을 나태 속에서 찾고 있는 것이다. 한 나라의 부의 효과는 모든 사람의 마음에 향상심을 갖게 하는데 있으나, 반면 빈곤의 효과는 그들의 마음속에 절망을 안겨 주는데 있다. 향상심은 노동에 의해 자극되고 절망은 나태에 의해 위로받는다. 자연은 인간에 대해 공정하며 또한 자연은 인간의 노고에 대해 보상을 준다. 보다 큰 노동에 대해서는 보다 큰 보상을 주므로 인간으로 하여금 근면하게 해준다. 그렇지만 만일 자의적인 권력이 자연의 보상을 빼앗는다면 사람들은 또다시 노동이 싫어지고 무위를 유일한 선으로 여기게

될 것이다."[85]

3) 국가연합과 연방의 성립

몽테스키외의 두 저작에 나타난 혼합정의 이념이 한 국가 내에서 공화정체로 귀결되고 공화정에서도 권력분립이 합리적인 것으로 논의되었으며, 이에서 나아가 국가의 이념과 사회의 이념을 분리시켰다. 사실 국가는 전쟁을 전제한 실체라면, 사회는 이익에 따르는 타협이나 공존의 평화를 전제한 존재라는 것이다. 특히 후자는 근대 과학이 기술로 전용되면서 나타난 산업혁명과 이에서 발달하게 되는 자본주의의 상업 정신에 기초하고 있음을 알 수 있다. 국가의 이념이 전쟁을 전제한 것에서 그리고 이에서 명예와 영광을 전제한 귀족정신으로 나타났다면, 사회의 이념은 근대 부르주아의 상인정신에 기초하여 발달하였으며 그 근본적인 이념은 평등을 전제한 평민(인민: plebs)들의 평화와 공존이 이상이다. 즉 근대의 공화정은 고대의 공화정과 달리 경제를 우선시하는 사회의 이념을 국가의 이념에 우선시함으로써 평등을 지향하는 근대 민주주의를 가능하게 한 것이다. 그런데 우리는 혼합정의 이념이 몽테스키외에서 국가 간의 연합이나 연방의 사상으로 나타날 수 있음을 볼 수 있다. 이 점을 공산주의가 해체되고 자유민주주의가 미래 정치체제의 이상으로 간주되는 21세기에서 성립하고 있는 현대 '세계정치학'의 관점에서 보면, 몇 가지 점을 특징화 할 수 있다.

첫째, 몽테스키외는 혼합정의 이념을 귀족주의적 관점에서 국가를 우선시하는 정체로 생각했다는 것이다. 이 점을 현대 평등을 전제하는 민주주의의 관점에서 전복시킬 필요가 있다. 현대의 민주주의는 인간의 경제나 사회성을 우선시함으로써 전쟁보다는 평화와 공존을 우선시한다. 이 점을 국가 간

---

85 『법의 정신』, 13편, 211쪽.

의 관계에서 비유하자면 몽테스키외는 군사적 우월성에 기초한 연방을 국가 간의 평등을 우선시하는 연합보다 우월시했다고 보아야 한다. 그러나 현대의 국제 정치학에서는 국가 간의 평등을 전제한 연합을 우선시하는 것으로 나타난다.[86]

둘째, 혼합정의 이념은 국가 내부에서는 권력분립이나 앞으로 살펴볼 토크빌이 『아메리카 민주주의』에서 묘사되듯이 지방자치체제로 나타날 수 있는 성격의 것이다. 역으로 아메리카 미국에서는 지방자치제에 기초한 국가가 연합이나 연방이냐로 볼 수 있는 논쟁이 나타날 수가 있다. 연방이 지방보다 우월한 지위를 가진 반면 연합은 지방 정부와 중앙정부가 평등(평행)을 지향하는 체제라고 볼 수 있기 때문이다. 그런데 이러한 평등의 사상에 기초한 근대 민주주의는 사실 부르주아의 정신에서 나타난 것이다. 그러나 평등을 주장하는 부르주아의 정신에도 자유의 현실적 기초가 되는 자본에 대한 무제한적인 욕망을 상징하는 물신 사상이 들어 있다. 그런데 이러한 무제한적인 힘을 지닌 자본을 형성할 수 있게 하는 기초는 자연자원에 대한 무제한적인 점유를 전제하는 것이다. 그 결과 자유, 평등, 박애를 주장하는 근대 민주주의 이념에 기초한 미국의 자유 민주주의도 공산주의의 관점에서 보면 자연자원에 대한 무제한적인 점유의 권력을 발휘하기 때문에 제국주의로 나타나 보인다. 그렇다고 국가 간 평등을 지향한다고 주장하는 공산주의 이념에도 이를 폭력으로 달성하려는 혁명이론의 관점에서 보면 한나 아렌트가 말하였듯이 전체주의적인 폭력을 전제하고 있어서 국가 연합보다는 연맹의 형태를 지향한다고 보아야 하기 때문에 자연자원에 대해서도 마찬가지의 폭력을 전제하고 있다. 사실 현대의 미개발된 국가들에서 일어난 국지전은 모두가 자원을 둘러싼 강대국 간의 갈등을 표출하는 것에 불과하다. 결국 프랑스 혁명의 정신인 자유, 평등 간에는 우정이나 인류애를 전제하지 않으면 항상 인간 주체성의 성립

86 베일리스 J. & 스미스 S.(Baylis, J. & Smith S.)편저, 하영선 외, 역, 『세계정치론』(을유문화사, 2001), 1-2부 참조.

근거인 사실과 당위로서의 자유와 평등의 이념 간에는 갈등이 개재되어 있음을 알 수 있듯이 인류의 자연에 대한 태도도 마찬가지이다.

6. 입법적 정의: 자유와 평등의 관계

현대의 정치철학자들을 다루는 다음 장으로 가기 전에 우선, 혼합정과 법의 정신이 밀접하게 연관되어 있다는 사실을 우리는 몽테스키외에서 확인할 수 있고 이를 철학적으로 정리할 필요가 있다. 혼합정은 사실 플라톤에서 처음으로 제기된 정치체제론이지만, 이러한 정치 체제론은 그의 정의 개념에서 기원한다. 어떻게 하면 기하학적이고 따라서 엄밀 정확한 이상적인 정의가 자유를 본질로 하는 개인들로 구성된 인간의 사회적 현실에서 이루어질 수 있느냐의 문제가 정치적 권력과의 관계에서 논해진 것이다. 이러한 의미에서 플라톤은 정치가란 철학자가 되어야 한다고 강조한 것이다. 그리고 이러한 정치가로서의 철학자는 현실에서 인간의 영혼을 돌보아야 하는 존재이므로 인간성에 초월적인 신적인 세계를 지향하는 철학자 다음으로 중요하다. 아니 철학적 정치가는 신적인 세계와 현실 세계를 매개하는 샤먼(shaman)과 같은 이중적인 존재임으로 인간의 현실에서는 국가나 사회에서 가장 중요한 존재이다. 이러한 플라톤의 현실 참여적인 정신은 그의 후기 저작인 『법률』편에서 대화를 통해서 진리를 찾아가는 초기의 소크라테스와는 다른, 선문답식의 일방적으로 진리를 말하는 이방인(아테네에서 탈출하여 크레타에서 아테네의 식민지로서 마그네시아를 법제정의 정신으로 혼합정을 건설하여 보려는 사람인 소크라테스)으로 나타난다. 결국 우리는 고대에서는 '영혼을 돌보는 것'으로서, 근대에서는 현실적으로 '개인의 자유'를 확보하는 정신으로서 정의의 개념과 이러한 정의의 개념이 서구에서는 사회나 국가에서 현실화된 법과 상호 밀접한 관계에 있음을 알 수 있다.

그런데 플라톤에서 정의는 한편으로는 진리와 다른 한편으로는 덕과 연결된 개념이며, 따라서 인간의 행태인 윤리와 밀접한 관계에 있음을 알 수 있다. 그리고 윤리란 사회를 이루고 사는 인간성(마키아벨리나 몽테스키외에 있어서는 인간의 정념)에서 기원하는 것이다. 이러한 윤리는 역사와 환경에 따라 자연적으로 형성된 각 종족이나 나라의 전통적인 윤리로 나타나며, 역사적으로 인간이 다른 동물과 달리 종교적 동물로서 이 지상에 나타났기 때문에 각 나라마다 관습과 도덕법이 종교적인 것으로 나타난 것이다. 그러나 그리스에서 나타난 이성에 따르는 철학적 정신은 이러한 종교적 정신을 비신화화(de-mystifcation) 하고, 법이란 국가나 사회를 이루어 살 수밖에 없는 인간에서의 정의에 기초한 윤리적 정신이 대화나 협의를 통해 현실화된 것으로 나타난다. 그리고 이러한 정의에 기초한 윤리적 정신의 현실화된 이성에서는 이 지상에서 생물체로서 살아가야 하는 인간에게 공리주의적인 정신으로도 나타난다. 결국 이성 중심으로 사유하는 철학적 관점에서 보면, 인간의 도덕법과 사회법은 한편으로는 인간성을 성화하는 종교와, 다른 한편으로는 현실적인 삶에서 유용성을 중요시하는 공리주의적 사고로 나타나고, 이 양자의 변증법적 상호 관련성에서 성립하는 구조나 조직의 성격을 지닌다.

정의는 법률과 사회적인 것은 물론 종교적인 도덕성에 대해서도 사용되는 개념이다. 그러나 근대의 철학자들은 종교적 도덕성 대신, 인간의 도덕성을 스토아적인 자연법에 환원함으로써 기독교적 전통에 반하고 자연과학적 전통에 동조한다. 그 결과 인간이 자연 상태에서 가지는 고유한 도덕성을 개인의 (삶의) 자발성에서 기원하는 합리적 이성과 이에 따르는 자유로 설정한다. 그래서 법률적 정의와 도덕적 정의의 관념이 어떤 공통적인 원리를 가진다 해도, 법과 도덕이라는 각각의 활동 영역에 있어서는 동일한 관계를 지니는 것이 결코 아니라 이 양자를 관련시키고 복합한 측면에서 다양한 의미를 함축하고 있다. 그래서 정의는 근대 이후에는 한편으로는 전체 사회의 질서와 관련된 개념이 되기도 하지만, 다른 한편으로는 개인의 권리에 대한 표현으로 간주될 수도 있다. 정의 개념이 이처럼 분화되면서도 복잡한 것은 인간이란 태생적으로는 종교적 동물이면서도 다른 한편으로는 동물적 존재이고 다른 동물과 달리 아리스토텔레스나 한나 아렌트가 말하듯이 사회적-정치적 동물이기 때문이다.

몽테스키외에 있어서 모든 법의 원천인 이성은 스토아적 이성으로서 한 개인을 둘러싸고 있는 교회법(종교법)과 자연법, 이 양자가 혼합되어 분화되고 복합되면서 각각의 존재를 생성하거나 가능하게 한 만민법, 국가의 정체에 따라 정해진 정치법, 그리고 정복의 법, 자유를 전제하는 시민이 다른 어떤 시민에 대해 자신의 재산 및 생명을 지킬 수 있도록 하는 각 사회의 시민법, 마지막으로 사회가 여러 종족의 가족으로 나뉘어 있고, 가정이 필요로 한다는 데에서 유래하는 가족법으로 나누어진다.[87] 그런데 인간의 행위를 규정하고 제약하는 이러한 법들은 각각 그 기준과 적용 범위가 달라 이들의 외연이 겹치거나 접하는 곳에서 충돌하는 경우가 발생한다. 마치 도덕법에서 두 격률이 적용 범주나 기준이 다를 경우나 이들의 우선순위가 정해지지 않으면 안 되듯이 이러한 법들 사이에서도 위계와 조정의 기준이나 질서의 체계가 존재해야 한다. 이러한 법들의 우선순위와 관련하여 몽테스키외는 신의 법이 인간의 법에 우선시 되어야 하며, 자연법이 시민법에, 만민법을 기초로 하는 시민법이 정치체제에서 기원하는 정치(실정)법에 우선시되어야 한다고 말한다. 이 때문에 몽테스키외는 이러한 법을 제정함에 있어서 법률가는 자연환경이나 풍토는 물론 종교에서부터 인간의 자질의 한계나 성격까지 고려하면서 우선순위를 살펴야한다고 말한다. 특히 이러한 우선순위와 관련하여 가장 문제되는 것이 예를 들면, 종교에서 말하는 신의 법이 인간의 법에 우선시 되어야 하는 경우이다. 이러한 이유를 몽테스키외는 다음과 같이 설명하고 있다.

"첫째, 인간의 본성은 우발적으로 생기는 모든 일에 지배되며, 인간의 의

87 『법의 정신』, 26편, 430쪽.

지가 변화하며 따라서 변화하는 것이다. 이에 반해 종교법의 본성은 결코 변하지 않는다는 것이다. 인간의 법은 선에 대해 규정하고 종교는 최선에 대해 규정한다. 선은 다른 대상을 가질 수 있는데 그 이유는 수많은 선이 존재하기 때문이다. 그런데 최선은 유일무이하며 변할 수 없다. 법을 변경할 수 있는 것은 법이 오직 좋은 것이라고 간주되기 때문이다. 그러나 종교가 제정한 것은 언제나 최선이라고 생각되고 있는 것이다. 둘째, 법이 유명무실하고 또는 군주의 변덕스럽고 일시적인 의지에 지나지 않는 국가도 있다. 그런 국가에서 만약 종교법이 인간의 법과 같은 성질이라면, 종교법 또한 유명무실하게 될 것이다. 그러나 사회에서 무엇인가 움직이지 않는 것이 필요한데 종교가 바로 움직이지 않는 데에서 생긴다. 셋째, 종교의 주된 힘은 사람들이 그것을 믿는 데에서 생기며, 인간의 법의 힘은 사람들이 그것을 두려워하는 데에서 생긴다. 종교는 오래된 것이 합당하다. 왜냐하면 우리는 종종 먼 시대의 것일수록 그것을 믿으며, 또한 우리에게 그런 시대에서 끌어낸 사물을 부정할만한 부수적 관념이 없기 때문이다. 이에 반해 인간의 법은 그것이 새롭다는 점에서 이익을 얻는다. 그것은 법을 지키게 하려는 입법자의 특별하고 현실적인 관념을 알려주기 때문이다."[88]

인간의 법은 시대와 환경에 따라 변화해야하는 상대적인 것이다. 반면에 종교의 법은 시대나 환경을 초월하는 절대적인 법이다. 이 때문에 이들이 충돌할 경우에 이들을 판정하는 기준이 어떻게 설정될 수 있는가가 가장 심각한 문제가 될 수 있다. 이러한 문제를 해결함에 있어서 몽테스키외가 제안한 것은 종교의 법은 "고대 것일수록 좋다."는 언급과 더불어 현대인에게는 "고대에서 끌어낸 사물들을 부정할만한 부수적 관념이 없다."는 발언에서 절대적 기준이 항상 이상으로 머물러야 하며, 인간의 법은 "입법자의 특별하고 현실적인 관심을 알려주는 것"이기 때문에 "새롭다는 점에서 이익이 있다."는 발언 속에 이상과 이율배반적인 현실주의적인 공리주의적 정신이 숨어있다. 그러나 앞으로 몽테스키외가 말하는 '입법자의 정신'(의도)을 살펴보겠지만, 이상으로 알려진 종교의 법이란 것도 몽테스키외에 따르면, 인간이 이 지상에

88 『법의 정신』, 26편, 431쪽.

서 살아남은 조상들에서 유래하는 것이며 조상들이 그 당시의 시대나 환경에 맞게 제정한 것이라는 자연법으로서의 이성의 진화론적 관점이 존재한다. 그 결과 최고선을 지향하는 상대적인 선에 기초한 '자연법으로서의 합리적 이성'(스토아 철학자적의 이성)이 종교적인 인간과 현실적인 인간의 절대주의와 상대주의의 변증법적인 조정에서 기능한다. 즉 인간은 자유의지가 있기 때문에, 그리고 인간의 무지나 유한성 때문에 이러한 법들 간에서 우선시가 환경과 시간, 공간에 따라 상대주의적으로 상호 뒤바뀔 수 있는 것처럼 보이나, 본질적으로는 뒤바뀔 수 없음을 중용의 정신으로 말하고 있다. 그래서 본질적인 측면에서 이러한 우선순위의 역전은 사회나 국가를 소멸케 하는 상황에까지 이른다고 말한다.[89] 더 나아가 국가와 국가가 병탄되거나 합병할 때에는 법질서에서 문화적 충돌현상이 나타나며 이들이 충돌할 경우에 이들을 조정하고 조화케 하는 것은 '자연법으로서의 스토아적인 합리적 이성'이다.

『법의 정신』 제 29편 "법을 제정하는 방법"의 제1 항목 '입법자의 정신'에서 "내가 이 저서를 쓴 것은 오로지 다음을 말하는 것을 증명하기 위해서였다. 즉 중용의 정신이 입법자의 정신이어야 한다는 것이다. 정치적인 선은 도덕적인 선과 마찬가지로 언제나 두 극단 사이에 있다." 말하자면 인간에게 있어서 도덕적 선이 도덕법주의와 공리주의 사이에서 성립하듯이 정치적 선은 공익과 사익 사이에 있음을 말하고 있다. 위 문장에 이어 곧바로 몽테스키외는 재판의 방식에 대해 다음과 같이 언급하고 있다. "재판의 여러 방식은 자유를 위해 필요하다. 그러나 그 수가 지나치게 많아지면 그것을 정한 법 자체의 목적을 손상시킬 수도 있을 것이다. 다시 말해 사건은 종결되지 않고, 재산의 소유권은 미확정인 채로 남을 것이다. 또한 심리하지 않고 당사자의 한쪽에 다른 쪽의 재산을 넘겨주거나 혹은 심리한 결과 당사자 쌍방을 파멸시키

---

89 몽테스키외의 상황 윤리적 법제정의 정신은 절대론과 상대론이 중용의 정신에 의해 조정되는 측면에서 현대에서 포스트 모더니스트들의 상대주의적 관점과 유사하다.

게 될 것이다. 그래서 시민들은 그들의 자유와 안전을 잃게 될 것이다."[90]

몽테스키외는 현대 민주주의에서 우선시하는 평등보다는 자유를 우선시하는 '역사적 현실'에 입각한 법제정의 정신을 말하면서 "법을 그 제정 목적에서 분리해서는 안 된다."고 선언하고, 특히 아리스토텔레스가 말한 것처럼 시민법이나 정법은 정체와 관련하여 제정되어야 한다고 말한다. 즉 "법은 그 제정된 상황에서 분리되어서는 안 된다."고 하면서 "법이 스스로를 교정하는 것이 때로는 적당하다." 함으로써 법의 일반성이 때와 장소에 따라 행위 사실의 진실 여부를 상황에 따라 공개적으로 드러내는 상대성 원리에 따르도록 해야 한다고 요약해서 말한다. 이러한 점에서 몽테스키외의 『법의 정신』은 서구의 정치철학의 역사적 발전의 시각을 지니면서도 플라톤이나 아리스토텔레스의 고전적 전통에 기준을 두고 있으며, 이 때문에 기독교에 대해서도 휴머니즘에 기초한 합리적 정신에 따라 예수정신을 해석하여 실정법과 상호 조화하는 관계를 이루되 인류의 생존을 가능하게 하는 삶의 지혜에 따라 조화시켜야 할 것으로 말한다. 우리는 이 점을 다음 장에서 알렉시스 드 토크빌(Alexsis de Tockeville)의 『미국의 민주주의』에서 나타난 자유와 평등의 갈등을, 민주주의라는 정체 안에서 검토하기 전에 우선적으로 모든 정체에 타당할 수 있는 철학적 관점에서 정리하여 보자.

1) 자유와 평등

우선 법률상 정의라는 용어는 몽테스키외에 따르면, 사회적 동물인 인간이 따라야 할 원리와 절차의 다양성을 전제한 삶의 전체적 영역을 포괄하는데 사용된다. 그리고 한 국가나 사회의 전체 법률 체계는 법률적 용어로서 종종 정의의 체계라고 불린다. 근대의 법 철학자들은 법체계의 보다 근본적인 부

90 『법의 정신』, 501쪽.

분을 자연적 정의의 원리라고 하고, 그 밖의 나머지 부분과 구분한다. 여기에서의 구분은 고대 그리스에서는 자연과 인위적인 것으로 구분되는 것으로서 자연적으로 불리는 정의의 기본적인 부분과 역시 정의이기는 하지만 습관이나 관습, 그리고 선례와 전통적인 법규에 의존해 있는 나머지 상부구조 사이의 구별이다. 이 때문에 상부구조에 해당하는 사회적 인위적인 도덕성에 있어서 정의는 옳다고 생각되는 원리와 행위 전체를 모두 다루지 않는다. 자연적 도덕성은 인류(인간성)에 보편적인 것으로서 사회적 도덕성의 기초이며, 이것이 없으면 다른 모든 것이 붕괴되고 만다. 이러한 자연적 도덕성은 아리스토텔레스가 말하였듯이 역사적으로는 인간이 다른 동물과 달리 가족생활을 하면서 사회나 국가의 차원으로 발전시켰는데, 근대철학자들은 국가의 문제를 이성적으로 사유하면서 개인적 (자아)의식의 차원에서 발견한다. 고대에서는 이러한 자연적 도덕성은 종교나 신화에 의해 마련된 것이다. 우리는 정의를 한편으로 플라톤처럼 주지주의적으로 경건이나 지혜, 절제, 용기 등을 포괄하는 의미로도 사용할 수도 있었지만, 관대함이나 자선과 대조할 수 있는데 이것들은 단순한 정의 이상이 되는 것으로서 중세 기독교에 의해서 마련된 개념들이기 때문이다.

정의의 관념은 법사상과 도덕사상에서 볼 때, 분명 전체 사회의 질서와 관계가 있다. 그 질서의 위반은 곧 정의의 위반이라 할 수 있으며, 그 위반에 대한 처벌은 정의의 이름으로 내려진다. 특히 형법은 전체 사회 질서를 보호하기 위해 제정된 것이다. 범법에 대한 처벌은 그 피해자에게 위안을 주는 것이 아니라 사회구조나 체제의 질서를 유지하기 위해 내려진다. 희생자가 자신이 입은 부당한 피해에 대해서 범법자에게 요구할 수 있는 한 형법은 손실과 피해에 대해 배상 또는 보상을 하도록 되어 있는데, 그 범법자에게 보복하고 싶어 하는 자연스런 욕망을 만족시켜 주는 수준(복수법)에서 행해진 과거와 달리, 현대에서는 해로운 행위로부터 보호받고자 하는 전체 사회의 일반적인 욕망으로 점차 바뀌고 있다. 그리고 처벌은 전체 사회의 목적을 위해 조직된 사회나 협의체의 권력과 권위에 부여된다.

다른 한편, 정의의 개념은 필요한 경우에 전체 사회 질서의 요구에 대항해 개인의 권리(자연권)를 지지하기 위해서 사용되기도 한다. 정의에 관한 문제로서 한 사람이 무엇을 할 수 있는 자격이 있다는 것을 우리는 권리라고 부르는데, 이러한 개인의 권리에 대한 생각은 근대 철학자들이 자연 상태에서의 인간에게 원초적으로 부여되었다고 생각된 자연법에 기초해 만들어낸 개념이다. 그래서 일반적으로 사회적 정의와 개인적 정의는 때때로 아무런 대립이 없이 공존할 수 있다. 예컨대 민법에 따른 대부분의 업무처리는 계약상의 문제이나 태만을 방지하는 등을 통해서 사회의 활동을 원만하게 보호하는데 있으며, 동시에 분쟁에 휘말리거나 침해받을 경우에 주어지는 재판은 개인의 권리를 옹호하는데 있다.

그러나 때때로 특히 형법을 운용할 때나 정부 정책을 수립할 때, 전체 사회의 이익과 개인의 권리 사이에 충돌이 있을 수 있다. 그런 충돌이 있을 때, 정의의 기치 아래 모습을 드러내는 것이 개인의 권리이다. 전체 사회의 이익과 개인의 권리 사이에는 이러한 헤겔식의 변증법적 갈등이 마키아벨리의 공화정 사상이나 몽테스키외의 혼합정 사상에서 볼 수 있듯이 역사적으로는 항상 존재하여 왔다. 특히 정의에 대한 요구보다는 공리성의 요구가 더 중요하다고 인정되는 정책 결정이나 판결하는 데에서는 어느 정도 양심의 가책이 따르는 일도 있다. 더 나아가 개인 자신에 대한 정의 의식에 있어서도 공정성은 공리성이나 전체적인 이익과 대조를 이루며 특정한 상황에선 이 양자 중 어느 한 쪽이 우세하더라도 다른 쪽의 원칙은 여전히 남아 우리의 의식에 갈등으로 남아 있어 이를 자각케 한다.

정의 개념은 또한 한편으로 보수적인 원리로서의 정의와 개혁적 원리로서의 정의 개념으로 분화되어 나타난다. 보수적 원리로서 정의는 권리와 질서가 침해되었을 때에는 원래의 상태에로의 회복을 요구한다. 반면에 개혁적인 정의는 현재 통용되고 있는 공정성에 맞추어 이미 확립된 사회질서에 대한 재검토와 권리의 재분배를 요구한다. 이러한 사태는 플라톤이 법률은 한편으로 자신을 절대적인 것으로 만들려는 경향이 있으나, 경우와 환경이나 현실이 변화되었을 때에는 이에 맞게 변화되어야 하는 개념으로 나타난다고 할 때 드러나는 딜레마적 성격에서 기원한다. 이처럼 정의의 개념은 개인이나 국가, 법이나 도덕 개념과 관계해서 적어도 4가지, 혹은 8가지 측면에서 서로 다른 의미를 지니고 있으며, 이러한 구별은 어느 것에서도 서로 일치하지 않는다는 특징을 지닌 것이다. 즉 법률적 정의 사이와 도덕적 정의 사이의 구별은 사회적 질서에 관한 정의와 개인을 위한 정의 사이의 구별과 같지 않으며, 이 둘의 어느 것도 보수적인 정의와 개혁적이 정의 사이의 구별과 같지 않다. 법률적 정의는 공평한 사회 질서와 관련이 있으며, 도덕적 정의는 다른 개인으로부터 뿐만 아니라 사회적 요구에 대항해서 개인의 권리를 보호하는 일과 관련이 있다. 다시 이 두 정의는 보수적인 면과 개혁적인 면을 모두 가지기 때문이다.

다른 한편, 정의 개념은 공평이나 평등 개념과 같은 뜻으로도 쓰인다. 특히 사법적 판결에서 불편부당성에 대한 요구는 사법관이 갖추어야할 덕성으로 나타난다. 이러한 불편부당성은 원래 법이라는 개념이 지니는 일반성이나 보편성에서 비롯되는 것이다. 그리고 이러한 보편성은 근대 이후에는 인간성에서 나타나는 공통적 의지나 양심, 혹은 기초적인 기본권에 연결되어 나타난다. 그리고 이러한 법률의 인간성에 기초한 정의의 보편성은 분배적 개념과 연결되어 있다. 그래서 나타난 것이 개별적인 사례들에서의 사법적 의미가 나타나는 공평과 이를 일반화한 평등 개념이다. 즉 평등 개념은 아리스토텔레스의 학문 방법처럼 추상에서 기원하는 추상적 개념이지 플라톤이 말하는 분석될 수 있는 개념이 아니다.[91] 공정한(fair) 분배는 평등한(equal) 분배와 같지

91 아리스토텔레스는 자신의 철학적 방법을 추상(abstraction)이라고 말한다. 이러한 추상의 방법은 분석(analysis)-종합(synthesis)하는 플라톤의 방법과 다르다. 그런데 플라톤에 따르면, 경험의 개별자(particular)는 추상에 의하면 일반자(general)에 관계하고 분석-종합의 관점에서는 보편자(universal)과 관계하는 단순한 개별자(individual)로 나타난다. 즉 인간의 개별자-특수자(단일자(individual-particular))에 대한 경험의 내용은 양적 차원과 질적 차원을 지닌 것으로서 추상의 방법에 의해서는 형식과 내용으로 분류된다. 그리고 플라톤의 존재론에서 영혼의 능동력과 관계하는 장소(chora-matter)의 관계는 동일-차이의 변증법으로 표명되고 있다. 여기에서 동일-차이의 존재

않다.[92] 플라톤과 아리스토텔레스는 산술적 평등과 기하학적 평등을 구분하여 정의와 평등 사이의 관계를 설명하려고 시도하기도 했다. 산술적 평등은 그 값에 상관없이 모두에게 똑같이 주는 것이다. 즉 동등하거나 동등하지 못한 사람 모두에게 같은 몫을 주는 것이다. 플라톤이나 아리스토텔레스는 이러한 분배는 잘못된 원리라고 보고 동등한 사람에게는 동등한 몫을, 동등하지 못한 사람에게는 동등하지 못한 몫을 주는 것이 정의라고 보았다. 정치철학에서 산술적 평등은 민주주의적 개념을 대표하며, 비례적 평등은 귀족주의적 개념을 대표한다.

대부분의 근대 철학자들은 그들의 정치적 성향이 마키아벨리나 몽테스키외와 달리 귀족적이라기보다는 민주주의적이라고 하더라도 공평은 전적으로 비례적 분배의 문제이며, 어떠한 엄밀한 평등의 원리를 포함하지 않는다고 하는 플라톤이나 아리스토텔레스의 견해에 동의한다. 공평은 도덕적인 차이점을 근거로 한 차별은 허용하며 오히려 요구하기까지 한다. 사실 모든 사람을

론적 변증법은 다음과 같은 말로 표명된다. 즉 동일성(tauton)은 불변성을 지향하는 것으로서 박홍규가 잘 말하고 있듯이 '반복된다'는 특징을 지니며, 차이성은 '다른 것과 다르고 자신에 마저 다르다'고 표현되는 것으로서 장소(chora)가 지니는 우연-필연성의 성격을 지닌 것으로서 후에 아리스토텔레스가 질료(matter)로 파악하는 무규정성(무한성)을 지닌다. 따라서 플라톤에서 동일성 개념에는 유사성이 그리고 동등성 개념에는 차이성이 전제된 이중적 의미를 지닌 어휘들이다. 송영진, 『플라톤의 변증법』(철학과 현실사, 2000), 제2가정 '동등-비동등'항을 참조할 것. 결국 서양의 많은 철학자들은 특히 한나 아렌트는 물론 E. 레비나스나 칼 포퍼에 이르기까지 전체성과 보편성을 혼동하고, 일반성과 특수성을 오해한다. 결국 동일과 동등성에 관한 오해는 이 어휘들이 논리적으로 사용되는 경우와 존재론적으로 사용되는 차이에 따르는 구별을 하지 못하는 데에서 비롯된다. 사회학적으로 동등이나 평등은 차이성을 전제한 것으로서 구체적으로는 정치적으로나 사회적으로 자유는 질적으로 동일한 것이나 양적으로 차이를 전제한 유한-무한의 변증법에 따른다. 이러한 차이를 직관적으로 파악한 베르그송은 동일-차이의 변증법에 폐쇄와 개방이라는 용어를 끌어들이고 양자의 결합에서 이루어지는 것을 '창조적 진화'라는 말로 변증한다. 결국 인간사회에서 평등이라는 것은 한편으로는 '인격적으로의 평등' 개념과 정치-사회학적 법률에서는 '기본적인 자유(권리)의 동일성'으로 나타나는 것이다. 유한-무한의 변증법은 수학적으로는 칸토르의 집합론으로 정리되는 것이다. 다른 한편 '공정(fair)' 개념은 현대에서는 협약에 의한 일정한 룰(rule) 아래서의 스포츠와 같은 게임(game)이 이루어질 때에 주로 사용되는 개념으로서 사회적 현상을 지칭할 때 사용된다.

92 동일성 개념이 수학적 개념인 반면, 동등성 개념이 기하학적이고 존재론적 개념이라는 것은 플라톤의 『파르메니데스』 편 '변증법의 연습'에 이미 표명되고 있다. 존재론적 개념으로서 동등 개념은 인간이 어떤 존재에 대해 판단할 때 질적인 측면과 양적인 측면으로 분석하여 다루기에 시간차원과 공간차원이라는 두 차원을 전제하는 개념이다. 즉 동등 개념은 질적으로 상이한 것에 대해 이를 본질상 같은 차원에서 양적인 크기의 차원으로 환원하려고 할 때 사용하기 때문에, 양적 개념에서의 차이성만을 전제할 때 사용하는 동일성 개념하고는 다른 이중적 차원을 허용한다. 사실 동일성 개념도 기하학적으로는 합동과 닮음의 이중적 의미를 지니며, 동등이나 평등 개념은 차원이 다른 이중적 차이를 전제함으로 수학적으로 평면적인 산술적인 차원의 동일성 개념과 다른 입체적인 기하학적 차원을 지닌다.

동등하게 취급해야 한다고 주장하는 적극적인 정의의 원리는 어느 곳에도 없다. 이러한 평등의 원리는 현대에서 민주주의에로 완성을 향한 사회주의나 공산주의에로의 급격한 혁명을 주장하는 정치 철학적 주장이다. 이러한 주장은 반드시 사람들 사이에 차이가 알려지지 않은 경우 그들이 같은 범주에 속해 있다고 가정하는 한에서이다. 즉 평등도 사실은 같은 것은 같은 것으로 다른 것은 다른 것으로 취급해야한다는 이성의 원리에 따르는 것이기 때문이다.

그러면 법 앞에 평등이란 말은 무엇을 의미하는가? 모든 사람이 받아들이는 한 가지 형태의 평등이 여기에 있다. 이러한 평등은 재판관에게 요구되는 것으로서 불편부당해야 한다는 것이며 부자나 귀족이나 공로가 있는 사람이나 없는 사람이나 편애가 없어야 한다는 것으로서 의심할 바 없는 정의의 필요조건으로서 차별적인 공평과 대조되는 것이다. 그러나 이러한 평등은 법률과 관련해서만의 평등인 것이다. 그리고 관련된 차이란 바로 유죄-무죄의 것이지 부와 가난, 귀족과 평민이라는 일반적인 가치의 유무에 대해서 있는 것이 아니다. 결국 법률의 보편적 성격은 적극적인 측면에서는 사실 개별자의 차이를 전제하는 개념이기 때문에 같은 것은 같게 다른 것을 다르게 취급하는 공평의 원리에 따를 것이나 범법과의 관계에서의 소극적인 측면에서는 평등의 원칙에 따른 것이다. 그리고 인간에게서 성립하는 이러한 법률의 보편성은 자연법칙과 달리 자유의지를 전제하는 인간의 공통적인 성격이나 의지에 관계하고 있는 특수한 차원의 것이다. 따라서 불편부당함은 순수하게 형식적인 원리이며 논리학, 합리성, 일관성의 원리로서 윤리학과 특별하게 관계되어 있는 것은 아니나 실천적인 문제에서뿐만 아니라 이론적인 문제에 있어서는 합리성과 관련되어 있다. 그 원리는 바로 플라톤이 말했듯이 일반적으로 말하자면 '같은 것은 같게 다른 것은 다르게 다루도록' 요구한다. 도덕과 윤리의 문제를 이러한 형식적인 관점에서 고찰한 것이 칸트이다. 그러나 칸트가 말하는 도덕률과 입법의 원리는 인간을 목적으로 다루라는 격률이 있듯이 특정한 인간성의 가치에 근거를 둔 것이다.

사실 어떤 일의 성질이 인간의 특정한 목적과 관련이 있다고 인정할 때에만 윤리적인 문제가 발생한다. 필요성, 공로, 능력이 곧 같은 것과 다른 것을 구별하는데 관련된 성질이라고 결정할 때, 우리는 도덕적 판단이나 법률적 판단을 내리는 것이다. 그리고 우리는 이러한 도덕적 판단을 인간의 문제를 다루는 것에만 한정한다. 물론 현대에서 환경 보호론자들은 동물은 물론 식물까지도 그 영역을 확대하려는 움직임을 보이는데 이는 어디까지나 모든 생명체가 인간과 연관되어 있다거나 인간과 공통적인 본질을 지니고 있다는 생각과 더불어 인간의 생존 염려하는 공리주의적 수준에서 문제일 뿐이다. 그리고 인간의 사유에서 합리성은 이러한 인간성에 대한 배려 때문에 그 타당성이 성립한다. 즉 정의와 불의, 불편부당함과 편파성 등은 단지 사람들을 다루는 데에 있어서 그리고 혜택이나 부담을 주는 것과 관련해서만 성립한다. 여기에서 우리가 생각해볼 것이 있다. 즉 영국에서 성립한 상업정신에 기초한 공리주의적 윤리이다.

2) **공평과 공리**(公利)

유익함, 혹은 필요성, 그리고 능력에 따른 공로를 근거로 하는 공평한 분배는 평등한 분배와 구별된다. 공평한 분배란 앞에서도 언급하였듯이 사실 차별성을 전제한 것이기 때문이다. 영국에서 발달한 공리주의 윤리학은 정의의 모든 원칙이 전체 이익을 얻기 위한 수단이 될 때 도덕적 힘이 생긴다고 주장한다. 즉 비록 개인들은 행복이나 쾌락을 최대한으로 확보하려는 이기심에 기초하고 있지만, 사회적 이성은 벤담의 공리주의 원리가 말하듯이 '최대 다수의 최대 행복'을 목표로 하는 사회적이면서도 이해 타산적인 이성적 사유가 될 때 윤리적이라고 주장한다.[93] 이러한 공리주의자의 견해는 공로에 따른

93 개인의 이기심에 기초한 이해 타산적 사유가 사회적 이성으로 승화하는 데에서, 전체주의적 사고로까지 발전하

분배의 경우에 가장 쉽게 예증된다. 공로가 있거나 보상 받을만한 가치가 있다고 일컬어지는 행위는 대체로 사회에 유익하며 처벌 받아 마땅하다고 여겨지는 행위는 대체로 사회에 해를 끼친다. 그래서 공리주의자들은 보상과 처벌이 공리성 그 자체에 의해 정당화된다고 한다.[94]

차별 대우를 하는 데에는 유익함과 필요성, 그리고 능력에 따른다는 3 가지 근거가 제시되고 있지만 공리주의자에 따르면, 필요성에 근거한 차별조차도 공리성에 의존하게 된다. 적합한 직업을 구할 수 없기 때문이거나 일시적으로 아프거나 영구적으로 불구가 되었기 때문에 일을 못하는 사람은 현재로서는 전체 사회의 복지에 공헌하지 못한다. 그럼에도 불구하고 이들에게 훈련과 치료와 특수한 장비가 주어진다면 미래에는 그들도 사회에 공헌할 수 있는 좋은 기회를 갖게 될 것이라는 것이다. 그러나 이러한 공리주의자의 명제는 다음과 같은 필요성의 극단적인 사례에 있어서는 문제가 발생한다. 즉 너무 늙어서, 혹은 영구적으로 병적 상태에 있거나 불구여서 정상적인 활동을 할 수 있도록 해주는 회복할 장비나 의학이 없는 경우에는 사회에 유용한 일을 전혀 할 수 없을 뿐만 아니라 생존함에 있어서 사회에 많은 빚을 지고 있는 사람에게는 기본적으로 이들에게 필요한 것을 제공받을 권리가 없는 것일까? 도스토예프스키의 『죄와 벌』에서 나타나듯이 사회에 전혀 공헌하지 않고 해를 끼치는 사람은 공리주의적 관점에서는 없애야 하지 않을까?[95] 이 때문에 공리주의적 사고에서 사회에 유용하거나 해악을 끼치는 행위의 기준이나 한계가 어디에 있을까라는 문제는 아주 심각한 문제이다. 더 나아가 필요에 의한 요구가 자선에 호소하는 것이 아니라 정의에 호소하는 것일 경우, 그 요구는 공로에 따른 요구와 같다는 공리주의자의 제안을 우리는 양심과 도덕적

는 것은 사회주의나 공산주의자의 기초적 강령으로 나타난다. J. S. 밀은 이러한 자신의 사상을 『공리주의』와 『경제학원론』에 표명한 점에서 영국에서는 사회주의의 시조로 불린다.

94 J. S. 밀(John Stuart Mill), 서병훈 역, 『공리주의』(책 세상, 2013), 123쪽.

95 공산주의자들은 혁명에 의해 혹은 숙청에 의해 이러한 해로운 존재를 제거하는데 가장 앞장선다.

관점에서 거부할 수 있다. 공평이나 공정성의 입장에서 내리는 판단은 유용성(공로) 뿐만 아니라 생의 기본적인 필요성도 또한 정의의 요소로 간주되어야 한다는 것이다.

마찬가지로 공정성의 요인으로서 능력에 따른 요구에 관심을 갖는 것은 '그 자체가 목적인 개개인'에게 마땅히 돌아가야 할 것이 무엇인가를 생각해 보아야 한다. 사회에 유익한 재능을 가진 사람을 위해서는 특별한 고려가 쉽게 이루어지는 반면, 사회에 해로운 사람을 위해서는 그러한 고려는 이루어지지 않는다. 그런데 능력과 관계하여 3가지 재능을 개발하기 위한 교육이 있다. 3가지 재능이란 과학과 관계하는 수학이나 공학처럼 사회에 많은 유익함을 주는 재능, 음악이나 미술처럼 당사자나 다른 사람에게 기쁨을 주지만 일상적인 의미에서 특별히 사회에 유익하지 않은 재능, 바둑이나 장기처럼 개인적으로는 즐거울지 모르나 사회적으로 전혀 해롭지도 유익하지도 않은 재능이 있다. 분명히 사회적으로 첫 번째 재능에 대해서는 많은 준비와 고려가 되는 반면, 두 번째나 세 번째 재능은 즐거움과 자기성취를 위해 준비되나 사회적 공리성에는 거의 아무런 관계가 없는 것처럼 보인다. 그래서 사회주의자들은 이러한 재능에 대한 투자는 무시하거나 공리성의 원칙에 따라 고려하지 않는다. 그럼에도 불구하고 자유주의적 민주사회에서는 이러한 재능에 대한 요구는 공평의 범주 안에 자리하고 있다. 왜냐하면 그것은 '인간은 사회적 동물'이라는 말로 수식되는 인간의 사회성이 우정 혹은 사랑에 기초하고 있기 때문이다. 달리 말하자면 인간을 사회적이도록 만든 이러한 인간 사랑이라는 말로 변용된 휴머니즘은 소크라테스가 표명한 지덕합일설의 전제가 되는 선의지로서 공리주의가 주창한 이러한 공로나 죄과가 실제적인 결과보다는 동기로서의 '의도와 노력'에 달려있기 때문이기도 하다. 이 때문에 범죄 사실에서도 동기가 고려되듯이, 능력에 따른 요구는 공로에 따른 결과주의적 요구와는 다르다. 결국 공리주의의 입장이 가장 설득력 있는 곳에서도 비록 공로가 있는 경우라도 공평에 대한 요구는 사회적 공리성에 대한 요구와 항상 일치하는 것은 아니다. 예를 들면, 근면함이라는 공로는 아주 공리적인 것으로 간주될 수 있으나 도덕적 노력에 대한 공로는 그렇지 못한 것처럼 여겨진다. 도덕적 덕목이 곧 사회적 덕목이기 때문에 도덕적 노력에 보내는 찬사는 사회적 이익을 주는 그 도덕적 노력의 일반적 경향에 달려있다고 말할 수도 있으나 다른 사람의 선을 지향하는 자비심이나 사랑은 가족 내에서는 물론 사회 내에서도 확실히 찬사 받을 만한 도덕적 덕목이다. 이들 도덕적 덕목은 사회의 이익과 직접적인 관련이 없는 것으로서 인간의 도덕적 탁월성을 보여주는 것이다. 이러한 사실 때문에 J. S. 밀은 질적 공리주의를 주장했다.

앞서 말했듯이 정의란 사회의 질서뿐만 아니라 개인의 권리를 보호하는 것이기 때문에 정의와 사회적 공리성은 일치할 수도 있고 갈등을 일으킬 수도 있다. 물론 개인의 권리도 이익과 관련되어 있으며, 사회의 이익은 일반적으로 사회 구성원의 이익으로 이루어져 있다. 따라서 공리성은 같은 종류의 목표를 지향하고 있다. 그러나 실제에 있어서 사회는 특수하고 구체적 개인들로 이루어져 있고, 사회적 이익은 다수의 이익을 의미하기 때문에 전체의 이익을 구하는 데에만 우리의 관심을 집중시킨다면, 소수 집단과 특정한 개인의 이익은 관심 밖으로 밀려난다. 오직 개인의 이익들이 모여 전체의 이익을 이룰 때에만 전체의 이익이 그 가치를 획득할 수 있다. 결국 정의의 개념은 모든 사회적 가치가 궁극적으로 개인적인 요구, 욕망, 개별적인 잠재력, 목적, 성취 등을 포함하는 개별적인 인격을 어떻게 평가하는가에 달려있다.

고대의 공화정은 군사문화의 권력투쟁을 전제하는 정체로서 이 정체의 중심에 있는 귀족들이 권력의 안정과 공존을 이루기 위해 플라톤-아리스토텔레스가 말한 혼합정체에서의 분배적 정의를 실현하려는 데에서 기원하는 것이다. 반면에 근대 이후에 나타나는 공화정은 인민의 평등함을 전제한 민주주의를 지향한다. 특히 근대 이후의 정치적 권력의 중심 세력은 과학기술의 발달로 인해 전쟁을 수행하는 군인의 노동에서 재화의 생산을 위한 노동자의 노동에 기초하는 것으로 전환되었다. 그리고 근대 정치학에서 권력의 문제는 경제력의 문제로 전환되면서 정치영역에서 국가이든 사회이든 혹은 기업이든 부르주아의 경제 관념이 정치의 지배적인 원리로 나타난다. 우리는 이를 한나 아렌트의 전체주의를 비판하는 정치철학에서 잘 알아 볼 수 있다. 그런데 경제 원리는 최소의 노력으로 최대의 효과를 보려는 것이다. 여기에 발맞추어 고대 정치철학의 핵심인 정의의 원리도 공리주의적 형식으로 나타난다.

근대 영국에서 최초로 나타난 민주주의는 공리주의의 원칙인 '최대다수의 최대행복'을 목표로 하면서도 인민의 평등을 지향하는 정체이다. 고대 공화정의 자유와 평등의 원칙의 변증법적 갈등이 플라톤-아리스토텔레스의 혼합정의 정신에서 기원하는 권력분립과 이를 고정하는 법 제정의 의식으로 나타났다면, 이와 똑같은 논리로서 근대 민주주의의 원리는 영국에서 자유 시장을 전제한 부르주아의 윤리관인 공리주의 원리와 인민들의 각 개인의 평등한 복지에의 권리의식의 혼합에 따르는 변증법으로 나타난다. 그리고 근대 민주주의에서 자유와 평등의 기본가치는 자유 시장을 전제한 윤리관인 공리주의의 원칙으로 표현된다. 이 때문에 근대국가에서 시민이 된 인민들은 한편으로 개인주의적 관점에서 행복을 추구하면서도 다른 한편으로는 이성적으로 모든 사람의 이 행복에 대한 권리가 동등하다고 주장한다. 여기에 행복추구의 욕망과 평형성(equilibrium)을 추구하는 즉 평등을 이상으로 하는 이성의 갈등이 존재한다. 이러한 갈등은 하나의 공동체의 기초인 가족이나 사회, 혹은 국가에서 나타나며, 이러한 갈등을 아리스토텔레스의 중용의 원리에 따라 조정한 공리주의적 윤리는 현대에서는 자유민주주의에서의 보편적인 사고가 되고 있다. 그리고 이러한 공리주의적 사고는 현대의 공동체 사회-국가에서 자본주의의 상인 정신을 대표하는 부르주아 정치권력의 정의론으로 나타나고 있다. 그런데 이러한 부르주아(자본가)의 경제 원리는 앞에서도 언급한 최소의 노력으로 최대의 효과를 보려는 상인 정신을 토대로 하고 있다. 이에 따라 정치철학에서 정의의 문제는 현실적으로 경제의 문제와 혼합되어 나타나고, 경제의 문제는 상품 생산과 관계하는 데 따르는 상품의 가치(가격)의 결정 문제로 나타난다.

재화의 가치 문제는 플라톤 아리스토텔레스 이래 노동 가치를 근거로 하고 있으나[96] 아담 스미스가 말하듯이 수요와 공급에 의해 결정된다. 공급의 문제는 자원의 문제로서 현대에서는 자연자원의 한계에 때문에 나타나는 생존경쟁의 논리에 따르면서도 이를 이성적으로 조정하는데 따라 결정되는 게임의 법칙이 있다. 재화의 수요에도 인간의 욕구에 따른 것이면서도 그 효용성이 일정한 법칙(한계 효용의 법칙)에 따라서 결정된다. 즉 공급을 결정하는 자연자원은 한계가 있기 때문에 경쟁의 대상이 된다. 반면에 수요를 결정하는 인간의 욕망도 한계-비한계의 변증법적 갈등을 노정한다. 이 때문에 이를 조합하는 수요와 공급 법칙에 따르는 재화의 가치 결정은 마치 아담 스미스가 말하듯이 '보이지 않는 손'에 의해 조정되는 것처럼 보인다. 그러나 이러한 보이지 않는 손은 공리주의적 원칙에 따라 작동하는 것이며, 마치 도킨스(R. Dawkins)가 『이기적 유전자』에서 이기적인 유전자처럼 자연 자원에 적응하면서 자신의 영원한 생존(불멸성)을 위해 표현형의 번식(생식)을 수반한 생사의 변증법을 유도하듯이 다양한 방식으로 작동하는 것이다. 즉 도킨스는 자연자원을 먹이로 하여 살아가는 모든 생명체들이 제한된 자연자원에 대한 경제 원리에 종속된 게임의 법칙에 따라 진화론적 적응의 생물 생태계의 다양성을 이기적인 유전자가 조정하는 것처럼 설명하듯이[97], 보이지 않는 손은 다양한 생명체의 생태

96 플라톤이나 아리스토텔레스는 각 재화의 가치는 성인의 노동시간에 맞추어 결정되는 것으로 판정한다. 즉 구두를 만드는 신기려 장수와 침대를 만드는 목수가 각각 1달에 10켤레의 구두와 침대 하나를 생산한다면, 이들을 서로 교환하는 것이 정의롭다고 한다. 현대에서 이러한 노동 가치를 마르크스는 경제학의 원리로 삼았다.

97 R. 도킨스(Richard Dawkins), 홍영남 이상인 역, 『이기적 유전자』(을유문화사, 1933-2015), 참조. 지구상의 다양한 생명체들의 유전자(gene)가 가진 생존 전략을 도킨스는 세 가지 유형으로 분류하는데, 봉(sucker)과 사기꾼(cheat)과 원한자(grudger: 정의 개념을 가진 자))이다. 봉과 사기꾼만으로 형성된 집단에서는 봉은 절멸하고 사기꾼만 남게 되고, 결국에 사기꾼 집단은 서로에 대해 거짓말만 하는 자기모순에 빠져 절멸하게 된다. 반면에 봉의 유전자를 지닌 생물 존재가 항상 자기 이익만을 보는 사기꾼에 대항하는 돌연변이로서 복수하는 원한자가 되면, 이러한 봉과 사기꾼과 원한자로 형성된 초기 집단에서는 원한자가 대다수가 되고 봉과 사기꾼은 소수자로 살아남게 된다는 상태를 죄수의 딜레마의 역설을 통하여 도킨스는 밝히고 있다. 그리고 이것이 사회 생물학의 관점에서 최적의 안정된 상태(evolutionarily stable strategy)라는 것이다. 사실 죄수의 딜레마는 다음과 같이 형성되어 있다. 공모를 한 두 죄수가 체포되었을 때, 서로 다른 최조실에서 격리되어 심문을 받고 있다. 둘 모두 죄를 자백하지 않으면 둘 모두 6개월을 복역한다. 둘 중 하나가 배신하여 죄를 자백하면 자백한 사람을 즉시 풀려나고 나머지 한 사람은 10년을 복역해야 한다. 둘 모두 서로 배신하여 죄를 자백하면 둘 모두 6개월을 복역한다는 게임의 룰을 만들어

계가 말해주듯이 다양한 방식으로 작동하는 것이다. 달리 말하자면 아담 스미스의 '보이지 않는 손'이란 공리주의적 윤리관에서는 '일정한 정의' 개념이 성립할 수 없다는 것을 보여준다. 이러한 생태는 마치 인간의 사회문화 현상

놓으면 각각의 죄수가 행할 수 있는 경우들은 상대방 죄수를 배신하거나 협력하는 경우들의 조합으로 4가지 사건들이 일어날 가능성이 만들어진다. 여기에서 죄수는 협력과 배신의 딜레마에 빠지게 되는데, 항상 최악의 결과가 나타난다. 이 딜레마에서 중요한 것을 배신의 보상이 협력보다 크고 상호 배신으로 인한 보상이 형사가 얻을 수 있는 최대의 이익(두 사람을 고발 없이 형사의 과학적 수사 능력에 의해 모두 형벌에 처함으로써 형사의 수사 관록의 영광에 따르는 보상)보다 커야 한다는 것이다. 이러한 사태는 배신의 유혹과 형사의 영광에 따르는 보상의 합의 평균이 포상 전체(영양물질 전체)를 초과해서는 안 된다는 것이다. 생물학에서 생명체의 존재 이전에 영양물질이 풍부하게 존재한다면, 죄수의 딜레마에서와 같이 형성된 게임을 반복적으로 컴퓨터 상에서의 시뮬레이션한 결과는 생명체의 진화의 단위인 이기적 유전자에 대한 자연선택의 원리가 적용되어 현재와 같은 생물계의 조화되고 안정된 최적의 결과로 나타나는 것이다. 도킨스는 말을 하고 있지 않지만 생물현상에서 먹이사슬의 관점에서 보면 봉과 사기꾼은 영양물질을 직접 생산하는 식물과 이를 약탈하는 동물의 생태를 반영한다고 생각된다. 그런데 5계로 이루어진 생명체들의 생태에서 이들의 활동의 프로그램인 유전자는 이기적이다. 하나의 생명체에서 기원하는 미생물계나 원생동물계, 그리고 이를 바탕으로 살아가는 고등 생물계들은 상호 협동과 배신의 각각 자율적인 조화상태를 이루고 공생하고 있다. 이 때문에 고등생물계만 하더라도 식물이 항상 동물에 먹히기만 하는 것이 아니다. 식물이 동물에 대한 방어 전략을 보이는 것은 식물도 살아남기 위한 유전자 차원에서 이기성 때문이다. 유전자차원에서 이기성은 불멸성을 지향한다. 마찬가지로 동물 사회에서도 먹이사슬의 위계가 형성되는데 약자가 항상 강자에 먹히기만 하는 것이 아니다. 약자도 자기를 보호하는 전략을 보이는데 그것이 하나는 원한자가 되거나 종이 되거나 하는 것이다. 종이라 해서 항상 주인에게 먹히는 것이 아니라 집단을 형성하고 생존 전략을 구상하여 강자에 대항하는 것이다. 이러한 생태계의 현상은 생존 경쟁(전쟁)만을 고찰하는 관점에서 보면, 인간의 전쟁 상태에서 있는 두 집단 간의 의식에서도 나타난다. 두 집단은 즉 무조건적으로 싸우자는 매파와 무조건 협상하자는 비들기파 집단으로 나타나는데, 매파에 대한 일반적인 답은 앞뒤를 재지 않고 싸우는 것에는 이익과 동시에 손해가 뒤따른다는 것이다. 그런데 이기적 유전자의 관점에서 보면, 자기와 똑같은 다른 생존기계는 영양물질로서의 환경과 동일시된다. 이러한 이기적 유전자의 관점에서 동종끼리의 싸움은 죄수의 딜레마처럼 적어도 4가지의 경우가 복합된 다양한 방식의 게임의 형식으로 나타난다. 이 게임에서도 중요한 것은 시행착오를 범하는 과정에서 봉과 사기꾼과 원한자의 경우와 마찬가지의 보복자(retaliator) 가 나타나는데, 이 보복자는 처음에는 비들기파처럼 행동한다. 그러나 상대가 공격해오면 보복한다. 달리 말하자면 보복자는 매파에게는 매파처럼 비들기파에게는 비들기파처럼 행동하는 조건부 전략자이다. 그런데 재미있는 것은 매파 쪽에서는 불량배처럼 강한 자가 나타나면 도망하는 전략자가 나타나고 비들기파 쪽에서는 항상 비들기처럼 행동하는 자가 아닌 시험보복자가 나타난다는 것이다. 결국 이기적 유전자에 조정되는 개체는 보복자, 시험보복자, 비들기파, 그리고 불량배가 나타나며, 자연 선택적으로 최적인 집단인 이들이 혼합된 형태로서 보복자(정의를 실천하는 자)가 다수이고 그 밖에 존재는 소수로 나타난다는 것이다. 이러한 계층적 질서는 혼합정에서 중산층이 다수여야 한다고 말한 아리스토텔레스의 주장에 잘 들어맞는다. 죄수의 딜레마 게임은 정부의 존재이유를 정당화하는 이론적 근거의 하나로 이용되고 있다. 아담 스미스 등의 자유시장경제 이론에 따르면, 각 행위자들이 자신의 이익을 극대화하기 위해 행동 할 경우 비록 정부의 역할이 없더라도 시장이라는 '보이지 않는 손'에 의해 균형이 달성되어 사회적으로 가장 바람직한 결과가 나오게 된다. 그렇지만 죄수의 딜렘마 게임에 따르면, 각 행위자들이 자신의 이익을 극대화하기 위해 행동할 경우 모든 개개의 사람들에게는 최악의 결과가 생긴다. 이러한 결과는 게임 참여자 중 어느 누구도 원하지 않았던 결과이며, 행위자들끼리 자발적인 의사소통과 약속 등의 방법을 통해서는 결코 해결할 수 없다. 결국 정부 또는 국가라는 외부의 행위자가 개입하여 법률, 제도, 세금 등의 방법으로 각 행위자의 행동을 강제해야만 사회적으로 바람직한 결과가 도출될 수 있다는 이론이다. 이는 플라톤의 혼합정체론에 함축된 정의론의 윤리적인 성격과 구조가 똑같다. 즉 소크라테스의 지덕합일설에 함축된 선의 이데아의 지배 아래 말해지는 『국가·정체』에서의 정의론의 구조와 똑같다. 단 선의 이데아는 공리주의적 관점에서 생명현상에서는 식물의 풍요로움을 상징하고, 국가에서는 근대 이후 자연과학의 기술의 발달로 인한 재화의 풍요가 전제되어야 한다는 것이다. 다른 한편, 플라톤의 정의론의 관점에서 보면, 서구 정치사에서 과거에는 군인정신으로 무장한 철학자들이 혼합정과 법의 정신에 따르는 귀족정치를 하였다고 본다면, 근대 이후에는 상인 정신으로 무장한 철학자들이 혼합정에 따르는 법의 정신으로 민주주의를 실현하는 정치를 하려고 한다는 것이 본 저서가 주장하는 것이다.

이 자유주의와 사회주의의 변증법적 갈등을 혼합하여 개인주의적 관점에서 자유와 평등의 사회적 가치를 전체론적으로(from a holistic view) 정의의 원리에 기초하여 합리적으로 혹은 이성적으로 생각한다는 착각을 불러일으킨다는 것을 롤스는 그의『정의론』에서 보여준다.

우리는 플라톤-아리스토텔레스의 혼합정의 이념에 나타난 정의의 원리를 법제정의 정신에 따라 구현한다고 생각된 고대 공화정체가 근대 자연과학과 이를 응용한 기술의 발달로 인해 단순히 이상으로 머물지 않고 현실에서 실현될 수 있고, 그것이 근대 초기에서 민주주의의 이상으로 하는 공화주의로 발달하고, 특히 이러한 공화정의 이념이 현대에서는 아메리카 미국에서의 자유민주주의로 나타났다고 말할 수 있다. 특히 혼합정에서 중요한 권력분립과 이를 고정하고 안정화 시키는 법률의 중요성을 개인주의 의식의 수준으로 발달시키는 것이 자유 민주주의에로 발달을 가속화 한다는 것을 아메리카-미국의 발생초기에서부터 살펴보기 위해 현대에서 다시 각광을 받고 있는 토크빌의 정치철학이 표명된 그의 저서『아메리카 민주주의』를 살펴보고, 현대 아메리카-미국의 민주주의에서 발생할 수 있는 문제점뿐만 아니라 근대 민주주의가 토대를 두고 있는 자본주의의 국가적 실현체인 전체주의나 자본주의에 비판적 전복을 시도한 공산주의라 칭하여온 국가사회주의의 단점을 한나 아렌트의 사상을 통하여 살펴봄으로써, 그리고 마지막으로 현대 미국의 자유민주주의 체제를 자유보다는 정의론적 관점에서 법률적으로 정당화하는 존 롤스의『정의론』을 플라톤-아리스토텔레스의 혼합정의 관점에서 분석하고 살펴봄으로써 자유민주주의의 미래를 보고자 한다. 사실 현대의 자유 민주주의는 정치적 민주주의와 함께 경제 민주주의를 실현하면서도 이미 복지국가를 지향하는 것으로 나타난다. 이러한 현대 자유민주주의에서 평등한 분배는 법적으로 보장되는 것인데 이러한 법적 평등성은 인간성에 공통된 의지나 필요에 부응하는 기본적인 사실(인권)에 있다. 따라서 특별한 필요성에 따라 차별하는 것은 사실상 불평등을 줄이려는 것으로서 누구나 기본적인 수준까지는 평등한 만족을 누릴 권리가 있음을 인정한다. 이러한 의미에서 법은 윤리성을 지녀야 하고 최소한 전통과 관습을 중요시하는 도덕이 내재해 있어야 한다.

Chapter 06

토크빌의 지방 자치적(township) 민주주의

1. 미국의 민주주의의 특성
2. 치안판사 제도에 따르는 지방분권적 행정의 정치적 결과
3. 미국 연방주의에 대한 찬양
4. 미 연방국의 민권지배의 원리
5. 미국의 민주주의에 노정된 문제들
6. 민주 공화정의 위기-다수의 폭정 완화 방안

Chapter 06

: 토크빌의 지방 자치적(township) 민주주의

"자유가 아니면 죽음을 달라"
- 패트릭 헨리(Patrick Henry)

근대에서 1789년 프랑스 대혁명과 함께 등장한 민주주의라는 말은 우선적으로 구체제(L'ancien régime)의 절대 왕정, 혹은 귀족정에 대립하는 의미를 지닌다. 이러한 민주주의도 프랑스에서는 고대 그리스에서 유래하는 인민의 직접적인 정치참여를 의미하는 것이 아니라 대의제 정부라는 말을 선호한 온건파와 강경파로 나뉘어 있었고, 강경파는 인민주권으로서 민주주의를 이해하였다. 인민주권으로 이해된 로베스피에르로 대표되는 강경파 민주주의는 1793년의 공포정치를 통하여 프랑스 자유주의자들에게 민주주의는 프랑스 정체의 현실적 대안으로 여겨질 수 없었다. 혁명을 끝내야 하는 자유주의자들에게 민주주의는 평등에로의 혁명의 가속화였고 인민의 자유를 향한 혁명이 변질된 상황이었다. 토크빌(Alexis de Tocqueville: 1805-1859)은 1789년의 프랑스 대혁명이 휩쓸고 간 사회 변동과 정치적 소용돌이 속에서, 1805년 노르망디지방 종교와 세습 군주의 존재를 당연하게 생각하던 유서 깊은 귀족 집안에서 출생하였다. 그의 가문과 특히 그의 외가에 불어 닥친 일련의 불우한 사건들은 어린 토크빌에게 지울 수 없는 공포감을 주었으면서도, 역설적으로 미국의 민주주의를 체험한 뒤에는 그의 귀족주의적인 자유주의 사상이 민주주의 사상을 더욱 풍성하게 만들어주었는데, 그의 자유에 대한 예찬은 이렇게 배태되었던 유년시절의 불안 위에 자리 잡고 있는 것으로 그 당시 과격한 평등을 지향하는 민주주의에 대한 것과 마찬가지로 양가적인 것(ambivalence)임을 볼 수 있다.

1830년 7월 혁명으로 새로운 거대한 권력(민권)이 창출됨으로써 성립한 새로운 오를레앙 체제에 충성할 뚜렷한 대의명분을 찾을 수 없었던 토크빌은 자신의 귀족적 배경에도 불구하고, 귀족사회가 아닌 새로운 유형의 사회가 도래하고 있다는 것을 자각하고 있었으며, 귀족들은 새로운 권력 아래에서 지방 행정관이나 관료로 변신하지 않으면 안 되었다. 특히 토크빌은 중앙집권적 행정의 통치 아래에서 자유-민주주의가 정의의 요구와 일치한다는 확신을 갖고 있었다. 그러나 다른 한편으로 그는 민주사회의 평등에 대한 과도한 정렬이 공화정신을 파괴할 뿐만 아니라 유물주의와 관련하여 이기주의로 변질되는 것에 대한 도덕적 위험을 안고 있다는 사실도 간파하였다. 이에 토크빌은 귀족주의적인 정치적 자유가 함축한 공화정신의 파멸에 엄중히 대처해야 할 필요성을 명확히 하였고, 과도한 평등으로 향하는 혁명이 완화되어 정치적 자유와 양립할 수 있는 대안을 마련하는 것을 그의 사명으로 여겼다. 그는 인민들이 주장하는 과도한 평등주의적 주장 속에는 역설적으로 폴리비우스나 그 이후의 정치철학자들이 말하는 방종한 자유의 사용 때문에 무정부주의적 아노미 현상을 도래하게 하거나, 아니면 인민들의 자신의 생존과 안락한 생활에의 집착으로 인한 정치에 대한 무관심이나 방임적 태도 때문에 인민들의 정치적 참여에의 자유를 파멸시킬 수 있다는 것을 간파하였으며, 다른 한편, 역설적으로 고대의 정치철학자들처럼 민주주의에서 중앙집권적인 행정

부와 결부된 군주정이나 전제정치가 도래할 것을 염려하였다.[1]

> 1789년 당시 사람들의 마음속에는 평등에 대한 애착과 자유에 대한 애착이 함께 넘쳐흘렀다. 그들은 민주제도뿐만 아니라 자유제도 역시 내세웠으며, 특권을 폐지했을 뿐만 아니라 권리들을 인정하고 존중했다. 젊음, 열광, 긍지 그리고 고귀하고 진솔한 열정이 넘쳐흐른 이 시대는 몇몇 결함에도 불구하고 세상 사람들의 기억에 영원히 남을 것이며, 국민을 타락시키고 노예로 만들려는 자들의 잠을 오랫동안 방해할 것이다. 나는 혁명과정을 신속하게 추구해가면서 어떤 사건이나 결함 또는 과오 때문에 바로 프랑스인들이 자신들의 애초 목표에서 벗어나 자유에 등을 돌린 채 단지 세계지배자의 평등한 노예가 되기를 원하는데 이르렀는가를 보여줄 것이다.[2]

토크빌은 프랑스 사회의 위기 상황에서 프랑스를 위한 최선의 정치체제를 강구하기 전에 명확한 안목을 얻기 위해 미국사회를 돌아보고자 하였다. 그는 1830년 7월 혁명을 겪고 난 당시의 프랑스가 필연적으로 도래하는 민주주의의 발전사에서 '자유로운 민주주의 사회냐, 평등을 향한 전체주의 사회냐' 라는 선택의 기로에 서 있다고 생각했다.[3] 이에 무엇보다도 아메리카(미국) 사회에서 프랑스가 배워야 할 교훈을 원하였던 바, 프랑스가 과연 미국처럼 자유롭고도 평등한 사회로 나아갈 수 있을지 염려하며 프랑스가 참고할 수 있는 민주주의의 완전한 모델로서의 기대를 아메리카 사회에 걸었다. 프랑스 혁명이후 "세계의 모든 것은 예전에 이미 아메리카에서 일어났다"고 믿었던 그는 프랑스와 아메리카의 정치, 사회, 문화계를 넘나든 자유로운 사상가로

---

1 인민들의 과도한 자유의 요구가 방종에 흘러 폴리비우스 이래 정치철학자들이 무정부 상태나 전제주의가 도래할 것을 예견하였듯이 토크빌도 전제정치의 도래를 예견하였다. 그러나 토크빌이 전제정치 이외에 나치스나 공산주의와 같은 전제주의가 도래할 것을 예견했는가는 의문시된다.

2 A. 토크빌(Alexis de Tocqueville), 이용재 역, 『앙시앵 레짐(L'ancien régime)과 프랑스 혁명』(지식을 만드는 지식, 1856-2013), 9쪽.

3 이 물음은 공화정과의 관계에서 자유와 평등의 이중적인 의미가 함축된 딜레마 형태로 제기된 것이다. 즉 자유는 사회 참여적 정치적 자유와 개인주의가 극단화된 방임적 자유로 나뉠 수 있고, 평등은 기본적 자유에서의 만민평등과 폴리비우스에서 나타난 체제 순환론에 따른 복고적인 절대 권력 아래에서 삶에 집착하여 나타나는 노예적 삶에서의 평등이라는 이중적 의미이다. 그러나 토크빌이 산업 혁명과 함께 도래하는 자유 민주주의가 현대의 평등을 과도하게 추구하는 공산주의가 의미하는 전체주의 국가로 변화하는 것을 인식하였는가는 의문이다.

서 9개월이라는 짧은 기간에 미국의 민주주의를 통해 근대(modern) 민주사회가 지향할 모형을 분석해내었을 뿐만 아니라 민주사회가 겪게 될 문제점들을 미리 진단해주었다.

> 나는 미국에서 미국 이상의 것을 보았음을 인정한다. 그 곳에서 나는 민주주의 그 자체의 모습, 그것의 성향, 특질, 편견, 그리고 열정의 모습 등을 고찰했다. ...적어도 그것에 기대할 수 있는 것은 무엇인가, 그리고 두려워할 것은 무엇인가를 알기 위해서.[4]

젊은 토크빌에게 있어서 미국 탐사는 그의 사상의 초석을 이룬 계기였으며, 1789년의 프랑스 대혁명과 1830년의 7월 혁명 후, 허물어진 귀족사회와 기어이 오고야말 민주사회의 갈림길에서, 그것이 펼칠 새로운 가능성을 미국 사회에서 찾아보려 했던 그의 희망과 기대를 『미국의 민주주의』 1권에서 그린 것이다. 그의 관심은 근대 사회의 민주적 질서가 가지고 있는 구조적 특징을 제시하고 이에 관한 포괄적 이해를 개념화 하는데 있었는데, 민주주의에 관한 최초의 실험장으로서 미국 사회를 검토하고자 했던 것이다. 즉 토크빌은 미국사회를 민주적 발전의 가장 선진적 단계로 여기고 사회의 제 조건의 평등화 경향을 의미하는 것으로서의 민주주의의 장점과 함께 그에 내포된 민주주의의 무서운 질병을 극복하는 미국인과 미국 사회의 모습을 정확하게 규명하고자 하였다. 그는 민주주의에 내재된 문제점에 대한 나름대로의 해결책, 즉 물질만능주의와 개인주의를 극복하고 자유와 평등이 조화롭게 공존할 수 있는 방안을 바로 미국사회에서 찾았던 것이다.

1830년 프랑스 7월 혁명에 의해 들어선 시민-왕 루이 필립의 시기는 자유주의적이면서도 반 민주주의적인 시기, 즉 자유주의라는 이름으로 만민 평등의 민주주의를 거부했던 시기이다. 즉 이 시기에 지배했던 자유주의 이론은 기

---

4 A. 토크빌(Alexis de Tocqueville), 임효선 · 박지동 역, 『미국의 민주주의』, I (1835), (한길사. 1997).

조(Guizot)와 롸이에 꼴라르(Royer-Collard) 등의 '독트리네르(Doctrinaires)'에 주도된 이성주권론이다. 루소의 인민주권론과 보날드(Bonalde)의 신(神)주권론에 대립하는 중도적인 이성 주권론은 독트린네르에 의해 작성된 선거법 안에서 드러나듯이 '공공이성'과 '공적 도덕'들을 개발하고 조직하여 권력으로 확립시켜야 하며, 그러한 공화정의 성격을 지닌 권력이 주권을 갖게 되어야 한다는 것이다. 그것은 '이성에 따라 행동할 수 있는 능력'을 가진 사람들에게 시민권을 주며 선거권을 주는 것이다. 이 때 이성 능력은 단순한 납세능력에만 관련된 것이 아니라 직업과 교육 수준에서 드러나는 지적, 사회적 능력을 의미하는 것이다. 만민 평등을 주장하는 인민 주권의 민주주의를 절대적으로 배제하면서 자유주의 자체에 통치능력을 갖추려고 한 시도가 기조시대의 특징인 것이다. 1835년에 나온『미국 민주주의』1권은 이러한 프랑스의 혁명에 의한 민주주의 발전의 역사적 전통과는 대조적으로 평화롭게 이루어진 미국 민주주의의 실태를 그린 것이다. 이성 주권론의 기조 정부에서 토크빌은 1839년에 이어 1842년 7월 선거에서 하원의원에 재선되었고 바론느(Barone) 군의 하원의원 외에 망쉬(Manche)군의 지방의원으로도 활약했으며, 쌩트 메리-엘르이즈와 몽뜨부르, 두 현을 대표하기도 한다.[5]

그러나 1848년 2월 혁명은 인민주권을 상징하는 '거리의 민주주의'가 그 힘을 보여주었고 기조의 이러한 정치가 프랑스에서는 실패한 것으로 드러난다. 2월 혁명의 거리의 민주주의에 의해 프랑스 최초로 남성 보통 선거권이 확립되었기 때문이다.『미국 민주주의』1권에 이어 5년 만에 나타난『미국 민주주의』2권은 이러한 프랑스 민주주의의 역사적 과정을 미국 민주주의 미래를 예언하듯이 반영한 것이다.[6] 1849년 루이 나폴레옹 대통령 치하 제2공화국 시절에 바로(Barrot) 내각 외무장관 직에 임명되었으나, 1851년 루이 나폴레옹의

---

5 토크빌의 이러한 정치경력은 그의 정치철학에서 평등보다는 자유를 강조하는 귀족주의적 경향으로서 정치체제로서는 공화정체제를 옹호하는 것으로 나타난다.

6 A. 토크빌(Alexis de Tocqueville), 임효선, 박지동 역,『미국의 민주주의』, II(1840), (한길사, 1997).

쿠데타에 의한 민주적 전제주의에 염증을 느낀 나머지, 6개월 만에 장관직을 사퇴했다. 그리고 그의 정치이력을 포함하여 프랑스의 민주주의의 혁명과정을 밝히고 있는 것이 1856년 토크빌 만년에 나온 『앙시앵 레짐과 혁명』이다. 토크빌의 주요한 이 두 종류의 저작에 흐르는 주요한 정치적 주제는 민주주의와 혁명이다.[7]

토크빌은 두 저서에서 자신이 '본능적인 귀족주의자'임을 인정한 반면, 자신의 사상적 입지가 '귀족주의와 민주주의의 중립적인' 위치에서 출발했음을 강조하였다. 그는 민주주의를 만병통치약처럼 여긴 당대의 성급한 자유주의자들과는 달리, 귀족사회가 나름대로 장단점을 가지고 있듯이 "신의 섭리에 의한 필연적인 전개에 해당하는 민주주의 역시 그 한계를 지니고 있음을 간파하였다. 이 때문에 토크빌을 주로 자유주의 계보에서 논의하는 프랑스와는 달리 영미 권에서는 대개의 경우 토크빌을 공화주의자로 분류하거나 아니면 적어도 그의 자유주의를 공화주의 사상의 틀 안에서 논의하곤 한다. 그러나 그 스스로는 자신을 기존의 분류된 특정 정치 형태 가운데 어느 한 곳에 전적으로 귀속시키지 않았다. 그보다는 그는 두 저서를 통하여 진정으로 의미 있는 형태를 가진다면 사회 안에서 개인의 가치를 선양하는 어떤 공동체라도 지지할 수 있음을 표명하였다. 토크빌이 원하는 이상적인 정치체제의 모습은 포칵의 표현을 빌리자면 '모든 시민과 모든 가치가 완벽한 화합'을 이루는 것으로 토크빌은 이러한 화합을 이뤄낼 수 있는 정치체제라면 어떠한 형태라도 추종자가 될 각오를 하고 있었던 것이다. 그러나 현대에서 새롭게 각광을 받

7 토크빌의 두 저작에 나타나는 자유와 평등에 대한 사상은 모두 양가적이다. 그에 있어서 자유는 근본적으로는 기독교의 정신적인 것을 지향한 공적 정치적 자유와 개인적 사적 낭만적 자유로 나뉘어 있고, 평등에도 물질적인 것을 지향하는 방만한 이기주의와 정의에 기초한 휴머니즘이 숨어 있어서 이 양자의 조합에 따르는 변증법적 관계에서 좋은 것만으로 형성된 미국 민주주의를 자유 민주주의의 이상으로서 민주 공화국의 형태로 제시하고 있다는 것이 토크빌의 『미국 민주주의』 1-2권에 대한 기술에서 드러난다. 한편 토크빌의 『앙시앵 레짐과 프랑스 혁명』에서는 프랑스 군주정과 관련된 민주정에로의 발전 역사에서는 이 양자 사이의 거리의 현격함이 프랑스 혁명을 통하여 이루어짐에 따라 과격한 급진주의적 사상이 서로 갈등을 이루는 데에서 문제가 심각함을 보여준다. 결국 토크빌은 두 저서를 통하여 프랑스 역사에서 이루어진 혁명에 의한 민주주의보다는 점진적인 개선과 진보를 통한 민주주의의 발전을 선호하는 것으로 드러남으로 플라톤의 이분법적 급진적 사상보다는 아리스토텔레스의 중용사상이나 보수적인 사상이 두 저서의 배후에 있음을 알 수 있다.

고 있는 토크빌의 두 저작을 통하여 우리가 알 수 있는 것은 우리가 흔히 사용하는 '민주공화국'이라는 개념이 실질적으로는 플라톤의 혼합정체론에 내재한 자유와 평등의 변증법에 대한 근대적 표현인 '자유민주주의'의 다른 표현에 불과하다는 사실이다. 그래서 우리는 토크빌의 미국 민주주의에 대한 고찰에서 자유와 평등의 관계에 대한 정치철학적 성찰을 현대적 관점에서 살펴보고자 한다.

1. 미국의 민주주의의 특성

1) 환경적 측면

미국이 처한 유리한 환경적 특성은 토마스 모어가 이상향으로 그린 것처럼 미국인들에게는 이웃 나라가 없다는 점이다. 즉, 미국 주위에는 미국의 안보를 위협하는 강대국이 없어 결과적으로 염려할 만한 큰 침략이나 정복도 없어서 강력한 군사력도, 높은 세금부담도 필요하지 않았다. 토크빌은 이러한 미국의 지리학적 장점에 대해 주목하였는데, 특히 미국의 연방제와 관련하여 중앙집권화된 정체나 정부 측면에서 볼 때 불완전하기 때문에 안보에 있어 취약하다. 이러한 점은 대내적으로 연방정부와 주 사이의 충돌이 일어날 때에 나타나 보이듯이, 미국 연방정부에 중앙집권화된 나라가 대항해 온다면 연방정부의 허약성은 그 자체로 위험 요인이 될 수 있다. 물론 토크빌은 연방정부와 주정부 간의 충돌가능성과 관련하여 염려되는 점에 관하여서는 같은 수준의 문명 단계에 있어 훌륭한 법과 보편적 습속이 연방 정부의 내재적 결함으로부터 발생되는 위험한 결과들을 방지해줄 수 있다고 보았다.

다른 한편, 미국의 자연환경은 아메리카 인디언들이 농사를 짓지 않고 단순히 사냥만을 수행함으로써 의식주의 문제를 해결할 수 있을 있었을 정도로 풍요로움 그 자체이었다. 유럽의 농사문화에 익숙한 이민자들에 있어서 광대한 토지는 그야말로 그 경계를 마음대로 정할 수 있고 이를 토대로 농사와 목축을 통해 부를 산출할 수 있는 자원의 보고와도 같았다. 더 나아가 인간 노동의 기계화에 따른 산업 혁명의 기폭제가 된 근대 과학기술의 발달은 인류로 하여금 재화의 풍요에 따른 초기 자본주의의 발달과 부의 축적이 자유의 현실화에 기여할 수 있게 됨으로써 경제적으로 풍요론[8]에 기초한 민주주의의 이상을 현실화 할 수 있는데 적합한 것이었다.

2) 문화적 측면

플라톤이 『법률』편에서 실현하고자 한 혼합정체를 지닌 국가인 마그네시아를 헬라스 세계 각지에서 온 이민자들로 구성하였듯이, 토크빌은 유럽에서 온 이민자들에 의해 형성된 미국 국민이 다른 국민들과 차별화되는 요인으로 첫째, 종교의 자유를 찾아온 기독교의 프로테스탄트적인 청교도 정신에서 찾았다. 미국인들의 프로테스탄트-기독교에 대한 존중심이 국가의 안정과 개인의 안녕을 위한 가장 확실한 보장책으로 작용한다고 믿는 신념이다. 이러한 미국사회의 모습에서 그는 종교만이 앞으로 점진적으로 전개되어 갈 민주주의의 폐단을 수정할 수 있다고 보았고, 도덕성만이 인간을 이기주의와 물질주의로부터 구제할 수 있다고 믿게 되었다. 프로테스탄트 종교는 미국인들에게 순수한 도덕성과 함께 시민적 의무의 수행을 요구하며, 자유와 종교, 그리

8 정치철학의 모든 문제는 사실 인간이 먹고사는 문제를 중심으로 국가-사회를 형성하면서 나타난 것들이다. 이러한 정치철학적 문제들은 사실 뒤브앙(Duboin)이 주장하는 풍요론(abondancisme)의 입장에서는 문제될 것이 없다. 고전적인 정치철학의 문제는 모두가 전쟁과 관련되며, 이러한 문제들은 상업의 발달로 인해 어느 정도 완화될 수 있었다. 근대 이후에 나타나는 정치철학의 문제가 경제적인 것인 것에 도입되면서 민주주의가 나타날 수 있는 토대가 된다. 사실 정치철학에서 경제적인 문제가 중요시 되는 것은 근대이후의 자연과학의 발달과 함께 산업혁명이 일어난 덕분이다. 결국 민주주의라는 정체가 미국에서 이상적인 형태로 실현되는 것도 일차적으로는 자연적 조건 때문이라고 볼 수 있다. 사람들이 먹고 사는데 풍요로우면 어디에서나 민주주의에서 나타날 수 있으며, 이러한 자유민주주의는 '국민들의 가난'을 전제하는 전제주의나 전체주의를 사실상 불가능하게 만든다. 송영진, 『철학 테마 산책』(충남대 출판부, 2010), 328-330쪽들 참조.

고 도덕과 책임이라는 공동체를 결성할 수 있는 밑바탕이 되어주었다고 생각하였다. 토크빌은 프로테스탄트 -기독교 정신에서 근대 계몽주의자들의 자유와는 다른 개인주의적 정신의 자유의 정화를 본 것이다.[9]

토크빌이 두 번째로 파악한 미국 국민들의 특징은 부를 찾아 식민지에 온 이민자들에 의해 형성된 '산업 정신'이다. 사실 프랑스 혁명은 근대 과학의 발전과 더불어 나타난 산업혁명의 여파라고 보아야 한다. 토크빌에 따르면, 프랑스 혁명이 일어나기 수세기 전부터 프랑스 귀족층은 여전히 대리 상속제, 장자 상속권, 영구적 토지 부과조, 그리고 수익적 권리라고 불렀던 모든 것들을 가지고 있었다. 그리고 귀족들은 자신의 비용을 들여 전쟁을 치러야 하는 가혹한 의무에서도 벗어나는 세금에 대한 면제권을 계속 지녔으며 이를 더욱 강화하기도 했다. 그럼에도 불구하고 프랑스 귀족들은 끊임없이 빈곤해졌다. 반면에 부르주아들이 파산하지 않도록 막아주는 어떠한 법률도 없었고, 재산을 모으도록 도와주는 어떠한 법률도 없었다. 그럼에도 불구하고 그들은 끊임없이 재산을 모았으며, 대개 문벌 귀족들만큼, 그리고 때로는 그들보다 더 부유해졌다.[10] 그 결과 사회학적으로 비교우위의 관점에서는 귀족들이 통치 능력과 관행을 점차 상실함에 따라 그들은 조금씩 빈곤하여졌다.

그러나 자유와 부를 찾아 신천지로 온 이민자들로 형성된 미국에서는 자연의 풍요로움과 산업 때문에 그 어느 것도 부자가 되는 것보다 쉬운 것은 없으며, 토크빌에게는 인간 정신은 궁극적으로 경제적 이득을 위해서 그 모든 생각을 전환시키고 있는 것처럼 보였다. 그 결과 처음 볼 때 미국 국민은 심지어 무역거래를 위한 상인들의 무리로 보이며 미국인의 국민성을 파악하면 할수록 그들은 '행위의 결과가 얼마나 많은 돈을 가져다 줄 것인가?'라는 단 한 가

---

9 프로테스탄트(Protestant)인 청교도 정신(puritanism)에 내재하는 펠라기우스의 자유 의지론은 아우구스티누스가 반박한 마니교적인 자유주의 신학적 성격이 내재해 있다. 이는 아우구스티누스에서 기원하고 카톨릭 교리가 된 자유의지론의 유일신 주권론에 비하면 인간의 자유의지와 창조적 정신을 중요시한다.

10 『앙시앵 레짐(L'ancien régime)과 프랑스 혁명』, 147-149쪽들.

지 질문에만 대답하기 위해 이 세상에 모든 것의 가치를 추구해 온 것처럼 보인다고 했다.

> 아메리카에서는 물질적 안락에 대한 열정이 상당히 일반화되어 있다 하겠다....육체의 아주 작은 욕구까지도 만족하게 하고 생활상의 작은 편의까지 제공하려는 노력이 모든 사람에게 있어서 대단히 강하게 나타난다.[11]

토크빌에게는 미국사회의 가장 큰 특징이 청교도 정신과 함께 역설적으로 물질적 욕구가 가장 강렬한 것으로 나타난다. 어떻게 도덕적인 것과 현실주의적인 물질에 대한 욕구가 함께 결합할 수 있는가? 이는 유대인들이 정신적인 것을 최고로 간주하는 하나님 여호와를 섬기면서도 국가가 지녀야 할 땅이 없는 관계로 생존에 항상 위협을 느껴 물질에 집착한 것(유대인의 물질주의)과도 같은 현상이다. 유대인의 종교(구약)는 기독교(신약)가 말하는 정신적인 것과 도덕적인 것에 있는 것이 아니라 지극히 현실적인 지상에서의 개인적인 복지를 이상으로 한 것이라 할 수 있다. 유대인들이나 아메리카인들에게는 정신적인 것과 물질적인 것, 이 양자 사이에 플라톤이 염려가 기우에 불과한 것처럼 아무런 갈등이 없는 것처럼 보였다. 즉 아메리카인들에게서는 이 갈등을 조절하는 것이 정치철학적으로는 주권재민의 자유와 평등의 조화로운 형태로 나타나는 '법치'에 따르는 자유 민주주의이며, 이러한 법치를 기독교 청교도 정신이라는 정신적인 것이 뒷받침하고 있다고 할 것이다. 혹시라도 이 양자 사이에 갈등이 있다고 보인다면, 그 갈등은 토크빌이 말하는 미국인들의 '자유에 대한 열정의 정신', 즉 그들에게는 안정을 추구하는 유럽인의 시민적인 자유주의적 전통보다는 적극적인 프런티어(frontier) 정신이라 할 만한 개인주의적인 개척 정신(창조적 정신)에 의해 극복되는 것으로서, 이 때문에 항상 그들의 '정

11 『미국의 민주주의』, Ⅰ, 46쪽.

치체제나 법'은 부동(浮動)하며 변화란 보통 인간들에게는 자연스러운 상태로 여겨지는 것이었다.

> 아메리카합중국에서는 두 가지 사실이 놀랄만한데, 즉 대부분의 인간행동의 가변성과 몇 가지 원칙의 독특한 안정성이다. ...아메리카합중국에서는 종교[퓨리터니즘에서 기원하는 protestant], 철학[프래그마티즘으로 나타난 실용주의], 도덕[프로테스탄티즘에서 나타나는 기독교 윤리에 따르는 정의론], 그리고 심지어 정치에 있어서까지 일반 원칙은 변하지 않는다. ...그곳에서의 인간정신은 새로운 원칙을 찾아내는 데 열중하기보다는 이미 알려진 원칙에 따른 결과를 무한히 변화시킨다거나 새로운 결과를 찾아내는 데 열중하고 있다.[괄호 안은 필자의 첨부 내용임].[12]

토크빌이 파악한 미국 민주사회가 갖는 세 번째 문화적 특징은 바로 특권질서의 부재였다. 토크빌은 미국에 온 유럽의 이민자들이 처음부터 모두가 비슷한 처지에 있는 사람들이었다는 점, 특히 그들이 대다수의 다른 유럽인들보다 개인들의 권리의 개념과 진정한 자유 원칙들을 잘 알고 이에 민감한 사람들이었음을 지적했다. 그들은 서로에게 전혀 우월감을 갖고 있지 않았으며, 영국계 식민지는 서로가 매우 비슷했기 때문에 모국의 귀족적 자유의 신장보다는 중 · 하류 계급의 자유가 신장될 것으로 운명 지워져 있었다.

> 아메리카합중국 주민들은 어떠한 특권에 의해서도 분화되어 있지 않으며, 주인과 하인의 관계에 대해서 전혀 알지도 못했다. 그래서 그들은 서로 두려워하거나 미워할 필요가 없기에 최고 통치권으로 하여금 그들의 문제를 처리하게 할 필요성을 느끼지 않았다. 아메리카인들의 운명은 특이하다. 그들은 영국 귀족 계급으로부터 개인적 권리에 대한 관념과 지방분권적 사상을 배웠다. 그런데 타도해야 할 귀족계급이 그들에게는 없었기에 이 양자를 그

12 정치체제나 법 개념의 유동성이라는 특징은 개인의 자유를 우선시하는 미 헌법의 특징 때문임이 곧 밝혀질 것이다. 『미국의 민주주의』, Ⅰ, 826쪽.

대로 유지할 수가 있었다.[13]

국가 설립 당시 이러한 계급 장벽과 차별의 부재나 소거의 이면에는 자유를 우선시하는 '개인적 권리와 지방분권적 사상'이 있었는데 이러한 개인의 권리 의식은 자연적으로 개인주의화에로의 진행을 가속화하는 대신 물질적 만족에 대한 추구 혹은 행복의 추구를 삶의 정당한 목표로 삼게 하였다. 토크빌은 이러한 아메리카의 운명이 이들의 일반적 평등 상태, 평등주의적 정신이 보편화된 것에 의해 결정되는 것으로 파악한다. 그러면 미국이 유럽, 특히 프랑스와 달리 자유와 평등의 평화로운 균형을 누릴 수 있게 된 이유는 어디에서 연유하는 것일까? 그것이 토크빌이 마지막으로 주권 재민 사상 아래 아메리카의 각 지방도시(town)에서 '지방자치제'가 자연스럽게 형성된 것에서 기원한다는 것을 제시한다. 그리고 이러한 지방자치 체제에서 시민들의 자치행정에 활발한 참여 등이 미국 민주주의 생활의 정수를 반영하는 것이라 생각했고, 이 가운데서 미국 사회의 사회적 평등, 즉 법 앞의 단순한 평등을 훨씬 넘어선 생활 전 국면을 포함하는 관습과 생활 태도의 현대에서 보면 공개적인 상호 교류와 복지를 향한 경쟁에서의 기회의 평등화에 있었다. 토크빌은 이 마지막 사태에서 충격을 받았고, 그리고 자연의 섭리에 따라 미국인들에게 부여된 독특하면서도 다행스런 자연의 풍요로운 상황과 이에 적극적으로 대응한 국민들의 산업에 대한 생활태도와 관습은 이민 세대 후의 조상으로부터 기원했음을 제시하였다.

> 초기의 아메리카인들의 조상들은 자기네 후손들에게 공화정의 성공에 가장 기여할 수 있는 관습, 생활태도 및 견해를 물려줬다. 이와 같은 기초적인 사실의 결과들을 돌이켜 볼 때, 나는 아메리카 해안에 상륙한 최초의 청교도 속에 아메리카의 운명이 구현되어 있었던 것으로 생각한다. 그것은 최초의

13 『미국의 민주주의』, Ⅰ, 829-830쪽들.

인간이 그 후의 모든 인류를 대표하는 것이나 마찬가지이다.[14]

3) 정치 제도적 측면

토크빌은 『미국의 민주주의』 I권에서 미국 사회의 가장 두드러진 정치적 제도적 특징으로, 단일한 중앙권력이 형성되기 이전에 자연스럽게 형성된 각 마을 단위와 여기에서 형성된 타운(town)의 지방 자치제를 들고 있다. 토크빌은 평등주의가 넘치는 뉴잉글랜드의 타운쉽(township)에서 지방 정부가 평화롭고 조용하게 운영되는 모습을 미국의 독특한 정치 제도적 특징 가운데 가장 중요한 하나로 꼽았다. 자유롭고 강력한 공동체인 타운은 가능한 한 많은 수의 사람들이 공익에 관심을 가질 수 있도록 놀라울 정도로 권력을 배분하였다.

> 아메리카 타운들에서는 공익에 가능한 한 많은 수의 사람들이 관심을 이끌기 위해 놀랄 만큼 정교하게 권력이 배분되어 있다. 때때로 투표 행위에 불려나오는 유권자들과는 별도로 여러 분야에서 강력한 지역사회를 대표하는 수많은 관리들 사이에 권력이 분산되어 있다. 따라서 지방행정은 수많은 개인들에게 그칠 새 없이 이익과 관심의 원천을 제공하는 것이다.[15]

주민들은 애향심을 '의식을 지킴으로써 강화되는 일종의 신앙심'이라고 생각하기에 적극적인 업무 이행이나 권리 행사를 통해 매일 그것을 표출하는 셈이었다. 타운이 주민들에게 베풀어주는 복리 때문에 그들은 타운에 애착을 가지며, 공적인 일에 모두 참가하고 작은 영역 내에서도 정부의 일을 실천하며 그것에 익숙해진다. 또한 토크빌은 미국의 행정 제도는 분권화가 되어 있

14 『미국의 민주주의』, I, 372쪽.
15 『미국의 민주주의』, I, 128쪽.

어서 수많은 관리들이 존재하며 이들에게 봉급이 지급된다는 사실과 그 비용을 사회 구성원 모두가 분담한다는 점에도 주목했다. 결국 미국사회에서는 권력이 분산되어 강력한 권력이 존재하지 않으며, 이러한 분산된 권력이 모두 주민들 사이에 자치권의 형태로 존재한다.

토크빌에 따르면, 한 나라의 정치적 권력이나 권위의 힘을 줄이는 데에는 두 가지 방법이 있다. 하나는 유럽식으로서 사회로 하여금 지배 권력을 특정한 상황 아래에서 자위행위를 취하는 것을 금하거나 막음으로써 그 원칙에서 약화시키는 것이다. 즉 몽테스키외가 권력분립을 말했듯이 권력에 제한을 가하며 자신의 이익을 위한 권력행사를 막는 것으로써 가능한 것으로 법적으로 원천적으로 권력을 규제하는 것이다. 두 번째 방법은 사회로 하여금 그 권리의 일부를 빼앗거나 그 노력을 마비시키는 것이 아니라 여러 사람에게 권력을 분산시키고 또한 관리들을 늘려서 그들 각자에게 임무수행에 필요한 정도의 권력을 부여하는 방법이다. 후자는 미국에서 시행된 것으로서 공직은 강력한 것이지만 관리는 중요하지 않도록 하는, 그리고 지역사회가 조절하는 힘을 동시에 자유스럽게 하기 위해 권력을 가능한 한 여러 사람에게 분산하는 것이다. 즉 스스로가 관리이자 이 관리의 지배를 그 스스로가 받는 것이다. 그리고 이러한 사태를 모두 법이나 관습으로 규정하는 것이다.

> 아메리카에서는 법률이 절대적 언어로 군림하는 나라는 이 세상에 없다. 또한 법률 운용권이 그처럼 많은 사람들의 수중에 분산되어 있는 나라도 없다. 합중국의 행정권은 구성면에서 중앙집권적이거나 위계적인 양상을 전혀 나타나지 않는다. 이런 점에서 그 행정권의 집행이 별로 감지되지 않는 것이다. 권력은 존재하지만 그 대리자는 어디에도 보이지 않는 것이다.[16]

결국 아메리카의 행정제도에는 연방정부로 대표되는 중앙정부, 카운티라

16 『미국의 민주주의』, Ⅰ, 132쪽.

불리는 주정부와 타운쉽을 형성하는 지방자치에서 기원하는 자치기구의 관리들이 주의 법률을 집행하거나 아니면 법률 집행을 감독하는 인물들이다. 미국의 연방 정부는 중앙 집권 제도로 형성된 것이 아니라 주정부와 권력을 나누어 가지며, 연방 정부가 가진 권력은 외국과의 관계에서 일어나는 전쟁이나 외교의 문제, 혹은 무역이나 통상에 관한 권력을 지닐 뿐, 대내적인 행정적인 권력은 주정부가 지닌다. 또한 주정부와 주는 일반적인 법률 이외에 일반적인 경찰 규정을 제정하지만, 각 지역의 행정은 타운 집회와 타운 관리들이 수행하며, 이들 또한 각 타운의 치안판사와 더불어 여러 지방의 필요에 따라 사회생활의 세부 사항을 규제하고, 풍기는 물론 지역사회의 보건과 치안에 관한 명령을 포고한다. 카운티의 관리들은 물론 타운의 관리들도 미리 정해진 소수의 문제들만을, 그리고 자신들의 행위를 상부나 중앙정부에 보고할 뿐이다. 그러나 중앙 정부에는 법집행을 위한 경찰 규정과 명령을 공포하거나, 타운과 카운티의 관리들과 정기적으로 연락을 취할 뿐, 그들의 업무를 감시하고 그들을 지도하고 또는 그들의 실책을 나무라는 것 등을 업무로 하는 관리가 없다.[17]

아메리카에서 행정권은 이렇게 분화 되어 있으나 이들 사이에는 통일성이 없고 따라서 관리들의 자의성이 난무하는 것처럼 보인다. 그럼에도 불구하고 이러한 모든 것이 법이나 관습으로 규정되어 있어서, 관리들은 모두 법의 지배를 받고 있는 것이다. 그래서 열의 없이 법을 집행하거나 법의 요구를 등한시 하거나 법이 금하는 일을 하면, 관리들은 모두 형사법정에 회부될 수 있다. 이러한 정치적 행정이나 권력은 또한 사법관에게 심판받도록 위임되어 있는

17 연방정부와 주정부 간의 관계는 역사적으로 4기로 나뉜다. 제1기는 '이원적 연방주의' 시대로서 헌법 제정시로부터 1932년 루스벨트 대통령의 등장 이전이다. 제2기는 1930년 경제 대공황에 따른 것으로서 주 정부가 재정이 어려운 상황에서 연방정부와 협력하지 않을 수 없었던 '협력적 연방주의'시대이다. 제3기는 1960년에서 1980년대로서 연방정부의 권력이 주정부의 희생 위에서 크게 확장된 ' 우선적 연방주의' 시대이다. 제4기는 레이건 행정부로부터 현재에 이르기까지인 '신 연방주의' 시대로서 연방 정부의 권력을 주 정부에 환원하는 시기를 일컫는다. 이러한 연방정부와 주정부간의 권력 관계는 연방 헌법과 주 헌법의 차이에서 나타나는데, 주 헌법은 주로 주민제안, 국민투표, 주민소환 등 직접민주정의 요소가 많이 들어 있고, 연방헌법은 국민이 뽑은 대표에 의해 제정되는 '공화제적 원칙'을 많이 나타내고 있다. 남유진, 『미국의 지방자치의 이해』 (집문당, 2005), 33-38쪽들.

것이다. 결국 아메리카의 행정을 모두 지배하는 것이 법률이라면, 이 법률을 집행하는 관리는 누구일까? 그것은 국가 설립 초기에서부터 있어온 지방자치체제에서 기원하는 아메리카 민주주의의 핵인 치안판사 제도에 있었다. 그러면 정작 유럽에 없는 치안판사 제도는 어떻게 운영되고 있는가?

> 치안판사는 관리와 민간인, 또 관리와 판사 사이에 위치하는 일종에 중개인이다. 치안판사는 반드시 법률에 정통하지는 않더라도 박식한 시민이다. 그는 그의 직책에 따라서 그저 사회의 경찰규정을 집행할 따름이다. 그 업무의 경우 법률학보다는 상식과 성실성이 더 큰 비중을 차지한다. 그런 사람이 행정에 참여할 경우, 치안판사는 행정 속에 확고한 형식과 개방성을 지향하는 일정한 취향을 도입한다. 그런 취향 때문에 치안판사는 정부 관리에게는 부적합한 것으로 여겨지는 여러 가지 법률의 여러 미신에 사로잡히지 않는다.[18]

2. 치안판사 제도에 따르는 지방분권적 행정의 정치적 결과

토크빌에 따르면, 중앙집권에는 두 가지 형태가 존재한다. 일반법의 제정이나 외교 관계의 유지와 같은 특정한 이해관계는 한 나라의 전역에 공통된 것이다. 반면에 몇몇 타운의 사업과 같은 여러 다른 이해관계는 그 나라의 특정 지역에만 해당되는 것이다. 전자와 같은 전반적인 이해관계를 관장하는 권력이 하나의 장소나 혹은 동일한 사람에게 집중되어 있을 경우 그것이 중앙 집권화된 정부를 이룬다. 후자와 같은 국지적인 이해관계의 관장을 마찬가지로 하나의 장소에 집중시키는 것은 중앙집권화된 행정이라 부를 수 있다. 이 두 가지는 서로 모순되는 것으로 보일 수 있다. 왜냐하면 하나는 국민의 대외적으로 보편적 의지(공통적 의지)를 지향하고, 다른 하나는 대내적으로 국

18 『미국의 민주주의』, Ⅰ, 135쪽.

민들의 특수 의지를 반영하기 때문이다. 그러나 이 양자는 아메리카에서는 서로를 보완하고 부추기는 것으로서 불가분리한 관계에 있다. 이 때문에 이 두 가지가 결합되어 있을 때 엄청난 힘을 얻는다.

토크빌에 따르면, 유럽의 중세, 농촌을 배경으로 한 봉건주의 치하에서는 귀족들을 중심으로 한 각 지방들이 분할되어 중앙집권화된 정부도 중앙집권화된 행정도 없었다. 행정뿐만 아니라 정부의 통제가 수많은 사람에게 분산되어 있었고 수없이 서로 다른 방법에 의해 분해되어 있었기 때문이다. 토크빌에 따르면, 중앙집권화된 정부가 형성되는 것은 도시의 발전과 밀접한 관련이 있다. 예를 들면, 파리는 교역과 거래, 소비와 쾌락의 도시에만 머물지 않고, 바야흐로 제조업과 매뉴팩처의 도시가 된 것이다. 그래서 프랑스 전역에서 노동자들이 파리로 운집하고 프랑스 혁명이 일어나기 전에 이미 파리는 대도시가 되었다. 그리고 파리는 마치 한국이 1970년대 현대에서 뒤늦게 산업화로 근대화 되면서 서울로 인구집중이 이루어지던 때와도 같은 현상이 일어났다.

> 정부는 이러한 혁명적 변화를 눈치 채고 있었으나, 특히 그 변화의 두드러진 형태, 곧 도시의 성장을 우려했다. 파리가 나날이 확장되는 것을 눈여겨보면서 정부는 그토록 큰 도시를 제대로 관할하기가 어려워지지나 않을까 걱정했다. 그리하여 17세기와 18세기에 국왕들은 이러한 인구 증대를 막는 것을 골자로 하는 수많은 법령들은 포고하였다. ...이와 동시에 지방자치가 사실상 어디에서나 점점 사라졌다. 도처에서 독립된 삶의 징후가 사라지고, 여러 주들의 외양적 특징마저 어렴풋해졌으며, 옛 공공생활의 마지막 자취까지도 희미해졌다. 그렇다고 국민이 무기력상태에 빠진 것은 아니었으며, 움직임은 어디에서나 눈에 띄었다. 단지 그 원동력이 파리에 있었다.[19]

이러한 도시의 발전과 더불어 중앙집권적 정부는 필연적이었다. 루이 14

19 『앙시앵 레짐(L'ancien régime)과 프랑스 혁명』, 137-138쪽들.

세 치하의 프랑스 정부는 한 개인이 법률의 제정자이자 해석자이었으며, 이 때문에 '짐이 국가'라고 할 만하며 중앙집권적이다. 그러나 루이 14세 치하의 행정은 오늘날과 비교하면 훨씬 중앙집권화 되어 있지 않았다(비조직되었기 때문이다.). 한편, 영국 정부의 중앙집권은 대단히 완벽하게 진행되어 있다. 그러나 행정은 전혀 중앙집권화 되어 있지 않았다. 그런데 지방자치체제 때문에 아메리카에서는 중앙집권화된 행정도 계급적인 관리제도도 없었다. 그럼에도 불구하고 불편이 없었던 것은 아메리카의 외부에 중앙집권적인 나라로서 미국에 직접적인 적이 될 만한 국가가 없었던 환경적 영향 때문이라고 볼 수도 있다. 그러나 토크빌은 미국이 연방국이 되었을 경우에는 유럽의 어느 정부보다 정부의 중앙집권은 완벽하다고 말하고 있다. 그 이유는 어디에 있는 것일까? 토크빌은 다음과 같은 정신적으로 정치적인 것 이외에 두 가지를 들고 있다.

> 내가 아메리카에 찬탄해 마지않는 것은 지방 분권의 행정적 성과가 아니라 정치적 성과이다. 연방국에서는 국가의 이익이 어디에서나 명백히 드러나 있다. 국가이익은 전체 연방국의 열렬한 관심의 대상이며 시민 누구든지 국가 이익이 마치 자신의 이익인 양 열렬히 관심을 가지는 것이다. 그는 나라의 영광에 자부심을 가지며, 스스로 기여했다고 여기는 나라의 융성을 자랑스럽게 여기고 자신에게도 혜택이 돌아올 전체의 번영을 기뻐하는 것이다. 그가 국가에 대하여 가지는 감정은 그의 가족을 결속시키는 감정과 비슷하다. 그리고 그가 자기 나라의 복리에 관심을 가지는 것은 일종의 이기심 때문이다.[20]

사실 외적의 침입이 없고 통치계층과 통치 받는 국민 사이에서 서로의 의지가 정의롭게 조화와 통일되어 있는 번영하는 국가에서 이러한 감정은 어느 나라 국민에게도 있을 법한 것이다. 그런데 토크빌이 말하는 이러한 감정이

20 『미국의 민주주의』, Ⅰ, 155쪽.

그 당시 유럽에는 없었던 반면에 유독 외적으로 발현된 국가로서 아메리카를 들고 있는 이유는 무엇 때문이었을까? 그것은 한편으로는 (토크빌이 명시적으로는 언급하고 있지는 않으나 전제하고 있는) 미국의 자연자원의 풍요로움과 함께 미국이 지니고 있는 정치제도로서 사법권에 우월한 정치권력을 부여했기 때문이었음을 다음 인용문에서 볼 수 있다.

> 이 세계의 어느 나라고 오늘날까지 아메리카인들처럼 사법권을 조직한 사례를 나는 알지 못한다. 연방국의 사법 조직은 낯선 이가 이해하기 정말 어려운 기구이다. 외국인은 재판관의 권위가 매일매일 일어나는 정치적 사태에 개입되어 있다는 말을 듣게 되며, 그래서 연방국의 재판관들은 정치적으로 중요한 관료들이라고 으레 결론짓는다. 처음 살펴본 그들 법원은 그 기관들의 일상적 관습과 특권에 배치되는 사실을 전혀 드러내지 않는다. 그의 눈에는 법관들이 그저 우연히 공무에 간섭하는 것처럼 보인다. 그러나 그 우연이라는 것도 매일 반복되는 우연으로 보인다.[21]

토크빌이 말하듯이 모든 나라의 사법권의 특색은 그 중재 임무에 있다. 법원의 간섭이 있기 위해서는 여러 권리의 다툼이 있어야 하고 이어 판사가 판결하기 위해 소송이 있어야 한다. 그러므로 법률적으로 다툼이 없는 한, 사법 당국은 그 법률을 토론할 기회를 가질 수 없다. 사법권의 둘째 특징은 일반 원칙에 대해서가 아니라 특정한 사건들에 대해서 판결을 내리는 것이다. 특정 사건을 판결하면서 일반 원칙에서 나온 모든 추론을 부정하여 결과적으로 그 일반원칙을 폐기하게 만드는 판단을 함으로써 그 일반 원칙을 파괴할 경우라도, 그것은 그의 일상적인 한계 [법적 규정에 따른 한계] 안에 머무르는 것이다. 그래서 특정 사건의 심리를 통하지 않고 일반 원칙을 직접 공격한다면, 그것은 모든 나라에서 그의 권위의 한계를 넘는 짓이다. 사법권의 셋째 특색은 요청받을 경우에만, 즉 법률적으로 말한다면, 어느 사건을 심리할 경우에만

21 『미국의 민주주의』, Ⅰ, 155쪽.

발동하는 것으로서 사법권은 행정권처럼 능동적인 것이 아니라 본질적으로 수동적이다. 그래서 만약 어느 사법관리가 주도권을 쥐고 법률비판자 노릇을 한다면, 그는 어떤 의미에서 사법권의 수동적 성격을 침범하는 꼴이 될 것이다. 아메리카의 판사의 경우도 마찬가지일 것이다.

그러나 토크빌이 보기에 이러한 사법권의 이해와는 달리 아메리카의 판사들에게는 엄청난 정치권력이 부여되어 있는 것으로 파악하였다. 그들은 마치 정치와 행정 영역에 침범하고 있는 것처럼 보인다. 왜냐하면 사법관으로서는 할 수 없고 할 수 없는 일을 하기 때문이다. 그 이유를 토크빌은 아메리카 판사들이 '법률'보다는 '헌법'에 보장된 개인적 자유에 기초해서 판결할 수 있는 권리를 인정하고 있다는 간단한 사실에서 연유하는 것으로 보고 있다.

> 프랑스에서는 헌법은 불변적인 것으로 되어 있으며 적어도 그렇게 생각되고 있다. 또한 어떤 권력도 헌법의 일부라도 바꿀 권리를 가지고 있지 않다는 것이 기정논리이다. 영국에서 헌법은 끊임없이 변할 수 있거나 아니면 사실상 존재하지 않는다고까지 말할 수 있다. 영국 의회는 입법 기구인 동시에 헌법기구이다. 아메리카의 정치이론은 좀 더 단순하고 합리적이다. ...그 헌법은 모든 것과 따로 떨어져 전체를 형성하는 것으로서, 전체 국민의 의사를 대표하는 것이기 때문에 일반 시민은 물론 입법자에게도 구속력이 있지만, 일정한 절차에 따라 미리 심의된 사안들에 관해서는 국민의 의사에 의해 개정될 수 있다. 따라서 아메리카에서 헌법을 바꿀 수는 있지만, 헌법이 존재하는 한 그것은 모든 권위의 원천이 되며, 지배 권력의 유일한 수단인 것이다.[22]

간단히 말하자면 미 연방국의 헌법은 민의와 인민의 자유에의 의지를 중요시하는 것을 기본으로 하는 것에 의해 구성된 헌법으로서 영국과 프랑스 헌법의 장점을 '창조적으로' 융합한 것이며, 이 때문에 헌법이 일반 시민뿐만 아니라 입법자도 지배하고 있다. 그리고 이와 같은 권력이 아메리카 사법관들

22 『미국의 민주주의』, Ⅰ, 163쪽.

에게 고유한 유일한 권력이다. 이 때문에 치안판사가 위헌이라고 주장하는 법률이 연방국 법원에 제소될 때는 언제나 그는 이 법률의 적용을 거부할 수 있다. 결국 아메리카인들이 사법부에 특히 치안판사에 부여한 정치권력은 대단한 것이다. 그러나 이러한 권력이 폐단을 일으킬 경우에마저도 '사법행위'를 통하지 않고서는 법률을 공박할 수 없게 만들어 놓음으로써 이러한 권력이 상당히 경감되고 있다.[23] 사실 아메리카와 같은 개인의 자유를 헌법에서 보장하는 국가에서는 모든 시민이 일반법원에 관리를 고발할 권리를 가지고 있으며, 모든 판사들은 공직자들을 유죄판결 할 수 있다. 또한 모든 공직자들은 법원에 대해서 책임을 지도록 만들어 놓음으로써 그렇다고 합중국의 통치력이 약화되지는 않고 있다. 그것은 토크빌이 말하고 있듯이 이성의 유일한 도구라고 자임하는 다수의 의견에 기초하기 때문이다.

> 아메리카의 각 주의 입법부는 최고의 권력기관이다. 특권도, 지방의 예외적 특권도, 개인적인 영향력도, 이성이라는 엄청난 힘까지도 입법부의 권위를 가로막을 것은 아무것도 없다. 왜냐하면 그것은 이성의 유일한 도구라고 자임하는 다수 의견을 대변하기 때문이다. 따라서 그 자신의 결정이 그 행동의 유일한 한계가 된다. 그 입법부와 나란히 그리고 그 직접적인 통제 아래 행정권의 대표자가 위치한다. 그는 우월한 힘으로 저항분자들을 강제로 복종시키는 일을 한다. 유일한 약점으로 드러나는 것은 정부의 행동이 자질구레하게 펼쳐질 때이다.[24]

사실 민주주의의 원리가 되어야할 이러한 사법제도의 강화는 미국에서는 그들의 지방자치 체제를 수행하는 치안판사의 시절에서 기원하는 것이 되었던 것이다. 그리고 치안판사라는 것도 자신의 판단을 개인의 행위의 원리인 '다수의 의견' 즉 '여론에 따른 판단'을 수행하기 때문이다. 결국 미국의 민주

23 사법권이 사법권을 심판하는 이러한 제도적 장치는 '절차적 정의' 개념을 도출할 수 있게 하는 제도로서, 기독교적 정신과 자유의 여신상이 상징하는 '헌법 정신'이 제어하지 않는다면 중구난방이 될 수 있는 제도이다.

24 『미국의 민주주의』, I, 148쪽.

주의는 지방자치에서 기원하는 것으로서, 그리고 정치적 행위나 이에서 기원하는 행정적 기능은 사법적 심판 아래 있는 것으로서 나타난다. 치안판사 제도를 통하여 드러나 보이듯이 주권 재민의 원칙과 법 앞에서의 평등과 자유가 하나의 강렬한 열정으로 민중의 가슴 속에 조화로운 균형을 이루고 있는 듯이 보였다.[25] 왜냐하면 각 지역사회의 독립된 행정과 종교, 신앙과 출판의 자유, 사법권의 독립, 그리고 지방분권적인 사회가 균형을 이루며 움직이고 있었던 까닭이었다. 그곳에서는 공공 업무에 대한 사람들의 적극적인 참여, 세금에 대한 자유 투표, 공익에의 책임감, 배심원에 의한 재판 등 이 모든 것들이 토크빌이 보기에 사적인 이익 못지않게 소중한 의미를 지니며 실행되었다. 여기에서 기원하는 것이 사회상태의 평등을 토대로 한 링컨이 말한 국민의, 국민을 위한, 국민에 의한 주권재민의 사상이다. 그리고 이러한 주권재민의 사상이 '법 앞의 평등'으로 나타남을 토크빌이 제시한 것이다.

미국이라는 나라는 이러한 타운십에서 기원하는 타운들이 연합한 카운티들이 다시 연합하여 주정부를 이루고, 이러한 주정부들이 모여서 이후의 아메리카 연방 공화국을 이루는 것이었다. 그리고 이러한 연방 공화국이 중앙집권적 형태로 되어 있다 하더라도 그것은 기본적으로 분권화된 권력을 가지면서도 치안판사의 성격처럼 사법적 기능이 강화된 것으로서 연방 헌법이 이를 표명한다. 결국 미국에서는 개인의 자유가 법적으로 보장되고 이러한 개인의 자유가 이기심에 의해 방만하게 흐를 수 있는 경향을 타운십의 공동체 정신이 조정하여 법률로서 제정되며, 이 법률들은 끊임없이 민의에 의해 변경될 수 있고, 모든 권력이 사법적 판단에 지배받는 형식으로 발전하도록 되어 있다는 것이다. 마치 한나 아렌트가 말한 공론장이론을 통하여 정치가 이루어지는 현장이 바로 미국인 것이다. 그런데 유럽에서는 이와 반대로 그리스-로마 전통에 따라 중앙집권제체가 성립된 다음에 법률이라는 것이 제정된

25 평등과 자유를 조정하는 기능을 주권재민의 원칙에 따르는 민의에 의해 제정한 일반법이 수행하는 것이다.

다. 이 때문에 토크빌은 민주주의로 나아가야 할 프랑스의 법제정을 생각하면서 아메리카 법 제정의 정신을 다음과 같이 말하고 있다. 그리고 이러한 법 제정의 정신이 표명하는 법 앞에서의 평등이 바로 사법권을 표현하고 있음을 알 수 있다.

> 단일의 중앙권력에 대한 관념 바로 다음으로 평등의 시대에 사는 사람에게 떠오르는 관념은 법 앞의 평등이다. ...동일한 국민을 위한 정치제도에 있어서 아무리 작은 차별로도 그에게는 기분 상하는 일이 된다. 따라서 그에게 법 앞의 평등은 좋은 정부가 갖추어야 할 첫째 조건이 된다.[26]

3. 미국 연방주의에 대한 찬양

작은 나라에서는 사회의 관심이 미치지 않은 부분이 없으며, 더 나아지려는 욕구가 아주 하찮은 부분에 이른다. 나라의 약한 힘 때문에 시민들의 노력과 자원이 지역사회 내부의 복지에 돌려지고 국민들의 야망이 공허한 영광의 추구에 낭비되지 않는 경향이 있다. 개개인의 힘이 일반적으로 제한되어 있기 때문에 그의 욕망도 일반적으로 적다. 작은 나라의 경우 좀 더 많은 사람들이 안정된 생활을 할 수 있고 평온한 생활을 누릴 수 있다. 대부분의 철학자들이 소국을 주장한 이유이다. 인간의 자유란 사실은 철학자들이 말하는 숙고된 판단에서 나오기 때문이다. 그리고 이러한 숙고된 판단이란 여러 의견들의 상호 대화적인 변증법적 조정이다. 한나 아렌트의 공론장 이론에서 볼 수 있듯이 정치적 인간은 공동의 관심을 서로 만나 대화하고 토론 하는 가운데 협약하고 스스로의 행위를 결정하는 것이다. 그리고 협약한 내용이 행위의 준칙이나 격률이 성문화하면 법이 되는 것이다. 미국인들의 생활 속에 파

26 『미국의 민주주의』, II, 860-861쪽들.

티(party)나 교육현장에서 볼 수 있는 대화나 토론 문화는 이러한 과거 타운의 전통에서 유래하는 자연스런 상태의 연속이기 때문이다. 그러므로 작은 나라는 자유의 요람이 되어 왔다고 말할 수 있다. 그래서 만일 지구상에 작은 나라들만 존재하게 되는 그러한 자연환경이나 지리상의 여건이 주어져 있었다면, 인류는 좀 더 행복하고 자유스러우리라는 것은 의심할 수 없다.

그러나 이 작은 나라에 폭정이 성립하거나 강한 나라에 침략을 받으면 정치세계와 사생활은 뒤죽박죽으로 섞이게 되고 국정은 물론 일반 가정까지도 다스려져 고대에서는 사람들이 노예로까지 전락하게 되어 있다. 또 많은 작은 나라들이 커지면서 몽테스키외가 지적한 것처럼 자유를 잃었다는 사실은 역사가 말해준다. 이 때문에 특히 플라톤이 말한 스스로 자족할 수 있는 작은 나라는 야생적인 상태와 거대 국가 사이에 존재라는 것으로 여기에서 혼합정이나 이에서 기원하는 공화국이 완전하게 이루어질 수 있다. 반면에 큰 나라에서는 전제주의나 제국주의는 항상 전쟁을 전제하기에 물론 로마와 같은 공화국까지도 오래 지속될 수 없다는 것을 인류의 역사가 말해준다. 그래서 토크빌은 몽테스키외가 말한 바와 같이 공화제도에 해로운 모든 감정이 영토가 커짐에 따라 증가하는 반면 공화 제도에 유리한 덕성은 그와 비례해서 늘어나지 않는다고 말한다. 엄청난 부와 극단적인 빈곤, 대규모의 수도와 해이된 도덕성, 이기심 및 이해관계의 상충은 거의 언제나 규모가 큰 국가들에서 발생하는 위험요소라는 사실은 현대의 대부분의 거대 국가가 말해주는 사실이다. 따라서 토크빌은 거대한 제국만큼 인간의 복지와 자유에 배치되는 것은 없다는 사실을 공리로 주장할 수 있다고 말한다.

거대한 나라에서는 일반적인 경우보다도 권력욕이 더욱 강렬해진다는 단순한 이유 때문에 특정한 시민들의 마음속에 역시 명예욕도 더욱 커진다. 그런 부류의 사람들은 수많은 사람들이 박수갈채를 보내는 것을 자기들이 기울인 노력에 대한 보답으로서 그리고 인간을 더욱 고무 격려하는 것으로 간주한다. 현대에서도 큰 나라들이 작은 나라들의 경우보다도 지식의 증가와 문명의 진보에 더욱 강력하게 기여한 이유를 탐구해보면, 사상의 유통이 그렇게 신속하고 활발한 사실이나 그들 대도시가 인간의 재능의 모든 광선들이 투영되어 결합되는 지적 중심지가 되고 있다는 사실에서 납득할 만한 이유를 알아낼 수 있다. 더욱이 과학이 발전한 현대에서는 작은 나라의 정부에서 감당할 수 없는 국력의 동원이 요구된다는 사실이 추가되어야 할 것이다.[27] 따라서 정치적인 힘은 국가번영의 조건이 된다. 어느 나라가 풍요롭고 자유로워도 언제나 약탈당하고 침략당할 위험에 노출되어 있다면, 그것은 별 이익이 되지 못한다. 그 나라의 상공업은 다른 나라가 재해권을 가지고 전 세계를 지배한다면 별 이익이 되지 못한다. 그러므로 물리적인 힘은 행복과 국가 생존의 첫 번째 조건이 된다. 아주 특수한 상황의 개입이 없다면 작은 나라들은 힘에 의해서건 또는 그들 자신의 의사에 의해서건 항상 큰 나라에 통합되게 된다.

나라의 크고 작음에서 생기는 이러한 인간 개인적인 삶에서의 자유와 행복은 지적 발달과 함께 각각에 장단점이 보는 관점에 따라 역설이나 반비례적으로 혹은 진보의 변증법적 방식으로 나타나 보인다. 그런데 한 국가의 연방제도나 국가 연합은 나라의 크고 작음에 의해 생기는 서로 다른 이해를 결합하자는 취지에서 만들어졌다. 말하자면 작은 나라의 장점과 큰 나라의 장점을 살려내어 지역이나 환경에 맞출 때 나타나는 인류의 지혜가 집적될 수 있는 제도인 것이다. 특히 토크빌에 따르면, 아메리카 연방국은 그들이 지방자치에서 기원하는 주들이 독립적인 단위로서 연합형태에서 점차 중앙 집권적인 연방형태로 나아갔기에, 그들이 지닌 지역적 환경과 더불어 연방공화국의 형태로서는 민주주의를 가장 완벽한 형태로서 완성할 수 있게끔 조화되어 있었던 것이다.

그러나 유럽에서처럼 처음부터 중앙 집권적인 나라에서는 행정부가 강력

27 역설적으로 현대의 첨단 과학과 기술의 발전은 재력과 권력이 집중된 큰 나라에서만 가능하다는 말이 성립한다.

한 의지를 발휘하며, 이를 보조하는 것으로서 의회가 존재할 뿐이다. 로마와 같은 나라는 처음에는 공화정으로 출발하였으나 점차 정복에 의해 거대한 제국으로 변화함에 따라 공화 정체를 지닐 수 없게 된다. 공화정체는 국가연합의 형태로 존재할 수밖에 없기 때문이다. 이러한 거대한 나라의 중앙집권적 통치자는 결국 국가들의 결합이 느슨한 연합이 아닌 통일적인 통치를 수행하기 위해서 국가들 사이에 계서제도가 존재하는 국가 연방의 형태로 만들 수밖에 없다. 이러한 연방의 입법자는 지역적, 관습적, 다양성에 반드시 일치하는 것만이 아닌 일반성이나 보편성을 법률에 부여하지 않으면 안 된다. 그는 특수한 경우를 인정할 수 없기 때문에 일반적인 원칙만을 밀고 나아갈 수 있을 뿐이다.

반면에 현대의 민주국가의 모델로 여겨지는 주권재민의 권리를 보호하기 위해 사법제도가 가장 잘 이루어진 미국에서는 행정보다는 의회 중심의 국정체제가 될 수밖에 없고, 그래서 의회가 연방정부의 주요한 조치들을 규제하고 행정의 자질구레한 사항은 지방의회에 맡겨져 있다. 그러나 다른 나라와의 관계가 문제가 될 경우, 특히 영국으로부터 독립전쟁을 수행하거나 유럽 여러 국가와 관계하지 않을 수밖에 없는 상황에서는 중앙집권적인 정치형태를 취하지 않을 수밖에 없으며, 이러한 군사적 외교적 상황이 발생하는 경우에서는 국가의 힘을 결합할 수밖에 없다. 아메리카 연방은 이러한 상황에서 탄생하였으면서도 그 역사적 과정을 본래 지방자치제에서 출발하였기 때문에 중앙에 집중된 국가의 권력을 하향식 분권의 형태로 분화시킨다. 결국 아메리카 합중국은 대외적으로는 연방의 형태로 대내적으로는 각주들의 연합의 형태를 취하는 이원집정의 형태를 취하게 된다. 이와 같은 권력의 분립형태가 연방을 구성하는 연합의 형태로 된 작은 주들의 복지에 기여하고 있는 것은 토크빌에 따르면 상상할 수 없을 정도이다.

아메리카 합중국은 크기로 보면 거대한 공화국이나, 연방정부가 실천에 옮기는 목표의 빈곤성에서 미루어보면 작은 국가나 다름이 없다. 연방정부의 행위는 중요한 것이지만 많지 않다. 연방정부의 주권은 제한되고 불완전한 것이기 때문에 그 주권의 행사는 국민의 자유에 위태로운 것이 되지 않는다. 왜냐하면 그런 성격의 주권은 규모가 큰 공화국에 대해서 너무나 치명적인 것으로 드러난 권력욕과 명예욕을 자극하지 않기 때문이다. 이 나라에는 공통적인 중심지가 전혀 없기 때문에 거대한 대도시들, 엄청난 재부, 비참한 빈곤 및 급작스러운 혁명 등은 모두 생소한 것들이다. 또한 정치적 정열도 대초원의 불길처럼 온 나라에 퍼지는 것이 아니라, 각 주의 이익과 개별적인 열정에 그 힘을 소모하는 것이다.[28]

근대 산업 혁명과 더불어 자본주의가 비약적으로 발전하고 연방정부의 역할이 비대해진 현대에서 보면, 초기 아메리카 미국에 대한 토크빌의 묘사는 마치 고대에서 플라톤-아리스토텔레스에서 나타난 혼합정에 대한 묘사나 폴리비우스 이후의 마키아벨리나 몽테스키외의 로마 공화정에 대한 묘사처럼 미합중국의 공화정을 찬탄하고 있다는 것을 볼 수 있다. 특히 그는 '영국계 아메리카인의 연방제도를 채택한 이유'라는 항목에서 미합중국의 헌법에 내포된 연방 제도의 결점을 다음과 같이 변호하고 있다.

모든 연방제도의 가장 두드러진 결점은 그 제도가 사용하는 방법들이 복잡한 성격을 지니고 있다는 사실에 있다. 두 개의 주권은 필연적으로 서로 부딪치게 되어 있다. 입법자는 두 개의 주권 하나하나를 정확하게 정의된 영역속에 제한시킴으로써 양자의 행동을 가능한 한 간소화하고 평등하게 만들 수 있다. 그러나 입법자는 두 개의 주권을 하나로 결합할 수 없을 뿐더러 특수한 문제들에서 충돌하지 않을 수 없다. 그러므로 연방제도는 기껏해야 복잡하고 매일매일 국민들이 상당한 정도의 분별력을 보여야 한다는 이론에 기초하고 있는 제도이다. 이 때문에 법률에 내포되기 마련인 연방제도의 결점은 입법자의 슬기(법제정의 정신)로 시정될 수 있지만 노력을 아무리 기울여도 시정될 수 없는 연방 제도 자체에 내재하는 폐단이 있다. 따라서 국민이 자기네 정부의 타고난 불완전성을 감당하는데 필요한 지혜와 힘을 스스로

28 『미국의 민주주의』, Ⅰ, 229쪽.

찾아내야 하는 것이다.[29]

이 때문에 역설적으로 토크빌은 미 연방 공화국의 헌법을 다음과 같이 칭찬하고 있다.

> 오늘날까지 있었던 것 가운데 가장 완벽한 연방헌법인 미합중국의 헌법을 검토해보면, 이 헌법이 통치의 대상으로 삼고 있는 국민들에게 얼마나 많은 지식과 분별력을 기대했는가에 놀라게 된다. 미합중국의 정부는 거의 완벽하게 법률적 가설에 의존하고 있다. 미합중국은 말하자면 마음속에만 존재하는 이상적 나라이며 그 나라의 경계와 범위는 이해를 통해서만 분별할 수 있는 것이다.[30]

이러한 미합중국의 헌법이 이상으로 삼는 국가는 어떠한 정체일까? 왜냐하면 대외적으로는 강력한 중앙집권을 요구하고 대내적으로는 권력의 분산이 개인권을 보장하는 수준에까지 분립된 것을 요구하는 딜레마 상태를 이루기 때문이다. 이러한 이상 국가를 플라톤이나 아리스토텔레스가 혼합정으로 파악하고 모든 시민에게 파악한 보편적이고도 일반적 법률을 제정하는 것을 중요시한 반면, 토크빌은 마찬가지로 법률을 중요시하는 미국민들의 사고에서는 입법부가 최고 우위에 있는 연방정체와 지방의 사법적 현실에서 법 앞에 평등을 앞세우는 이원적 성격에서 기원하는 이원집정부체제로 파악하고 있다. 역설적으로 자연 환경이나 국민의 지적 능력이나 공화정에 대한 열정이 미국과 다른 나라는 이러한 이원집정부적인 토크빌이 말하는 이상적 민주주의를 실현할 수 없다. 미 연방국의 헌법을 그대로 베낀 멕시코 헌법이 멕시코에서는 실패한 이유를 토크빌은 연방정부의 주권과 주들의 주권이 개별적인 영역을 끊임없이 넘어서서 충돌을 일으킨 것에서 기원하는 것으로 본다. 아

29 『미국의 민주주의』, I, 231쪽.

30 『미국의 민주주의』, I, 231쪽.

메리카식의 법률에 기초한 연방정부와 이원집정부가 가진 모순에 따라 멕시코에서는 오늘날까지도 무정부 상태와 군사 독재가 번갈아 나타나는 현상을 지속하고 있기 때문이다.

4. 미 연방국의 민권지배의 원리

민주주의는 주권이 인민에게 있다는 주권재민 사상이 지배하는 정치체제이다. 이러한 주권재민의 원리를 지배하고 있는 핵심 내용은 무엇일까? 그것은 바로 인민들 각자에게 '자유'가 주어져 있다는 사실에 있다. 이 때문에 토크빌은 미 연방국의 제도들과 정치사회의 행태를 살펴본 다음 이 제도들 위에 국민의 주권이 있음을 다음과 같이 묘사하고 있다.

> 국민의 주권은 이 제도나 행태를 마음대로 파괴할 수도 있고 수정할 수도 있다. …법률보다 우세한 이 권력이 어떻게 작동하는지 그 권력의 본능과 감정은 어떠한 것인지, 그 권력의 거역할 수 없는 진로를 늦추거나 가속시키는, 또는 지도하는 드러나지 않는 원천은 무엇인지, 그 권력이 가지는 무한한 권위가 무슨 결과를 가져올지, 그리고 그 권력이 앞으로 당면한 운명이 어떠한 것인지를 밝히는 일이다.
>
> …아메리카에서는 국민이 입법권과 행정권을 임명하며 법률의 모든 침해를 처벌하는 법관까지 제공한다. 제도들은 원칙에 있어서 뿐만 아니라 모든 결과에 있어서까지 민주적이다. 그리고 국민들은 그들의 대표자들을 직접적으로 그리고 거의 해마다 선출하는데, 그것은 대표자들이 국민에게 의존하는 것을 확인하기 위해서이다. 그러므로 국민이 실질적인 지배 권력이다. 또한 정부 형태가 대의제라 해도 국민의 여론, 편견, 이해관계 및 감정조차도 매일매일의 국정에 항구적이지 못하게 하는 장애물이 없다는 것이 분명하다. 주권재민의 원칙이 지배하는 나라들의 경우처럼 연방국에서는 다수가 국민의 이름으로 다스린다. 그런데 이 다수는 평화를 애호하는 시민들로 구성되어 있고 이들 시민들은 그 성향으로 보나 이해관계로 보나 자기 나라

의 복리를 진지하게 바란다.[31]

토크빌에 따르면, 주권재민의 원칙은 국민 각자가 평화와 복지를 동시에 지향하고 있기 때문이라고 말하고 있다. 그런데 이러한 국민 각자가 원하는 평화와 복지는 자연의 풍요로움이 없다면 불가능한 모순된 성격을 지니고 있다. 아메리카 민주주의는 이러한 서로 모순된 평화와 복지를 동시에 추구할 수 있는 환경에서 이를 토대로 정치적 결사를 수행할 수 있게 되어 있다. 그것이 아메리카의 지방자치제이다. 이러한 지방 자치에서 기원하는 아메리카 연방국의 정당들은 수없이 탄생하며, 지역이기주의에 기초하여 파벌을 형성하고, 그래서 이 나라에서의 정당(party) 제도를 살펴보면 끊임없는 파벌싸움을 하는 것처럼 보인다. 대정당은 '원칙의 결과보다는 원칙 자체를 고수하는 정당'으로서 사회를 격동시키며 사회를 찢어놓는데 반해, 행동에 있어서 '이기심을 드러내는' 소정당은 그저 선동하면서 사회를 타락시킨다. 그래서 정당이란 자유로운 정부 형태에서 필요악이라고 말할 수 있다.

미연방국도 독립전쟁이 끝나고 새로운 정부의 기초를 쌓으려고 할 때 자유로운 개인들이 형성한 세상에서 나타나는 두 가지 견해에 휩싸이게 된다. 하나는 국민의 권력을 제한하려는 것이고, 다른 한 가지는 그 권력을 무한히 확장하려는 것이다. 대부분 대정당은 앞의 일을 수행하며, 소정당은 뒤의 일을 수행한다. 독립전쟁에서 연방당(Federal)으로 나타났던 아메리카 대 정당은 독립전쟁 후에 사라진다. 독립 전쟁 당시 연방당에 대립한 자유의 대의에 충실하려 했던 당은 공화당(Repubilcan)이었다. 독립전쟁이 끝난 이제 대정당이 없는 미연방국은 공화당이 대정당이 되고 소정당들(이를 합한 것이 현대에서는 민주당으로 불린다.)에 의해 차원이 낮은 논쟁들로 가득 찬다. 이러한 수없는 정당이 나타나는 이유는 미 연방국에 정치결사의 자유가 주어져 있기 때문이다. 그리고 이러

31 『미국의 민주주의』, Ⅰ, 239-240쪽들.

한 다양한 정치적 결사가 가능한 것은 지방자치의 전통과 경험 때문이다.

토크빌이 파악한 아메리카에서는 첫째로 종교적 반목이 전혀 없는데 이는 종교의 자유가 주어져 있기 때문이다. 모든 종교가 존중되고 어떠한 종파도 지배적이지 않기 때문이다. 또한 신분에 대한 투기심도 전혀 없다. 그 까닭은 국민이 주인이고 그들의 권위에 도전할 자가 없기 때문이다. 끝으로 아메리카에는 선동 구실을 할 수 있는 대중적 가난이 전혀 없다. 그 까닭은 이 나라의 자연환경이 인간의 근면에 매우 광범위한 영역을 개방해 놓고 있기 때문에 사람들은 그저 방임된 채 내버려두면 위대한 것을 성취할 수 있는 것이다.[32]

또한 주권재민이 있는 나라에서는 언론의 자유가 원칙이다. 아메리카에서는 제 신문을 지니지 않는 마을은 거의 없다. 신문을 창간하는 일만큼 쉬운 일이 없다. 그 결과 각기 자신의 기준에 따라 여러 신문과 경쟁해야 한다. 그래서 신문들이 각각의 제방을 휩쓸 거대한 여론의 격류를 만들 수 없다. 사실 주권재민의 원칙이 지배하는 나라에서는 언론의 검열 제도는 위험하다. 언론의 영향을 중화시키는 길은 그들의 숫자를 늘리는 것뿐이라는 것은 미연방국에서는 정치학의 정의로 되어 있다.[33] 토크빌에 따르면, 미연방국의 언론인은 별로 교육받지도 못하고 마음 씀씀이도 천박해서 일반적으로 아주 낮은 사회신분에 속한다. 다수의 의지가 일반적인 법률이 되고 그렇게 되면 모든 사람이 따라야할 일정한 습관을 확립한다. 그럼에도 불구하고 아메리카에서는 이러한 언론의 자유의 행태가 선과 악이 독특하게 뒤섞여진 독특한 권력을 형성하기 때문에 언론 없이는 자유가 살아날 수 없을 것이다. 아메리카의 (자유민주주의 발전에 기여하는) 언론의 힘은 엄청난 것이다. 언론을 통해서 그 관대한 나라의 방방곳곳에서 정치생활이 영위 순환되고 있다. 언론의 눈은 언제나 열려 있

32 『미국의 민주주의』, Ⅰ, 245쪽. 이러한 토크빌의 관점은 백인 중심으로 미국을 보았기 때문이라고 볼 수 있다. 사실 남북 전쟁을 기화로 미국 민주주의는 인종차별의 한계를 극적으로 넘어서 현대에서 민주당 출신의 버락 오바마와 같은 미국 대통령이 선출될 수 있는 계기를 마련한다.

33 『미국의 민주주의』, Ⅰ, 254쪽.

으면서 정치 음모의 가려진 근원을 탐지해내고 모든 정당 지도자들을 여론의 단상위에 불러내는 것이다. 언론은 일정한 원칙 둘레에 지역사회의 이해관계를 결집시키고 각 정당의 정강을 간추려낸다. 왜냐하면 언론은 한 번도 직접 접촉하지 않은 채 서로의 의견을 주고받는 사람 사이에서 의사소통의 수단을 제공하기 때문이다. 그 결과 언론의 자유 속에 여론이 형성되고 이 여론은 루소가 말한 일반 의지(국민의 공통의지)의 검열을 받는 것이다.

1) 미 연방국에서의 민주정치

모든 시민들이 다 부유한 국가는 물론, 동시에 모든 시민들이 굉장히 학식이 높은 국가도 상상할 수 없다. 그런데도 불구하고 아메리카 민주주의에서는 이런 일이 벌어지고 있는 것이다. 이러한 두 가지 사태에 대한 딜레마적인 변증법적인 관계를 토크빌은 다음과 같이 언급한다.

> 나는 시민 대중이 진정으로 나라의 복리를 증진하려고 바란다는 점은 흔연히 인정한다. 더욱이 하층 계급이 상층 계급보다도 애국심이 사사로운 이해관계에 대한 고려를 뒤섞는 일이 드물다는 점까지도 인정한다. 그러나 하층 계급들이 자신들이 진정으로 소망하는 목표를 달성하기 위한 최선의 방법을 분별해내기란 정도 차이는 있을지언정 언제나 어려운 일이다. 한 개인의 본질을 올바로 함양하는 데에는 오랜 세월에 걸친 관찰과 깊이 쌓은 지식이 필요한 것이다. 남다른 천재를 지닌 사람들도 때로는 그 일을 해내지 못하는데, 하물며 평범한 사람들이 언제나 그 일에 성공할 수 있으리라고 상상이나 할 수 있는가? 일반 국민들에게는 이런 따위를 탐구할 시간도 돈도 없다. 그들은 어떤 문제에 두드러진 양상을 수박 겉핥기식으로 살펴보고는 성급하게 결론을 내리는 것이다. 여기에 온갖 협잡꾼들이 국민의 비위를 맞출 수 있고, 반면에 국민의 진정한 친구들이 그들의 신뢰를 얻지 못하는 현상이 흔히 벌어진다.[34]

34 『미국의 민주주의』, Ⅰ, 273쪽.

이러한 현상이 고대에서는 직접 민주정치를 수행한 아테네 도시에서 일어났고, 그 결과 소피스트들의 진리상대주의나 허무주의 현상이 일어났으며, 정치적으로는 권력을 탈취하기 위한 포퓰리즘을 행사하는 민중선동가(demagogos)들이 난립하였다. 그럼에도 불구하고 진리 상대주의나 허무주의를 극복하기 위한 진리에 따르는 정의감을 가진 철학자와 권력을 지닌 국가의 주권자인 국왕이나 귀족이 결합되어 철학자-왕이 통치권을 가져야 한다고 플라톤이 주장한 것이다. 말하자면 철학자와 권력가는 상호 길항관계에 있는 딜레마적 처지에 있는 것이다. 그리고 이러한 딜레마적 상황을 적도나 중용으로 조정한 것이 『법률』편에서 혼합정을 주장한 것으로 나타난 것이다.

그런데 직접 민주주의가 아닌 대의민주주의를 실천한 미국 민주주의에서는 이러한 딜레마적인 일이 혼합되고 융합되어 실현된 것이고 이 현상으로 나타난 것이 주권 재민의 원칙 아래 성인 모두에게 투표권이 주어지는 보통 선거가 이루어지고 있다. 사실 투표란 정치에 있어서 의사결정 과정이다. 이러한 보통 선거가 이루어지는 민주주의에서는 위 인용문에서 토크빌이 말하듯이 진정으로 신뢰를 받을 만한 인물들을 뽑는데 필요한 건전한 판단이 대중이나 인민들에게는 결여되어 있을 뿐만 아니라 그런 사람들을 찾아내려는 의욕도 성향도 결여되어 있다. 특히 토크빌이 보기에 민주주의 제도는 인간의 심성 속에 시기하는 감정을 강렬하게 불러일으키는 경향이 있다. 왜냐하면 민주 제도는 그 제도로서는 완전하게 충족시킬 수 없는 평등에 대한 동경을 일깨우고 기르기 때문이다. 하층 계급이 가능하면 자기들보다 우세한 사람들을 국정에서 제외시키려는 은밀한 본능이 있다고 말해지나 이는 사실이 아니라 민주주의의 평등에 대한 지향 때문이다. 즉 보통 선거제가 결코 국민적 선택의 지혜를 보장하는 방법은 아닌 것이다. 그런데도 불구하고 국가가 위급한 상황에서는 같은 국가 안의 개인에게서 비상한 덕성이 발휘되는 경향이 있다. 이러한 경우에는 위대한 인물들이나 천재들을 선호하고 이들을 선발하는 것이 민중이나 백성들이다. 여하간 이러한 보통 선거에서는 앞에서 언급한 장점과 단점이 평화시나 전쟁시와 같은 상황에 따라 달리 나타나는 것이다.

더 나아가서 주권 재민의 원칙과 보통선거에 의해 이루어진 민주주의의 단점을 보완하는 것이 토크빌에 따르면, 미국에서 입법부의 양원제도이다. 하원의원들은 국민들이 직접 선거에 의해 뽑은 사람들이고 이러한 사람들에 의해 간접적인 회의 구성에 의해 뽑힌 것이 상원의원들이다.

> 워싱턴의 하원에 들어가 보면 그 대회의체의 천박한 형태에 놀라게 된다. 하원 전체 속에 단 한 사람의 인물다운 인물이 없는 일이 흔하다. 하원의원들은 거의 모두 생소하고 미미한 사람들이다. 그들은 대부분 시골변호사나 상인, 또는 하층계급에 속하는 사람들로 이루어져 있다. ...하원에서 몇 걸음 떨어져서 상원이 있다. 상원의 넓지 않은 면적 안에는 아메리카 명사 상당수가 들어 있다. 상원의원으로서 활동적이고 당당한 경력을 가지지 않은 인물은 거의 없다. 상원은 당당한 웅변을 자랑하는 법률가, 저명한 장군, 현명한 관리 및 저명한 정치가들로 이루어져 있는데 이들의 토론은 유럽의 가장 뛰어나다는 의회 토론에 조금도 손색이 없는 것이다.[35]

또한 아메리카에서 민주주의가 전제정이나 폭력적 정권이 설 자리를 잃고 주권재민의 원칙 아래 잘 실행되는 것은 이들의 선거가 자주 있기 때문이다. 선거란 국민들이 자신들의 권력을 위임하는 행위이다. 이러한 선거가 권력을 위임함에 있어서 임기를 두고 제한을 두는 것이 선거의 기간제이다. 선거가 오랜 시간적 간격을 두고서 실시될 경우, 선거를 치를 때마다 국가는 격심한 고통을 겪어야 한다. 정당들은 좀처럼 자기들의 손에 닿지 않는 대권을 얻기 위해 온갖 수단을 동원한다. 선거에서 승리하면 모든 것을 획득하지만 실패하면 모든 것을 잃기 때문이다.[36] 이 때문에 선거가 자주 실시되지 않을 경

---

35 『미국의 민주주의』, Ⅰ, 276쪽.

36 유럽에서는 이러한 양당제도의 실무율(all or fail)의 폐해를 내각책임제로 극복하고 있다.

우에는 국가가 혁명의 위험에 직면할 것이다. 그러나 선거가 자주 실시되면 사회는 열병에 걸리듯이 흥분 상태에 빠지고 국정은 불안정할 것이다. 전자의 제도가 정부의 존재 자체를 위협하는 것이라면 후자의 제도는 지속적이고 일관적인 정책을 전혀 불가능하게 만든다. 아메리카인들은 전자보다는 후자를 선호하는데 그들은 거의 본능적으로 그러한 일을 수행한다. 그 까닭은 민주주의의 특징적 감정들 가운데 한 가지가 다양성을 추구하는 성향이 있기 때문이다. 이 때문에 그들의 법제는 이상스럽게도 항상 변화 가능한 것이다. 사상누각이란 없다는 것이다. 사실 민주주의에서 이러한 특색은 토크빌은 말하고 있지 않지만 보통 선거의 비밀 속에 있다. 보통선거에서는 일반적으로 선거 참여율이 높지 않다. 그래서 선거에서 승리한 당은 자신들이 국민의 절대 다수의 의지를 반영한다고 말할 수 없다. 결국 전체주의나 전제주의가 형성될 수 없게 하는 기능이 주권재민의 형태 아래에서 행해지는 보통 선거와 아메리카 정당 정치 속에 숨어 있는 것이다. 특히 아메리카에서 결사의 자유가 주어진 상황에서 어떠한 정치결사라도 대다수의 국민의 의지를 반영한다고 말 할 수 있은 정당은 존재하지 않을 것이라는 것이 토크빌의 판단이다. 결국 토크빌이 묘사하고 링컨이 말한 미국 민주주의의 주권재민과 "국민의, 국민에 의한, 국민을 위한" 자유 민주주의의 정체는 혼합정이 성립하기 위한 법률의 추상적이고 보편적인 일반적 성격이 한나 아렌트가 말하는 공론장 이론에 나타난 자유의지를 지닌 개인들의 정치행위를 나타내는 '법률' 개념으로 대치되어 있는 것이다. 즉 아메리카인들에게 있어서 '법 제정의 정신'이나 '법률' 개념은 아리스토텔레스의 중용 개념을 상기하게 한다.[37]

플라톤 이래 고전적 정치철학자들은 인민에게 자유가 주어지면 이기심 때문에 방종하게 되고 결과적으로 무정부 상태의 무질서를 유발하여 다른 중앙

37 여기에서 아리스토텔레스의 '중용' 개념은 "바다의 흔들이는 파도 위의 빙판 위에서 몸의 균형을 취하려는 정신"에 비유할 수 있다.

집권적 국가에 의해 멸망하거나 자기들끼리 싸우다가 괴멸한다고 보고, 대내적으로는 인민의 자유를 그 방종함 때문에 법률로써 제한하려고 했고, 홉스에 따르면 이를 제한하기 위한 절대 권력을 요구하기도 했다. 이뿐만 아니라 대외적으로도 국가의 힘이 강력하기 위해 통일되어 있어야 한다는 논리 하에서 하나는 좋고 분열되어 있는 상태를 상징하는 여럿은 나쁘다는 플라톤의 국가 철학은 대내외적으로 전쟁을 전제하는 정의 개념을 중심으로 하는 정치사상이다. 이러한 정치사상이 군주정과 민주정으로 양분된 철학적 관점에서 폴리비우스의 정체 순환론으로 나타난 뒤에 키케로를 비롯한 대부분의 근대 정치철학자들은 이러한 견해를 취하면서, 이 양자를 혼합하거나 조화시키는 정체로서 귀족(선량)에 의한 혼합정이나 공화정을 제시했다. 이 때 철학자들이 제안하는 귀족들은 이성적으로 지혜가 있는 자들로서 플라톤에 따르면 정의를 실현하는 지적으로 고귀한 자들이거나 이러한 정의감과 함께 근대 이후에는 과학적 진리를 갖는 자만이 정치를 해야 한다는 테크노크러시(technocracy)를 주장한 것으로 볼 수 있다.

마찬가지로 토크빌도 아메리카의 민주정치를 가능하게 한 정치제도나 법률의 현상을 주권재민의 원칙, 즉 개개인에게 자유가 주어진 정치체제를 잘 관찰하고 묘사하면서도 귀족주의자의 관점에서 이러한 주권재민의 자유민주주의 정치체제가 갖는 한계를 지적하고 있다.[38] 토크빌에 따르면, 아리스토텔레스가 말한 것처럼 어느 사회나 사람들은 정신적으로 세 계급으로 나뉘어져

38 고대로부터 철학자들이 민주주의의 맹점을 개인들이 지니는 자유의 방임에다 둔 것은 개인주의가 인간의 이기심에 기초한 것이기 때문이라고 합리화 하기 위함이다. 그러나 인간의 마음은 이기심 이외에 사회를 구성하는 필리아(philia)와 같은 공감하는 마음이 있다. 이를 인터넷이 발달한 현대에서 언론의 자유의 측면에서 설명하자면, 인간은 사유하면서 자신만의 사유공간을 마련하는데 이 공간 안에 이기심만이 존재하는 것이 아니라 타자와 공감하는 마음이 동시에 자리 잡고 있음으로 해서 사회적 여론을 지닐 수 있다. 즉 언론의 자유가 주어지면 인간의 마음이라는 하드웨어를 작동할 소프트웨어가 정보인데 이 정보에는 두 종류가 있다. 하나는 자기 자신과 직접적 이해관계가 있는 정보와 한 가족이나 사회나 국가와 관계하는 정보가 있다. 이 때문에 언론의 자유가 주어지면 이러한 정보가 서로 교류되어 모두 들어오면 여기에서 건전한 국가관이나 세계관이 거의 본능적으로 나타난다는 사실이 도킨스가 『이기적 유전자』에서 잘 말하고 있듯이 생물세계의 생태들에 대한 관찰에서도 드러난다. 그러나 귀족정을 주장하는 사람들은 사실 사회나 국가에 관한 정보를 독점하여 자기들의 지위와 안정을 위해 사용한다는 점에서 이러한 인터넷이 발달한 현대의 민주 시민 사회에서 발생하는 여론 현상에 몰지각할 수 있다.

있다. 이들 가운데 첫째 계급은 부유한 사람들로 이루어져 있고, 둘째 계급은 인간적인 생활을 지속하는데 견딜만한 사람들로 이루어져 있으며, 셋째 계급은 재산이 거의 또는 전혀 없어서 우월한 두 계급을 위해서 노동을 함으로써 생계를 유지하는 사람들로 되어 있다. 이와 같이 몇 가지 계급으로 분화되는 개인들의 비율은 사회의 조건에 따라서 다를 수 있지만 분화 자체는 결코 지울 수 없다. 그런데 민주주의란 제일 하층 계급이 주권을 가진 나라이다. 아메리카는 토크빌이 보기에 사회 전체가 전장에 나가 있는 군대처럼 그날 벌어서 그날 먹는 것 같이 보였다.(284). 결국 토크빌에 따르면, 아메리카의 주권재민의 민주주의도 하층계급으로 구성된 사회이다.[39]

그런데 하층계급은 상층계급보다 현실적인 궁핍 때문에 훨씬 심각한 고통을 당하고 있다. 이 때문에 미래에 대한 예측에 덜 민감할 뿐만 아니라 경험을 반성하고 지적 성찰을 할 수 있는 시간적 여유를 갖지 못한다. 이들은 어떠한 일을 당할 때 원인과 결과를 따지며 이성적으로 판단하기보다는 즉각적인 문제 해결을 원하며 감정적으로 반응하는(처리하는) 경향이 있다.

> 민주정치가 일정 수준의 지식과 문명에 이르지 못할 경우, 과거의 경험으로부터 이득을 얻을 수 없다는 점도 지적되어야 한다. 어떤 나라들의 경우 처음에 실시된 교육이 너무나 해독이 컸고 그 국민성이 열정과 무지, 그리고 모든 문제에 관한 잘못된 개념들로 괴상하게 뒤섞인 양태를 드러내고 있기 때문에 자신들의 참담한 처지의 원인을 가려내지 못한다. 또한 그들은 자신들이 파악하지 못한 병폐에 희생당한 것이다.[40]

마찬가지로 아메리카 국민들의 민주주의라는 것도 수많은 경험을 통해 실수를 통해서 배운 것을 통해 이루어진 에피메테우스적인 성격(trial and error)을 그대로 노정하는 것이었다. 토크빌에 따르면, 민주정치는 대중들이 정치적

39 『미국의 민주주의』, Ⅰ, 284-285쪽들.

40 『미국의 민주주의』, Ⅰ, 304쪽.

경험을 쌓은 결과로서만 진실을 터득할 수 있는 체제이다. 수많은 나라들이 자신들이 저지른 실수의 결과를 기다리는 동안에 멸망할지도 모른다. 그런데도 아메리카인들의 특권은 다른 나라들보다 더 높은 문화를 가지고 있다기보다는 자신들이 저지를지도 모르는 잘못들은 시정할 수 있게끔 자연자원이 풍부하고 먹고사는 문제에 있어서 여유가 있으며 더욱이는 주변에 강력한 국가가 없다는 점이다.

토크빌은 여기에서 더 나아가 역설적으로 자연이 풍요로운 가운데 지능을 발달시키지 못한, 전에는 강력했지만 오늘날 절멸한 인디언들까지 상기시키고 있다. 그는 인디언들이 스스로가 자기네 종족의 종말이 임박했다는 것을 예견하고 있다는 말도 들었다고 고백하면서 이 불행한 종족들을 달리 어쩔 도리가 없는 파멸에서 구원할 수 있는 방책을 유럽인들이라면 누구든지 알 수 있다고 말하고 있다. 그런데 인디언들은 이러한 타개책을 받아들이지 않은 채 최후의 한 명까지 죽어갈 것이라고 말하면서, 그들을 살아남게 만들려면 강제력이 사용되어야 할 것이라 말하고 있다.[41]

토크빌이 말하는 유럽인들이라면 누구나 알고 있는 타개책이라는 것이 무엇인가? 우리는 그것이 바로 국가의 본질을 이루고 인간의 이성의 본질을 이루는 것임을 알 수 있다. 즉 인간은 주어+술어로 구성된 언어를 사용하는 이성적 동물이자 사회적 동물이라는 것이다. 이성의 본질은 무엇인가? 그것은 모순율에 따라 사유하는 기능이다. 이러한 모순율에 따르는 사유는 그가 경험하는 사건이나 사태를 인과 관계에 따라 파악하고 사유하는 방식으로 발전하였으며, 이러한 사유방식의 핵심은 방법론적으로는 분석과 종합을 하는 사유이다. 그리고 이러한 이성적 사유가 빛을 발하는 현대에서는 과학적 탐구의 영역들(scientiae)이다. 이러한 과학적 탐구는 이론으로 정리되고, 이러한 이론을 현실에서 인간의 욕구에 부응하도록 응용하는 것이 현실적으로는 기술

41 『미국의 민주주의』, I, 304쪽.

력으로 나타난다. 즉 인간은 사유하면서 현실에서는 도구를 만드는 동물로서 지상에 나타난다는 것이다. 칸트가 과학적 진리가 현실의 사건을 분석-종합하여 알아낸 이론이 진리로서 간주되는 사태를 진리 구성설로 정당화한 것처럼 인간은 이론을 도구로서 현실에서 적용하는 능력을 지녔다. 결국 이러한 진리 구성설은 인간 사회에서도 타당한 것이다.

다른 한편, 인간은 동물적 속성 때문에 살아남기 위해서 식물을 먹이로 이용하고 또 생산하며 전쟁을 수행해야 한다. 이러한 생산과 전쟁에서도 인간 지능은 스스로를 조직하고 구성해서 생산이나 전쟁에서 강한 힘을 발휘해야 한다. 말하자면 인간은 이 지상에서 살아남기 위해서 자신들을 조직하고 도구로서 이용해야 하는 존재로 변모하게 되는 것이다. 사회적 동물인 인간은 스스로를 조직하면서도 도구화하여 타자를 이용하고 지배해야만 살아남을 수 있는 존재이다. 이러한 인간의 노력은 다른 동물과 달리 지적 영역에서 탁월하게 나타나며 그것의 외적 성과가 사실은 국가와 사회의 형성인 것이다.

국가란 무엇인가? 내적으로는 생산을 수행해야 하고 외적으로는 방위하거나 타자를 도구화하기 위한 조직인 것이다. 이 때문에 전쟁을 전제하지 않는 국가란 무의미하다. 인디언들이 유럽인들에 비해 어느 부분이 부족한가? 자연자원이 풍부했기 때문에 그들은 유럽인들에 비해 도구를 만드는 기술이 발달하지 못하였고 농장을 경영한다거나 공업을 일으킬 정도의 지능을 갖추지 못했으며, 사회적으로도 수렵과 채취 정도를 통해서 생활을 영위하는 족속들로서 가족 단위로만 생활하면서 그들이 이룬 공동체는 일종의 분업과 조직이 없는 떼거리에 불과하다. 그들의 공동체는 조직적이지 못하고 조직이 있었다 하더라도 곧바로 가족 단위로 되돌아가는 수렵이나 유목생활을 즐겼다고 보아야 한다. 그만큼 아메리카의 자연 자원은 토크빌이 파악한 대로 풍요로웠다고 보아야한다. 반면에 유럽에서의 인간은 자연 자원이 풍부하지 못해 이 지상에서 살아남기 위해 자연과학에 기초한 생산을 위한 산업기술과 인간을 닮은 인공지능(AI)을 지닌 자동기계인 사이보그(cyborg)까지 발명한 지능을 발달시켰다.

도구가 인간 생존을 지탱시켜 주기 위해서는 견고하고 강함을 지녀야만 할 뿐만 아니라 도덕성까지도 지녀야 한다. 이러한 도덕성은 인간의 타자와의 공존의식에서 기원한다. 그리고 이러한 공존의식은 공동체 정신과 상업 정신에서 기원하는 것이다. 토크빌이 인디언 이야기를 하다가 갑자기 정치외교술을 말하는 것이 바로 이러한 이유이다. 정치-외교술이란 무엇인가? 국내적으로는 정치란 정의를 토대로 한 사회 구성 원리로서 우정을 전제하지 않으면 안 되는 덕의 일종이고, 외교란 전쟁과 통상을 전제로 한 타자와의 공존 기술이다. 이 때문에 대외적으로는 복수법에 기초한 정의 개념과 대내적으로는 공리주의적인 정신이 탁월하게 나타나야 한다. 그리고 이 양자의 조합인 혼합에서 발생하는 이러한 공동체 정신이 미국아메리카에서는 타운쉽(township)으로 표현된 공화정의 정신으로 나타나고, 이를 현실화한 것이 미 연방국가에서의 법률이다. 그런데 토크빌은 이러한 정치외교술을 귀족만이 가진 것처럼 말하고 있다.[42] 그리고 토크빌이 보기에 아메리카에서의 이러한 귀족정신은 합리성을 지닌 입법가나 법률가에서 나타난다. 이 점은 그가 서구 정치철학의 전통이 플라톤의 이성 중심주의에 벗어나지 않으며, 귀족정신의 후예임을 극명하게 드러내는 말이 된다. 그리고 그가 귀족이라 칭하는 족속들은 현실에 대한 합리적 이성을 갖춘 존재라는 것은 두말할 필요가 없다.

왕정과 민주정을 원리적 수준에서는 혼합할 수 없다. 왜냐하면 이들 각각에는 하나의 통일적 원리가 지배적이기 때문에 두 원리를 이성적으로 혼합할 수는 없기 때문이다. 혼합하면 일관성이 사라지고 단순이 이를 나열하면 원리들의 모순 때문에 역으로 혼란도 있을 수 있다. 전자는 분화와 전문화에 따르는 지식의 발전에 따르는 이익이다. 후자는 이성이 따르는 모순율이 모순을 전제하기 때문에 일어나는 것이다. 따라서 두 원리를 혼합할 때에는 모순

42 『미국의 민주주의』, Ⅰ, 310쪽.

을 극복하기 위한 '창조성'을 전제하는 변증법적 지혜인 유기체적 사유를 필요로 하거나 다양성 자체를 단 하나의 통일성으로 규제하는 것이 아니라 다양성 자체에서 하나의 조화를 보거나 절충 융합하는 중용 정신을 필요로 한다. 즉 플라톤에 따르면, 『국가-정체』 편에서 말한 철학자-왕정은 지혜와 덕으로 통합되어 있는 것으로서 다수인 인민이 갖출 수 없는 것이며 역설적으로 다수의 지혜가 될 수 없는 것이므로, 따라서 인민은 통치될 수는 있어도 지혜를 지닌 다수가 될 수는 없다. 반면에 근대 이후 민주주의는 루소가 말하듯이 인민의 일반의지(공통의지)에 따르는 법이 없다면 가난한 다수인 인민은 자유를 생존의 욕구를 위해서 다 써버리는 개인들로 구성된 민중인 떼거리에 불과하다. 따라서 플라톤의 수학적 표현에 따르면, 왕정과 민주정을 혼합한다는 것은 하나와 여럿을 조합하는 것이고 이의 결과로서 수학적-기하학적 질서로 구성된 체계가 황금률을 지향하는 체제로 나타나는 것이거나 아리스토텔레스가 말하는 다양성을 인정하면서 이를 목적론적으로 조정하거나 조화시키는 지혜인 중용을 지녀야 한다.[43]

결국 플라톤의 혼합정의 정신은 왕정과 민주정을 혼합하는 것으로서 아리스토텔레스나 폴리비우스가 말하는 귀족(aristoi)에 의한 혼합정으로 나타나야 하는데, 플라톤에 따르면 이 귀족들은 모두 이성을 지니고 있는 철학자들이

43 소크라테스의 정의 내리기(chorismos) 방법에 내재한 산파술적 대화법에도 경험의 다양성 속에서 공통성을 발견하려는 귀납-연역적 방법이 들어 있고 이 때문에 과학적 방법과 유사하다. 플라톤은 이러한 철학적 방법을 수학-기하학과 유비하여 '하나와 여럿'의 존재-수학적 문제로 변형하여『소피스트』편에서 진리탐구의 학문을 변증법(dialektike)이라고 말하고 있다(253c). 플라톤은 하나와 여럿의 혼합이나 조합을 기하학적 공리체계를 마련하는 방법으로도 말하고, 후기존재론에서는 동일자와 타자의 변증법의 논리와 유한-무한의 변증법을 유기적으로 조합하여 황금률을 만들어내는 것으로 말하고 있다. 문제는 이러한 변증법의 배후에는 엄격한 질서의 전체-부분의 논리가 숨어 있다는 것이다. 인간의 이성은 이 때문에 프랑스의 지성을 대표하는 구체성을 지향하는 '몽테스키외의 정신'처럼 자연이나 인간사회에서나 항상 질서나 법칙을 발견하거나 발명하여 규정하는 정신으로 나타난다. 토크빌도 이와 유사하게 왕정과 민주정은 물론 자유와 평등의 관계도 이 양자를 유기적으로 혼합(조합)하는 가운데에서 법률을 토대로 한 이상적인 민주공화정이 탄생함을 미국 민주주의에서 보고 있다고 판정할 수 있다. 그러나 미연방국의 자유 민주주의의 특성은 개인의 자유를 최대한 보장하는 헌법과 법률의 특성에서 나타나는데, 그것은 이러한 연방국의 사회적 질서가 다양할 수 있고 다양성이 조화를 이룰 수 있다는 사태가 한 때 'melting pot'으로 비유된 미국문화에서 찾을 수 있고 이론적으로는 현대 수학에서는 기초론으로 작동하는 이성의 집합론적 사유에서 찾아볼 수 있다. 즉 현대 수학은 비유클리드 기하학을 통해서는 다양한 공리체계가 가능하고, 단일한 수 개념보다는 집합적인 수 개념 간에도 질서를 찾아내는 이성의 다양성에 개방된 창의적 정신에 의해 가능하다는 것을 증명하고 있다. 모리스 클라인(Moris Klein), 『수학의 확실성』, 심재관 역(1980. 사이언스 북스, 2007), 참조.

다. 인류의 역사를 살펴보면 귀족정이란 왕정에서 민주정으로 변화하는 과도기에서 일시적으로 나타나는 것에 불과하다. 로마의 공화정이 귀족들의 공화정으로 나타났지만 이 공화정이 곧바로 제정으로 변질되는 것을 역사에서 우리는 보았기 때문이다. 즉 왕정은 지혜와 덕으로 통합되어 있는 것으로서 다수의 인민이 통치될 수는 있어도 다수의 지혜가 통합될 수는 없다. 왜냐하면 다수의 지혜는 서로의 이익을 위해 정의를 따져야 하기 때문에 기껏해야 구체성을 결여한 일반적이고 추상적인 법으로 나타날 뿐이다. 로마 공화정이 귀족정의 형태를 띠면서도 법으로써만 유지될 수 있었던 이유이다. 그런데 로마법은 몽테스키외가 말한 바대로 시대와 환경에 따라 변화하여야 한다. 그러면 법으로서 가져야 하는 일반성의 권위로서 절대성(전체성)이나 지속성이 사라지는 역설에 처해있다. 또한 법에는 그의 일반성 때문에 구체성을 돌보는 덕이 없다. 이 때문에 진정한 혼합정은 구체성과 보편성을 동시에 가능하게 하고 만족시킬 수 있는 형태로 나타나야 한다. 결국 고대에서는 플라톤이 말한 혼합정의 정신은 인간의 개개인의 행복이나 이를 일반화한 인간의 이상으로서 신이나 목적이 전제되는 한에서만 이루어질 수 있고 이 때문에 진정한 혼합정의 현실화는 아리스토텔레스에서 언급된다고 보아야 한다.

그런데 현실적으로 근대에서 과학기술에 의한 산업발달이 이루어지면서 의식주에 관계하는 재화의 제한적이기는 하지만 풍요로움이 가능하게 되었다. 그럼에도 불구하고 근대 초기에서는 상인활동을 통해 자본을 확충한 부르주아를 중심으로 하는 인민의 권력이 증대한다. 그 결과 고대 플라톤이 말한 혼합정의 정신은 공화정의 법의 정신으로 무장한 귀족정과 자유를 지향하는 인민들의 민주정의 혼합으로 나타난다. 고대 로마에서 나타난 공화정의 정신에 산업발달에 의한 부르주아-인민들의 권력의지에 따른 민주정의 혼합이다. 즉 근대를 기점으로 왕정에 대항하는 공화정은 귀족 중심의 것과 근대에서의 부르주아의 공화정으로 분화된 것이 혼합되고 복합되어 프랑스 혁명을 기폭제로 하여 아리스토텔레스가 말한 바 있듯이 국가-정체는 복잡한 양상을 띠게 된다. 고대 로마에서의 귀족 중심의 공화정에서는 포플라레스라 해도 그락쿠스 형제에서처럼 그들은 귀족이다. 이 때문에 포플라레스는 민중의 힘을 얻어 참주나 제정으로 변화하기 쉽다. 반면에 근대에서 공화정은 왕권이나 귀족에 도전한 부르주아적 통치자가 권력을 획득하였을 때에는 부에 대한 열망이 과거의 군주처럼 독재자가 되거나 과거의 전제정과는 다른 전체주의의 수반이 된다. 왜냐하면 민중들은 개개의 욕망을 합한 전체의지를 반영하여야 하는 권력을 정치지도자들이 지녔기에 이러한 지도자를 중심으로 한 정치체제는 이러한 전체의지를 만족시킬만한 능력이나 지혜가 없는 것은 물론(예수처럼 '신의 아들'이라고 지칭되는 사람이라도 할 수 없는 불가능한 일이다.) 중용의 덕이 없기 때문이다. 독제나 전체주의는 포플라레스, 즉 민중의 지지를 토대로 하는 권력이나 돈으로서 포퓰리즘을 발휘하는 지도자가 어리석은 민중들의 욕심에 편승하여 인민들의 전체의지를 실현할 수 있다고 주장하는 지도자로 나타남으로써 일어나는 현상이다. 특히 평화시에 이들은 민중의 지지를 업거나 돈으로 권력을 획득한 연후에 다시 이를 복구해야 하는 민중과 똑같은 욕심을 지닌 부르주아이기 때문에 결국에는 독재자로서 전제정치의 참주처럼 독재자가 되거나 아니면 민중과 함께 다음 장에서 고찰할 한나 아렌트가 말하는 전체주의에로 나아갈 수 있다. 결국 고대에서의 혼합정에서 성립하는 귀족의 덕은 한편으로는 대외적으로는 전쟁과 관련되면서 대내적으로는 부를 전제한 중용의 덕일 뿐이다. 그런데 전쟁과 관련된 정치의 모든 문제는 풍요론의 관점에서 해결할 수 있고, 그것이 근대의 과학기술을 통하여 가능해졌다. 결국 미국에서의 자유민주주의로서 민주 공화정은 현대에서 보면, 자연의 풍부함과 더불어 과학기술이 결합된 현상이라고 볼 수 있는 것이다. 그러나 현대에서처럼 과학기술이 발달하지 않은 당시의 아메리카에서 모든 국민들이 현명할 수 있는 현상은 어디에서 오는 것일까? 그것은 그 가운데에서도 퓨리터니즘을 지닌 이민자들이 가져온 유럽의 역사적 정신의 한 정수와 자연의 풍요로움 때문에 가능한 것이다. 여기에 덧붙여진 연방헌법이 보장하는 시민 개개인의 자유를 미국인들이 자신들의 복리만을 추구하는데 사용하지 않는 타운쉽에 드러나는 공동체 정신에 의한 것이다.

5. 미국의 민주주의에 노정된 문제들

토크빌은 민주주의 자체의 내부에서 일어난 모순, 말하자면 자유만을 안겨줄 것 같았던 민주주의가 가장 무서운 체제일 수 있다는 사실 역시 간과하지 않았다. 1831년 미국에 도착한 토크빌은 온 국민이 물질적인 쾌락만 추구하게 만드는 잘못된 맹목적 열정이 근대의 평등한 민주사회가 지니게 될 공통된 과제가 될 것이라고 염려하였다. 평등해진 인간은 돈벌이에만 치중하게 되고 스스로를 고립시키거나 자신의 일에만 몰두, 전념하는 위험한 성향이 초래되는 바, 토크빌은 프랑스 혁명을 이룬 평등에 기초한 민주주의적 의식이 곧 자유를 잠식해 간다는 논지로 평등 사회의 풍요로운 물질주의에 민주주의의 비극이 내재되어 있음을 설파하였다. 이러한 평등에 기초한 민주주의는 프랑스 혁명에 의한 사회건설로 나타났으며 소련에서처럼 폭력 혁명에 의해 공산주의라는 형태로 발전해 나갈 수 있으나 이러한 폭력이나 이에 따르는 혼란을 본능적으로 해악으로 간주하는 토크빌은 혁명이 아니라 점진적으로 발전하는 민주주의 사회에서도 그에 못지않게 무서운, 그러나 '부드러운' 해악이 숨어 있는 것으로 간취하고 있었다. 즉 토크빌이 보기에 평등사회는 대중 사회 속에서 개인이 원자화되는 등 계급사회보다도 더 무서운 해악을 내포하고 있었다. 무엇보다도 토크빌이 주목한 것은 '인민'이 지배할 때도 전제주의나 20세기에 나타난 전체주의의 잠재성이 존재한다는 점이었다.

1) 자유를 위협하는 평등

인간은 생물학적으로 동물에 속하면서 본성적으로 능동적인 활동의 자발성을 지니고 있다. 이러한 생물학적 자발성에서 우러나오는 본래적 자유는 인간이 사유를 하면서 개인이 가지는 자아의식 속에서는 감정과 달리 자신의 행위를 결정할 능력으로서의 자유의지로서 나타난다. 철학적으로 논쟁하는 '자유의지'의 문제는 이제 정치-사회적 차원에서 논해질 수 있다. 즉 철학의 이러한 자유의지론은 인간의 사유가 모순율에 따라 수행되면서부터 우연성을 함축한 자연이 필연적 법칙에 의해 운행된다고 하는 근대 뉴턴 과학적 사고가 지배하게 될 경우에는 칸트가 그의 『순수이성 비판』 안티노미에서 밝히고 있는 것처럼 자연법칙에 반하는 인간의 의지의 작용(자유) 가능성이 논해질 수 있는 것이다.

다른 한편, 생물학적으로 논해지는 인간의 행위는 인간이 사유를 하면서 지니는 사유의 도구-제작적 성격 때문에 구체적으로는 자유가 수단-목적의 관계를 일으키는 행위의 노예상태와의 관계에서 사회 정치적인 것으로 바뀐다. 프랑스 자유주의의 비조인 벵자멩 콩스탕(Benjamin Constant)에 의하면 개인의 가치란, "어느 누구도 자신의 견해와 신념과 원칙에서 자신이 아닌 지적 권위에 복종하도록 강제되지 않는 데 있으며, 개인은 공공의 안녕과 평온을 해치지 않는 한 모든 영역에서 자신의 역량을 최대한 발휘할 수 있는 것이어야 한다."[44] 사실 벵자멩 콩스탕이 말하는 자유는 이사야 벌린이 말한 소극적 자유로서, 7월 왕정기의 프랑스 자유주의가 개인적 자유의 극대화와 시장 경제에서의 자율성에서 인민 권력의 제한과 국가 기구의 개입에 이르기까지 여러 사조로 분지되어 있었다는 데에서 기인한다. 그렇지만 일반적으로 자유주의자들은 국가 권력의 제한, 대의제 정부를 통한 인민 주권의 원리, 개인적 자유

44 B. Constant, *Principes de Politique* (version 1806-1810)(Hachet Pluriel, 1997), p.383.

의 함양, 종교적 신념의 문제에 있어서 국가의 중립성이라는 네 가지 기본신념을 공유하고 있었다.

반면에 우리는 앞에서 살펴보았듯이 개인의 진정한 자유란 정치적 자유로서 공동체로부터 독립된 공간에서가 아니라 공동체와의 유대관계 속에서 찾아져야 할 것으로 보인다. 정치철학적으로 자유란 정치적 권리의 확립과 무관할 수 없으며 시민 개개인이 부단한 정치활동에의 관심과 참여를 통해서만 확보될 수 있는 성격의 것이다. 이러한 자유는 이사야 벌린이 말한 적극적 자유라고 말할 수 있다. 결국 자유주의는 우선 고대 그리스에서 기원하는 고전적 휴머니즘에서 찾을 수 있다. 그것은 인간 가치와 존엄이 이성적 사유에서 기원하는 것으로서 인간의 삶과 조건에 우선적으로 관심을 두는 사상과 사조를 가르키며, 이를 정치적 자유로 계승한 소크라테스-플라톤-아리스토텔레스의 자유와 그리스 식민지 철학자들의 민주주의적 사고에 나타난 세계 시민적 자유의 양면으로 나타난다.

고대 그리스적 자유주의가 지니는 양면성을 부활시킨 것은 근대 르네상스기의 근대 문화와 지적 전통을 형성하는데 중요한 요소가 된 '계몽운동'으로 말해지는 특정한 교육과 문화 운동이다. 특히 이 후자는 르네상스기의 새로운 시민적 휴머니즘의 담론으로 나타나 산업혁명과 더불어 초기 자본주의가 발달하면서 개인주의 운동에서 나타난 사적 공간이다. 물론 시민적 휴머니즘은 시기와 정황에 따라 그 양면적 성격을 달리 하였다. 14세기의 휴머니즘은 주로 학문 연구와 저술 활동에 치중한 문학과 학문 활동을 지칭하는 것이었고, 이러한 활동은 낭만주의 운동에서 나타난 것처럼 은둔생활과 명상생활에 대한 예찬으로 변모하였으나, 다른 한편으로는 15세기에는 현실에의 적극적으로 참여하는 활동적이고 정치적이며 시민적인 것으로 변모된 것이다. 우리가 마키아벨리에서 살핀 것처럼 15세기 피렌체 공화국의 지식인들은 적극적인 현실 참여의 공화정신을 덕이라고 생각하였던 것이다. 시민적 휴머니즘은 부를 시민 생활의 토대로 생각하여 적극적인 개념으로 평가하였고, 이 때 말하는 인간의 덕이란 적극적인 정치참여, 즉 사회적 책임을 다하는 실천적 행동을 하는 것을 의미하였다.

원래 덕이란 개념은 헬라스 세계에서 아리스토텔레스가 규정한 정치적 동물로서의 인간의 목적을 실현하는 것이었다. 그리고 이러한 덕을 실현하기 위한 조건으로서 공동체에 동등한 자격으로서 참여 헌신 할 수 있는 물질적 도덕적 기초로서 그것이 곧바로 경제적 군사적 독립을 견지하면서 인격의 품위와 자율성을 확보하는 것을 의미하는 것이었다. 이는 근대 부르주아의 혁명에 의해 성립하는 근대 자유주의자들의 덕성과도 일맥상통하는 것이다. 덕이 있는 사회가 진정으로 강하다고 보는 인식에 바탕을 두고 공화국을 지키기 위해서는 참여와 헌신이 요구된다는 것이 공화주의의 핵심이라고 토크빌이 말했을 때, 그가 중요시 한 것은 사적 자유보다는 공적인 자유를 강조한 것으로 보인다.

그런데 근대 사회에서 부를 향한 부르주아의 영향을 받은 시민들의 물질주의적인 유물론적 경향은 토크빌이 말한 것처럼 자유의 정신과 가치를 지켜주기는커녕 오히려 그것에 적대적이고 위협적인 요소가 되어 사회에 개인주의가 확산됨에 따라, 정의를 주장하는 것에서 기원하는 자유의지가 점차 평등을 지향하는 것으로 변모되는 것을 볼 수 있다. 그 결과 시민 사회에서 평등에 대한 주장이 강화될수록 토크빌은 (자연자원의 한계에 대한 인식이 없는 경우에도) 이 자유가 점차 침식될 위기에 처하게 된다고 [잘못] 본 것이다. 특히 프랑스 혁명에서 시민들의 평등을 과격하게 성취하고자 하는 민주주의적 의지가 분출된 것을 본 귀족 출신의 자유주의자 토크빌은 부르주아의 이기주의, 특히 물질 중심의 사고방식에 대하여 강한 모멸감을 가졌던 것으로 보인다. 결국 그는 그 당시 근대 사회에서 태동하고 있고 20세기를 뒤흔든 과격한 폭력혁명에 의해 성립하는 사회주의나 공산주의 운동에 대해서는 강한 모멸감을 가졌을 것임은 명확관화 한 사실이다.

미국의 독립 선언문에서는 "모든 사람이 평등하게 태어났다."고 선언하고 있다. 그러나 과연 사람들이 신체적 힘이나 정신적 능력에서 평등하게 태어나는 것일까? 오히려 사람들은 이러한 선언은 사실이나 진실을 말하는 것이 아니라고 생각한다. 말하자면 저 선언은 사실에 관한 표현이 아니며, 이에서 더 나아가 당위적인 것도 아니라 근본적으로는 인간만이 지니는 독특한 권리에 대한 표현일 뿐이다. 이러한 진술을 정당화하는 것은 무엇일까? 만약 인간이 태어날 때부터 다양한 천부적인 재능이나 필요성 때문에, 또는 공로에 있어서 사실상 모두 평등하지 못하다면 왜 그럼에도 불구하고 그들이 동등하게 대우받아야 하는가? 확실히 사람은 그의 능력과 필요로 하는 것에 있어서 평등하지는 않지만 이들에게 어떤 기본적인 능력과 필요한 것은 공통으로 지니고 있다는 점에서 평등하게 소유하고 있다고 보아야 한다.[45] 그리고 이러한 평등에 대한 권리적 선언은 철학적으로 보면, 그것이 바로 '합리적인 선택의 능력으로 이야기되는 이성'과 '상상력을 통해 자신과 다른 사람의 입장에 자신을 둘 수 있는 공감(sympathy-empathy)능력'에 기초하고 있는 것이다. 이 두 능력이 인간성에서는 자유의 능력으로 말해지는 것은 근대의 철학자들에 의해서이다. 이 두 능력이 바로 우리에게 공통적인 인간성을 갖도록 하는 것이며, 모든 사람이 어떤 종류의 평등한 권리를 소유하고 있다고 하는 주장의 실제적 근거이다. 그리고 이러한 능력은 민주주의에서는 기본적인 요구인 평등한 만족에 대한 권리와 평등한 기회에 대한 요구의 권리로 양분되어 나타난다.

우선 후자에 대한 권리의 주장은 모든 사람이 자기 발전을 위한 평등한 기회를 가지며 타고난 능력을 발휘할 권리를 갖는다는 의미이다. 평등한 기회

45 A. 토크빌(Alexis de Tocqueville)은 『미국의 민주주의』, I 권, 2장과 3장에서 자유에는 짐승이나 모든 생물체에게 존재하는 공통적인 선악의 피안에 있는 자연법적 자유와 인간에게서 성립하는 시민적 자유인 정치적 자유를 말하고, 이 후자의 자유는 아메리카 민주주의에서는 종교적 정신(청교도적인 정신)에 기초한 자유정신으로 본다. 즉 미국 민주주의에서 자유에 기초한 평등의 개념이 신 앞에서의 인간의 청교도 정신에 표명된 도덕적 만족감으로 나타나는 것에서 기원하는 것으로 본다. 그러면서도 현실적으로 재산소유 민주주의에서 평등은 상속법에서 표명되고 있다고 보는데, 그것은 재산소유의 정체에서 유럽의 귀족주의를 형성하는 세습적인 장자권보다는 자손들에게 똑같이 토지나 재산을 나누어주는 데에서 기원함을 밝히고 있다. 즉 살아 생전에는 개인의 재산을 능력껏 확보하나 죽을 때에는 모든 자손들에게 똑같이 부를 나누어 줌으로써 미국의 자유주의에 기초한 평등주의적 분배 원칙이 미국의 민주주의를 형성한 것으로 파악하고 있다.

라는 것은 플라톤이 인간성을 회복하기 위하여 그렇게 강조한 교육의 측면에서 잘 설명된다. 만약 모든 사람이 교육을 통한 자기발전의 기회가 평등하게 주어진다면 재능이 있는 사람은 잘 이용할 것이나 재능이 없는 사람을 그렇지 못할 것이다. 그래서 기회는 평등하게 분배될 것이나 다양한 재능과 능력에 따라 그 결과는 평등하지 않을 것이다. 그런데 여기에서 의미하는 평등한 기회라고 하는 것은 동일한 기회를 의미하지 않으며 다양한 재능이 불평등한 재능일 수는 없다. 만일 두 개의 사물이 평등하지 않다고 한다면, 그 차이란 질적으로는 유사하지만 양적으로 차이가 있음을 위미한다. 따라서 이 둘은 같은 저울에 놓을 수 있다. 그러나 기술 교육이나 음악 교육처럼 이 양자가 서로 다른 경우에는 이 양자가 평등하다고 말하는 것은 난센스이다. 그럼에도 불구하고 어떤 재능과 교육으로 말미암아 매달 500만원의 월급을 받는 것과 다른 재능과 교육으로 1,000만원을 월급으로 받는다면 사회적으로 이들은 불평등하다고 생각되는데, 이는 두 가지 재능과 교육의 형태 간의 단순한 차이 때문이 아니라 사회적인 안배 방식 때문에 생긴 결과이다. 이러한 보수의 불평등과 사회적 안배 방식의 결과 때문에 생긴 불평등은 사실 공리성과 희소성 때문이다. 결과적으로 서로 다른 천부적 재능에 똑같이 주어진 기회의 분배는 평등하지 않은 보상이라는 결과를 가져올 수 있다.

그러나 민주사회에서는 평등한 기회라고 말할 때 사람들은 종종 상이한 능력에 대한 적합한 상이한 기회가 아니라 높은 보수와 신분이 주어지면 상대적으로 희소한 지위를 차지하기 위한 기회의 평등을 생각한다. 즉 평등한 기회라는 말 속에서 부와 특권이라는 화려한 상이 걸린 경쟁의 내용이 함축되어 있다는 것이다. 그래서 기회의 평등이란 개념은 사회에 역설적인 결과를 가져올 수 있다. 민주사회에서는 평등한 기회란 재능에 맞게 기회가 주어짐으로써, 모든 사람이 풍요롭고 즐거운 삶을 위해 자기의 능력을 실현시킨다는 것을 의미한다. 그래서 그 결과가 각자에게 행복감을 준다면 이 결과는 평등하다고 말할 수 있다. 그러나 사회적 안배의 결과가 몇몇 사람에게만 유리하게 결과되는 것에 대해서는 불공정하다고 생각한다. 더 나아가서 출발지점에서 차이가 나는 많은 재능들을 인정한다면 그것도 불공정하다고 생각한다. 그래서 출발지점에서 신체적인 결함이나 재능에 약점을 가진 사람을 우리는 특별 조항(복지제도)을 만들어 그의 천부적인 열세를 없애주려고 시혜적인 노력을 한다. 평등한 기회의 관념은 그래서 복잡한 개념이다. 자유방임주의 시대에서는 국가의 임무는 모든 사람에게 자기 자신을 위해 최선을 다할 수 있도록 평등한 자유(기회)를 주고 약자가 경쟁에서 패배하도록 내버려두면서 그들이 경쟁하기에 좋은 여건을 유지하는 것일 뿐이라고 생각되었다. 자선이 약자를 구제할 수도 있지만 그것은 정의나 권리의 문제는 아니었다. 그러나 근대 복지 국가는 이런 견해에 중대한 변화를 가져왔다. 모든 사람은 비록 그가 자신의 생계비도 벌지 못한다 할지라도 생존할 권리를 갖는다고 생각되었다. 즉 인간에게 기본적으로 필요한 권리, 또는 정의의 문제로서 이러한 기본권은 모든 사람이 마땅히 충족되어야만 한다는 것이며, 그리고 국가란 이러한 조직된 공동체로서 그 구성원에 대해 가지는 의무를 지닌 것으로 나타난다.

분배적 정의에 관한 공산주의자의 이념은 "각자 능력에 따라 일하고 필요에 따라 분배받자."라는 구호로 나타났다. 일의 분배는 능력에 따른 것이어야 하고 이익의 분배는 필요에 따른 것이어야 한다는 것이다. 공적은 중요하지 않으며 받는 혜택 또한 공동선에 기여한 보상이 아니다. 공산주의의 이념은 보상이란 불필요하며 '영웅'이라 칭하는 이상적인 사람은 이기심을 버리고 대가가 돌아오리라는 기대를 하지 않고서도 전체의 이익을 위해 공헌할 수 있다고 전제한다. 공산주의 사회에서는 사람들은 각자의 능력이 허락하는 공동선을 위해 열심히 일할 것이며 그들이 일해서 얻는 것이 아닌 필요한 것을 받는 것에 만족하리라고 생각된다. 이러한 분배적 정의에 관한 관념은 정말로 이상적인 것으로서 이스라엘의 키부츠나 수도원에 사는 사람들과 같이 비교적 욕심이 없는 사람들에 의해서만 실현될 수 있는 것이다. 이런 이상주의적인 생각은 이 사상을 실천할 수 있는 소위 '영웅적인 노력'을 함축한 것이지만 정치지도자들의 말에서만 이루어지는 것이 20세기의 공산 국가의 현실이다. 공산주의자의 슬로건은 사회주의자가 꿈꾸는, 즉 카를 마르크스가 말한 분배적 정의의 원리, "각자가 능력에 따라 일하고 일한 만큼 분배를 받는다."는 슬로건과 대조될 수 있다. 여기서의 혜택은 공리주의자의 원리와 마찬가지로 공적에 따라 분배된다. 열심히 일한 사람은 보다 많은 혜택을 받으며, 적게 일한 사람은 적게 받는다. 이러한 생각은 대부분의 사람의 자연스런 이기심을 허용하고 있다. 그들로 하여금 공동선을 위해 최선을 다하도록 하는 데는 보상이라는 자극이 필요하다. 문제는 사회주의자의 정의 개념은 사람이 자신의 개인적인 선을 위해 기울인 노력에 따라 보상받는 것이 아니라 공동선에 공헌한 바에 따라 보상받기를 기대한다는 점에서 자유 방임주의적인 자유주의의 정의 개념과 구별된다는 점이다.

토크빌은 자유에 대한 좀 더 복잡하고 미묘한 사회적 제약에 관심을 보였는데, 자유에 대한 위협은 외부로부터도 가능하지만 민주사회에서는 그보다도 개인 스스로가 자신의 자유와 책임을 포기하는 경우에도 발생하며 이러한 경우가 더 심각한 위협이 될 수 있다는 사실에 주목했다. 이에 자유를 위협하는 가장 심각한 요소로 폭력으로 나타날 수 있는 '평등에 대한 열정'을 제시하였다. 즉 시민들은 자유와 평등을 모두 누리고자 하는 반면, 자유보다는 평등을 더 애호하여 평등을 성취할 수 있게 되면 자유가 희생되는 것쯤은 인지하지 못한다는 것이다. 토크빌의 견해에 의하면 평등의 이점이나 쾌락은 쉽고 즉각적이나 평등이 내포하고 있는 결함은 잘 보이지 않는데 반해, 자유는 얻기는 어려우나 잃기는 쉬우며 그 결함은 쉽게 보이나 그 이익은 오랜 시간이 경과한 후에야 비로소 보이는 것으로서, 사람들은 자유를 얻지 못하면 쉽게 체념하고 포기하나, 평등은 결코 포기하지 않는다는 것이다. 토크빌의 직설적인 표현을 들자면 평등에 대한 저급한 취향은 사람들로 하여금 '자유 속에서의 불평등'보다는 '예속 속에서의 평등'을 선호하게 만든다고 하였다. 토크빌에 따르면, 평등의 원리는 두 가지 경향을 야기하는데, 그 하나는 인간으로 하여금 곧바로 독립 상태로 이끌면서 무질서 상태로 몰아넣는 것이고, 다른 하나는 노예상태의 길을 열어놓는 것인데, 이 노예 상태에의 길은 시간이 오래 걸리고 잘 모르게 나타나는 것이긴 하지만 확실한 것이다. 국민이 전자의 경향에 대해서는 잘 알고 이에 저항할 마음의 준비가 되어 있다. 그러나 후자의 경향에 대해서는 그것을 인식조차 못하고서 끌려가게 된다. 그래서 이것을 밝히는 일이 특별히 중요하다고 생각한다. 즉 토크빌은 자유, 질서유지, 평등과 같은 소중하고 중요한 가치들이 상호보완적이라기보다는 상호모순적인 측면이 있음을 입증하였던 것이다.

2) 개인주의와 정치의 사사화(私事化)

아리스토텔레스의 말마따나 인간은 사회적-정치적 동물인 한, 한 공동체 내에서 자유를 전제하는 개인주의는 건전하게 영위될 수도 있고 방만하게 영위될 수도 있다. 특히 한 공동체 내에서 개인주의가 절제를 전제한다면, 그리고 이 절제가 공익을 위한 것이라면, 그 공동체의 부분인 개인도 이를 통해 이익을 얻는 것이라면 그 자체는 폭발적으로 공동체에 긍정적인 효과를 발휘한다. 반면에 이 절제가 공동체를 위해 과도하게 요구되거나 개인적인 능력을 발휘하지 못하게 한다면 그래서 무기력과 침체 상태에 빠지게 한다면 그것은 그 공동체가 개인의 자유를 인정하는 것이 아니다. 다른 한편, 개인주의가 물질적 안락을 위하여 과도하게 발휘될 경우 타자와의 관계에 해를 끼칠 뿐만 아니라 결국에는 공동체에서 벗어나 이기주의에 침잠함으로써 자신까지도 파괴할 수 있다는 것이다. 토크빌은 개인주의가 지닌 자유에 대한 방종한 행사는 이기주의로 나타날 수 있는데, 이러한 자유의 방종한 사용은 시민으로서의 책임과 시민적 삶에서의 퇴장을 의미하고, 시민 다수가 그들의 사적인 일이 아닌 것들로부터 간섭을 받지를 원하지 않을 때, 민주정에서 부드러운 전제정치가 나타날 수 있음이 다음과 같은 대다수의 시민들의 이율배반적 경향에서 기원함을 말한다.

> 그들은 본래 공무에 대한 관심이 결여되어 있을 뿐만 아니라 민주시대의 사생활은 너무나 바쁘고 흥분되어 있으며, 또 소망과 활동으로 가득 차 있기에 공공 생활에 바칠 정력이나 여가가 개인에게 전혀 없다. ...반면에 공공 안녕에 대한 애착심은 민주국민이 계속 유지하고 있는 유일한 감정인 경우가 많으며, 그래서 이 감정이 다른 모든 감정이 수그러들고 소멸해갈수록 이에 비례해서 그들에게 더욱 활발하고 강렬하게 나타난다.[46]

폴리비우스는 이러한 인민들의 이율배반적인 경향에도 불구하고 한편으로 자유를 인정하는 민주정의 상태에서는 인민들이 자유를 방종하게 사용함으로써 모든 문명은 파괴되고 이러한 파괴 후에 다시 왕정이 나타난다고 보았다. 그러나 인류는 끊임없이 번성하여 왔다. 그래서 이러한 민주정은 헬라스 세계에서 보았듯이 마케도니아의 중앙 집권적인 나라에 침략당할 수밖에 없으며, 역으로 왕정보다는 황제에 의한 전제정이나 제국주의가 나타날 수 있는 소지가 있다. 마찬가지로 토크빌이 보기에, 근대 이후에는 민주주의에서 독재나 전체주의가 나타나며, 다른 한편 외적이 없을 경우 전제정에서 인민들에게 자유를 인정할 경우 프랑스 대혁명과 같은 혁명이 일어날 수 있다고 본다. 그런데 아메리카에서는 이러한 혁명이 일어나지 않고 민주주의가 영위되어왔다. 모든 혁명은 다소간이라도 소유하고 있는 개인들의 재산의 유지를 위협하기 때문이다. 이에 아메리카와 같은 재산에 큰 비중을 두는 민주사회에서 사람들은 변화를 좋아하지만 기본적으로 혁명을 희망하지는 않을 뿐만 아니라 오히려 혁명을 두려워한다고 말한다. 그 결과가 다른 한편으로 정치적 무관심과 비참여의식의 팽배, 정치문제의 사사화, 그리고 사적 이익의 추

46 『미국의 민주주의』, Ⅰ, 864쪽.

구정신이 정치영역을 잠식하게 되는 현상이 나타나는데 토크빌은 이를 정치의 사사화(私事化)라고 말한다. 이러한 정치의 사사화 현상은 역설적으로 정치가나 관료가 이러한 인민들의 감정을 이용하여 공적인 권력을 사유화할 때에 평화시에는 참주정이나 폭군이 나타났으며, 전쟁시에는 영웅들이 나타나나, 전쟁이 없고 일인 통치나 중앙집권화된 정치체제가 아닌 주권재민의 아메리카의 민주주의 정체에서는 이 양자의 협동 아래에서 제도화된 다수자에 의한 전제정치가 가능하게 된다고 보았다.

3) 민주적 전제주의

아메리카 민주주의 사회는 중간 권력이 파괴되고 국가 권력이 집중되면서 부드러운 전제정치를 낳게 된다. 토크빌이 국가권력의 집중화와 관련하여 우려한 것은 정치의 중앙집권화인데, 행정의 중앙집권화로 인해 다수의 묵인과 동조 하에 합법적 통치를 함으로써 시민들의 일상생활과 사회생활의 세세한 측면까지 규율하는 '부드러운 전제정'에 빠질 수 있음을 다음과 같이 경고하였다.

> 아메리카인들은 각 주마다 최고 권력은 국민으로부터 나와야 한다고 생각하고 있다. 그러나 일단 그 권력이 설정되고 나면 거기에는 말하자면 한계가 없는 것으로 생각하고 있으며, 권력이 바라는 것은 무엇이고 할 권리를 권력은 가지고 있다고 생각한다.[47]

민주국가에서 최고 권력은 국민으로부터 나오지만, 일단 그 권력이 평등의 원리를 지향하면서, 다수의 의지로 모든 것을 해결하려고 하면서 다수가 권력을 지니게 되면 전능성을 가지게 되는데, 토크빌은 중앙집권화된 정부와

47 『미국의 민주주의』, Ⅰ, 861쪽.

중앙집권화된 행정을 구분하면서, 중앙집권화된 행정은 인민의 공공정신과 자발적 동기를 고갈시키기에 막아야 한다고 주장했다. 행정의 중앙 집권화는 '국민의 이름으로 행사된다는 전제조건 하에서만 합법적인 전제정치'라는 것이다. 민주국가에서 전제정치는 인간의 의지를 누구나 다 갖추고 있어야 할 필수적인 것에 대한 강조를 범용하고 평범한 차원으로 환원하며 결과적으로 인간의 창의적인 자유로운 행위를 축소하며, 시민의 평범성이 보편적으로 강조되는 전제정이 발생하게 된다는 것이다.

4) 다수의 폭정

토크빌은 미국에서 다수의 사상이나 견해가 강력한 구속력을 지닌다는 점을 강조하였다. 다수가 생각하기로는 자신의 우세한 지능에서 연유한다고 보는 통치권은 첫 이주자들에 의해 도입되었다. 다수만이 비위를 맞추어야 할 세력이기 때문에 다수의 모든 계획은 가장 열렬하게 채택되며, 모든 권위는 다수의 의지에서 도출된다. 그러나 이러한 다수의 의지는 보통선거에서 보이듯이 모든 국민의 의지가 아니며, 따라서 이 때 민주주의는 '만인의 이익'을 보호하는 것이 아닌, 단지 '다수의 이익'을 보호하는 것이 된다. 토크빌은 다수 만능주의와 거기에서 초래되는 무비판적 획일주의를 비판하며 민주주의의 의사결정 과정에서 상식이 된 '다수결 원칙'의 도덕적 정당성에 대해 문제를 제기하였다고 볼 수 있다. 아메리카에서는 입법부가 행사하는 권력이 절대적임을 우리는 앞에서 언급했다. 그런데 이러한 입법부가 다수결의 원칙에 따라서 입법을 수행함으로 인해서 아메리카만큼 법률들의 수명이 짧은 나라가 없다고 한다. 그 결과 법집행이나 행정 수행에도 일관성이 없기는 마찬가지이다.

아메리카에서는 몇 가지 특수한 상황이 복합적으로 다수의 권력을 우세할 뿐만 아니라 막강한 것으로 만들어주고 있다. 다수의 도덕적 권위는 한 사람보다는 다수의 사람들에게 더 많은 지성과 지혜가 있다는, 그리고 입법자들의 수는 그들의 질보다 더 중요하다는 개념에 부분적으로 기초하고 있다. 따라서 평등의 이념이 사람들의 지능에도 적용되고 있다. 모든 다른 권력이나 마찬가지로 그리고 어떤 다른 권력보다도 다수의 권위는 합법적으로 보이기 위해서는 오랜 세월을 요한다. 처음에는 강제적으로 복종을 강요한다. 다수의 권위의 법률은 오랜 세월 동안 지속되어야 존중된다.[48]

아메리카에서 다수가 권력을 행사하는 방식은 물리적인 것이 아니라 여론이나 사회적 습속과 관행에 기초하고 있으며, 지구상의 다양한 헌법제도 하에서는 그 지배를 관철할 수 있는 새로운 종류의 폭력이었다. 토크빌은 한 국민이 자신에게 고유한 문제들에 있어서 정의와 이성의 범위를 결코 넘을 수 없다고 본다. 따라서 결과적으로 그 국민을 대표하는 다수에게 충분한 권력을 부여한다는 것은 역설적으로 노예의 언어에 해당하며, 다수 역시 비난 받을 가능성이 있다고 주장한다. 절대적인 지배를 행사할 수 있는 권리와 수단은 어떤 권력에 부여되든지 관계없이 폭정의 씨앗이 있기에 이에 대한 철저한 방벽이 필요하다고 역설하였다. 즉 민주제도의 본질적인 결함은 다수의 권력에 비례하여 증가하게 된다는 것이다.

아메리카 합중국이라는 나라가 누리는 지나친 자유보다는 폭정에 대해 충분한 보장책이 마련되어 있지 않은 상태가 내 보기에는 더 경계할 대상이다. 어느 개인이나 당파가 합중국에서 부당한 처우를 당한다면, 누구에게 호소할 것인가? 여론에 호소하자면, 여론도 다수로 이루어져 있다. 입법부에 호소하자면, 입법부도 다수를 대표하며 묵시적으로 다수에 복종한다. 행정권에 호소한다면 행정권도 다수에 의해 임명되어 다수의 수중에서 소극적 도구 구실을 한다. 공권력은 다수가 무장한 것이며, 배심원은 다수에게 사법사건을 청취할 권리를 부여한 것에 지나지 않는다.[49]

48 『미국의 민주주의』, Ⅰ, 332쪽.

49 『미국의 민주주의』, Ⅰ, 338쪽.

토크빌에 따르면, 다수결의 원리에 의해 지배되는 민주주의 사회에서는 결국 권력 분립이라는 것도 헛것이 되며, 다수의 지혜라는 것도 절대적 권력을 폭력적으로 표현하는 한 방법에 불과한 것임을 웅변하고 있다. 사회의 평등화가 개인의 중요성을 약화시키는 반면, 역설적으로 다수에 의해 구성된 사회의 중요성을 증대시켜 결국에는 사람들로 하여금 관념적으로 습관적으로 그리고 감정적으로 행정권은 물론 입법권이나 사법권의 중앙집권화를 정당화하게 만든다고 주장했다. 사실 모든 민주주의적 폐해의 시초는 자유를 위협하는 평등에서 비롯된 개인주의에서 발전하여 다수의 폭정에서 민주적 전제주의에로 확대되는 것이다.

이 때문에 토크빌은 민주주의 체제가 해결해야 할 다양한 과제 가운데서도 다수의 폭정을 완화시키는 것이 최우선 과제라고 주장하였다. 그러면서도 그는 앞의 인용문에서 나타났듯이 '국민이 자기네 정부의 타고난 불완전성을 감당하는데 필요한 지혜와 힘을 스스로 찾아내야 하는' 소위 개인들의 자유와 평화를 애호하는 선구자적인 개척정신(frontier)이 들어 있는 미국의 민주체제는 자체의 자정 능력으로 이러한 내재적인 한계를 과거에도 극복해 왔고 앞으로도 극복할 것이라며, 미국의 민주주의가 성공을 거둘 수 있었던 중요한 요인들, 미국의 정치 체제가 기초하고 있는 원칙, 다시 말해서 질서, 세력 균형, 진정한 자유, 권리에 대한 깊고 진정한 존중의 원칙을 받아들이는 것은 필수불가결하다고 그의 저서에서 역설하고 있다. 토크빌은 프랑스 공화국의 법률이 여러 경우에 있어서 미국을 지배하는 법률과 다를 수 있고 달라야 하지만, 자신이 목격한 미국사회의 민주적 방식으로 위기를 극복한 방법들로 진정으로 참다운 자유의 모습을 프랑스에서도 구현해보고자 하였다.

토크빌은 자유의 진정한 모습이 구현될 수 있도록 조치하는 것이 민주사회에 나타날 수 있는 여러 해악들을 치유할 수 있는 최선의 그리고 유일한 방법이라고 생각했다. 미국 시민들은 자유를 그 자체로서보다는 물질적 복지를 위한 전제로서 애호하나, 토크빌에게 자유란 단순히 어떤 가치를 위한 선결 조건이 아닌, 시대와 역사를 초월한 것으로 그것 자체가 절대적인 가치를 지니는 것이었다. 토크빌은 물질적 풍요만으로는 자유가 온전히 향유될 수 없다고 보았다. 뿐만 아니라 평등화된 민주주의 시대에 도래한 새로운 부르주아 사회의 물질적 안녕 상태와 그것이 주는 안락이 자유에 대한 진실한 취향과 혼동되는 것을 경계하며, 이에 저항하고자 하였다. 그의 자유는 도덕적 생활(미국의 경우 퓨리터니즘)에 기초한 적극적 선택을 할 수 있는 능력을 의미하였는데, 토크빌은 개인이 사적 행복뿐만이 아니라 사회를 위해서도 적극적으로 자유를 행사하고 향유할 때에만 자유는 진정한 의미를 갖게 되며, 그 때에야 비로소 자유의 참모습이 완성되는 것으로 보았다.

> 자유에 대한 참된 애착은 그것이 가져다 줄 물질적 이득에 대한 전망에서 연유하는 것이 결코 아니다. …자유에서 이득만 취하고자 하는 자는 결코 자유를 오랫동안 보존할 수 없으리라. …진정한 자유인이 되기 위해서 필요한 것은 과연 무엇인가? 그것은 자유에 대한 진실한 취향임은 두말할 나위 없으리라.[50]

민주사회의 기본문제는 자유에 대한 왜곡된 인식으로 인하여 발생한 지나친 이익 추구와 물질적 탐욕에서 비롯된 공공정신의 소멸과 함께 정치에의 참여의 결핍에서 비롯되는 것이다. 결국 민주주의의 폐해를 해결하기 위해서는 '자유에 대한 진실한 취향'이 필요하다는 토크빌의 해법은 공동체 내에서 시민으로서의 정치적 덕의 고양이라는 추상적인 명제로 표현될 수 있다. 토크빌이 지켜내고자 한 인간성은 바로 '인간을 정치적 동물'로 만들고 결국 인간을 인간답게 만드는 것, 즉 '공민적 휴머니즘의 핵심인 정치적 덕'을 고양하는 것이었다. 토크빌은 사적 자유(소극적 자유)를 강조하는 데 그치지 않고, 정치참여 및 책임감 등을 중요히 여기는 공적 자유의 정신을 높이 평가하며 이를

50 『앙시앵 레짐(L'ancien régime)과 프랑스 혁명』, 212-213쪽들.

추구하였는데, 정치적 참여는 한 시민으로서 자신에 대한 일종의 도덕적 의무를 지우는 것으로서 단지 적극적 자유가 나타내는 것 이상을 의미하였다. 즉 민주주의 시대의 '개인'은 공동체 구성원으로서의 책임과 참여의식을 지닌 '실천적 시민'으로 거듭나야 한다는 것이 토크빌의 일관된 주장이었다고 말할 수 있다.

6. 민주 공화정의 위기-다수의 폭정 완화 방안

미국에서 다수의 폭정이 완화된 요인으로 토크빌이 제시한 것은 첫째, 중앙집권화된 행정의 결여이다. 토크빌에 의하면 "미국에는 중앙집권화된 정부는 있지만, 중앙집권화된 행정은 거의 알려져 있지 않다. 폭군의 취향을 그렇게나 자주 드러내는 다수도 미합중국에서는 아직도 폭정을 행하는데 필요한 가장 완벽한 도구들을 갖추지 못하고 있다."며 미국은 다수의 폭정에 유용한 중앙집권화된 행정체계를 갖추고 있지 못하여 제약받을 수밖에 없음을 피력하였다. 미국 중앙정부의 거대한 지배권들은 외교나 안보와 같은 특정한 분야에 국한되어 있었으며, 행정은 타운, 자치기구, 카운티 등을 통해 놀랄 만큼 정교하게 권력이 배분되어 있었다. 특히 이러한 분권화된 행정은 미국인들이 채택한 연방형태의 정부로 구체화되었다고 볼 수 있는데, 이러한 형태는 연방정부로 하여금 큰 공화국의 권력과 작은 공화국의 안전보장을 결합할 수 있게 해준다. 이에 다수는 본원적인 권력의 범위를 파악할 수 있을 뿐 그 권력을 증대시키지는 못한다. 그럼에도 불구하고 다수가 자신의 견해를 전체 국민의 의지라고 믿게 됨으로써 중앙집권화된 행정과 중앙집권화된 정부가 성립하면 부드러운 전제정치가 성립함을 말하였다고 볼 수 있다.

토크빌은 이러한 다수의 폭정을 완화시켜 민주주의의 평형을 유지시키는 두 번째 요소로 미국의 사법제도를 제시한다.

> 아메리카인들을 방문하여 그들의 법률을 고찰해보면, 그들이 사법관들에게 위임한 권한과 이들이 정부 안에서 행사하는 영향력이 민주주의의 횡포를 가장 강력하게 막는 안전판이라는 것을 알게 된다.[51]

토크빌에 따르면, 법률을 전공한 사람들은 직업상 일정한 질서의 습관, 형식을 좋아하는 취향 및 조리 정연한 사고를 좋아하는 일종의 본능적 성향을 얻는다. 그리고 그들은 지식의 측면에서 시민들 사이에 중재노릇을 하는 가운데 사회적으로 일종의 특권적 지위가 부여되며 하나의 집단을 이룬다. 이러한 특권 의식은 대중의 판단에 대해 경멸하는 습성을 지니게 되고 결과적으로 법률가들의 성격에는 귀족들의 습관과 취향의 일부가 보일 것이다. 그 결과 민주 정부의 사법부에 대해서도 토크빌은 똑같이 은밀한 경멸감을 지니고 있다. 그럼에도 불구하고 법률가들이 1789년 프랑스 왕국의 전복에 주로 기여하였다.

> 어떤 정치 형태이건 모든 자유로운 정부에서는 법률가들은 모든 당파의 지도적 위치를 점하고 있다는 것을 알게 될 것이다. 같은 말을 귀족정치의 경우에도 적용할 수 있을 것이다. 전 세계를 진동시킨 거의 모든 민주 운동들은 귀족들이 이끌어왔다. ...그렇다고 법률가들이 언제나 질서를 옹호하고 개혁을 반대 한다는 것은 아니고 단지 그들 대다수가 그렇다는 것이다. 법률가들이 당연히 차지하는 높은 지위를 저항 없이 누릴 수 있는 사회에서는 그들이 보이는 일반적 정신은 두드러지게 보수적이며 반민주적일 것이다.[52]

토크빌은 위 인용문에서처럼 법률가들의 정신이 양가적이며 이중적임을 나타내고 있다. 왕정 아래에서 법률가들은 왕정에 협조하여 권력을 정의롭게

51 『미국의 민주주의』, Ⅰ, 352쪽.
52 『미국의 민주주의』, Ⅰ, 354쪽.

행사하도록 조정하고, 민주정 아래에서는 방만한 자유의 행사를 절제케 하는 사회 구성의 원리를 지니고 있는 존재로 묘사하고 있다. 말하자면 플라톤이 말한 법률이 지니는 보수적 성격과 개혁적 성격의 이중적 성격이 법률가들에게서도 형성된다는 것이다. 그리고 이러한 이중적 기능은 물론 역설적으로 수행될 수도 있다.

마찬가지로 미국에서 사법관들은 자신들의 전공에서 얻는 법률가들의 특별한 지식 때문에 사회에서 특권적 지위를 부여받으며 특권집단을 형성하는데, 그럼에도 불구하고 토크빌은 아메리카에서의 하나의 집단으로서의 법률가들은 비록 유일한 집단은 아닐지라도 민주주의적 요소에 대한 가장 강력한 평형을 이루고 있는 것처럼 생각된다고 하였다. 특히 법률의 위헌 선포권을 지니고 있는 아메리카의 사법관은 언제나 정치문제에 간여한다.

> 합중국에서는 법률가의 영향이 법원에만 한정되지 않으며 그들은 입법부를 채우고 행정부의 상층부를 형성한다. … 이들은 전체 사회에 영역을 확대하고 모든 계층 속으로 침투한다. 그들은 눈에 띄지 않은 채 나라 전체에 작용하지만 종국적으로는 그 자신의 목적에 맞도록 나라를 변경시킨다.[53]

그 결과 다수의 폭정을 완화시키는 토크빌이 드는 마지막 요소는 미국 사법부의 배심원제도이다. 토크빌은 배심원제도가 사회의 지배권을 시민들에게도 부여할 뿐만 아니라 국민성에도 강력한 영향을 미친다는 점을 간파하였다. 이 제도가 민사 사건에 실시될 때 모든 시민들의 마음속에는 사법관의 정신이 전달되고, 판결된 사건에 대한 존중심과 권리에 대한 개념이 형성되며, 그 제도를 통해서 사람들은 평등성을 실천에 옮기는 경험을 할 수 있다. 이러한 과정을 통해 배심원제도는 일견 사법관의 권리를 제한하는 것처럼 보이나 실제로는 그들의 권리를 공고히 함으로써 집권층이 행사하게 될지도 모르는

53 『미국의 민주주의』, Ⅰ, 358-340쪽들.

권력의 남용을 방지한다.

> 배심원이란 추첨으로 뽑힌 일정수의 시민으로서 일시적인 판결권이 부여되어 있는 사람들을 말한다. 범죄를 방지하기 위해 만들어진 이 제도는 다음과 같은 이유로 내가 보기에 지극히 공화적인 요소를 지니고 있다. 배심원들을 내보내는 계급에 따라서 배심원 제도는 귀족적일 수도 민주적일 수도 있다. 그러나 이 제도는 사회의 실질적 지배권을 정부가 아닌 피지배자 혹은 피지배자의 일부의 수중에 맡긴다는 점에서 언제나 공화적인 성격을 지닌다. 폭력은 일시적인 성공 이상은 결코 못된다. 그래서 폭력 다음에는 권리의 개념이 등장한다. 적들과 전장에서만 부닥치는 정부는 얼마 있지 않아서 멸망할 것이다. 정치적 법률의 실질적 제재는 형법에 나타나 있다. 만일 그 제재가 부족하다면 그 법률은 조만간 힘을 상실할 것이다. 따라서 범인을 처벌하는 사람이 사회의 실질적 지배자이다. 그런데 배심원 제도는 국민을 혹은 적어도 한 계급의 시민을 사법관의 지위로 끌어 올린다. 결과적으로 배심원 제도는 사회의 지배권을 국민, 혹은 그 계급의 시민들에게 부여하는 것이다.[54]

이에 토크빌은 아메리카의 배심원제도는 민주정치의 가장 활력 있는 방법이자 국민에게 훌륭한 민주정치를 어떻게 실시해야할지 깨우쳐주는 교육적으로도 가장 유효한 방법이라며 배심원제도에 대한 극찬을 아끼지 않는다. 왜냐하면 아메리카 민주주의를 지배하는 3권 분립의 원칙이 계급이나 기능적 분리 개념을 통합하고 있고 그것이 결과적으로는 플라톤이 『국가-정체』와 와 『법률』 편에서 말한 철학자-왕의 인치와 이성에 따르는 법치의 절묘한 결합으로 나타나고 있기 때문이다.

> 배심원 제도는 사회의 지배권을 국민들에게 부여하는 것이다. ...배심원제도는 모든 사람에게 자기 자신의 행동에 대한 책임 앞에서 물러서지 않을 것을 가르치고 또한 정치적 덕성의 존재 이유가 되는 당당한 신념을 심어준다.

54 『미국의 민주주의』, Ⅰ, 362쪽.

그 제도는 모든 시민에게 일종의 공무담임 정신을 주입한다. 모든 시민들에게 그들이 사회에 대해서 수행해야 할 의무와 정부 안에서 맡아야 할 역할을 깨닫게 만든다. 그 제도는 자기 자신의 일보다는 남들의 일에 관심을 가지게 만들어서 사회를 녹슬게 만드는 사사로운 이기심을 씻어내는 것이다.[55]

55 『미국의 민주주의』, Ⅰ, 362쪽-365쪽들.

Chapter 07

아렌트의 가족-공동체 정신과 전체주의의 기원

1. 인간의 조건적 삶에서 사유와 활동
2. 사적인 것과 공적인 것의 구분에 따르는 정치와 사회의 구분
3. 도시의 발생
4. '통치' 개념의 발생
5. 아렌트의 공화주의와 소통의 권력론
6. 유다이즘과 신정 정치
7. 근대 국민국가의 탄생과 부르주아
8. 근대 제국주의
9. 전체주의
10. 전체주의와 근본 악

Chapter 07

: 아렌트의 가족-공동체 정신과 전체주의의 기원

고대의 정치 철학자들은 도시의 발생이나 국가의 발생을 신화적 사실에 근거하거나 자연발생적으로 탐구하거나간에 합리적으로 설명하려고 하였다. 이 때 그들이 상정한 자연관이나 역사관은 그 당시의 역사적 현실을 반영한 것이긴 하나, 다른 한편은 그리스 자연철학자 파르메니데스 이래 플라톤이나 아리스토텔레스가 인간의 인식능력으로서 설정한 존재론적 이성을 반영한 것이었다.[1] 그리고 이러한 존재론적 이성은 근본적으로 아리스토텔레스의 『니코마코스 윤리학』에 나타나 있듯이 숙고하는 인간의 자유의지를 전제하는 것이다. 이에 반해, 근대의 정치철학자들 특히 영국에서 나타난 정치철학자들은 국가나 도시의 발생은 물론 이러한 국가나 도시의 다양한 정치 체제와 관련하여 자유로운 인간 개개인들 사이의 사회 계약설을 주장하는데, 이

1 송영진, 『그리스 자연철학과 현대과학』, 1장, 참조.

러한 사회 계약설의 이면에는 자유 시장을 전제하는 부르주아의 자유로운 개인의 합리적 사고(rational thought) 내지 숙고를 전제하고 있다. 이 때문에 근대의 정치철학자들의 사회 계약설의 이면에는 왕권이나 국가 권력으로부터 한 개인의 자유나 시민의 자유를 어떻게 확보할 것인가에 논의가 집중되어 있다.

예를 들면, 홉스(T. Hobbes)의 경우에는 인간의 동물적인 정념, 즉 생존 경쟁의 상호 폭력에 따르는 공포와 불안에 기초하여 성립하는 자연 상태인 '인간이 인간에 대한 이리(homo homini lupus)' 상태를 평화와 질서의 상태로 극복하는 것이 인간이 절대적 권력을 지닌 절대군주와 계약을 맺음으로서 가능한 것으로 말한다. 이 때 절대군주의 권력은 개인들의 폭력을 조정하는 이성적인 한에서만 그 정당성을 지니는 것으로 말한다. 반면에 로크(J. Locke)는 자연 상태가 기독교 교리에 따르는 것으로서 오히려 신이 창조한 평등한 자유의 상태(사실은 신적 예지에 의해 이성적으로 조정된 상태)에 있으며, 인간의 이러한 자연권은 인간이 창조된 방식일 뿐이다. 그런데 인간이 이러한 자연 상태에서 보다 많은 권력이나 물욕 때문에 공동체나 사회를 구성함으로써 불평등이 야기되며, 이 때문에 사회에서의 온갖 계급이 나타나는 것으로 파악한다. 홉스는 인간의 정념을 국가적 이성으로 극복하려는 반면에, 로크는 이러한 불평등한 사회에서 인간 개개인이 어떻게 원래의 자연권을 확보할 수 있고 이를 보장할 수 있느냐의 문제로 정치철학적인 문제에 접근한다. 그런데 홉스의 자연주의적 이성이나 로크의 기독교 창조론의 교리에 기초한 자연관은 고대 철학자들의 존재론적 이성과 유사하게 이성의 모순율에 전제된 모순을 극복하는 변증법적인 이성을 전제하는 것이다.[2]

이러한 영국의 두 근대 정치철학자들의 판단은 당시 역사적, 사회적 현실에서 성립한 절대 군주에 대한 개인으로서의 인간의 자유의 확보에 있어서

2 박홍규, 『파르메니데스』편 강의, 『 플라톤의 후기철학 강의』, 172-213쪽, 『베르그송의 창조적 진화 강독』, 430-31쪽들.

인간성을 동물성으로 보느냐 아니면 신성(말씀-로고스-로 만물을 창조한 기독교적 신성)에서 파생된 이성의 것으로 보느냐 하는 두 대립된 사상이다. 그러나 스피노자는 이성을 기독교 신성에서 기원하는 것이 아닌 스토아 철학자들이 말하는 '자연(능산적 자연)'에서 유래하는 것으로 말한다. 결국 인간 개인이 기초하고 있는 자유의지는 기독교의 창조론에 기초한 휴머니즘으로 설명하거나 이성적 인간의 동물성에 기초한 휴머니즘으로 해석하거나 간에 서구적 이성에 기초한 정치철학적 사유에서 나타나는 것으로서, 정치체제의 발생을 설명하는 데에서부터 쟁점이 다르게 나타나나, 근본적으로는 인간의 이성적 사유가 전제하는 자유에 기초하고 있는 것만은 확실하다. 이러한 근대의 정치철학자들의 논의는 모두가 당시 발전하는 자연과학적 사고와 더불어 자연과의 관계에서 인간이 지니는 본성과 자유의 본질을 어떻게 이해하느냐의 문제와 함께 이성과의 관계에서는 '진리와 정의론' 중심으로 파악하려하였다는 점이고, 이러한 시도들의 결과는 독일 관념론과 영국 경험론을 종합하였다고 하는 칸트에 이르러 도덕과 관련된 법의 형식적 정의로 나타난다.

칸트에 있어서 법의 형식적 정의는 다음과 같다. '한 사람의 자의(Willkür)가 자유의 보편 법칙에 따라서 다른 사람의 자의와 공존할 수 있는 조건들의 전체'(『법론』, B 33)이다. 그런데 자의(恣意)란 칸트에 의해 자유의지와 거의 같은 의미로 쓰이기도 하지만, 그것과 구분할 때에는 특정한 객체(행위 대상이나 결과)의 산출을 목표로 하는 행위를 선택하는 욕구능력을 의미하는 반면 어떤 행위를 직접 고려함이 없이 실천이성의 최고 법칙(도덕 법칙)을 산출하고 그것에 의해 자신을 규정하려는 욕구 능력을 자유의지라 한다. 그러므로 자의들의 공존 가능성이란, 결국 어떤 결과를 염두에 두고 행해지는 한 사람의 자유로운 선택에 의한 행위가 다른 사람의 자유로운 선택에 의한 행위와 공존할 수 있는 가능성을 뜻하며, 이 조건들의 총체가 곧 법이라는 것이다. 이러한 법 개념에 의거해서 칸트는 법의 일반 원리(권리의 일반 법칙allgemeines Rechtsgesetz)를 이렇게 표현한다. "너의 자의의 자유로운 사용이 모든 사람들의 자유와 보편법칙에 따라 공존할 수 있도록 그렇게 외적으로 행동하라!"(『법론』, B 34). 이성이 추구하는 정의의 법은 칸트에서처럼 이와 같이 의지들의 공통성으로서 대화와 타협의 산물이다. 이러한 대화와 타협의 정신은 근대에서는 이성을 지닌 의지들의 국가 사회를 이루기 위한 '계약' 사상으로 나타난 것이다. 즉 국가는 자연발생적으로 나타나는 것이 아니라 자유로운 개인들 간의 계약의 형태로 나타나게 되는 것처럼 인식되며, 법도 당연히 이러한 이성을 지닌 사람들이 평등한 자유를 실현하기 위한 계약에서 성립하는 것으로 철학자들은 파악하게 된다.

그러나 이러한 이성은 근대에서는 현실적으로는 물물 교환에 따르는 플라톤적 정의 개념과 이에 토대를 둔 시간의 변화와 장소의 이동에 따라 변화하는 재화가치에 대한 상인들의 서비스 정신을 함축하는 것이다. 즉 상업이란 자유시장과 거리의 이동을 본질로 하는 것으로서 재화의 공급과 수요에 따르는 상품가치를 실현하는 활동으로서, 자유와 평등의 변증법이 작동하는 시간과 장소를 필요로 하는, 즉 자유 시장을 필요로 하는 인간의 활동이다.[3] 한 사회에서 재화의 생산과 소비는 원시적인 형태의 공동체에서는 공동 생산과 공동 소비가 원칙이었다. 그러나 인간 사회의 구성 현실에서는 정치적으로 지배, 피지배의 현상과 더불어 이에서 파생된 권력과 소유의 개념이 나타나면서부터는 생산재에 대해서도 소유권의 개념과 사유재산제도가 자연스럽게 나타난다. 즉 사회에서 직업과 업종 간에 전문화에 따르는 분화와 능력의 차이가 계급으로 나타나며, 자연적으로 자유의 능력에 따라 봉건적 사회 질서가 형성된다. 그러나 이러한 봉건적 사회 질서는 누구나 자아실현이 잘 되어야 한다는 평등한 자유의 결합체인 공동체적 정신에 어긋난다는 것을 고대

3 철학자들은 자연권으로서의 자유를 주장하면서 평등이 어떻게 이성적인 사유에서 가능하게 되었는가에 대한 탐구에서 이를 기독교나 불교에서처럼 종교나 이론적인 이성의 선험적인 차원에서 찾은 반면에, 상인들은 재화의 공급과 수요의 관점에서 가치가 결정되는 것을 간파한 지능으로써 평등한 자유의 실현을 서비스 정신으로 실현하는 존재이다. 즉 현실적인 자유의 평등을 재화의 분배를 통하여 가능하게 한다. 그러한 의미에서 상인의 행위는 근대 민주주의를 촉발하는 계기가 되며, 현대 도시는 농업이나 공업과 달리 상인정신이 지배하는 시장이 분업적으로 전문화된 도시구역 안에, 아니 도시 자체가 시장이 된다. 현대 도시인들은 이러한 시장적 도시에서 일상생활을 수행한다.

그리스 식민지 철학자들의 합리적 이성이 주장한다. 결국 고대 정의론은 이러한 능력의 차이와 인생에서의 목적의 동일성 사이의 갈등이 자유와 평등의 갈등 문제로 나타나지만 플라톤이나 아리스토텔레스는 이를 적도나 중용의 원리로 정리한다. 중용이란 이성적 체계가 황금률을 지향하는 것을 지칭한다. 자유를 목표로 하는 이성과 평등을 지향하는 이성의 [발전적 내지 진보적] 조화이다.

그런데 자유의지가 전쟁이나 경쟁과 결합할 때에는 생산적인 것이라고는 전략이나 기술의 지적 측면에서 존재할 뿐, 실질적으로는 재화의 낭비와 이에 따르는 산술적 보상만이 정의롭게 생각되는 세계이다. 반면에 상업적 교환행위에서는 자유의지의 현실적 실현에 필수적인 재화의 보존과 분배에 따르는 정의 개념이나 이의 교환에 따르는 (형제애나 평등을 가치이념으로 한) 공존 가능성과 평화가 발생한다. 즉 자연적으로 형성된 물물교환이 지배하던 시장은 점차 상인들에 의해 매개되면서 노동 가치가 교환가치로 변모되고 인간의 자유의지가 전쟁이나 경쟁이 아닌 타협과 평화를 지향하게 된다. 그러나 근대 산업혁명이 이루어지면서 대량 생산이 이루어지고 이를 사회적으로 교환할 필요성이 대두하면서 상인은 재화의 교환에 따르는 잉여가치를 창출하고 이 잉여 가치를 자신의 소유로 간주하면서 자본을 마련한다. 특히 재화를 교환하는데 있어서 매개적 수단으로 발명된 화폐는, 존 로크가 말하듯이 이러한 잉여를 자연생산물의 부패를 은폐하면서 나타내는 형식적인 것이지만, 개인의 재화에 대한 소유의식을 조장하면서도 정의를 실현하는 '보이지 않는 손' 즉 물신(物神)으로 나타난다. 여기에서 고대 정신을 대표하는 자연신을 대신하는 화폐를 향한 근대 부르주아의 욕망이 개입된다. 즉 재화의 교환에서의 잉여나 화폐를 통한 대부업에서 나타나는 잉여가치(이자소득)를 향한 상인들의 욕망이 산업 혁명 이후에는 물신을 향한 부르주아의 자본주의 정신으로 나타난다.

근대의 민주주의 이념을 구현시킨 프랑스 혁명과 군주정이 교차하는 과정에서 공화주의적 정치체제가 실현되는데, 이러한 공화주의적 정치체제는 곧 바로 산업혁명이 일으킨 경제 혁명과 더불어 고대 그리스나 로마의 제국주의를 닮은 경제를 기초로 하는 군주정의 제국주의 형태로 변질된다. 그리고 근대에서 이러한 제국주의는 고대의 도시국가와 달리 민족을 단위로 하는 국민국가(nation)의 형태로 나타나게 한다. 반면에 산업혁명은 상인 계급의 발달을 촉진함으로써 부르주아 계급을 탄생시켰는데, 이 부르주아 계급이 정치적 자유를 의미하는 권력을 획득하기 위하여 인간의 기본권을 주장하고, 권력을 획득한 후에는 인간의 기본권에 기초한 '평등'을 중심으로 한 민주주의 이념이 이들을 중심으로 현실화 되면서 이러한 국민국가의 개념이 희석될 수 있는 계기가 된다. 역사적으로 영국에서는 부르주아지(상공인)를 중심으로 한 명예혁명이, 프랑스에서는 쁘띠 부르주아(소상공인)에 의한 시민 혁명이 인간의 기본권이라는 권리 개념을 형성하는 계기로 일어난 것이다. 그리고 이러한 부르주아들은 근대 과학의 발달과 더불어 이를 현실에 응용하는 기술로서 실현한 산업 혁명에 의해 부를 축적한 자본가들로서 노동자들로 이루어진 민중의 지지를 받으면서 정치적 권력을 획득한 것이다. 그러나 이들이 권력을 획득한 뒤에는 역사적으로나 관습적으로 형성된 봉건적 의식에 의해 역으로 노동자들을 지배하는 권력가로 변모되는 것이다.

아렌트에 따르면, 홉스는 부르주아 인간에 관한 최초의 철학자였고, 이 때 부르주아는 정치적 지배를 열망하지 않으면서도 경제적 지배를 성취하고자 했던 역사상 최초의 계급이었다. 아렌트에 따르면, 근대 부르주아의 정치적 해방은 사실상 경제에 대한 정치의 종속, 정치의 타락 및 시민성의 몰락을 의미했고, 역사적으로는 사적-경제적 이해에만 집착하는 부르주아와 폭민(자유 시장사회에서 프롤레타리아 계급을 상징적으로 나타낸다)의 비정치적 무세계적 실존이 '정치적으로' 결합함으로써 20세기 전체주의 출현의 조건으로 작용했다는 점에서 홉스는 부르주아의 자유주의와 전체주의라는 양 세계의 중간에 존재한 최초의 시민 중 한사람이었다. 즉 아렌트에 따르면, 원자화된 개인들로부터 절대 군주제라는 정치체제를 구성해낸 홉스는 사적 이익에서 공공선을 끌어내고, 사적인 선의 관점에서 국가를 인식한 최초의 사상가이며, 사적 이익을 위해 모든 것을 수락하는 체제의 가능성을 보여준 사상가였다. 홉스적 인간들은 자기 이해와 주권의 절대적 힘에 의해서만 서로 결합되어 있을 뿐이다. 달리 표현하면, 무엇보다도 부르주아의 정치사상을 대변하는 홉스의 절대 군주에 의한 절대 국가는 플라톤의 철학자 왕과 달리 개인들을 사적 영역에 가두어두는 국가이자 고대적인 의미에서 개인의 정치적 무용성을 재생산하는 국가이다.[4]

사실 부르주아의 정신을 가능하게 한 산업혁명의 이면에는 과학적 지식을 현실에 응용한 기술이 있었다. 그리고 과학기술의 현실에서의 응용은 자동기계를 목표로 하면서 인간의 노동을 대치하거나 변질시켜 단순한 작업으로 변모시키고, 이에 따르는 인간성까지도 변질시켜 단순노동(육체노동)만을 수행하는 노동자들을 탄생시킨다.[5] 고대에서 노동은 다른 동물과 다른 인간의 지적 표현이었으며, 인간의 삶에 필수적인 노동이 기술발전과 밀접한 관련성 아래에서 인간지성이나 감성의 핵으로서 작용하는 작업이었으며, 이 작업은 예술적이라고 말할 수 있는 '작품' 생산에 응하는 자유의 다양한 창조적 성격이 들어 있는데 이를 기계가 소외시킨 것이다. 그 결과 산업이 공장 중심으로 발전하면서 정치적 인간의 정치적-사회(공동체)를 재산을 가진 부르주아와 무산자 계급으로 불리는 프롤레타리아 계급으로 구성하게 되는 사회로 재편하게 된다. 그리고 이러한 사회에서 물신인 화폐(부)를 지닌 부르주아가 지배권을 지닌다. 그런데 부르주아의 잉여이익에 대한 시장적 분배는 지상에 평화를 실현하는 대신, 부르주아의 잉여이익에 대한 무한한 추구와 상품 생산에 필요한 자원 공급의 필수적인 속성 때문에 지구를 지구촌으로 만들 때까지 지속

---

4 C. B. 맥퍼슨(C. B. Macpherson), 황경식 · 강유원 공역, 『홉스와 로크의 사회철학』(박영사, 1990), 참조. 김비환, 『축복과 저주의 정치사상, 20세기와 한나 아렌트』(한길사, 2001), 336쪽.

5 단순 노동이니 육체노동이니 하는 분류가 이미 이성적 분석의 산물이다.

하는 한계를 모르는 경향에 있다.[6] 부르주아는 자신의 경제논리에 따라 정치적으로 권력을 획득하든 획득하지 못하든 간에 식민지 개척을 촉구한다. 이러한 식민지 개척은 점차 고대적인 의미의 정치가 발현하는 도시 국가를 종족의 논리에 따르는 국민 국가(nation)의 형태로 발전시킨다. 그리고 자국의 국민 국가와 식민지의 경영논리를 정치영역에까지 파급시킨다. 자국은 고대나 근대에서 철학자들이 말하는 이성에 기초한 정의나 윤리관에 따르는 경영을 하며, 식민지는 주인과 노예를 구별하듯이 노예를 다루는 경영논리에 준한다. 그러나 부르주아의 자본주의적 정신은 그들이 정치적 권력을 획득할 경우 이 양자의 방식을 통합하여(국민 국가의 개념을 희석시키는 방식으로) 자국 내에까지 식민지적 통치방식을 수행함으로써 정치체제를 군사적 제국주의적 통치방식에 적합한 상업적 전체주의로 전환하는 것이다. 이것이 근대 초기에 나타난 자본주의 정신이다.

아렌트에 따르면, 근대 초기 부르주아 계급의 관념 속에 정치란 경제적인 부를 목표로 하는 부르주아의 자유를 보호하는 것에 불과한 것으로 나타난다. 이러한 부르주아의 관념은 정치철학적으로는 홉스의 현실적인 절대 군주론에 부응하는 것처럼 보인다. 그러나 부르주아는 자신들의 사회적 부가 정치와 결부되지 않으면 결코 안전하지 않다는 것을 자각하면서 스스로 정치권력에 도전함으로써 평등을 모토로 한 공화주의를 표방한 근대 민주주의의 실현의 주체로 변모한다. 그런데 부르주아들의 부지불식간의 홉스적인 정치철학의 현실적 실천은 역설을 함축한다. 즉 민주주의의 실현의 기초가 되는 귀족에 대립하는 평민들의 평등을 기초로 한 권력에의 욕구는 부르주아를 부지불식간의 민주 시민으로서 자처하던 처지에서 발전하여 자신이 식민지에서 군주가 될 뿐만 아니라 자국 내에서도 군주를 이용하거나 조종하는 데에서

6 한나 아렌트는 상업을 기초로 한 부르주아의 부에 대한 욕망은 군사력에 기초한 군주의 권력에 대한 욕망과 같이 무한하며 여기에서 각각 제국주의와 전체주의 국가가 발생한다는 것을 간파한 최초의 철학자라 논평할 수 있다.

시작하여 스스로 절대군주가 되는 것으로 작동하게 되는 것이다. 이것이 현대 민주주의에로 발전하는 가운데에서 발생한 최고의 범죄로서 개인으로서의 인격은 물론 인간성을 상실케 하고 인간 실존 자체를 해체하는 정치체제로서 고대 제국주의를 닮은 양차 대전 중에는 군국주의 형태로 나타난 전체주의이다.

한나 아렌트는 로자 룩셈부르크와 마찬가지로 유태인으로서 1906년 독일 하노버 교외의 린덴에서 아버지 파울 아렌트(Paul Arendt)와 어머니 마르타 아렌트(Martha Arendt)의 외동딸로 태어났다. 아렌트의 친계와 외계의 조부모들은 모두 계몽주의와 자유주의 정신을 추구하는 시민 계급에 동조하는 유태주의에 속한다. 아렌트의 조부모들이 유태 상인의 배경을 갖고 있었다면, 아렌트의 부모들은 시민 중산층으로서 의사, 변호사, 교육자, 음악가와 교류하였으며, 아렌트의 어머니 세대는 라헬 바른하겐(Rahel Varnhagen) 이래 여류문학자, 예술가, 음악가(유태인이었으므로 국정에 참여하거나 공무원이 될 수 없었으므로 대부분 자유직업이다)를 배출한 첫 번째 세대였다. 아버지의 고향이자 칸트의 도시인 쾨니히스베르크에서 자란 아렌트는 나이 7세 때 아버지가 돌아가심에 따라 어머니의 교육열의 절대적인 영향력 아래 주체성과 독립심이 강한 여자로 자랐다. 특히 그의 대학 생활은 주로 연인 관계로 발전한 하이데거와 야스퍼스의 '주체가 진리의 기초'라고 주장하는 실존철학에 큰 영향을 받았다. 그러나 그의 정치철학적 사고는 근본적으로 『구약성서』에 기초한 신 중심의 유대주의에서 기원하는 가족-공동체적 사고와 서구의 헬레니즘의 합리주의적 사고의 조화에 기초를 두고 있다. 이를 밝히기 위해『인간의 조건』에 나타난 아렌트의 실존 철학과 『구약성서』의 바벨탑 신화[7]에 대한 신앙을 통한 가족-공동체 중심의 유다

---

7 신정정치를 지향하는 『구약성서』의 바벨탑 신화는 '국가'란 신에 대한 인간의 도전(신권을 탐하는 교만)을 상징하는 인위적 허구물이다. 국가의 발생과 더불어 나타나는 '권력'개념은 몽테스키외의 국가의 발생과 더불어 나타나는 권력 개념과 동일하다. 이러한 국가 발생의 신화의 이면에는 아브라함에서 기원하는 유목적 가족 중심의 신앙공동체가 국가를 대신할 수 있다는 '신정정치'의 신앙이 깔려있다. 이러한 유다이즘의 특징은 한나 아렌트가 플라톤의 『국가-정체』나 『정치가』편에 나타난 사상을 해석하고 비판하는 데에서 잘 나타나고 있다.

이즘의 혼합으로 나타나는 그의 정치철학을 살펴볼 것이다.

1. 인간의 조건적 삶에서 사유와 활동

인간 실존의 조건과 국가 사회의 관계를 밝힌 『인간의 조건』에서 아렌트는 인간의 삶의 활동(vita activa)이 노동, 작업, 그리고 행위라는 세 가지 근본 활동으로 이루어져 있음을 다음과 같이 말하고 있다.

> "노동은 인간 신체의 생물학적 과정에 상응하는 활동이다. 신체의 자연발생적 성장, 신진 대사와 부패는 노동에 의해 생산되어 삶의 과정에 투입되는 생명유지의 필수재에 구속되어 있다. 노동이 이루어질 수 있는 근본조건은 삶 자체이다.
>
> 작업은 인간 실존의 비자연적인 것에 상응하는 활동이다. 이 활동은 '인간 종의 되풀이되는 생활 주기에서 생겨나는 것이 아니며, 인간의 사멸성도 이런 생활 주기에 의해 보상되지 않는다. 작업은 자연환경과 전적으로 구별되는 인공적 세계의 사물들을 제공해준다. 모든 개별적 삶은 인공적 세계의 경계 내에 있다. 그러나 세계 자체는 개별적인 삶 모두보다 오래 지속하고 초월하는 것으로 이해된다. 작업의 인간 조건은 세속성, 다시 말해 대상성과 객관성에 대한 인간 실존의 의존성이다.
>
> 행위는 사물이나 물질의 매개 없이 인간 사이에 직접적으로 수행되는 유일한 활동이다. 행위의 근본 조건은 다원성의 인간 조건, 즉 보편적 인간이 아닌 복수의 인간들이 지구상에 살며, 세계에 거주한다는 사실에 상응한다. 인간 조건의 모든 측면들이 다소 정치에 관련되어 있지만 특별히 다원성은 모든 정치적 삶의 '필요조건일 뿐만 아니라 가능조건이라는 의미의 절대적 조건이다."[8]

아리스토텔레스에 따르면, 인간은 이성적 동물이다. 인간성에는 동물과 동

8 한나 아렌트(Hannah Arendt), 이진우 · 태정호 역, 『인간의 조건』(한길사, 1996), 56쪽.

일한 측면이 있지만 인간이 언어로 사유한다는 사태에서 기원하는 이성은, 아렌트에 따르면, 인간의 행위를 노동, 작업, 행위의 세 측면으로 분화시킨다. 노동은 인간의 생물적 욕구의 필연성(필요성)에 부응하는 행위이며, 이러한 노동행위는 물질에 대한 인간의 생존의 필연성(필요성)에서 기원하는 것으로서 주인의 명령에 따르듯이 수행되는 노예의 행위처럼 자의식이 들어간 고통스러운 것이다. 반면에 작업은 인간의 행위가 영원 불멸하는 신처럼 '존재'의 창조를 목적으로 수행되는 것을 지적으로 모방하는 데에서 연유하는 수단-목적의 관계에서 발생하듯이 제작하는 인간성(homo faber)을 반영하는 것으로서 '불멸하는 작품'을 생산하는 것이다. 이러한 작업은 사실 그리스어에서 제작을 의미한 'poiesis'에서 기원하지만, 이러한 인간의 제작은 신적 작업을 모방한 것이다. 즉 노동이 인간의 생물적 삶을 지속시키려는 데에서 발생한 것과는 달리, 작업은 노동의 연장이기는 하지만 유한한 인간의 삶을 영원성을 지향하는 불멸하는 신적 삶에로 지속시키려는 '생식' 행위를 반영하듯이 혹은 예술가들이 그러하듯이 '작품'을 생산한다.[9]

아렌트에 따르면, 작업은 인간의 생식활동처럼 단독적인 활동이라는 점이 특징이다. 작업은 노동처럼 팀워크에 의해 향상될 수 있는 성질의 것이 아니다. 왜냐하면, 작업의 분화는 작업을 인간의 행위를 (뉴턴 역학에 따라) 지적으로 분석하여 이를 자동기계에 맡길 수 있도록 여러 부분의 노동으로 해체시킴으로써 작업의 본질을 앗아가 버리기 때문이다. 즉 "노동의 분화는 작업의 전문화를 불필요하게 만들어버림으로써 비록 그 생산과정이 소모품을 만드는 것이 아닐지라도 노동의 성격을 띠게 해버린다."[10] 그러므로 아렌트에 따르면, 현대 사회에서 기계화와 자동화를 통한 노동 분화의 가속화는 작업을 부분적인 노동들로 해체시킴으로써 현대 사회를 본질적으로 노동 사회로 만들어버렸

---

9 송영진, 『그리스 자연철학과 현대과학』, II, 13-17쪽. "성과 사랑의 철학적 의미", 『동서철학 연구』, 제 66호, 2012, 12. 참조.

10 『인간의 조건』, 125쪽.

다고 한다. 그에 의하면 예술가는 노동 사회에 남은 유일한 작업자이다.[11]

그런데 인간이 생산하는 작품과 인간이 인간을 생산하는 생식 행위의 차이는, 인간의 작품 행위에서 생산자인 인간과 이의 결과인 작품과의 관계에 비교될 수 있다. 인간의 생식행위는 작품을 생산하는 작업과 달리 사실 구체적인 사람(particular)이 구체적인 사람(particular)을 낳는 것으로서 원자론적으로 말하면 특수한 원자(individual)가 특수한 원자(individual)를 낳는 것인데, 뉴턴역학에 따르면 동일한 것이 동일한 것을 낳는 기계적인 것으로 환원되어 상품을 생산하는 반복행위를 닮아 있다. 산업혁명을 일으킨 기계에 의한 인간의 작품활동의 노동활동에로 전향은 역으로 생식 활동이 함축하는 자식의 생산과 작품활동과의 차이에 유비되고, 더 나아가 신적 행위와 인간의 행위에까지 변증법적으로 유비될 수 있으며, 인간의 제작과 아렌트가 말하는 '정치적' 행위 사이에까지 유비될 수 있다. 즉 불멸하는 신적인 삶과 처음과 끝이 있는 죽을 운명의 인간의 삶은 질적으로 다르다. 신의 행위는 만물을 창조하는 행위의 삶으로서 모든 것을 처음 있게 하고 시작하게 하는 삶이며, 그러면서도 모든 것을 새롭게 하는 '창조' 행위이다. 이러한 신의 창조 행위에 물질은 아무런 제한이 될 수 없다. 그러나 신체를 가진, 그래서 물질의 법칙에도 어느 정도 순응하여야 하는 인간의 생식이나 생산 행위에서는 이러한 무한한 능력자의 행위는 나올 수 없다.[12] 위에서 인용한대로 아렌트에 따르면, 이러한 신적 행위

11 『인간의 조건』, 127쪽.

12 소크라테스의 정의내리기에서 기원하는 플라톤의 이데아론에 유비하면, 초기의 정의내리기에서 모든 존재에 내재하는 공통성이 이데아 사상으로 나타난다. 이 이데아 사상은 전체-부분의 논리에 지배된다. 그러나 이러한 전체-부분의 양화된 논리는 현실의 생성소멸을 묘사하는 언어적 기능에 숨어 있는 변증법적 성격 때문에 하나와 여럿의 변증법으로 변모하며, 이러한 변증법에서는 언어의 기능과 관련하여 신적이라고 생각된 능력(dynamis)이 이데아와 결부된다. 그런데 이데아와 결부된 'dynamis'의 능력은 아리스토텔레스가 말한 잠세태나 가능성의 의미를 지닌 유한한 것에 불과하다. 이 때문에 『소피스트』나 『정치가』와 같은 후기 대화록의 플라톤의 변증법에서 구체적 존재자에 대한 정의는 존재자 전체와의 관계에서 현대에 생물학에서 말하는 분류(종, 속, 과, 목, 강, 문, 계)의 형태로 나타난다. 플라톤의 후기철학에서 소크라테스의 정의내리기에서의 이데아 존재는 신의 관념과 더불어 나타난 '선의지에 기초한 법' 개념으로서 유한-무한의 변증법에 종속된다. 이러한 플라톤의 이데아의 변증법을 한나 아렌트는 유다이즘에 나타난 창조신 개념으로 전복하려 하는 것이다. 결국 한나 아렌트의 정치철학적 언명 속에는 초기-중기의 이데아론의 전복에 있기에 플라톤의 정치철학에 대한 저자의 입장과 차이가 있음을 유의해야 한다. 서구 유다이즘의 창조신 개념을 현대에서 차이나 다양성을 인정하는 관용이나 사랑의 타자윤리로 변형하려는 철학자들이 E. 레비나스(『전체성과 무한』)나 조나산 색스(『차이의 존중』 임재서 역(말글-빛냄, 2010)

를 닮은 인간의 행위(praxis)가 인간 능력의 한계로 인해 나타나는 사유와 어우러진 가운데 사물이나 물질의 매개가 아닌 인간들을 매개로 하여 발생하는 것이 '인간적인 사회를 구성하는 정치적 행위'이다. 그리고 이러한 정치적 행위가 이루어질 수 있는 공간이 한나 아렌트가 말하는 하이데거의 실존적 생철학의 주요 개념인 '세계(welt)'이고 근대에서는 부르주아에 주도되는 '사회(society)'로 나타난다.[13] 왜냐하면 인간은, 아리스토텔레스의 말대로 근대에서는 사회적 동물이라고 변형되어 번역된 '정치적 동물'이기 때문이다. 결국 인간의 삶의 활동을 구성하는 노동과 작업과 행위의 아렌트에 의한 분화는 인간 주체성이 반영되는 작업을 중심으로 물질을 매개로 한 노동과 물질의 매개 없이 직접 관계하는 인간들 사이의 정념의 관계를 반영하는 (신과 다른) 인간의 사회성과 이의 복수성에 관계한다.

따라서 아렌트의 정치철학에서 중심적 개념은 인간의 다원적 성격과 복수성을 함축하는 정치적 사회적 행위(praxis) 개념에 있다. 김비환은 아렌트의 정치철학에 나타난 행위 개념의 의미를 다음과 같이 정리하고 있다. 1) 인간에게 있어서 활동적인 삶(vita activa)의 행위는 타인과의 대화를 통하여 말과 함께 이루어지는 것으로서 주체의 현시이다. 이러한 행위는 정치적인 것이기에 개체성만을 지닌 것이 아니라 동시에 세계성도 지니고 있다. 다시 말해 행위의 인간 조건은 다원성이기 때문에 행위가 가능하려면 반드시 평등한 사람들의 집단이 함께 있어야 한다. 즉 정치적 의미를 지닌 인간 행위는 공개적으로 나타나는 공적 세계를 전제하는 것으로서 만인이 보고 들을 수 있으며, 가장 최대한의 광범위한 공개성을 갖는다는 것을 의미한다. 2) 인간의 행위는 자유로운 행위인데, 그 자유는 물론 아리스토텔레스가 말하듯이 정념에 대응하는 숙고가 반영되기도 하지만 신의 창조 행위처럼 '모든 것을 처음 시작하는 능

이고, 유대 유일신을 인정하지 않는 사상가들이 G. 들뢰즈나 J. 데리다를 위시한 포스트 모더니스트들이다.

13 사실 사회(society)란 개념은 그 형용사형 'sociable'이 의미하듯이 친밀성을 반영하지만 근대적인 경제적 의미에서 분업을 전제한 상품 생산을 교환하는 상업적 정신을 나타낸다.

력'으로서 나타난다. 아렌트는 "인간의 창조와 더불어 시작의 원리가 세계에 들어왔다. 그런데 이 말은 인간이 창조되었을 때 자유의 원리가 창조되었다는 것을 달리 말하는 것에 지나지 않는다."[14]고 말한다. 따라서 아렌트가 말하는 자유의 행위는 최초의 시작함을 본질로 하기 때문에, 즉 그 행위가 창조하는 신적 행위와 유사하게 전적으로 새롭기에 어떻게 규정할 수 없으며, 또 그 행위란 베르그송이 말하듯이 자발성의 지속하는 성격에서 기원하는 것으로서 어느 누구도 통제할 수 없는 연쇄 반응적 행위사슬에 매여 있기 때문에 전도 불가능한 속성(irreversibility)을 지닌다.[15] 이러한 사유하는 인간의 자유-자발성에서 기원하는 행위에 대한 대응 행위도 그 자체 이미 하나의 새로운 행위이기 때문에 항상 모든 제약과 규정성이나 경계를 넘어서려는 무규정성이나 무한계성을 지니며 이 때문에 예측 불가능성을 지닌다. 그럼에도 불구하고, 3) 인간의 이러한 자유로운 행위는 행위의 원리로서 목적과 동기를 지닌다. 이 때문에 철학자들은 인간의 정치적 행위를 수단과 목적 개념에 따라 규정하고 조직하려고 했다. 여기에서 인간의 정치적 행위에 선악이나 정의-부정 개념이 개입되고 이를 교정하기 위해 폭력이나 강제가 개입된다. 그 결과 아렌트에 있어서 정치적으로 자유로운 행위를 고취시키는 원리들은 명예, 영예, 평등애, 몽테스키외가 말한 미덕-고귀 또는 탁월함이라고 불렀던 것-그리스 인들에게는 최선을 다하는 것과 으뜸 되는 것-들이며 또한 공포, 불신, 혐오 등을 포함한다고 한다.[16] 그러나 아렌트에 따르면, 창조적인 정치적 행위의 예측 불가능성과 전도 불가능성으로부터의 구제는 행위 자체의 잠재력인 '약속하고 약속을 지키는 능력'과 '용서하는 능력'에 의해 가능하다고 한다.[17] 용서는

---

14 『인간의 조건』, 103쪽. 『구약성서』의 야훼 창조사상을 전제하는 이 말은, 이데아론에 따르는 선한 유일신을 지향했던 플라톤도 만년에 이와 비슷한 고백을 한다. "시작은 그것이 그 자신의 원리를 내포하기 때문에 신이며, 신이 사람들 속에 살면서 사람들의 행위를 고무시키는 한 모든 것을 구제한다."

15 『인간 조건』, 190쪽.

16 H. Arendt, *Between Past and Future* (New York), 1993, 152쪽. 김비환의 서술을 베르그송의 입장에서 재정리한 것이다.

17 『인간 조건』, 237쪽.

과거의 행위를 원 상태로 되돌려 주며, 약속은 미래라는 불확실성의 대양에서 안정성을 확보해줌으로써 인간 상호간의 관계가 지속될 수 있게 해준다.[18]

결국 아렌트가 말하는 인간의 정치적 행위는 인간 개개인이 지니는 자유의지의 발현으로서 이러한 자유의지가 주체성을 지닌 이성적 대화에 의해 정치적 영역에서 공적인 것으로 승화하는데 있다. 철학적 관점에서 보다 구체적으로 말하면, 한나 아렌트의 인간의 고유한 정치적 행위는 소크라테스-플라톤이나 칸트가 말하는 [인간 존재나 영혼을 구제하는] 선의지에 기초하고 있는 것이며, 이러한 선의지는 법률을 제정하고 이를 집행하는데 있어서 정치력과 사법적 권력의 정의에 따르는 변증법적 특성을 말하는 것이 될 것이다. 즉 법률을 전제하는 정치란 시민들의 행복을 위해 미래를 새롭게 만들려는 데에서 정치력과 법을 새롭게 형성하는 창조적 정신에 핵심이 있고, 사법적 정의는 기존의 법률로서 정치력이 창안한 새로운 행위의 원리가 불의와 실수를 범했다면 이를 기존의 법률에 의해 교정하고 용서하는데 서로 상보적인 변증법적 관계에 있다. 그러나 사법적 정의 개념에서는 용서란 없다. 이 때문에 아렌트는 창조적인 정치적 행위에 대해서는 그것이 선의지를 함축하는 것이기 때문에 유다이즘(기독교)에 기초한 휴머니즘으로 용서를 해야 한다는 것을 천명하는 것이다. 아렌트에 따르면, 법률이란 공적 영역에서의 정치를 안정화시키는 데 빼놓을 수 없는 요소이다.

> 입헌 정부에서의 실정법은 한계를 세우고, 새로운 사람들이 출생해 들어옴으로써 끊임없이 위태로워지는 공동체에 사는 사람들 사이에 의사소통의 채널을 확립하기 위해 고안된 것이다. 각각의 새로운 출생과 더불어 새로운 시작이 세계에 탄생한다. 다시 말해 잠재적으로 새로운 세계가 태어나는 것이다. 법률의 안정성은 모든 인간사의 부단한 운동, 다시 말해 사람들이 태어나고 죽어가는 결코 멈추지 않는 운동에 조응한다. 법률은 각각의 새로운 시작에 울타리를 쳐주며, 동시에 그 시작이 지닌 운동의 자유, 곧 전혀 새롭고

18 김비환, 『축복과 저주의 정치사상』, 92-121쪽들.

예측할 수 없는 것을 할 수 있는 가능성으로 보장해 준다.[19]

결국 아렌트에 따르면, 이 세 가지 활동과 이에 조응하는 인간의 조건들은 출생과 죽음이라는 가장 일반적인 실존적 조건과 밀접하게 연관되어 있음을 다음과 같이 설명하고 있다.

> "이 세 가지 활동, 그리고 이에 상응하는 조건들 모두는 인간 실존의 가장 일반적인 조건과 밀접하게 연결되어 있다. 이 활동은 탄생과 죽음, 탄생성과 사멸성, 노동의 개인적 생존뿐 아니라 종의 삶까지도 보장한다. 작업과 그 결과물인 인간의 인공품은 인간의 유한한 삶의 덧없음과 인간적 시간의 떠도는 성격에 영속성과 지속성을 부여할 수 있는 수단을 제공한다. 정치적 조직체를 건설하고 보존하는데 참여하는 행위는 기억함, 즉 역사적 조건을 창출한다. 행위와 마찬가지로 노동과 작업도 탄생성에 그 뿌리를 두고 있다. 즉 이방인으로서 세상에서 태어나는 새로운 손님이 끊임없이 유입되도록 세계를 마련하고 보존하는 그리고 이러한 유입을 예견하고 생각해야 하는 과제를 갖는 한, 노동과 작업은 탄생성의 인간 조건과 가장 밀접한 관계를 가진다. 그러나 이 세 가지 중에서 행위는 탄생성의 인간 조건과 가장 밀접한 관계를 가진다. 출생에 내재하는 새로운 시작은 새로 오는 자가 어떤 것을 새로이 시작할 능력을 가질 때만 생각할 수 있다. 이러한 창발성의 의미에서 행위의 요소, 즉 탄생성의 요소는 모든 인간 활동에 내재한다. 더욱이 행위는 우월한 정치적 활동이기 때문에, 사멸성이 아닌 탄생성이 형이상학적 사상과는 구별되는 정치적 사상의 핵심범주가 되는 것이다."[20]

인간의 이러한 세 활동은 주어+술어의 구조로 형성된 인간의 사유 활동에서 기원하는 인간 정신의 특징을 상징하는 지향성을 지니는 자아의식이 지니는 '의식적인' 것이다. 그리고 이러한 의식에서 주체는 '나'라는 개인에 국한된다. 인간은 사유함으로써 동물이 가진 본능과는 다른 사유에 의해 구성된

19 『전체주의의 기원』, 465쪽.

20 『인간 조건』, 57쪽. 여기에서 형이상학은 플라톤 철학을 지칭한다.

'세계'를 지니게 된다. 이 세계는 아렌트에 따르면, 서로 서로 대화하면서 만들어 가야 하는 의사소통하는 세계로서 사적 개인들로 이루어진 복수성과 다원성이 특징이다. 이 사유의 세계는 행위의 측면에서는 인간의 자유의지에 기초하고 있지만, 인간의 사유와 이 사유가 창출한 '세계'는 언어를 매개로 하는 데에서는 기원하는 것으로서, 지성의 핵인 이성은 언어적 의미의 분석과 종합을 수행함으로 해서 의미 간의 연결성에 모순율이 지배하는 세계이며, '이성'이 칸트가 말하는 바대로 경험 현상을 모순율에 따라 창조적으로 재구성할 수 있는 세계이다. 그리고 이러한 이성이 파르메니데스 존재론에 나타난 바와 같이 존재론적으로 모순율에 따르는 '정신(nous) 세계'를 창출한 민족이 고대 그리스의 도시국가들로 형성된 헬라스 세계의 그리스인들 - 특히 헤시오도스를 위시하여 피타고라스학파와 이를 토대로 한 소크라테스 플라톤와 같은 철학자들이 나타나게끔 한 민족-이다. 그런데 그리스인들은 자신들의 언어적 정신에서 탄생한 이러한 이성의 실효적 효용성을 어느 민족보다도 먼저 깨달은 민족이며, 이 때문에 이성적 정신의 '창조적인' 측면을 불멸하는 신적인 속성으로까지 간주한다.[21] 그 결과 헬라스의 그리스인들은 자신의 고향인 이 지구에서 불멸하는 신적 세계로 초월하려는 인간의 의지를 형성하는 종교적 인간으로 변모시키며, 자신을 지상의 '나그네'(실존적 조건은 망각한 이방인)로 인식하는 결과를 가져온다.

헬라스 전통을 이어받은 헬레니즘의 핵은 그리스 신화에 나타난 신의 관념에 있다. 그리스 신들은 기독교에서 말하는 영원히 존재하는 신(eternity)과는 달리 탄생은 있으나 죽음이 없는 불멸하는 지속하는 존재(eviternity)로서 지상(가이아: 지구)과 결부되어 있는 자연신들이다. 지속하는 신들의 이러한 지상에서의 삶은 활동적인 삶으로서 아렌트에게서는 불멸성을 지닌 것으로 말해진다. 그

21 송영진, 『그리스 자연철학과 현대과학』, 1권, 1장 참조. 인간이 논리적 정신에 따라 '창조적으로' 재구성한 것이 과학이자 학문의 세계이다. 한나 아렌트가 말하는 인간의 진정한 사유는 개개인의 사유의 '주체성'과 '창의성'을 동시에 강조한다.

러나 인간 개개인은 탄생과 죽음이 존재하는 운명적인 삶(mortal)을 산다. 이 때문에 그리스인들에게는 인간이 이 지상에서 이룰 수 있는 최고의 삶을 플라톤의 『심포지엄』에 나타나 있듯이 신을 모방한 활동적인 삶으로서 불멸성을 욕망하는 삶이다. 그럼에도 불구하고 인간 개개인은 죽을 수밖에 없는 존재들이기에 시간적으로는 자손을 낳음으로써 그리고 공간적으로는 다수성과 복수성을 통합하는 다원성을 지닌 가족과 사회를 구성하는 삶을 영위하여야 하고, 이러한 삶이 아리스토텔레스가 말한 행복한 삶으로서 인간이 공동체를 이루고 국가를 설립해서 그 안에서 사는 것이 정치적인 삶에서 이루어지는 자유의 삶이다.

소크라테스의 오르페우스(Orphic) 종교에 따르면, 인간성에는 정신이라는 불멸하는 신적인 본질이 숨어 있기에 인간의 올바른 삶은 이 지상의 삶을 초월하여 신들의 세계로 귀환하는 삶이다. 그렇지만 인간 현실은 인간의 육신으로 인하여 이러한 삶을 살 수 없다. 이 때문에 인간으로서의 차선책은 지상에 살면서 최대한 신들의 삶을 모방하는 것이다. 이 세계는 플라톤이 『정치가』편에서 말한 바대로 신들이 우주의 조종간을 놓아버린, 유대인이 말하는 '신의 (zimzum으로 인한) 부재[22]'로 특징지어지는 곳으로서, 그래서 그리스 신화의 신들은 물론 유대인의 여호와 유일신까지 물러간 세계이기 때문이다[23]. 신이 물러간 이 세계는 인간이 스스로 주체성을 발휘해야만 하는 세계이다. 그러나 인간적 주체성은 그 자발성이 신적인 것과 비교하면 한계를 가지고 있기 때문에 이러한 한계를 보충하기 위해서 서로 대화하고 상호 보완하는 데에서 발휘되는 이성을 필요로 한다. 그리스인들의 지상에서의 신의 불멸성을 소외시켜 기독교적인 신적 삶의 초월론적인 변형에 기여하는 것이 바로 피타고라

22 유대교 신비주의 전통 카발라에 따르면, 하나님이 피조물들에게 숨 쉴 공간과 진정한 자유를 주기 위해 세상으로부터 퇴거한다는 사상이 '짐줌(zimzum)' 사상이다. 하비 콕스(Harvey Cox), 오강남 역, 『예수 하버드에 오다』, 24장, '하나님 없는 세상?' 장, 402쪽.

23 유대인의 짐줌 사상은 기독교인들에게서도 세계 2차 대전 중에서 실존주의철학자들을 통하여 현실화 된 것으로 생각된다.

스학파가 의지한 개인의 영혼의 불멸성을 주장하는 오르페우스 종교이고 이를 그리스사회에 유포한 것이 소크라테스-플라톤의 철학이다.[24]

그런데 영양물질을 신진대사 해야만 존재할 수 있는 생물체로서 신체를 지닌 인간은 정치적-사회적 존재라는 인간 실존성의 복수성을 인정하는 아리스토텔레스에서 정치철학은 혼합정으로 구체화되는 것을 우리는 앞에서 살펴보았다. 그럼에도 불구하고 플라톤의 이데아론에 영향 받은 아리스토텔레스의 정치철학은 중용의 덕이 발휘되지 않으면 끊임없는 불안정성 가운데 존재한다. 즉 정치적 활동이란 신적 세계를 관조하면서 초월을 꿈꾸는 철학자의 삶에 비해보면 동물적 존재로서 살려는 의지에서 기원하는 악과 폭력과 불안이 항상 존재하는 부차적인 것이다.[25] 이러한 플라톤의 이원론적인 형이상학을 형상-질료의 목적론으로 융합하려는 아리스토텔레스의 형이상학의 중심에는 자기-사유만 하는 신이 존재한다. 그런데 아리스토텔레스의 신은 운동의 원인일 뿐 스스로는 운동하지 않는 완전태(entelekeia)이며, 이러한 신의 완전성은 자기 사유를 본질로 하는 관조에 있다. 결국 소크라테스에서의 신에로의 초월성에 대한 욕망은 신을 닮기 위한 삶으로 바뀌고, 이것이 철학자의 삶에서 관조의 삶으로 나타나게 된다. 아리스토텔레스에서 인간 실존의 최고의 삶이 활동적인 삶이 아닌 관조(theoria-철학적-학문적 삶)로 바뀌어버린 것이다. 그리고 이러한 관조의 삶의 이면에는 인간의 신에 대한 표상이 불멸성에서 영원성으로 바뀐다는 데 있다. 즉 아리스토텔레스의 신은 불멸하는 존재가 아닌 영원한 존재이며 시간성에서 초월한 부동의 존재이다. 그리고 이러한 신 개념은 자연철학자 파르메니데스의 존재론이 이미 표명한 존재이다. 어떻게 신

24 이러한 플라톤 사상은 헬레니즘 시대에서는 영지주의로 환원되어 중세시대에는 기독교 사상에 침투한다.

25 인간의 조건을 설명하는 데에서 아렌트는 먼저 인간의 삶을 크게 두 가지로 범주화 시키는데 정관적 삶(vita contemplativa)과 활동적 삶(vita activa)이다. 먼저 정관적 삶은 신의 계시와 같은 진리 또는 영원한 것에 대한 수동적 관조를 의미하며, 고요함과 수동성을 특징으로 갖는다.(『인간 조건』, 12-21쪽.). 이러한 한나 아렌트의 관조에 대한 관념은 관조의 삶이 활동적 삶에 개입해 들어가는 것을 전제로 한 역사적 의식이 있는 이성이라는 필자의 관조에 대한 설명과 달리 서구인들의 보수적인 관념을 반영하고 있다. 아리스토텔레스의 정치철학의 장, 주석 1 참조.

에서 활동성이 제거될 수 있단 말인가?

신에서 활동성을 제거한 아리스토텔레스의 신과는 달리, 이 세상을 창조하고 인간까지도 만들어낸 활동성에 내재한 창조성의 이념을 지닌 신 개념은 헤브라이즘(Hebraism)에서 나온다. 즉 헤브라이즘이 표명된 『구약성서』에서 신은 활동성의 극치인 창조의 신으로서 자재하면서(Yahweh; I am I who is)도 영원 속에 존재하는 신이다[26]. 그리고 이러한 신의 활동성은 『구약성서』에 따르면 자신이 창조한 피조물에 끊임없이 간섭해들어 오는 신이다.[27] 그러나 철학적 관점에서 보면, 이러한 영원한 존재의 창조적 활동성은 지나치다. 자신이 특정한 질서를 통해 창조한 피조물에 직접 간섭해온다는 것은 그의 개입이 항상 존재를 형성하거나 새롭게 하는 것이 아니라면 역으로 자신이 창조한 질서를 안정적으로 유지하지 못하게 하고 파괴하는 것으로서 무질서한 신임을 노정하기 때문이다.[28] 그리고 이러한 신의 간섭은 인간에게 '자유의 공간' 더 나아가 인간에게만 고유한 '사색의 공간'을 제거하는 노릇일 뿐이다. 이 때문에 『신약성서』에서 신은 예수의 말과 행위가 상징하듯이 자신의 질서를 파괴하는 인간을 치유하고 고치며, 새롭게 하는, 즉 부활시키는 신으로 변모되며, 종국적으로는 『요한복음』에 나타나 있듯이 만물 창조의 신은 말씀(logos)의 신이며, '말씀으로' 간섭하시는 신으로 변형된다. 즉 신의 활동이란 자신이 직접 피조물에 간섭하는 것이 아니라 '자신의 피조물을 통해서' 창조 행위를 수행하는 신으로 변형되며, '인간을 통해서', '말씀을 통해서'라는 『요한복음』 1장 1절의 '말씀이 육신'이 된다는 신화가 나타난다.

사실 『구약성서』의 유다이즘이 함축한, 왕정 제체를 인정하지 않는 신정체제는 모든 인간의 각각의 주체성이 인정되지 않는 유일신의 봉건체제와 유

26 『구약성서』, 창세기 3:19.

27 E. 질송(Etiénne Gilson), 김기찬 역, 『중세 기독교 철학사』, 상권(크리스챤 다이제스트, 1994), 서문, 17-22쪽들.

28 사실 창조 개념에 항상 개입하는 딜레마는 '창조적 파괴'라는 말이 의미하듯이 바로 창조의 이면에는 진화나 진보론적인 관념과 결합되지 않으면 기존의 질서를 파괴하는 의미가 들어 있다.

사하다. 이 때문에 『신약성서』에서는 예수와 같은 신의 아들이라 일컬어지는 '특별한' 인간에 의해서 주체성이 강조되고 있기 때문에 이를 닮으려고 노력하는 인간에서는 인간의 자유와 이성이 강조되는 헬레니즘과 결합될 수 있다.[29] 즉 인간만이 이성을 지녔고 이성은 신적이라는 말과 함께 탄생한 헬레니즘이 말하는 인간 이성의 이면에는 아렌트가 말하는 인간 존재의 자유의 활동성(아리스토텔레스 『니코마코스 윤리학』(3:3)의 의지의 자유론이 함께 하고 있는 것이다. 그리고 이러한 의지의 자유론에서는 처음 시작하는 능력으로서의 자유가 신의 창조성에 부합하거나 조화되어야만 하는 것으로서 이처럼 신적 창조를 주시하는 진보론적 헤브라이즘과 자연의 법이나 사회적 질서를 중시하는 헬레니즘의 윤회론적 개념이 결합되어 현대에서 다윈이 말하는 진화론적 개념으로 나타나야만 말씀에 의해 모든 것을 창조한다고 하는 '신(앙) 중심의 휴머니즘'인 '기독성(Chritianity)'이 탄생할 수 있는 것이다.[30] 그러므로 이 모든 것은 사실 사유하는 인간실존의 '삶의 활동(vita activa)'에 의해 현실에서 나타난 독일인들에 고유한 낭만주의적 사고가 파악하는 '이성의 변증법적 역사'를 유대인들에 고유한 유다이즘의 기억을 토대로 재구축한 것이 아렌트에 따르면, '철학'(실존철학)의 진정한 의미이다.

아렌트는 인간 이성이 본능적인 동물에서 자신의 탄생 기원을 인식할 때에만, 역으로 나그네였던 인간이 비로소 지구를 고향으로 인식하는 진정한 인간으로서, 즉 인간은 자신의 실존성을 인식함으로서 재탄생할 수 있음을 『인간의 조건』에서 밝힌다. 그만큼 아렌트에 있어서 모든 인간 활동은 불멸성을

29 『신약성서』에서 예수는 스스로를 '인자'라 한다. 그리고 여기에서 유다이즘이 헬레니즘의 사상과 결합되거나 혼합될 수 있는 가능성이 존재한다.

30 현대 과학은 생물학에서 종합되고 있고 현대 생물학에서 다윈 진화론은 진리가 되고 있다. 이러한 사유가 나오기까지 철학은 중세 신학의 시녀에서 근대 과학의 시녀로 변모되어야 하는데 여기에서 철학자의 관조적(theoria) 삶이 과학적(scientiae) 사유의 삶으로 변형되고, 과학적 사유의 삶이 현실에서 유용한 기술적 사유로 변모되는 과정이 전제되어야 한다. 다윈 진화론의 핵은 자연선택설인데 여기에서 선택의 주체가 자연이라고 표명된 이 말은 마이어(E. Mayer)가 그의 『생물학』(최재천 역, 몸과 마음, 2002)에서 말하듯이 사실은 하나의 생명체에서 기원하는 개체(이기적인 유전자)들이 '제한된 영양물질을 놓고 서로 경쟁하는 데'에서 유래한다.

지향할 수 있는 '잠재적 자유'를 전제하는 과정적인 것으로서 '시작'은 중요한 의미를 지닌다. 그리고 인간의 이러한 활동성이 시초를 가지고 있다는 것을 인식하는 것은 정치활동에서는 처음 국가를 조직하고, 정치에서는 시작하는 정신을 보존해야 한다는 것과 맥을 같이 한다. 그래서 아렌트는 활동적 삶(vita activa)이란 용어를 통해서 아리스토텔레스가 말한 관조의 삶이 인간에게 중심적이라고 보지 않으며, 동시에 활동적 삶이 그것보다 우월하거나 열등하지 않음을 전제한다. 이러한 인간의 삶, 특히 활동적 삶에서 정치 활동은 (유대적인 신적인 전능의 관점에서 보면 인간의 활동이란 유한한 것이기에) 여러 사람이 협동해야만 자신의 삶을 자족하는 수준에서 이룰 수 있기에, 인간의 활동은 다원성이 본질이다. 그리고 이러한 다원적인 활동에 기초하는 개인은 인격성을 구성하며, 결과적으로 다양한 개성을 지닌 다원적인 인간들이 구성하는 것이 자족할 수 있는 수준의 집단으로 나타나는 것이 국가-사회이다. 이러한 인간의 다원성을 절대적 통일을 목표로 하는 신 개념에 비추어보면, 사멸성(mortal)을 지닌 유한한 것으로 보인다. 이러한 인간 자유의 유한성으로 말미암은 다원성은 인간 실존의 제 조건들 때문에 나타나는 것으로서 인간성에 본질이 없다는 말, 아니 인간 본성을 우리는 알 수 없다는 소크라테스의 무지의 지의 역설적인 말로 나타난 것이다.

> "인간 실존의 제 조건들은-생물학적 삶 자체, 탄생성과 사멸성, 세계성, 다원성, 그리고 지구- 우리가 무엇인지 본질을 설명해 줄 수 없고 우리가 누구인가라는 질문에도 답해줄 수가 없다. 왜냐하면 이 조건들은 결코 인간을 절대적으로 조건 짓지 않는다는 단순한 이유 때문이다. 이것이 항상 제 과학-인류학 심리학, 생물학들-과는 구별되는 철학의 입장이었다."[31]

아렌트에 따르면, '너 자신을 알라'라는 화두에서 시작한 소크라테스에서

31 『인간 조건』, 60쪽.

기원하는 철학이란 인간의 '실존적 생존의 활동'이 기본적으로는 인간의 사유와의 관계에서 노동, 작업, 행위의 서로 다른 범주로 분화되는 것이자 각기 고유의 특성을 지니는 '세계'를 형성하는 것으로 나타나는 것이다. 가치론적 관점이나 신학적 관점에서 이러한 세계들은 인간의 사유가 창조해낸 신의 절대성(이상)과 비교하면, 조건적 인간의 불완전성을 상징한다. 그런데 이러한 인간이 생각해낸 신의 절대성은 고대에서는 그리스 자연철학자 파르메니데스에 의해 불변하는 일자(一者)로 표명된 것이다. 이러한 파르메니데스의 사상은 피타고라스의 사상과 공유되어 소크라테스-플라톤에 이전되며 헬레니즘의 기원이 된다. 그러나 아렌트에 따르면, 이러한 사상은 제작과 행위의 범주 착오에서 이루어진 것이다. 그리고 이러한 제작이나 행위에는 인간 노동이라는 공통적 속성이 들어 있다. 왜냐하면 인간의 제작 행위는 신적 불멸성을 지향하는 것이나, 인간의 행위는 그 조건적 불완전성 때문에 (그리스 신화에서는 'Jehova', 『구약성서』의 신 'Yahweh'가 의미하는) 자재(自在)나 (플라톤의 우주신 데미우르고스의) 완전성이나 자족(autarkeia)을 이루기 위해 복수성이 전제하는 정치성과 사회성(갈등과 조화)을 지향할 수밖에 없기 때문이다. 즉 아렌트가 말하는 인간행위의 복수성이 정치적 행위를 통해서 비로소 자족의 상태에 있게 되는 것이 '폴리스-국가'이다. 국가란 불완전한 인간들이 서로 대화하고 협동하면서 이루어진 삶의 공동체이기 때문이다. 이러한 삶의 공동체에서는 플라톤이 말하듯이 복수성에서 기원하는 갈등이 있기 마련이다.

그런데 아렌트에 따르면, 플라톤은 이러한 갈등을 파괴적인 것으로 보고 그의 이데아론이 전제하는 제작사상에 의해 이상 국가를 형성하려고 한 것이다. 그리고 플라톤의 이데아론이라는 것은 파르메니데스의 존재론에 기초를 두고 있기 때문에 헤브라이즘의 정신을 지닌 철학자들(로자 룩셈부르크나 한나 아렌트는 물론, 현대의 베르그송을 위시한 레비나스 등)에게는 (고대 원자론이나 근대 뉴턴 역학에서 표명된) 제작사상의 극치이다. 그리고 이러한 제작사상의 이면에 있는 근대적 이성은 역설적으로 이러한 항상 새롭게 시작하는 사유의 정신을 뉴턴 역학적 사유로 변모시켜 제도가 만들어 놓은 필연적이고 관습적이며 타성적(관성적)인 사유로 전락하게 하는 위기를 만들어 냈다. 그 결과 플라톤의 정치철학에서는 행위와 인식이 분리되고, 철학에서는 행위보다는 관조(theoria: 학문적 이성)와 같은 인식 우위의 전도 내지는 전복이 일어난 것이다. 더욱이 이러한 관조의 관념이 근대에서 학문(scientiae)의 모델이 된 뉴턴 역학의 현실적 응용에 따른 기술(techene)로 전락하면서 인간의 사유도 새롭게 시작하는 사유가 아닌 제도에 따르는 관습적이고 타성적인 사유에 의해 기술적인 것으로 변모해버리고 행위의 영역 특히 정치적인 영역에서도 마찬가지 현상이 일어난다.

그러나 아렌트에 따르면, 철학이란 원래 인간적인 삶에 대한 성찰이라는 것이다. 즉 아렌트에 따르면, 인간의 제 조건이 반영된 '세계'에서는 생물적 삶의 필연성에 종속되는 활동이란 제작을 위한 인식보다는 이에 우선하는 행위가 본질이고, 이러한 행위의 본질 속에는 인간의 자유의지가 반영되는 것으로서 숙고가 뒤따를 뿐이다.[32] 그런데 플라톤 이래의 서양철학자들은 이러한 숙고를 행위에 앞세워버린 것이다. 결국 자유로운 사유가 반영되는 행위(숙고가 있는 행위)는 인간의 미약하나마 (한나 아렌트는 무의식이라고 말하지는 않지만) 무의식적으로 자유의지가 실현되는 '세계'이고, 이 세계는 인간에게서는 공동체를 이루는 것으로 나타나는데, 한 공동체는 아리스토텔레스가 말한 가정을 핵으로 한 것으로서 이들이 모여 인간 조건에 맞는 생활이 자족의 수준으로 이루어지기 위해서 성립한 것이 국가-사회이고 이러한 국가-사회에서 '정치적 행위'가 가장 중요한 것으로 드러난다. 그리고 정치의 세계에서 국가의 자족의 상태가 안정되도록 정착하는데 필요한 것이 플라톤의 말대로 '정의'가 실현되어야 하고 이를 실현하는 수단이 '법률'로서 나타난다는 것이다.

인간의 자유로운 사유는 모순율에 따른 이성보다는 칸트가 구상력으로 말

32 아렌트의 '행위(praxsis) 개념은 인간적 삶의 근원에서 작용하는 베르그송의 생의 약동 개념을 닮아 있다. 이 점은 베르그송이 묘사하는 인간의 생래적인 자발성과 유사하다. (107).

한 상상력에서 그 본질이 드러난다. 그리고 이러한 상상력은 낭만주의 시절에는 사물이나 '살아 있는 자연'의 본질에 공감하는 즉 베르그송이 말하는 직관력을 지닌 것으로 말해진다.[33] 사실 인간의 의식과 사유는 언어를 사용하면서 발생한 것이다. 그리고 언어란 그 의미가 인간의 활동이나 인간성에 유비함으로써 나타난다. 즉 언어는 그 의미의 본질이 지시나 함축에서 성립하는데, 이 때 지시는 아무런 의미도 나타내지 않고 인간의 마음이나 감관-지각과 함께 하는 신체적 활동(경험)과 관계하여야만 비로소 의미를 갖게 됨으로, 언어의 의미의 본질(상징성)은 인간성이나 활동에 대한 비유나 은유 속에 있다. 이 때문에 하이데거에 따르면, 언어는 인간 사유에 필수적이면서도 역으로 언어가 없이는 사유가 일어날 수 없는 것이다. 현대 언어학자들이나 철학자들이 인간의 의식이 언어에 의해 발생한다고 말하는 것도 이 때문이다. 하이데거에 따르면 '언어는 (인간) 존재의 집이다.'[34]

언어는 인간의 신체적-정신적 체험을 지시하거나 은유하는 것을 본질로 하는 것이다. 이 때문에 언어를 사용하는 인간의 사유는 논리적이기보다는 상상력에 기초하는 낭만적인 것이고 시적인 것이다. 역으로 인간의 실존적 행위나 삶의 다양성을 그대로 반영하는 시는 아렌트가 말하는 (실존)철학의 본질적 사유와 동일하다. 왜냐하면 철학이란 인간의 동물-생물체적 삶의 본질을 파악하고자 하는 활동이기 때문이다. "(언어가) 사유와 철학에 부여한 가장 위대한 선물인 은유 자체는 철학적이기보다는 시적이다." 그래서 시와 철학은 내면적인 정신세계와 감관-지각이 파악한 현상세계를 연계시키는 은유라는 수단에 의존하고 있기에 그리고 언어의 의미는 본질적으로 지시보다는 인간 행위에 대한 은유에 기초하고 있기에 "사유를 구체화하려는 시인의 정치적

33 송영진, 『미와 비평』(충남대 출판문화원, 2013), '5.2. 상상력의 새 이론' 항, 243-248쪽들 참조.

34 원래 '언어는 존재의 집'이라는 사상은 하이데거에서 유래하는 것(『시와 철학』, (1978a 2004, 164))이나 하이데거의 제자였던 관계로 한나 아렌트는 이 사상을 그대로 답습하고 있다. 홍원표, 『한나 아렌트의 정치 철학』(서울: 인간 사랑, 2013), 122쪽에서 재인용.

목적은 시작(poesis: 詩作)이 본질적으로 공적이기 때문에 구술적(口述的)이라는 것을 의미한다."[35] 그리고 이러한 인간의 실존적 조건의 다원성을 강조하는 아렌트의 정치 철학은 국가를 잃고 정치적 행위를 박탈당한 파리아(pharia: 주변인이자 경계인)로 살아야 했던 아렌트로 하여금, 한편으로는 국가관이 빈약한 유대인의 신정정치에 반하고 다른 한편으로는 인간의 생물적인 현실적 삶을 망각하고 이성 중심적인 조작적 인위적 삶으로 변조해버린 서구세계를 비판하는 것이다. 그는 정치 행위에서 시작(始作)하는 정신을 통찰해낸 정신력을 여성의 직관에 기초한 시작(詩作)하는 정신으로 대치하면서 자신의 정치철학에 따라 삶을 꾸려 나간 것이다. 여하튼 우리는 이러한 아렌트의 진술을 통하여 그의 정치철학이 플라톤의 혼합정의 정신을 제대로 성찰하지 않은 플라톤에 대한 유럽의 전통적인 관념을 비판하는 것으로 말할 수도 있다.[36] 아렌트의 정치철학에 대한 공헌은 역설적으로 이 저서에서 표명한대로 플라톤의 정치철학의 핵심인 혼합정의 정신을 근대 정치철학사에 대한 성찰을 토대로 하여 다음과 같은 몇 가지 측면에서 뚜렷하게 드러내놓고 있다.

2. 사적인 것과 공적인 것의 구분에 따르는 정치와 사회의 구분

아리스토텔레스가 묘사한 것처럼 그리스 도시 국가는 가정의 희생 위에 설립되어 있다. 즉 가정은 자연 필연성(필요성: 식욕과 성욕)에 의해 성립된 조직이다.

---

35 인류의 역사에서 기억의 외재화에 해당하는 문자언어에 기초한 문자문화 시기에 앞서 기억의 내면화에 의한 음성언어에 기초한 구술문화의 긴 세월이 있었다. 구술문화와 문자문화에 대해서는 W. J. 옹 (Walter, J. Ong), 이기우와 임명진 역, 『구술문화와 문자문화』 (문예출판사, 1995), 참조.

36 아렌트의 정치철학은 하이데거의 존재론을 토대로 한 것으로서 실존주의적 관념은 지니고 있으며, 현상학을 철학적 방법론의 핵심으로 여기고 있기에 본 저서의 의도와 달리 전통적인 철학 전반을 비판하는 내용을 함축하고 있다. 한 마디로 요약하면, 그의 정치철학은 『인간의 조건』에 나타난 실존주의적 관점을 정치 일반에 확대하며 그 나름대로의 정치적 이상을 표현하고 있고, 특히 그의 공론장 이론이 그렇다. 이 때문에 이 저서에서는 필자가 가진 유대주의의 사상을 베르그송의 생의 철학과의 관계에서 해석하면서 한나 아렌트가 '반항하면서도 중시한' 유대주의의 공동체 이론과 통합할 수 있는 전통적 정치철학을 해석하는 관점에서 한나 아렌트의 정치철학을 요약할 것이다.

여기에서는 성립하는 질서는 생물학적 필요성 위에 성립하는 경제적인 것(economy : oikos nomos)이다. 이러한 경제적 질서에서 연유하는 정치적 질서는 가부장적인 봉건적 위계이다. 봉건적 위계에서는 폭력과 친밀성에 의한 주인과 노예의 관계가 성립한다. 그런데 가정과 봉건 왕정의 차이는 양자가 폭력과 친밀성이라는 정서적 관계에 의존하나 왕정에서는 정의로운 것이 있을 수 있는 공간이 있다는 데 있다. 그런데 그리스 폴리스 즉 도시국가에서 시민은 이러한 가정을 소유한 자만이 이에서 자유스러운 상태에서 공론의 영역인 정치에 참여할 수 있었다. 가정은 '소유' 개념에서 기원하는 사적인 영역(idios)에 해당하는 것이나 정치는 오직 로고스에 따라 사유할 수 있는 '자유로운' 사람들이 '행위하는' 공적인 영역에서 성립하는 것이다. 이러한 공적인 것과 사적인 것의 대립은 서양 근대에서 성립한 사회에서 통용되는 사적인 것과 공적인 것의 의미가 개인적인 것과 사회적인 것으로 분화되어 자유의 의미가 고대적인 것과 역전되어 있거나 도치되어 있기에 그 의미가 전혀 다르다.

그런데 아렌트에 따르면, 근대에서는 고대 그리스에서 사적인 영역에서 성립한 경제적인 것이 공론화의 영역에서 주된 관심이 되었고, 이 때문에 정치적인 것이 되었다. 이처럼 고대에 사적인 것이 공적 영역의 정치적 관심의 대상으로 되어버린 것에는 토마스 아퀴나스가 국가를 'society'로 번역한 것이 일조가 되었다. 중세 기독교는 신을 중심으로 한 봉건주의적 가부장제를 전제하지만, 이러한 가부장제가 국가의 공적인 논의의 중심이 된 것이다. 그러나 기독교가 말하는 정치에서의 가부장제는 신 앞에서 모든 인간은 평등하다는 사상 때문에 인간의 가장 내밀한 사적인 영역인 가정을 국가가 인정한 공적인 영역으로 상승시켰다는 점에서 동양의 봉건주의와는 다르다.

그런데 고대에서 사적인 영역에 있었던 경제적인 것이 공적 영역에서, 즉 정치적인 영역에서 중요시됨에 따라 산업 혁명에 의해 국가 내부에 공동의 이익을 추구하는 집단으로서 회사(com+pany : 함께 빵을 먹는 집단)나 사회(society)개념이 통용된 것이다. 결국 근대에서 나타난 국가 내부에 여러 이익집단인 '사회'

가 탄생하였으며, 역으로 인간의 생물학적 삶의 필연성 때문에 나타난 경제적인 것이 공적인 영역으로 이동함에 따라 실제적 실효성이나 재화적 의미의 이익이 국가에서 중요시 되었고, 이 영역에서 정의의 실현 문제가 중요시됨에 따라 이러한 정의를 강요해야만 하는 정치적 행위에서는 강제와 폭력 개념만이 남게 되었다. 아렌트에 따르면, 홉스의 '인간의 인간에 대한 이리 상태(homo homini lupus)에서 탄생한 절대군주라는 개념은 이를 정당화하는 이론에 불과하다. 결국 아렌트에 따르면, 국가는 삶의 필연성에 종사하는 사회의 활동을 보호하고 보장하는 기능을 수행하는 것으로 전락한다.[37]

다른 한편, 근대 사회가 탄생하는 것은 근대과학의 발전에 따른 기술과학에 의한 노동의 해방과 다른 한편으로 산업화에 따른 상품의 생산과 이를 필요로 하는 수요에 대한 공급에 필요한 저장과 이동이 결합하는 기술의 발전과 이들을 통합한 자유 시장에서의 '상업'이 발달함으로써이다. 즉 고대의 경제의 문제가 인간의 과학지식과 기술의 발전에 따라 인간의 노동으로부터의 해방과 함께 인간 자유(이동과 창조) 활동의 확대를 가져온 것 같았으나, 역설적으로 인간의 노동 활동이 기계에 종속됨으로 해서 기계화되었고, 또 인간 활동이 생물체로서의 삶의 필요성 때문에 상업에 집중될 수밖에 없게 된데 따르는 것이다. 그런데 노동의 해방이라는 것은 고대의 노예상태로부터의 해방을 의미하는 것이 되지만, 아렌트에 따르면 고대 그리스나 로마에서의 노예의 삶은 필요성에 예속된 인간의 동물성을 의미하였으면서도 공적인 일을 하는 사유하는 자유시민인 주인의 정치 세계와 대립된 의미로서 사적 영역, 즉 가정과는 '친밀성'의 관계 속에 있었다. 그러나 이러한 친밀성이 산업 사회에서는 경제적이고 상업적인 것으로 변모하여버렸다.

더 나아가 근대에서는 가정에서 수행되었던 삶의 필연성(필요성)이 공론의 영

37 이러한 부르주와의 사상의 기원은 사실 중세 기독교가 강화한 것으로서 『구약성서』의 바벨탑 신화에 기초한 기독교 교리의 세속에서의 초월사상에 있다.

역으로 이동하여 정치문제화 되면서부터 가정의 문제, 즉 경제가 인간에 공통적인 본질적 행위를 지칭하게 된다. 그리고 이러한 공통본질, 즉 경제적 욕구를 충족시키기 위해 사회가 조직되고 정치란 이를 보호하는 기능에 불과한 것으로 전락한다. 반면에 사적영역이었던 가정은 이 모든 것에 대립된 것으로서 가정에서도 후퇴하여 개인적인 (사상의 자유나 종교의 자유가 의미하는) 사유 공간만을 의미하는 것이 되었다. 이 때문에 사회란 이제 고대에서 노예가 수행하는 역할인 노동을 수행하여야만 들어갈 수 있는 세계가 된다. 근대에서 탄생한 개인의 사적 공간은 이러한 타인과 생의 필연성 때문에 관계해야만 하는 '인간은 인간에 대한 이리' 상태나 서로의 이해타산을 계산하는 산업사회의 경제적 사유와 상인적 정신이 난무하는 사회로는 물론 가정까지도 파괴된 상황에서 도피하여 자신만의 세계 속에 들어가는 공간이며, 이 공간에서 개인적인 인간은 사적인 그래서 어느 정도 낭만적인 자유를 만끽 할 수 있게 된다. 더 나아가 아렌트에 따르면, 근대 정치철학은 경제문제를 중시하면서부터 이기심을 극대화하는 바람에 사적인 것과 공적인 것을 흐리게 만들었고, 가족이나 공동체 정신을 흐리게 하였으며, 그 결과가 국가와 사회의 구분은 물론 개인을 타자와의 관계에서 고립(원자화)시킴으로써, 여러 관계망 가운데에서만 기능화 된 원자들의 집합물로서 민중(mob)을 만들어내기에 이르렀다.

원래 박탈을 의미하는 'private'는 그리스에서는 공적인 세계로 나아갈 수 없는, 즉 시민이 공적 생활을 할 수 있는 자유의 박탈을 의미했으나, 근대에서는 역으로 내면세계의 자유에로 도피하는 것으로 된 것이다. 그래서 'private'이라는 어휘에서 고대에서의 자유의 정치적 의미는 사라지고, 정치와 사회로부터 도피하는 스토아학파가 말하는 자연에로 후퇴하거나 고립된 개인에게서 이루어지는 개인적이거나 사적인 것을 의미하게 되었다. 그 결과 근대 이후의 개인은 자신과 그리고 가정에서 사회나 국가에 진출하기 위해서는 '용기'가 필요한 덕목이 되었다. 아렌트에 따르면 이러한 용기의 덕목의 중요성을 마키아벨리는 알아챘다고 한다. 사실 마키아벨리에 있어서 용기란 군대에 기초한 공화정을 실현한 로마 국가에서 주요한 덕목이었다. 로마의 군대 조직에서 용기란 지혜와 함께 힘이나 권력의 획득에서 승리할 수 있게 하는 것으로서의 명예를 얻는 주요한 덕목을 의미한다. 여기에서는 국가에 유익한 행위는 용기를 기초로 한 행위이고, 이에 따른 성과는 명예롭게 칭송된다. 군대 조직에서는 지휘자나 하급자에게 모두 필요한 것이 용기이다. 마키아벨리는 국가의 현실이 이러한 힘에 기초하여 성립함을 직시한 것이다. 그런데 아렌트에 따르면, 근대에서는 용기가 개인이 사회로 나아가는데, 그리고 국가의 정치적 행위로 나아가는데 필요한 덕목으로 바뀐 것이다.

사실 만민 평등을 부르짖는 민주주의가 프랑스 혁명을 시초로 하여 근대 사회에서 탄생하는 것은 근대 산업사회의 한 주축이었던 부르주아지가 영국에서나 프랑스에서 정권에 도전하거나 정치권력을 획득한 데에서 출발한다. 이러한 부르주아지의 정신은 상업정신이다. 그런데 상업은 이동을 본질로 하는 자유를 필요로 하고 재화를 교환하는 시장을 필요로 한다. 그리고 이러한 시장에서의 거래는 수요와 공급에 의해 상품의 가격이 결정되는, 즉 교환 가치가 발휘되는 곳이다. 고대에서 사물의 본성에 기초한 사용가치가 절대적인 것으로 인식되었고 이들의 교환이란 사용가치의 비교 평형에 의한 부수적인 정의 개념으로 나타났으나, 근대 상품 시장에서는 이러한 사용가치와 교환가치가 전도되어, 노동력에 의한 절대적 정의 개념인 사용가치는 부수적인 것으로 인식되게 된 것이다. 결국 고대 사회에서 정치적으로 중요한 문제가 되었던 정의의 문제는 근대 사회에서는 상품의 생산에 따르는 노동과 이를 교환함에 따라 가치가 결정되는 교환적 정의 개념으로 대체된다. 여기에서 한나 아렌트에 따르면, 프로타고라스의 명언 '인간은 만물의 척도'에서처럼 절대적 정의나 척도가 사라지고 '개별적인 인간(개인)'이 가치의 중심에 존재하는 보편적 가치 상대주의가 발생한다. 고대 플라톤이나 아리스토텔레스가 공적인 것과 사적인 것의 대립으로 강조한 정치와 경제적인 것이 칼 마르크스에서는 정치경제학이라 칭한 혼합 개념에서 자본주의 체제를 경제 우위의 세계로 발전하는 것이다. 더욱이 인간은 상품을 거래하고 저장하는 매개물로 편리한 화폐를 창조했다. 결국 근대 사회는 모든 가치와 가치관계를 정의롭게 결정하는 화폐가 물신(物神)으로 자리 잡게 되었다.[38] 이렇게 고대와 중세의 국민들이나 시민들의 의지가 역사의식과 인지의 발달에 힘입어 정의 개념에서도 유용성 개념이 혼합되거나 복합되어 나타난 것이다. 결국 진리와 정의가 문제되었던 국가에서의 정치의 문제는 유용성이나 경제적인 것에 대한 시민들의 관심과 의지에 의해 국가의 권력의식에서도 여기에서 부응하는 변증법이 일어나게 된 것이다.

다른 한편, 이러한 근대 사회의 탄생 운동의 주축인 부르주아지는 자기 자신의 능력과 힘의 근원이 노동자들의 노동이라는 것을 자각하고 있었다. 사실 과거 노동은 천민들이나 노예들의 것이었다. 노예 노동은 자연적인 것이 아닌 인위적인 것이며, 그것도 주인의 명령에 따라 수행하는 것으로서 자신의 의지에 따르는 것이 아닌 것으로서 고통이었다. 이러한 노동은 플라톤이 『티마이오스』 편에서 우주 제작신 데미우르고스(Demiourgos)가 수행하는 제작 행위를 모방한 인간의 자신의 의지에 따르는 작업(work)이나 호모 파베르(homo faber)의 제작 행위와 다르다. 즉 노동이란 자신의 의지에 따라서 하는 작업과 달리 타자의 의지에 종속되는 것으로서 자유를 상실한 것이기에, 인간의 제작 행위가 데미우르고스가 우주를 만들듯이 인간이 주체적으로 자신의 기술을 통하여 대상을 창조하는 행위나 작업과는 질적으로 다르다.

인간의 생산 활동이나 행동, 일반적으로 인간의 활동을 돕는 도구나 기술이 점차 발전하여, 인간의 신체의 연장으로 간주된 도구나 기술이 신체의 활동을 기계적으로 분석하여 마련한 운동의 시초만을 인간이 제공하는 자동 기계로 변화하였다.[39] 그 결과 인간의 활동은 생산 활동에서 이러한 기계가 수

---

38 『인간 조건』, 224-225쪽들. 불환지폐의 경우 화폐가치는 국가가 결정한다.

39 이러한 기계가 현대에서는 유기체를 닮은 컴퓨터에 기반한 인공지능(AI)을 토대로 하는 자동기계(로봇이나 사이보그)로까지 발전하였다.

행하는 생산 활동에 종속되어 기계를 돕는 단순한 작업만을 수행하는 노동으로 변모하게 된다. 사실 근대는 산업혁명을 통해 발전하고, 산업혁명의 이면에는 자연과학기술의 이용함으로써 호모 파베르는 단순한 도구를 넘어선 도구를 만드는 도구인 기계를 발명함에 따라 노동과 작업의 구분을 흐리게 하고 이 양자를 혼합하거나 혼용하게 되었다. 기계가 인간 활동을 모방하게 됨에 따라 인간의 노동을 대신하게 되었으며, 더 나아가 인간의 작업까지도 기계가 수행할 수 있게 된 것의 기초가 근대 증기기관이나 자동차와 같은 운동의 시초만을 인간이 제공하는 자동(현대는 기계의 운동의 결과가 다시 원인이 되는 피드백을 갖춘)기관을 지닌 기계를 만들어낸 결과이다. 결국 인간은 기계를 만듦으로써 노동으로부터 해방되는 듯하나, 역설적으로 인간의 모든 활동은 기계에 종속되는 단순 활동만 수행하게 된 근대 분업화된 사회에서는 모든 인간 사회활동이나 정치활동마저도 노동이라는 개념으로 정리할 수 있게 되었다. 즉 인간의 활동 중 자신의 신체의 신진대사에 봉사하기 위한 물질적 생산에 관계하던 인간 노동이 기계화 과정에 종속되면서 인간의 다양한 분야에서의 직업과 관련된 작업은 물론 사유까지도 분업화된 단순 노동으로 기계화되고 타성화된다. 그래서 현대에서 우리는 인간의 활동을 정신적 노동이나 신체적 노동으로 분화시키면서도 이러한 노동의 인간적인 측면이 소외되는 것이다. 그리고 이러한 노동에서 소외되고 대립되는 것은 놀이로 정의되는 예술분야에 국한된 것으로 분류된다. 이러한 노동 개념의 탄생을 도왔던 것이 서구에서는 기독교이다.

아렌트에 따르면, 『구약성서』에서 노동은 고대 그리스- 로마의 풍습과 달리, 삶을 신성한 것으로 여기며, 따라서 죽음과 노동을 악한 것으로 여기지 않았다. 구약성서에 따르면, '인간이 이미 정해진 자연의 순환운동 속에 남아 있을 수 있는 유일한 길'이며, 마치 낮과 밤, 삶과 죽음이 이어지듯이 그렇게 아무런 목적도 없이 규칙적으로 행복하게 수고와 휴식, 노동과 소비 사이를 왔다 갔다 할 수 있는 유일한 길이다. 아담의 수고와 이브의 아기를 낳는 고통의 보상은 자연의 다산성에, 즉 '수고와 고통'을 참고 자신의 일을 행하는 자는 자신의 자녀와 손자들이 살게 될 미래에 자연의 일부분으로 남는다는 큰 확신이 있다. 삶의 자연적 과정-생명과정이 신체에 위치하듯이 노동보다 더 직접적으로 삶에 속박된 활동은 없다. 이 활동의 사적 성격은 의심과 논쟁의 여지가 없는 세계-자기화의 활동이다. 그리고 이러한 자기화 활동은 성서에서 신이 말하는 번성하는 기쁨 속에서 이루어진다. 이러한 번성의 기쁨은 인간 존재의 다산성이나 근대의 노동에 기초한 사회에서는 생산성에 관계하게 된다.

아렌트에 따르면, 근대가 발전하고 그리고 인간 활동 가운데 가장 사적인 노동이 공적인 것으로 되어 자신의 공론 영역을 확립한 사회가 발생함으로써 세계 내에서 사적 공간으로서의 소유가 사회적 부의 성장과정을 견딜 수 있을지는 매우 의심스러워졌다고 한다.[40] 왜냐하면 사적 공간은 정치나 사회로부터 도피할 수 있는 자유로운 사유의 공간이기 때문이다. 그런데 이러한 자유는 역설적이게도 실질적으로 물질적 부에 의해 확보된다. 여기에서 신체적인 것의 정신화에 해당하는 신비하고도 낭만적인 과정이 존재한다. 어쨌든 인간 신체는 각 개인의 소유의 정수이다. 아렌트에 따르면,

> "재산의 사적 성격, 말하자면 공동의 것으로부터의 완전한 독립성은 소유를 사유(私有)로 변경시킴으로써, 또는 소유를 신체활동의 결과물인 생산물로서 간주하여 '공동의 것'으로부터 울타리를 쳐서 막는 것으로 이해함으로써 가장 잘 보장된다. 이러한 측면에서 신체는 모든 소유의 정수가 된다. 신체는 나누기를 원해도 결코 그럴 수 없는 유일한 것이기 때문이다. 가장 공동적이지 않고 전혀 의사소통 할 수 없는 까닭에 공론 영역의 가시성과 가청성으로부터 가장 안전하게 보호되는 것은 신체 내에서 발생하는 신체의 기쁨이나 고통, 신체의 노동이나 소비이다. 노예로 살거나 견딜 수 없는 고통에 처한 인간이 강요당하는 얽매임, 즉 신체적 삶에 전념해야하는 상태보다 더

40 한나 아렌트의 정치철학에서 '소유' 개념은 가정이나 신체와 관련된 사적 공간에서만 의미를 지닌다. 따라서 공적인 세계에서 다수의 협동으로 발생하는 '권력'은 소유(私有化)할 수 없다.

근본적으로 인간을 세계로부터 추방하는 것은 없다."[41]

근대에서 모든 경제 이론가들은 로크와 같이 소유이론이 정당하다고 방어하는 데 반해 국가나 정부의 모든 영역에 공개적으로 적대적이었다.[42] 국가나 정부는 고작해야 필요악, 인간 본성의 반영, 가장 나쁘게는 그 악이 없다면, 건강할 사회의 삶에 기생하는 것으로 여겨졌다. 고대 군주나 귀족들, 근대에서의 정치가들의 명성과 영광이 근대에서는 노동하지 않은 죄악으로 간주되는 것이다. 그러나 이러한 노동하지 않는 죄악의 개념은 근대 자본주의 초기에는 물론 현대에서는 국가경영이라는 말이 상징하듯이 정치가 경제학에 종속하게 만든 것은 칼 마르크스의 영향이다. 아렌트에 따르면 근대가 그렇게 열렬이 옹호했던 것은 '소유 자체'가 아니라 방해받지 않고 보다 많은 소유 또는 사유(私有)를 추구하는 것이었다. 공동 세계(공공의 세계)의 죽은 영속성을 상징하는 모든 정부기관에 대항하여 근대는 삶, 즉 사회적 삶의 이름으로 싸웠다. 공적인 것과 사적인 것의 경계를 확정하고 이 경계(담)를 법으로 규정하면서 정의를 실현하려는 것을 정치의 본질로 간주하는 아렌트는 사적인 것과 공적인 것이 서로 독립된 영역을 유지하면서 이를 서로 과도하게 침범하지 않는 중용의 태도에서 인간사회의 건강한 삶을 보고 있다.[43]

"사적인 영역과 공론 영역의 구별이 필연성(필요성)과 자유, 무상성과 영속성, 수치와 명예의 대립에 일치할지라도, 사적인 영역은 필수적인 것, 무상한

---

41 『인간 조건』, 168.

42 존 로크의 개인 소유이론은 서구 근대 정치철학의 핵을 이룬다. 로크는 대지와 그 열매가 자연적 이성과 성서 둘다의 명령으로서 본래 인류에 공동 소유로 주어진 것이라는 점을 받아들이면서 개인적 점유의 권리를 정당화하는 것이 노동과 작업이다. 자신의 노동을 혼합함으로써 그는 그것을 자신의 재산으로 만드는데, '적어도 다른 사람을 위해서 충분히 양질을 남겨놓아야 한다.'(second treatise, set. 27)고 말함으로써 개인점유에 일정한 제한을 둔다는 점에서 공화정의 정신이 나타난다. 이러한 개인소유의 한계 설정은 존재론적으로 소유가 사물 존재에 대해서는 전체에 대한 것이 아닌 일부만을 점유하는 것으로 인정된다.

43 아리스토텔레스의 목적론적 세계관에서나 진화론이 진리가 된 현대에서의 중용이란 예측 가능한 변화하는 현실세계에서 인간의 미래적 존재 가능성을 확보하는 지혜를 발휘하는 것으로 변화한다.

것, 수치스러운 것만의 적절한 장소라는 주장은 잘못된 것이다. 두 영역의 가장 근본적인 의미는 한편으로 숨겨야할 것이 존재하고 다른 한편으로는 존재하기 위해 반드시 공공적으로 드러나야 할 것이 있다는 사실이다. 이 현상들이 기존 문명의 어느 곳에 발견되는지 우선 고려하지 않고 고찰해본다면, 우리는 인간의 모든 활동이 세계에서 자신의 적절한 자리매김을 암시하고 있다는 것을 알 수 있다. 이는 활동적인 삶의 주요 활동인 노동, 작업, 행위에 있어서도 마찬가지이다. 그런데 이 현상에 대한 하나의 극단적인 실례가 있는데, 이것의 이점은 그것이 정치이론에서 상당한 역할을 했다는 것이다."[44]

아렌트는 사적인 영역과 공적인 영역은 구별되어야 하면서도 그 각각의 영역에는 또한 공개해야할 것이 있고 숨겨야할 것이 있다고 말했다. 그럼에도 불구하고 이 양 영역 사이의 분별을 흐리게 하고 이러한 분별을 흐리게 하면서도 공개와 비밀을 섞바꿔게 한 극단적인 실례가 있는데 그것은 이것의 이점 때문이라는 것이다. 아렌트가 정치이론에서 극단적인 실례로서 드는 것이 플라톤에서 기원하는 완전한 국가와 권력의 통일을 지향하는 전체주의적 이상주의(기독교의 천국 개념)와 홉스나 마키아벨리의 권력을 군주나 절대자 혹은 인민들의 소유 개념으로 변형시킨 권력 현실주의에 따르는 정치철학이다. 그러면 이러한 이상주의나 정치적 현실주의의 이점이란 무엇이며, 도대체 누구에 대한 이점인가?

3. 도시의 발생

아렌트에 따르면, 철학이 나타나기 이전에 그리스에서 신적인 행위와 다른 사멸적인 인간 행위는 국가-사회를 구성하면서 '정치적인 행위'로 나타나는

44 『인간 조건』, 127쪽.

것이었다. 그리고 이러한 정치적인 행위의 본질은 그리스어 'archein'에 나타나 있다. 이 용어는 원래 '어떤 일을 시작하는 행위'를 지칭하는 말이다. 이 말이 지도하고 지배한다는 말로 전환되는 데에는 아리스토텔레스의 정치학에서 자유인(시민)만이 수행하는(prattein) '지배하고 지배받을 수 있는 것'을 의미하는 말이나, 아렌트에 따르면, 라틴어 agere(움직이게 하다: 원래는 'gerere: 낳다'에서 파생된 것으로서 '생식'을 의미하다가 명령하는 것으로 전용된 것이다)가 지칭하는 말로 전환되는 것이다.[45] 사멸하는 인간의 사회적 행위(prattein; 완성하다, 이루다)는 두 부분으로 이루어지는데, 즉 한 사람에 의한 시작과 다수가 참여하여 이 시작된 일을 실행하고 완성하며, 완전히 이루어낸 업적으로 나눠는 것과 같다. 그래서 호머의 경우처럼 지도자의 역할은 왕 중의 왕인 시작하는 자와 통치자의 역할로 변화한다. 인간의 정치적 행위의 본래적 상호성, 즉 시작하는 자와 지도자는 타인의 도움에 의존하는 것과, 스스로 행위할 수 있는 기회를 얻기 위해서 동료들은 그에게 의존한다는 두 개의 전혀 다른 기능으로 분화되었다. 즉 통치자의 특권인 명령하는 기능과 신하의 의무인 이 명령을 수행하는 기능이 분리되었다. 이러한 'archein'의 의미의 전환은 한나 아렌트의 정치철학의 핵심용어로서 그의 '권력(kratia)' 개념의 기원이다. 이러한 권력의 의미도 다수가 관계하는 폭력이나 개인적인 힘과 관계하는 것과 달리 복수성이나 다수성을 전제하는 대화적 이성에서 기원하는 질서에 따르는 능력이다. 그리고 인간의 실존적 조건에 기초한 인간의 정치적 행위의 연약성에 대한 본래의 치료법은 폴리스의 구축이었다고 한다.

> "폴리스는 그리스에서 폴리스가 생겨나기 이전의 경험 및 인간의 공동생활을 가치 있는 것으로 만드는 것, 즉 말과 행위의 공유에 대한 평가로부터 탄생했으며, 그것에 기초하고 있었다. 그런데 이 폴리스는 이중적 기능을 갖고 있었다. 첫째, 폴리스는 몇 가지 제한에도 불구하고 사람들이 어떤 일을

45 『인간 조건』, 250쪽.

지속적으로 할 수 있게 해주었는데, 이 일은 예전에는 예외적으로 흔하지 않는 상황에서만 실현 가능했고, 또 이를 위해 사람들은 자신의 가정을 떠나야만 했다. 폴리스는 불멸의 명예를 얻는 기회를, 즉 말과 행위로 그가 누구인가를 자신의 유일한 차이성을 통해 보여주는 기회를 배가시키는 것으로 여겨졌다. 중요한 것은 아니지만 아테네에서 재능과 천부적인 자질이 급속하게 발전하고, 동시에 도시국가가 놀라울 정도로 빨리 쇠퇴한 이유 중의 하나는 처음부터 끝까지 폴리스의 궁극적인 목적이 예외적인 것을 일상생활의 평범한 사건으로 만드는 것이었기 때문이다. 폴리스의 두 번째 기능은 폴리스 이전에 경험한 행위의 위험성과 밀접한 관련이 있는데, 그것은 말과 행위의 무상함을 치료하는 것이었다. 왜냐하면 명예스런 행위가 망각되지 않고 실제로 불멸적인 것이 될 가능성은 희박했기 때문이다."[46]

인간의 이러한 정치적 행위는 그리스 인들이 입법 행위를 정치활동으로 간주하지 않았던 사실에서도 발견된다. 그들의 견해에 따르면, 법률 제정자는 도시의 성벽을 쌓는 자, 즉 정치적 활동이 시작되기 이전에 일을 끝내야만 하는 자와 같다. 따라서 그는 장인이나 건축가와 같이 취급되었고, 해외에서 불러 오기도 하며 시민권이 없어도 (지혜만 있다면) 일을 맡을 수가 있었다. 반면에 폴리스에서 이루어지는 수많은 활동에 참여하는 권리(politeuesthai)는 오로지 시민에게만 제한되어 있었다. 시민에게 법률은 도시 주변의 성벽처럼 행위의 결과가 아니라 생산의 산물이었다. 사람들은 행동하기 전에 구체적 공간이 확보되어야 하고, 어떤 구조가 확립되어야 한다. 여기에서 차후의 행위가 비로소 일어날 수 있다. 이 때 공간은 폴리스의 공론 영역이고 그것의 구조가 법률이다.

아렌트에 따르면, 플라톤과 아리스토텔레스가 법률 제정과 도시 건립을 정치적 삶의 최고 지위까지 격상시켰다 할지라도, 이것은 그들이 행위와 정치라는 그리스인의 근본적인 경험을 확대시켜 나중에 로마의 정치적 진수가 된 입법과 헌법 기초를 포괄하게 되었다는 것을 의미하지는 않는다. 반대로 이

46 『인간 조건』, 258-9 쪽들.

들 소크라테스학파는 그리스인들이 전-정치적이라 생각했던 활동(가정생활)에 집착했다. 왜냐하면 그들은 정치와 행위를 거역하고자 했기 때문이다. 그들에게는 입법과 투표로 결정한 것의 시행이 가장 합법적인 정치적 활동이었다.[47] 왜냐하면 이 활동에서 사람들은 장인처럼 행위하기 때문이다. 그들의 행위의 결과는 구체적인 산물이며 그 과정은 분명하게 인식 가능한 끝을 가진다. 이것은 더 이상 행위가 아니라 정확하게 말하자면, 생산(poesis)이다. 그들은 생산을 그것의 생존에의 커다란 신뢰성[인간이 그것에 의존하여 누리는 이득: 유다인의 경제 중심적 물질주의를 상징함] 때문에 매우 신뢰하였다. 그것은 무상함, 무제약성과 결과의 예측 불가능성을 지니고 있는 인간의 행위능력을 포기하기만 한다면, 인간사의 연약함과 덧없음을 해결할 수 있다고 말한 것처럼 보인다.[48]

그런데 아렌트에 따르면, 이러한 해결책으로 인해 인간관계의 실체가 파괴될 수 있다. 왜냐하면 인간은 '분명한 인식'의 끝에 도달할 수 없기 때문이다. 이러한 사실은 현대 과학과 과학기술의 지적 상황을 잘 말해준다. 따라서 진리와 정의의 탐구가 끝나버렸다고 생각하거나 인간조건을 인식하지 못한 진리나 가치의 통일성을 중시하는 절대주의나 단순성이나 단일성을 지향하는 전체주의는 이러한 진리를 회의하거나 비판하는 사람에게는 인간 파멸의 폭력이나 자기모순이라는 전염병균을 함축하고 있다. 아렌트가 말하는 사회적 인간의 행위의 연약성은 근대 이후 개인주의적인 것으로 변화하였다. 이러한 사회적인 것이나 공적인 것의 사유화에 해당하는 개인주의는 한편으로 『구약성서』의 신 앞에서 인간의 평등이라는 사상에 영향을 받고, 다른 한편은 과학의 발달에 따른 기술의 발전에 따라 타인과의 경쟁적 정신의 형식으로 타인과의 대결에서 자기를 보여주고자 하는 독재자나 천재의 열정으로 나타나

47 『인간 조건』, 257쪽.

48 『인간 조건』, 257쪽. 아렌트의 이러한 발언을 통해서 우리는 역설적으로 『구약성서』에 나타나는 가족의 중요성이나 유다이즘이 강조하는 바벨탑 신화를 생각해볼 수 있다.

는 것이다.

4. '통치' 개념의 발생

아렌트에 따르면, 인간의 행위의 행-불행은 모두 인간 조건(신에 비해 유한한 능력을 지닌 한계 때문에 자신의 생존에서 함께 서로 협동해야만 하는 인간 행위의 조건)인 다원성에서 발생한다. 다원성은 공론 영역인 현상의 공간을 위한 필수 조건이다. 그러므로 다원성을 제거하려는 시도는 언제나 공론 영역 자체를 제거하려는 시도와 같다. 그럼에도 불구하고 인간은 인간 행위가 함축한 이러한 다원성이 함축하는 갈등을 플라톤처럼 생존에 어렵고 위험한 것으로 판단한다. 그래서 인간 행위의 다원성을 제거하려는 환상을 갖게 되는데 여기에서 바벨탑이 상징하는 절대 권력을 가진 '국가' 개념이나 이를 통치하는 전제 정치나 일인통치의 환상이 생겨난다.

> "인간 조건의 다원성의 위험으로부터 벗어날 수 있는 가장 분명한 구제책은 전제정치 또는 일인 통치이다. 이것은 '전체에 대한 일인의 완전한 전제'에서 '자비로운 전제정치'를 거쳐 '다수가 하나의 집합체를 형성하여 사람들을 '하나 속의 다수'이고 '그들 스스로 군주가 되는 여러 형태의 민주제'에 이르기까지 다양한 변형을 가진다. 플라톤의 해결책인 철인왕은, 행위의 어려움이 마치 인식의 문제인 것처럼, 자신의 지혜로 행위의 어려움을 해결하는데, 그것은 일인 통치의 변형 중에-결코 전제적이진 않더라도-하나일 뿐이다. 이런 지배 형태의 문제점은 그 지배가 대부분 그렇지는 않지만 잔인하다는 것이 아니라 너무 잘 작동한다는 것이다.[49]

아렌트에 따르면, 인간사에서의 취약성에서 벗어나 평안과 질서를 공고히

49 『인간 조건』, 285쪽.

하려는 유혹은 실제로 너무 컸기 때문에 플라톤 이래 대부분의 정치철학은 실존적 인간에 고유한 본래적인 행위(prattein)인 정치로부터 완전히 벗어나기 위한 이론적 토대와 실천적 길을 발견하려는 시도로 쉽게 해석될 수 있다. 그러한 탈출을 보증하는 것이 인간 행위에 대한 지배이다. 즉 누군가 명령할 자격을 부여받고 다른 사람은 복종할 의무를 가지는 경우에만 인간들은 법적으로, 정치적으로 함께 살 수 있다는 생각이다. 아렌트에 따르면, 플라톤과 아리스토텔레스의 정치철학에서도 이미 발견되는 모든 정치 공동체는 지배자와 피지배자로 이루어진다는 생각은 진부한 것이다. 이러한 생각은 인간에 대한 경멸이기보다는 인간 행위에 대한 의심에서 생긴 것이며, 무책임하거나 전제적인 권력의지에서 나온 것이 아니라 행위의 대체물을 발견하려는 열망에서 비롯된 것이다.[50]

사실 인간은 사유할 수 있는 존재라는 관념에서 기원하는 정치적 · 사회적 동물이 본성이라고 아리스토텔레스가 밝힌 이래, 인간의 '행위의 본질은 여럿이 함께 공적으로 공존을 사유하고 이를 실천에 옮기는 정치'라고 주장하는 아렌트에 따르면, 인간의 이러한 행위를 제작과 관련된 생산 개념으로 바꾼 것은 플라톤이다. 사실 하나는 좋은 것이고 여럿은 나쁜 것이라고 말하는 플라톤의 인식이론은 베르그송에 따르면 제작 행위를 위한 전제에 불과하다. 플라톤의 『티마이오스』에 따르면, 우주영혼이자 신인 데미우르고스는 신들의 세계인 이데아 세계를 보고 신적 세계의 이데아를 장소로 말해지는 타자성이 지배하는 공간성을 본질로 하는 물질계에 '강제로(bia)' 부과함으로써 '단 하나'뿐인 우주(cosmos)를 만들어낸 것이 우리의 우주이다. 말하자면 인간의 행위 그 가운데에서 제작행위란 이러한 신적 행위를 모방하는 것에서 기원한다.

50 『인간 조건』, 286쪽. 사실, 아렌트가 말하는 이러한 환상은, 인간 행위가 동물적인 경우에는 동물 세계에서 '강한 자(힘)가 정의'라는 생각의 반사물이다. 이러한 사고를 아렌트는 인간의 행위의 제작적 측면에까지 확대시킨다.

아렌트에 따르면, 인간의 '행위(praxsis)'로부터 '통치(kratia)'에로의 탈출에 대한 가장 단순하고 기본적인 견해는 플라톤의 『정치가』에서 찾아볼 수 있다고 한다. 플라톤은 그리스인들이 서로 연관된 것으로 이해했던 행위의 두 양식인 아르케인(archein)과 프라테인(prattein) 사이의 틈을 열어 보이는데, 문제는 시작하는 자가 자신이 시작했던 일의 완전한 주인으로 머물며, 그것을 수행하기 위해 타인의 도움을 필요로 하지 않는다는 사실을 분명히 하는 것으로 만든 것이었다. 행위에서 이처럼 고립된 지배권을 성취할 수 있는 것은 다른 사람이 자발적으로, 즉 자신의 동기와 목적을 가지고 일에 참여하기를 기대하지 않고, 다른 사람들로 하여금 자신의 명령을 수행하게 만드는 것이다. 이는 다른 한편으로 일을 시작하고 주도하는 자가 행위 자체에 깊이 관여하지 않을 때 비로소 가능하다. 따라서 시작한다는 것(archein)과 행위를 완성한다는 것(prattein)은 전혀 다른 두 활동이 될 수 있다. 그리고 시작하는 자는 결코 행위할 필요가 없으며 시작하는 자의 명령을 실행할 수 있는 자들을 지배하는 '지배자'가 된다. 플라톤에 따르면, 정치의 본질은 '시기의 적절성을 고려하여 국가의 중대한 문제를 시작하고 지배하는 방법을 아는 것(『정치가』, 305)'이 된다. 행위 자체는 완전히 제거되어 명령의 단순한 실행이 된다. 아렌트에 따르면, 플라톤이 처음으로 행위를 시작과 성취로 나눈 옛 표현 대신에 인식과 행위를 분리하여, 알지만 행위하지 않는 자와 행위는 하나 알지는 못하는 자로 구분한 것이다.[51]

아렌트에 따르면, 플라톤이 사유와 행위를 구분하는 선을 지배하는 자와 피지배자를 분리하는 간극과 동일시하는 이러한 관점은 가정의 경험에서 유래한다고 한다. 주인 자신이 무엇을 해야 하는지 알지 못한다면, 또 아무 것도 모른 채 명령을 실행할 뿐인 노예에게 명령하지 못한다면, 가정에서는 아무 일도 되지 않기 때문이다. 사실, 『정치가』(259)에서 가정의 법과 폴리스의 법

51 『인간 조건』, 267쪽.

사이에 아무런 차이점이 없다는 것을 노정하는데, 이는 정치적인 문제와 경제적, 혹은 가정의 문제를 다루는 학문을 동일한 것으로 표명하는 것으로 나타난다. 흔히 플라톤의 『국가-정체』에서 표현된 처자의 공유사상을 플라톤이 가족과 가정을 폐지하기를 원했던 것으로 해석하는 것은 아렌트에 따르면, 잘못된 것이라는 것이다. 반대로 그는 이 유형의 삶을 확대하여 모든 시민이 한 가족의 구성원이 되게 하려고 했다는 것이다. 달리 말하면 그는 가족 공동체에서 사적 성격을 제거하기를 원했다는 것이다.[52]

또한 아렌트에 따르면, 지식과 행위의 플라톤적 구분은 인간의 본성적이고 그래서 무책임한 권력에의 의지를 단순히 정당화하는 것 이상이고자 하는 모든 지배이론의 뿌리로서 남아있다. 그가 작업과 제작의 영역에서 도출한 보다 설득력 있는 해석을 통해 인간 행위를 지배권으로 대체한 관점에서 출발했기 때문이다. 즉 행위의 타당성과 유의미성은 사유와 행위가 분리되는 순간 파괴되기 때문에 행위의 영역에서 낯선 지식과 행위의 구분이 그의 제작에 대한 일상적인 경험에서 유래한다는 것이다.

> "생산과 제작에 내재하는 견고성을 인간사의 영역에 부여하기 위해 행위를 생산으로 대체하려는 플라톤의 바람은 그의 철학의 핵심을 이루는 이데아론에서 가장 분명하게 드러난다. 정치철학에 관심이 없었을 때(『향연』이나 그 외에), 그는 이데아를 '가장 빛나는 것'(ekphanestaton), 따라서 아름다운 것의 변형으로 묘사했다. 『국가론』에서만 이데아는 행동의 기준, 척도, 그리고 규칙으로 변하는데 이 모두는 이 말의 그리스적 의미에서 '선' 이념의 변형이거나 파생물이다. 다시 말해 '……을 위해 좋은' 또는 적합함의 이념의 변형이다. 이 변형은 이데아론을 정치에 적용하기 위해서는 필수적이었으며 정치적 목적, 즉 인간사에서 연약성을 제거하려는 목적을 위해서는 플라톤이 미가 아니라 선을 최고의 이념으로 선언하는 것이 필요하다고 생각했던 것

52 『인간 조건』, 287쪽. 권력의 사유화에 대한 이러한 플라톤의 『국가-정체』편에 대한 역설적인 것으로 생각되는 한나 아렌트의 해석은 유럽 지성인들의 근대적 사고를 반영하는 것으로서 원래 『구약성서』의 바벨탑 신화가 증언하듯이 아브라함의 유목적 가족에서 기원하는 공동체 정신으로 무장되어 있기에 가능하다. 유대인들에게는 국가나 통치 개념은 인간 실존의 허약함을 위장하는 데에서 나타나는 인위적 허구(교만의 산물)인 것이다.

이다. 그러나 존재의 참된 본질을 관조하고 그리하여 인간사의 어두운 동굴을 떠나 광명의 이데아계로 가기를 원하는 철학자에게 선의 이념은 최고 이념이 아니다. 『국가-정체』에서조차 철학자는 여전히 선이 아니라 미를 사랑하는 자로 정의된다. 선은 철인왕의 최고이념이다. 그는 사람들 사이에서 자신의 삶을 살아야만 하고, 이데아계에서 영원히 거주할 수 없기 때문에 인간사의 지배자이기를 원한다. 그가 다시 한 번 동료와 함께 살기 위해서 인간사의 어두운 동굴로 복귀할 때에만 그는 기준과 규칙으로서의 이데아를 필요로 한다. 즉 항상 현재하는 모델, 예를 들어 침대일반의 '이데아'를 사용하여 장인이 개별 침대를 제작하고 속인들이 그것을 판단할 때와 동일한 정도의 절대적이고 '객관적'인 확실성으로, 다양한 인간행위와 말을 이 기준과 규칙에 의해 측정하고, 그것 아래 포섭하기 위해 이데아를 필요로 하는 것이다."[53]

아렌트에 따르면, 이데아론을 제작이론으로서 정치적 영역에 변형하여 적용할 때 가장 큰 이점은 플라톤의 이상적 지배의 관념에 내재하는 인격적 요소가 제거된다는 점이다. 플라톤은 자신이 가정생활에서 즐겨 예를 드는 비유, 즉 주인-노예 또는 목자-양떼의 관계와 같은 비유는 지배자가, 노예는 주인과 구별되고 양이 목자와 구별되듯이 스스로를 피지배자와 구분하기 위해 유사-신적 성질을 가질 것을 요구한다는 것이다. 반대로 제작된 대상의 이미지로 공론 영역을 구축하는 것은 장인의 일상적인 우월성이라는 의미만을 가진다. 정치의 기술에서 획득하는 이러 경험은 다른 기술에서의 경험과 동일한데, 여기에서 강제적인 요소는 예술가나 장인의 인격에 있는 것이 아니라 그의 예술과 기술이라는 비인격적 대상에 있다. 『국가-정체』에서 철인왕은 장인이 그의 규칙과 기준들을 적용하듯이 이데아를 사용한다. 그는 조각가가 조상을 만들 듯이 그의 도시를 '만든다'. 그리고 플라톤의 마지막 작품(『법률』)에서 이데아는 오로지 실행되기만을 요구하는 법률이 된다.

아렌트에 따르면, 이러한 플라톤적 사고의 준거-틀 내에서, 인간사의 기술

53 『인간 조건』, 289-290쪽들.

들을 완전히 익힌 누군가가 제시하는 모델과 일치하는 유토피아적 정치체제의 출현은 당연한 것이었다. 정치조직체를 만들기 위한 청사진을 최초로 고안한 플라톤은 이후의 모든 유토피아 사상을 고무시켰다. 그런데 이들 유토피아 사상 중 어떤 것도 역사에서 주목받을 만한 역할을 한 적이 없다 하더라도 이 유토피아적 도식이 실현된 극소수의 경우에도, 그것은 외부환경의 현실뿐만 아니라 그들이 통제할 수 없었던 실제 인간관계의 현실이 가하는 무게로 인해 즉시 무너졌기 때문에-그것들을 의식적으로든 무의식적으로든 행위의 개념을 생산과 제작의 관점에서 해석하는 정치사상의 전통을 보존하고 발전시키는 데 가장 효과적인 수단에 속했다는 것이다.

이와 같은 플라톤의 이데아론에 대한 아렌트의 비판은 사실 뉴턴역학을 시발점으로 하고 있는 근대과학들의 토대가 되고 있는 원자론적 사고를 제작적 사고로 환원하는 도구적 이성을 비난하는 것이지 플라톤이 의미하고자 엄밀 정확성과 보편성을 지닌 수학-기하학적 사고를 의미하는 것이 아니다. 그런데 현대에서는 이러한 수학적-기하학적 사고는 정수론이 집합론의 논리적 사고로 발전하고 기하학에도 비유클리드기하학이 상징하듯이 복수성을 함축하는 공리체계(형식과학)에 불과한 것으로 알려진다. 자의성에 기초한 이러한 형식과학이 사실 근대 과학에서는 뉴턴이나 유크리드적인 (절대적이라 간주된) 유일한 수학적 사고를 현실에 적용한 것으로서 그 기초에는 논리적 사고가 숨어 있다.

그런데 논리학에서 동일률이나 모순율은 다수성이나 복수성 속에서의 필연성을 전제한 것으로서 자연의 우연성에 대립하거나 인간이 지니는 자유의지의 자의성에 대응하는 것으로서 가치중립적이라기보다는 가치에 매개된 개념이다. 따라서 근대인들이 파악한 도구적 이성의 가치중립성이 우연성에 저항하는 개념으로서 그 가운데 폭력이나 강제개념이 들어올 수 있음을 여성의 입장에서 비판하는 것이다. 그래서 아렌트에 따르면, 이러한 전통의 발전에 한 가지는 주목할 가치가 있다. 제작은 폭력 없이는 가능하지 않으며, 폭력이 생산의 관점에서 행위를 해석하는 입장에 토대를 둔 정치적 도식과 사유에서 항상 중요한 역할을 했다는 것이다.

그러나 근대에 이르기까지 이 폭력의 요소는 엄격히 도구적인 것, 즉 자신을 정당화하고 한계지울 '목적'을 필요로 하는 수단이었다. 근대 이전의 정치사상은 폭력 자체를 결코 예찬한 적이 없다. 그러나 정치적 현실에서는 폭력이 은폐되어 있을 현대에서보다 더 비일비재한 현상이었다. 그럼에도 불구하고 플라톤의 이데아론을 근대철학자들의 도구적 이성에 의한 제작 사상으로 해석하는 유럽의 일반적 지성계를 비난하는 아렌트에 따르면, 플라톤이나 아리스토텔레스가 말한 관조와 이성이 인간의 최고 능력으로 간주되는 한 폭력의 예찬은 불가능했다는 것이다. 왜냐하면 이런 전제에서 활동적 삶의 표현들인 제작, 행위, 노동은 그 자체도 부차적이고 도구적인 것으로 머물기 때문이다. 그 결과, 보다 좁은 영역인 정치이론 내에서 지배의 관념, 이와 더불어 발생하는 합법화, 정당한 권위의 문제는 행위 자체를 이해하고 해석하는 것보다 더 중요한 역할을 했다는 것이다. 인간은 자기가 만든 것만을 알 수 있으며 그의 보다 고차적인 능력은 생산에 의존하고 따라서 그는 우선 제작인이지 이성적 동물은 아니라는 근대의 확신이, 비로소 생산의 영역으로서 인간사의 영역에 대한 모든 해석에 내재하는 매우 오래된 폭력의 요소를 아렌트가 폭로한 것이다.

아렌트에 따르면, 이러한 인간 행위에 내재한 폭력의 요소는 특별히 근대를 특징짓는 일련의 혁명에서 뚜렷이 드러난다. 아메리카 혁명을 제외한 모든 혁명은 새로운 정치체제 구축에 대한 고대 로마의 열정과 그것을 '생산하는' 유일한 수단으로서의 폭력 예찬이 결합되었다는 것을 보여준다. '폭력은 새로운 사회를 잉태하고 있는 모든 오래된 사회의 산파이다. 즉 역사와 정치에서의 모든 변동의 산파'라는 마르크스의 경구는 단지 근대인의 확신이며, 신이 자연을 '만들었듯이' 역사는 인간을 '만든다는' 가장 내밀한 믿음을 산출한다. 정의와 진리에 대한 탐구가 완성되어버렸다고 인식하고 인간 자신의 실존의 연약성이나 과정성에 대한 탐구의 열정이 없는 현실 정치론은 마키아벨리에서 나타난 것처럼 정치가 여러 사람들의 의사소통과 화합의 예술이 아닐 경우 실효적인 결과만을 지향할 때 폭력에 기초한 전제주의, 혹은 전체주의를 산출한다는 것이 아렌트의 플라톤의 이데아론에 기초한 정치철학에 대한 해석이다. 그리고 이러한 아렌트의 정치철학과 과학기술에 대한 평가는 그가 인간에서 이루어지는 '자유로운 행위'가 시초는 가지나 결코 끝나지 않고 완성될 수 없다는 과정적 성격에서 기원함을 다음과 같이 말하고 있는 데에서 드러난다.

> "인간의 행위가 여타의 모든 인위적 생산품보다 월등하게 엄청난 지속 능력을 가진다는 사실은, 행위과정에 힘을 부여하는 행위의 환원 불가능성과 예측 불가능성의 짐을 인간이 감내할 수 있기만 한다면, 인간의 자랑거리가 될 것이다. 그러나 인간은 이것이 불가능하다는 것을 항상 알고 있다. 행위하는 자는 자신이 무엇을 행하고 있는가를 결코 알지 못하며, 그는 결코 의도하지도 않았고 예상할 수도 없는 결과를 초래하는 '죄를 범하며', 그가 시작한 과정은 하나의 행위나 사건에서 완성되지 않는다는 사실을 인간이 알고 있었다. 또한 행위의 의미는 행위나 사건에서 바로 드러나지 않으며, 오히려 행위 하지 않는 역사가가 회고할 때 드러난다는 것을 알고 있다. 이 모든 것이 바로 필사적으로 인간사의 영역을 외면하고 인간의 자유능력을 경멸한 이유이다. 자유의 능력으로 인간관계의 그물망을 산출함으로써, 인간은 자신이 행한 것의 저자나 행위자이기보다는 오히려 자신이 행한 것의 희생자이거나 고통 받는 자가 될 정도로 곤란에 빠지는 것 같다. 달리 말하면, 그 본질이 자유인 행위능력보다 또 존재하기 위하여 인간 이외의 누구에게도, 어떤 것에도 의존하지 않는 영역보다 인간이 덜 자유로운 곳은 어디에도 없다. 다시 말하면, 인간은 오히려 삶의 필연성에 예속되는 노동이나 주어진 물질에 의존하는 제작에서 더 자유로운 것 같다."[54]

이러한 사고 과정은 서양 사상의 위대한 '지적 전통'과 일치한다. 이 전통은

54 『인간 조건』, 298쪽.

한편으로 자유가 인간을 유혹하여 필연성에 머물게 한다고 비난하며, 다른 한편으로 자발적으로 새로운 어떤 것을 시작한다는 의미를 가진 행위도 경멸한다. 왜냐하면 자발적인 행위의 결과는 행위자를 얽어매는 관계의 그물망 속에서 사라져버리기 때문이다. 행위자는 자유를 사용하는 순간 자유를 잃어버리는 것 같이 보인다. 행위 하지 않는 것이 이러한 종류의 자유로부터 구제되는 유일한 길인 듯하다. 즉 인격으로서 주권과 불가침성을 지킬 유일한 수단은 인간사의 모든 영역으로부터 일정한 거리를 두는 것인 듯이 보이기 때문이다. 철학자나 지자들의 이러한 현실 참여에의 부정을 수행하는 권고가 스토아주의에서 일관된 체계로 구체화 되었지만, 이러한 방관자나 초월자에 대한 권고가 야기하는 비참한 결과는 인류 역사에서 전쟁이나 가난과 같은 비참한 죄악을 산출하게 하였다.[55]

아렌트에 따르면, 이 권고의 기본적인 잘못은 주권과 자유를 동일시하거나 분리한다는 이원론적 사고에서 기원하는 것이다. 플라톤에서 유래하는 정치사상과 철학사상은 이러한 동일시-분리의 이분법을 당연하게 여겼다. 그러나 아렌트의 관점에서 만일 주권과 자유가 동일하다면 어떤 인간도 자유로울 수 없다. 왜냐하면 완고한 자기 충족과 자기 지배의 이상인 주권은 인간 다원성의 조건과 모순되기 때문이다.[56] 한 인간이 아니라 다수의 인간이 지구에 거주하는 까닭에 그리고 플라톤 이래의 전통이 주장하듯이 인간의 유한한 힘은 타인의 도움을 필요로 하기 때문에, 어느 누구도 엄밀한 의미에서 주권적 또

---

55 여기에서 실존 철학자인 한나 아렌트는 소크라테스의 '탐구되지 않은 삶은 의미가 없다.'라는 역설적인 말, 즉 'philosophiare deinde vivere'라는 말을 떠올렸을 것이다.

56 소크라테스의 무지의 지를 전제하는 한 플라톤의 이데아 사상의 현실에서의 적용인 혼합정 사상이 인간 실존의 복수성에 꼭 모순되는 것일까는 의문이 든다. 플라톤의 주지주의적 철학을 근대적 이성으로 환원하여 해석하는 아렌트의 정치철학과 고대적인 종교의 비의성에 따라 해석하는 스트라우스의 정치철학이 차이를 낸다. 사실 이 문제는 고대철학에서 문제된 하나와 여럿 사이의 관계 (현실에 대한 수리-논리적 관계)를 어떻게 해석하느냐에 따라 다양하게 나타나는 문제이다. 그러나 플라톤은 하나와 여럿의 문제를 존재론적으로 파르메니데스적 동일자와 타자 문제로 표현하고 있다. 여기에서 하나와 여럿을 서로 협조하는 관계로 표현한 것은 아리스토텔레스이다. 그러나 시대에 따라서 이 양자의 논리는 얽히고 중첩되고 혼합될 필요가 있다. 이러한 (분명하고 명확하게 인식되는 단위인 원자(이데아)들의 얽힘과 중첩과 혼합을 전제하는 논리는 플라톤의 『파르메니데스』 편에서의 변증법으로 나타난다. 반면에 하나의 단위 대신 집합 개념을 단위로 전제하는 현대 수학의 집합론적 사유에서도 합리적인 이성이 나타난다는 것은 이제는 당연한 상식이 되었다.

는 자주적이라고 할 수는 없다. 비주권의 조건을 극복하고 인격의 불가침성을 확보하기 위한 전통이 제시하는 권고들은 결국 다원성의 내재적 취약성을 보상하는 것으로 나타나야 된다. 그래서 만일 이러한 권고들에 따라 다원성의 결과를 극복하는데 성공한다면 그 결과는 자기 자신에 대한 주권적 지배라기보다는 오히려 E. 레비나스가 말하는 '자신의 모든 타인에 의한 지배'일 것이기 때문이다. 또한 스토아주의처럼 실재세계를 타인들이 존재하지 않는 상상의 세계로 즉 낭만성의 세계로 바꾸는 것이 될 것이다.

아렌트에 따르면, 자유와 주권을 동일시하는 전통의 입장에서 자유를 고찰한다면, 자유와 비주권의 동시적 현존은, 어떤 것도 새로이 시작할 수 있지만 그것의 결과를 통제하거나 예상할 수 없다는 사실을 인식한다면, 우리는 인간 존재가 불합리하다는 결론에 도달하지 않을 수 없다. 결국 아렌트는 플라톤의 정치사상이 신적 제작 사상에 기초한 것인 만큼, 그것이 지닌 합리성은 인간성을 초월하는 것이라고 말한다. 아렌트에 따르면 인간이 지니는 사유의 합리성은 이러한 초월성을 지향하는 합리성과는 다른 인간 실존의 '복수성'에 따른 행위(prattein)에서 기원하는 합리성이어야 하며, 그것이 서로 협의하고 대화하는 가운데에서 발견되는 인간의 실존에 기초한 공통적 속성으로서의 상식(common sense; bon sens; Geschmack)과 이성이다. 그러면 이러한 아렌트가 말하는 상식의 근거는 어디에서 찾을 것인가?

5. 아렌트의 공화주의와 소통의 권력론

토크빌은 『미국의 민주주의』에서 건국 초기의 타운(town)과 같은 지방 분권적인 제도에서 시민들의 자발적 결사 속에서 이루어지는 (지방)자치의 경험과 자유의 습관화는 공화주의에 필수적인 요소임을 강조한다. 마찬가지로 아렌트는 본질적으로 정치적 동물인 평범한 인간들이 '다수가 사회의 공동의 문제를 논의하는 가운데 발언하고 행동하는 것을 통하여 공개적으로 서로를 드러내고 관계 맺는 가운데 생기는 공론장'을 통하여 정치가 이루어지는 것이지 국가의 기구나 제도를 통하여 이루어지는 것이 아니라고 주장한다. 아렌트가 말하는 공론장은 특정한 장소나 특정한 인물들만이 참여하는 공간이 아니라 언제 어디서나 참여자들이 관심을 가지고 동등하게 발언하고 행동함으로써 창조되는 공간이다. 김비환이 말하고 있듯이 모든 시민이 주체성을 가지고 정치적 행위에 적극적으로 '참여해야' 하는 참여민주주의가 실현되는 장이다[57]. 아렌트에 따르면, 이렇게 서로 모여 소통하고 함께 행동하는 공론장은 경계가 없다. 아렌트는 이러한 공론장 이론을 통하여 새로운 권력관을 도출한다. 즉 정치적 권력이란 바로 사람들이 모여 자신들이 살고 있는 공동체의 문제에 관해 서로 자신의 실존을 반영하는 소신으로서의 의견을 말하고 소통함으로써 의사결정을 이루고 이에 따라 나타나는 권력이라고 말한다. 이 권력은 사람들이 같이 모여 행동할 때 발생하고 사람들이 흩어지면 소멸하는 권력으로서 '잠재적인' 권력이다. 이러한 잠재적 권력관은 기존의 권력관과 확연히 다르다.

기존의 권력관은 소유적 권력관으로서 타인을 자신의 의지대로 행동하게 할 수 있는 수단이라는 의미에서 강권 혹은 폭력이 핵심을 이루어왔다. 기존의 권력관에서 권력은 강제나 물리적 힘처럼 측정 가능한 것으로 인식되어 왔으며, 폭력의 도구처럼 저장하거나 축적할 수 있는 것으로 여겨져 왔다. 권력이 도구적이며 소유적인 개념으로 인식되어 온 것이다. 그러나 아렌트가 말하는 잠재적 권력이라는 개념은 소유할 수 있는 것도 아니며 도구적이지도 않다. 그것은 오직 행위를 통하여 실행되거나 수행되면서 생겨남으로 개인이 소유할 수 없는 참여자 전체의 힘인 것이다. 따라서 잠재적 권력은 집단에 속하는 것이며, 집단이 유지되는 한에서만 존재한다. 이러한 권력은 그 경계를

57 김비환, 제 2장 참조.

알 수 없다. 왜냐하면 함께 모인 사람들의 행동 속에서 나오는 것이므로 많은 참가자들의 의지와 의도에 대한 동의 정도에 따라 힘의 범위와 강도가 달라지기 때문이다. 이는 상대적으로 구성원은 적지만 잘 조직된 집단이 거대한 다른 집단이나 제국을 지배한 알렉산더나 시저의 예를 통해서도, 또 독재 정권의 물리적 폭압에 대항하여 민주주의의 승리를 이끌어낸 한민족의 민중[학생]의 저항을 통해서도 잘 알 수 있다. 집단의 구성원들을 어떻게 조직하고 배열하는가에 따라 권력은 분산되기도 하고 소멸하기도 하며 그 폭발적인 힘을 발휘하기도 한다.[58] 소유할 수 없는 권력 개념에 대한 아렌트의 이러한 현상학적 성찰의 이면에는 플라톤 이래 서구철학에서 철학적 주제 중의 중요한 문제가 된 개인이 지니는 자유 의지에 대한 논쟁의 이면에서 작동하는 '주권적 자유론'에 대한 해체론이 숨어 있다.

플라톤에 따르면, 개인의 영혼은 신적 영혼의 분유물로서 능동자이면서 단순하고 파괴될 수 없는 통일성을 지닌다. 이러한 영혼은 불멸의 것으로서 오르페우스종교에 기초한 세계관에 따라 불교에서 말하는 자신의 업보에 따라 천상계와 지상계를 윤회한다. 그런데 오르페우스 종교의 윤회론에서 인간의 인식 기능이 감성과 지성으로 나뉘어 있고 이 각각에는 쾌 · 고에 따르는 인간의 진리에 대한 인식 기능인 지능에 한계가 존재한다. 결국 인간의 이러한 인식 기능의 한계로 말미암아 인간의 자발적 행위에는 선악에 대한 인간 지능의 한계로 나타나는 선악판단이 상대적이고, 이에 따르는 인간의 행동을 좌우하는 성격이 전체적으로는 성서에서 말하듯이 악에로의 경향을 지니는 것으로서 결정론적으로 작용한다.[59]

그러나 『국가-정체』 편의 오르페우스 종교에 따르면 이러한 악에로의 경향

58 김경희, 『공화주의』(책 세상, 2009), 71-73쪽들.

59 기독교에서는 이를 예정설로 해석하며, E. 레비나스는 이를 『존재와 다르게, 또는 존재 사건 저편에』에서 신이 거주하지 않는 지상에서의 삶에서는 이 사태가 역설로서 작용한다는 것을 밝힌다. 강영안, 『타인의 얼굴』(문학과 지성사, 2005), 제 5장, 참조.

성에서 벗어날 수 있는 시간이 존재한다. 그것이 천상계와 지상계를 전부 윤회하고 난 뒤의 오뒷세우스처럼 다음 생애를 선택하는 순간이 존재한다. 즉 인간의 진정한 자유의지는 우주적 지혜를 갖추고서 인간적인 숙고와 더불어 자신의 다음 생을 선택하는 순간에만 존재하는 것이다. 이러한 선택의 자유는 아렌트에 따르면 인간 본래적인 행위(prattein)에 따르는 주권적인 자유로서 인간 의지 능력의 한계와 더불어 상징하는 바가 여러 가지로 나타날 수 있는 다양한 해석을 가능하게 한다. 그 한 예로 우리는 아리스토텔레스가 자신의 형상-질료설의 형이상학에 따라 『니코마코스 윤리학』 3장에서 중용론으로 합리화하는 것을 보았다.

그러나 아렌트에 따르면, 고대 그리스에서 자유는 하나의 일상적인 정치적 개념으로서 내면적이 아닌 외면적이고 개방적인 개념으로 이해되었으며, 따라서 아직 철학적 개념으로 체계화되지도 않았다. 아렌트는 고대 폴리스를 모델로 한 '공적 영역'이라는 개념을 본질이 존재하지 않는 현상학적 의미의 '세계' 개념과 결합시켜 자신의 정치 철학의 기초로 삼았다. 공적 영역은 아리스토텔레스가 말한 의견의 다양성이 보장되지 않는 사적 영역(가정)과 달리 서로 다른 의견과 특질을 지닌 다수의 사람들이 모인 개방된 정치 공간이다. 그리고 이러한 정치공간은 소그룹일 때에만 나타날 수 있는 공간이다.[60] 이러한 소그룹의 공적 영역의 생명은 곧 차이성을 인정하는 다수성과 다양성이다. 그러므로 공적 영역에서는 어떤 사물이나 사태들이라도 관점에 따라 서로 달리 보여질 수 있다. 그러나 이렇게 달리 보여진 것들이 사실은 하나의 동일한 것이자 나아가 '공동의 세계'를 가리키고 있다는 사실이 자각되는 한에서만 공적 영역은 그 존재의 의미를 지닌다.[61] 이러한 공적 영역에서 나타나는 모

60 이러한 소그룹에서는 현대 사회학자들이 말하는 친밀성이 존재하는 공간이며, 플라톤 이래 철학자들이 소국주의를 주장한 이유이기도 하다. 그리고 이의 가장 구체적인 단위 공간은 가정이다. 한나 아렌트는 여성으로서 이러한 가정 공간을 본능적으로 강조하는 정치철학자라고 말할 수 있다.

61 『인간의 조건』, 57쪽.

든 것은 모든 타인에게 보여지고 들려질 수 있다. 아렌트의 자유개념이 개인적인 선택이 아니라 타인들의 다양한 의견과 관련을 맺는 것으로서 나타나는 것은 바로 이러한 공론의 장이다. 아렌트의 자유는 기본적으로 사적 영역이 아닌 이러한 공적 영역에로의 진입을 전제한다. 그리고 공적 영역에로의 진입은 이기적인 사적 영역의 틀을 벗어나 열려진 공동 세계에로의 편입을 의미한다.

이러한 공적 세계에로의 진입과 이 속에서의 활동은 개인적인 의지적 결단만으로 이루어질 수 없다. 이러한 자유를 주관의 내면적인 차원으로 축소시키면서 동시에 하나의 철학적 개념으로 정립한 것은 바울로부터 유래하는 기독교적 전통 때문이다. 즉 『구약성서』에서 나타나 있듯이 가정을 중심으로 하는 유대인들의 신정정치의 개념이 그리스에서 기원하는 헬레니즘과 만나 형성된 『신약성서』의 예수의 신-신앙-공동체적 정신에 따르는 기독교적 전통은 키에르케고르가 말한 '신 앞에 선 단독자'처럼 자유를 개개인의 주관의 내적 믿음과 연관시켜 개인의 의지로 내면화한다는 것이다. 이러한 자유의 내면화 경향은 근대의 데카르트가 표명하고 있듯이 사유하는 자아의 개인주의적인 자아 정립과 더불어 더욱 가속화되어 자유는 주체적이고 자율적인 개인의 배타적이고 독립적인 권리로 확립되면서 어느 누구도 침해 할 수 없는 신성불가침의 영역으로 간주된다. 즉 자유의 개념이 주관화되고 어어 주권적인 개념으로 즉 개인의 소유 개념으로 변모한다는 것이다.[62]

아렌트가 말하는 공적 영역은 이를 구성하는 개인들이 하나이면서 다수의 타자들로 구성되는데 여기에서 개인의 의지는 타인들의 인정과 동의가 필요하기 때문에 일종의 체육 행사나 음악회와 같은 공연장과 같은 공간, 즉 '세계'가 필요하다.[63] 공적 영역에서의 성공적인 존립은 자신을 최대한 타인들에

62 H. Arendt, *Between Past and Future* (New York), 1993, 143-171쪽들.

63 현대에서도 사람들이 이러한 체육행사나 집회, 음악회나 공연장에 가는 동기나 목적을 상기하면서 한나 아렌트의 공론장 이론을 이해해야 할 것이다.

게 드러내고 인정을 받아야 한다. 그래서 아렌트가 말하는 자유의 본질은 타인들을 설득하고 인정받기 위해 자신을 드러내고 표현하는 언어적 행위 속에 있다.

> "행위하고 말하면서 사람들은 자신이 누구인가를 보여주고 적극적으로 자신의 고유한 인격적 정체성을 드러내며 그리하여 인간 세계에 자신의 모습을 드러낸다. …말과 행위의 이러한 자신을 드러내는 성질은 사람들이 타인들과 더불어 있는 곳에서 그리고 그들을 위해서나 대항해서가 아니라 단지 순수하게 인간적으로 함께 하는 곳에서 나타난다."[64]

이런 의미에서 아렌트의 자유는 공동의 세계에 공존하는 타인과의 긴장 관계에서 출발한다. 자유의 행사는 공적으로 타인들에 의해 인정받기 위한 하나의 '고뇌하는' 분투적(agonistic) 정치 행위인 것이다. "정치적 존재 이유는 자유이며, 자유는 근원적으로 [정치적] 행위 속에서 체험된다." 이 때문에 공적 영역에서 이루어지는 행위로서의 자유는 매우 제한적일 수밖에 없다. 행위는 기본적으로 타인과의 상호관계 속에서 이루어지는 것이므로 이들에 의해 견제 받고 영향을 받기 때문이다. "행위자는 언제나 행위 하는 다른 존재자들 사이에서 그리고 그들과의 관계에서 움직이기 때문에 그는 행위자(doer)일 뿐만 아니라 언제나 고통 받는 자(sufferer)이기도 하다." 결국 아렌트에 따르면, 다원성과 다수성을 전제하는 공적 영역인 정치 공간에서는 독립성과 자족성을 특징으로 하는 개인의 주권성은 존립할 수 없다. 여기에서 자유의 비주권성은 우선 개인의 의지로부터 자유가 비롯된다는 시각에 대한 반대를 표명하고 있으면서도 동시에 이는 자아 속에 자유의 근거와 동기를 찾을 수 없다는 의미에서 행위의 무근거성을 함축한다. 즉 나의 자유로서의 행위에는 어떠한 진리에 기초한 내적 확신에 의해 이루어지는 것이 아니란 의미에서이다.

64 『인간의 조건』, 179쪽.

"행위가 자유롭기 위해서는 동기로부터 자유로워야 하며, 다른 한편 예상되는 결과로서의 목표로부터도 자유로워야 한다는 것이다." 자유를 비주권성과 무근거성에 기초지우고자 하는 아렌트의 이러한 기본적인 사고는 근본적으로 자유로운 행위가 일으킬 수 있는 우연성과 불가 예측성을 말하고자 하는 것이다. 우리의 자유로운 행위의 결과의 불가 예측성은 인간관계의 그물망 속에서 우리의 행위가 결과를 알 수 없는 무수한 우연적 행위로 전락하며 이 때문에 행위에 대한 좌절감과 적대감을 초래한다.

그러나 아렌트에 따르면, 이러한 자유로운 행위에의 부정적 사실은 오히려 하나의 '새로운 시작'이라는 긍정적 의미를 부여받을 수 있다. 즉 모든 내적이나 외적인 권위나 규정으로부터 벗어나 순수하게 시작할 수 있는 능력이 자유의 본질이라는 것이다. "인간은 그가 시작함으로 인하여 자유로우며 또 그렇게 창조되었다."[65] 그래서 이러한 시작 또한 결코 주관의 자의적인 결단과 확고한 의지에 의해 근거를 둔 낙관적이고 진취적인 시작이 아니며 미래를 예측할 수 없는 불안정한 모험적 행위이다. 그만큼 행위로서의 자유는 인간사가 그러한 것처럼 연약함을 드러낸다. "행위는 사실상 하나의 기적과 같이 작용하는 인간의 능력이다."[66] 그럼에도 불구하고 자유는 하나의 공적 영역으로서의 공동 세계 속에서 이루어지는 자기 현시적 행위이지만 다수의 이성에 의해 합리적으로 조정되고 상호 소통을 통한 공동의 관심에 의해 '새로움의 질서'를 창조할 수 있다. 아렌트는 이러한 점을 그의 저작에서 구체적으로 논의하고 있지는 않으나 이것이 현대에서 이해된 아렌트가 말하는 '정치적 행위'에서 유래하는 '도덕적 정의에 기초한 법의 정신'이다.

---

65 *Between Past and Future* , P. 167.

66 『인간의 조건』,246.

6. 유다이즘과 신정 정치

유대인은 로마가 예수 탄생 후 70년경에 현재의 유대 땅에서 추방함으로써 디아스포라(diaspora)된 종족으로 국민, 주권 영토의 기본적인 요소로 구성된 국가 개념에서 땅이 없는 따라서 국가 관념은 물론 이에서 기원하는 주권 개념이 없는 민족으로, 유럽 제국에서 실질적으로 집시들과 같이 국적이 없는 이민족으로 살아야 했다. 이들의 운명은 2차 세계대전 중에 나치스의 유대 민족에 대한 제거 작업에서 희생됨으로써 인류 역사에서 정치적으로 전체주의가 지배했던 시기에 인간 사회에 결코 있어서는 안 되었던 일, 즉 절대 악의 희생 제물로서 나타난다.[67] 유럽의 여러 나라 안에서 국민이나 시민이 될 수 없었던 나라 잃은 그들의 삶은, 마치 기독교 탄생의 시조가 된 예수가 '신의 아들'로서 『신약성서』가 말해주고 있듯이 신 중심 사상이 절대적이었던 자신의 유대 민족에게 박해당하고 기독교에서 말하는 순교당하는 역설에 처한 것과 같이, 신 중심의 기독교 유럽 제국가 안에서 마찬가지의 순교를 당한 것과 같은 운명을 마지하게 된 것이다. 국가와 더불어 발생하는 인간에서 필수적인 '정치적 삶'이란 무엇인가?

유대민족은 그들의 종족의 시조인 아브라함에서 기원하듯이 신의 명령에 의해 고향 땅을 떠나 대가족을 중심으로 한 유목 생활을 한다. 흉년 때문에 요셉[68] 때에는 이집트에 들어가서 정치적으로 자유의 삶을 살지 못하고 노예 살이 한다. 그러다가 모세를 지도자로 출애굽(이집트에서 탈출)하여 40년 동안 다른 국가들 사이에서 더부살이를 하다가 지금의 팔레스타인들이 살고 있었던 가나안 땅을 정복함으로써 처음으로 영토를 지닌 국가를 이룬 민족이다. 이러

67 우리 한민족은 태평양 전쟁에서는 내선일체라는 명목으로 강제징용 당하면서도 평화시에는 철저히 식민지 치하의 나라 없는 노예처럼 살 운명에 처해 있었으며, 종국적으로는 일제에 의해 이 땅에서 소개되는 유대인과 같은 운명에 처할 뻔 했었다.

68 요셉도 사실은 형들에게서 미움을 받고 이집트에 관리집 노예로 팔려가나, 파라오의 꿈해몽과 그의 신-신앙의 성실함으로 인해 이집트 파라오를 '섬기는' 총리가 된 인물이다. 그의 생애는 출세한 유대인들의 표본이다.

한 이동과 정복의 과정은 도리아 족속이었던 그리스인들과 유사하다. 그들은 사무엘의 정복 전쟁 이후 비로소 사울 왕 때에 세속적인 국가를 이룩하고 정치적인 자유의 삶을 살게 되었던 것이다. 국가가 없었던 시절의 유대종족들에게는 국가의 개념이나 정치적 자유가 없었다는 것이다.[69] 특히 예수의 사후 유대인들은 로마의 제국주의의 식민지 정책에 의해 그들의 국가를 소개당한 이후, 유대인들은 유럽제국의 산지사방으로 흩어진다(diaspora). 즉 유대인들은 국가 구성의 한 요소인 국토를 결여한 민족으로서 초월적인 신 중심의 사고(절대주의적인 신 신앙)를 실존의 조건으로 하지 않을 수 없었던 민족이다. 그 결과 유대인들은 『구약성서』의 실낙원 신화의 선악과 신화가 상징하듯이 인생의 모든 문제를 정의를 중심으로 하는 정치적 문제를 해결하기보다는 정의의 문제를 삶의 문제로 고양시킨 선악의 문제와 관련하여 사고하는 종족이 된다.[70]

아렌트가 『전체주의의 기원』에서 여러 번 반복하여 말하고 있듯이 국가를 잃은 유대인들은 먹고 사는 경제적인 문제가 중요할 뿐 정치적 사고는 결여되어 있거나 희박한 민족으로 전락한다. 그들은 『구약성서』가 말하듯이 신의 선택받은 민족으로서 신 중심의 절대주의적 종교(유대교)에서 기원하는 가족을 단위로 하고, 선악을 판정하는 율법의 절대주의 밑에서 생활하던 민족이다. 그러나 이러한 신의 명령으로 이해된 가족을 중심으로 하는 신정정치의 율법 아래에서는, 아렌트가 말하듯이 사회적-정치적 동물인 복수성을 본질 아닌 본질로 지닌 인간은 원죄의 결과로 여겨지는 바벨탑(도시-국가)을 쌓을 수가 없다. 바벨탑을 쌓는 일은 아리스토텔레스가 말하듯이 인간의 정치적(사회적) 본성에서 기원하는 것인데도 불구하고, 그들은 『구약성서』가 묘사한 바대로 이

69 우리가 일상적으로 사용하는 자유의 의미는 행위의 자유이며, 이러한 자유의 의미에 사회적 의미가 현실적으로는 부가되어 정치적 자유의 의미를 지니게 된다. 역으로 행위의 자유는 과학이 발전함에 따라 자연법칙에 지배되는 물질과의 관계에서 물질과 다르게 작동하는 생명의 자발성의 능력으로 나타난다. 결국 의지의 자유문제는 물질이나 사회와의 관계에서 양면으로 이중적 의미를 지니고 나타난다. 그 중 하나가 정치학적으로 문제되는 자주적으로 자신의 행위를 수행할 수 있게 하는 주권적 자유이다. 노예란 바로 이러한 주권적 자유를 상실한 존재를 의미한다.

70 이 점은 플라톤이 인간의 진선미 성의 가치개념을 정의론 중심으로 정리한 것과 대조적이다.

를 죄악시함으로써 그들의 사고방식은 국가나 정치철학이 없이 가정을 중심으로 하는 유목적이거나 가족과 같은 공동체적인 것에 그칠 뿐이다.[71]

아렌트에 따르면, 인간은 바벨탑을 쌓지 않고 가족 단위로 죄 없이 경건하게만 살 수 없는 연약한 실존적 조건을 지니고 있다. 즉 인간은 아리스토텔레스가 말하듯이 사회적 동물인 것이다. 말하자면 인간은 가족 단위의 사고에서 벗어나 공동 사회와 세계를 이루는 곳에서만 플라톤이 말하듯이 자족(autarkeia)을 이룰 수 있는 한계를 지녔고, 이 때문에 신이 말하는 절대적인 율법만이 아니라 프로타고라스가 말했듯이 인간(개인) 간의 관계를 말하는 상대적이고 인간적인 선악 개념이나 정의에 따르는 사회의 법 개념도 잘 알아 이들 간에 조화를 이루는 공동체를 지녀야만 이 지상에서의 사회적 삶을 유지할 수 있는 존재이다. 신의 절대적 율법과 인간 사회에서 기원하는 정의가 함께하는 상대적인 선악개념의 조화가 아리스토텔레스가 말하는 중용개념이 없이 어떻게 이루어질 수 있을까?

사실 종교에서 말하는 율법이란 공동체의 삶을 이루는데 필수적인 것이므로, 율법 중심의 세계란 현실적으로 국가를 의미하고, 국가란 인간 개개인을 보호하는 기능을 수행하는 것에 그 본질이 있다. 그런데 현실적인 국가에서는 '힘이 정의'라는 말처럼 개인들이나 국가들 사이에서는 이의 형성에 기초가 되는 협력보다는 표면적으로 나타나는 경쟁 때문에 절대 권력을 지향해야

71 이러한 점은 유불도교를 중심으로 하는 동아시아의 정치-윤리적 사상과 유사하다. 즉 동아시아에서는 왕이나 귀족 중심의 봉건적인 사고가 정치철학의 핵으로 들어 있어서 윤리적으로는 덕-윤리를 중시하며 국가체제나 정의론 중심의 정치철학이 빈곤하다. 황경식(『덕윤리』(아카넷 2012), 15-17쪽들)에 따르면, "동서를 막론하고 전통사회에서는 덕윤리가 강조되었고 근대 이후에는 서양에서는 그것이 의무 윤리로 대체되었다. 사실 윤리설에는 도덕 규칙이나 의무체계를 정당화하는 입장과 도덕적 실천이나 동기화를 중시하는 입장의 것으로 분화된다. ...대체로 덕-윤리는 도덕의 동기화를 중시했다면, 의무의 윤리는 그 정당화에 진력했다. ...나아가 도덕의 동기화를 중요시하는 덕의 윤리에서 도덕의 정당화에 주목하는 의무의 윤리로 대체되는 윤리설의 변화에도 해당 사회 구조가 그러한 변화를 요청하는바, 윤리설의 유형과 공동체의 구조 사이에 긴밀한 상관성이 있다."고 말하는데, 윤리와 정치-사회적 체제와의 관련성에 대한 이러한 통찰은 아리스토텔레스가 『니코마코스 윤리학』과 『정치학』에서 이미 말하고 있는 바이다. 달리 말하자면, 플라톤이나 아리스토텔레스의 국가-정치철학과 관련한 서양 근대 이후의 윤리적 논쟁이나 정치철학적 논쟁들은 과학발전과 더불어 인식론이 보다 분화된 수준에서 수행하고 있는 것일 뿐이다. 그리고 윤리학이나 정치철학적 논쟁들의 동일성과 차이성은 보는 관점(분석의 관점)에 따라 나타나는 결절들의 변증법적 결합에 따른 이중-삼중의 존재론적 의미(생명 윤리에의 장단)를 지닌다. '플라톤의 정치철학과 법의 정신' 항의 주석, 19참조.

하고, 다른 한편 홉스나 몽테스키외가 말한 것처럼 인간 개개인의 힘의 연약성 때문에 이루어진 다수가 모인 사회에서는 자족성이 목표임에도 불구하고 이를 넘어서는 절대적인 힘을 지향하는 인간 존재의 다수성이 일으키는 갈등이 문제이고, 리차드 도킨스가 『이기적 유전자』에서 말하듯이 유전자가 지닌 이기심에서 기원하는, 특히 인간이 의식을 가지게 됨에 따르는 욕망의 다양성 때문에 인간이 상상하는 신적인 절대적인 도덕법이나 율법이란 존재할 수 없다.[72] 따라서 신이 인간에게 율법을 주었다는 것은 인간을 살리는 사랑을 주었다고 해석할 경우에도 인간들에게는 상대적으로 해석할 수 있게 하는 자유가 주어져 있어야 한다. 그래서 이러한 자유의 이면에는 십계명을 요약하여 신을 경외하고 서로를 사랑하라는 예수가 말하고 자신이 보인 신적인 아가페적인 사랑, 역설적으로 절대적인 희생을 의미하는 사랑이 전제되어 있다 할지라도, 이러한 사랑을 상대적으로 해석할 수 있는 사회적 인간에 대한 사랑을 의미하는 것이란 해석이 인간 사랑의 관점에서 필연적으로 나올 수밖에 없다.[73]

이 때문에 유다이즘의 신적 권력의 절대성을 지향하는 율법적 경건주의에 반발하고, 예수는 하나님이 인간을 사랑하듯이 인간들이 신을 경외하는 삶이란 사실은 인간들이 서로를 사랑하는 삶에서 이루어진다고 하는 율법에 대한

---

72 신적인 절대적 도덕법이나 율법이란 여호와 유일신의 절대권을 상징할 뿐, 신관에 따라 다양하게 해석될 수 있는 것으로서 기독교는 이 때문에 신의 절대적 권력을 부정 신학적으로 표현하는 삼위일체론으로 교리화한다.

73 『신약성서』는 『구약성서』의 이사야의 메시아 탄생의 예언을 실현한 인물로 예수의 생애와 사상을 묘사한다. 이 때문에 예수의 국가철학은 '카에사의 것은 카에사에게로'라는 말로 표현되며, 그의 생애와 사상은 '하나님을 경외하고 네 이웃을 사랑하라.'는 아가페적 사랑의 선포로 표현되는데, 이 선포는 그 속에 신과 같은 예수를 부활시키는 절대적 권능을 전제하지 않으면, 인간의 눈으로 볼 때 예수의 십자가상의 형벌과 같은 고통을 함축하는 절대적 희생의 함축하고 있다. 그런데 이 희생적 사랑을 서구 신학자들에 의해 신-신앙에 기초하여 실낙원 신화에 나타난 원죄에 대한 '대속' 개념으로 합리화한다. 그런데 대속이라는 것은 정치-사회학적 개념으로서 우정이나 사랑을 전제하지 않으면 성립하지 않는다. 그리고 사랑이란 우리의 공감을 전제하는 능동과 수동의 양상으로 나타나는 감정이나 정서의 특별한 한 기능일 뿐이다. 인간에게는 공감하는 감정과 달리 지성이나 이성으로 표현되는 우리의 사유는 표상(representation)의 능력이다. 창조나 모방은 물론 대속이나 노동 개념은 이러한 이성적 사유의 숙고와 표상의 능력에서 기원한다. 다른 한편, 현대에서 유다이즘을 기독교와 유사하게 새롭게 해석하는 학자로서 『차이의 존중』(임재서역, (말 · 글빛냄, 2002))을 지은 조나단 색스(Jonathan Sacks)가 있다. 조나단 색스는 서구문명이 플라톤의 유령에 기초하고 있음을 말하면서 이데아론을 유다이즘의 차이와 다양성을 사랑하는 신 개념에 기초한 공동체사상으로 비판하고 있는데, 이는 플라톤의 초 · 중기철학에 대한 비판일 뿐이라는 것은 단적으로 그가 헬레니즘과 유다이즘 이 양자의 균형을 주장하는 데에서 나타나고 있다.(『차이의 존중』, 112쪽).

근본적인 해석을 내놓아 민중들의 지지를 받는 한편, 그 당시 제사장이나 율법주의자들과 달리 십계명에 기초한 율법을 변증법적이고 상대주의적으로 하게 된다. 예수는 철학적으로 보면 헤브라이즘이 헬레니즘과 만날 수 있는 계기를 구현한다. 즉 서구 기독교의 탄생은 율법 해석에서 신 중심의 경건주의에서 탈피하여 인간 조건에 맞는 실존적 삶을 그것도 사회(공동체)를 이루면서 살아야 한다고 하는 인간 사랑을 강조하는 복음주의 사상에서 기원한다.[74] 말하자면 정치철학적 관점에서 보면 플라톤이 국가 성립에서 필수적인 여러 가지 덕들은 물론 이들의 덕의 이면에 필수적인 것으로 말한 우정이나 사랑을 전제하지 않으면 우리 인간들은 살 수 없다. 아렌트가 말하듯이 인간성은 경제적으로만 사는 생물학적인 본능과 신 중심의 초월적 세계에 대한 욕망(경건주의)의 양립 불가능한 성격을 지녔는데, 국가나 사회를 건설함으로써 이 양자의 연대로써만 이 지상에서 살아갈 수밖에 없는 조건을 가졌기 때문이다.[75] 그리고 구약과 신약에서 말하는 신과 인간의 관계는 근본적으로 창조자와 피조자의 관계로서 계서적이기에 사랑을 전제하지 않으면, 인간의 지상에서의 삶은 인간의 신성에로의 욕망과 변증법적 갈등을 함축하는 것으로서 정치철학적으로는 군주정의 형식을 지닌다. 그래서 E. 레비나스가 말하듯이 신의 짐줌(zimzum)[76]으로 인하여 신이 부재한, 플라톤식으로 말하면 신들이 우주의 조종간을 놓아버리고 신들이 물러간, 이 지상 세계에서 살아야 하는 인간의 조건은 이 우주가 제대로 운행되기 위해 신을 모방하여야만 하고, 따라서 레비나스가 말하듯이 인간은 모두 예수처럼 되어야만 이 지상에서의 하나님의 나

---

74 과거 율법의 절대성의 인간성에 기초한 상대주의화는 절대에 대한 플라톤적 사고를 전복하는 의미할 수도 있다.

75 『신약성서』에서 예수가 돌을 빵으로 만들라는 사탄의 유혹을 받았을 때 "인간은 빵만으로 사는 것이 아니라 하나님 말씀으로 산다."고 함으로써 유대인의 신 중심 사고에서 정치적 사고가 결여될 수 있는 가능성의 인생관을 극적으로 표현하고 있다. 이러한 인생관은 마지막 사탄의 유혹에서 '지상의 왕국 주인'이 될 것을 거부하는 예수의 태도로 나타나는데, 이러한 예수의 거부는 지상의 왕국이 칼과 무력에 의한 지상의 왕국을 의미하는 것이지, 창세기에 나타나는 낙원이 지상의 왕국 자체를 거부하는 것이 아님을 주목할 필요가 있다. 그의 정치철학은 이 지상의 왕국을 사랑이 지배하는 천국과 같이 만드는 것임이 그의 주기도문에 나타나기 때문이다.

76 유대인의 '신의 짐즘(zimzum) 사상'은 신비주의 전통에서는 암야(暗夜)사상으로, 세계 2차 대전과 공산주의의 발흥으로 기독교계에 살아나 '신의 부재' 사상으로 나타난다.

라가 도래할 수 있는 것이다. 즉 레비나스가 말하듯이 '인간은 모두 메시아'가 되어야 하고 '나는 메시아'라는 것이다.[77] 이 때문에 아렌트를 지배하고 있는 정치사상도 유다이즘의 원천인 『구약성서』와 플라톤에서 기원하는 헬레니즘과의 변증법적 갈등의 조화의 산물인 『신약성서』에 기초하고 있다고 보아야 한다. 즉 디아스포라 된 유대인의 서구 유럽 이민족 국가들 사이에서의 지상에서의 삶은 『구약성서』에서 이집트에서 요셉의 운명처럼 지배층(왕이나 귀족들의 재정관리)에 봉사하는 것으로 전개되며, 가족 중심적으로 그리고 종족 중심적으로 이루어질 수밖에 없었다.

다른 한편, 유대인들은 이민족 국가 내에서 할 수 있는 일이라고는 땅이 없기에 생산적인 일을 할 수 없었고, 정치권에서 배제되어 관료가 될 수 없기에 그들이 개발할 수 있는 것은 왕과 귀족에게 예술과 학문으로 봉사하거나 민중들 사이에서 재화를 교환하는 상업, 혹은 금융업에 종사 할 수밖에 없었다. 물론 근대에서는 인문학과 예술학, 그리고 과학기술을 비롯한 여러 학문분야에서 유대인들이 두각을 나타내는 현상도 이러한 유대인의 국가 없는 실존에 강한 영향을 받은 것이라고 말할 수밖에 없다. 이들은 자신의 안위를 항상 걱정해야 하며 먹고 사는 일에 급급하지 않을 수밖에 없었으며, 그래서 그들의 사고는 대단히 유물주의적이고 경제적이다. 이러한 그들의 『구약성서』에 기초한 정신적 신앙과 실존적 상황은 정치적으로는 구약과 신약 사이의 왕국 체험과 이에 따르는 율법이 있었지만, 그들은 이러한 왕국 체험도 현대의 실존주의자들이 말하듯이 일종의 신과 인간의 직접적 관계로 해석하는 바람에

77 E. 레비나스, 『어려운 자유』, 129. 강영안, 『타인의 얼굴』(문예출판사2005), '제 삼자와 책임: 정의와 국가제도', 188쪽에서 재인용. 플라톤에서 기원하는 정의를 중심으로 한 정치철학은 이성을 통해 도덕을 아우르는 칸트의 도덕 형이상학으로 진화해온 반면, 실낙원 신화의 선악과 사상을 중심으로 한 도덕 윤리적 정치학은 레비나스의 타자 윤리학으로 완성된다. 그리고 이러한 헬레니즘의 영웅주의와 헤브라이즘의 성인 윤리는 모두가 생의 실존적 상황의 전제가 되는 인간의 자유의지론으로서 신이 우리가 사는 우주와 지상에서 물러간 사태로 인하여 발생한 것으로 이성 중심의 철학에서 발현한 사상들로 정리할 수 있다. 유대인의 구약사상과 신약사상을 철학적으로 정리한 한나 아렌트 정치철학과 레비나스의 타자 윤리학을 자유의지와 관계하여 잘 정리한 논문으로는 박인철, "자유의 현상학적 이념: 아렌트와 레비나스의 자유 개념 비교를 중심으로", 「철학 연구」, 제 71집, 철학 연구회, 참조 바람.

유럽 사회의 정치적 체제와 변혁이라는 갈등과 얽혀 복잡한 운명을 겪게 되어 있었다. 그것은 마치 기독교가 로마 공화정에서와 제국주의적 통치 아래에서 한 때는 박해받았으나 콘스탄티누스 대제에 의해 국교로 인정되기까지의 역설적인 운명에 시달린 것처럼, 박해받을 때에는 기독교와 같이 박해받았으면서도 기독교가 유럽 제국가의 국교가 된 뒤에는 역설적으로 예수를 박해한 민족으로 박해당하는 역설에 처한 것과 같다.

아렌트에 따르면, 중세에나 근대 초기에 디아스포라된 유대인들 중 상업이나 금융업으로 부를 이룬 일부 부유한 사람들은 왕이나 귀족들의 보호를 받으며, 이들에게 봉사하는 것으로 자신들의 삶을 이루었지 정치적으로 국가의 체제의 변혁이나 국가 간의 이합 집산하는 외교적 국제 관계에는 아무런 정견이 없었고 또한 무관심했다. 한편 유럽의 왕이나 귀족들은 유럽 제 국가 간에 서로 간의 이해관계가 정체의 변혁기(군주정에서 민주정으로 바뀌는)에는 정치적 역학 관계로 이루어져 있었고, 특히 경제적으로 금융의 국제적인 이해관계에 얽힐 때에는, 유대인들의 금융을 정치적으로 이용하기에 적합했다. 왜냐하면 유대인들은 유럽 여러 나라들에서 상업이나 금융업으로 재산을 모아 국제적으로 퍼져있는 유대인들의 저절로 형성된 이러한 '국제적' 관계를 통하여 결합된 것으로 인식되어 있었고, 특히 유대인들의 재산을 이용하는데 좋은 점은 이들은 정치적으로는 아무런 색채가 없었기 때문이다.[78]

다른 한편 근대 과학기술과 더불어 나타난 산업혁명에 따라 부르주아가 지배하는 유럽 여러 국가에서는 산업사회에서 기원하는 상품의 생산과 이에 따른 부의 축적이 자본주의의 경제법칙에 따라 국제적으로 확산될 수밖에 없었다. 이 시기에 탄생한 민족을 중심으로 하는 국민 국가(nation)가 초기에 민족

78 『전체주의의 기원』, 1권 2장 참조. 사실 정치적으로 아무런 색체가 없었다는 것은 정치에 대한 무관심을 의미할 수도 있다. 한나 아렌트는 사실 유대인들의 『구약성서』에 기초한 신정 정치 개념 때문에 헬레니즘이 지닌 이성중심의 정치적 사유가 결핍되어 있고, 이것이 나치스 박해의 자양분이 될 수밖에 없었음을 말하고 있다. 그는 『예루살렘의 아이히만』(22-23, 49, 253쪽)에서 아이히만을 악의 화신으로 묘사하기를 거부하고 아이히만을 극히 평범한 정상적인 독일인 관리로 묘사하고 있다. 즉 아이히만의 범죄는 그의 특별한 가학성이나 범죄적 성향에 기인한 것이 아니라 무사려(thoughtless)라는 평범성에 바탕을 둔 것이라 분석하고 있다.

은 중요시 하였으나, 프랑스 혁명 이후 국가 정체가 가정 중심의 것에서부터 사회화가 급속하게 진행됨에 따라, 그리고 부르주아의 역할이 경제적인 것에 머물지 않고 정치적 권력을 획득함에 따라 민주주의에로의 발전에 토대가 된다. 여기에서 기원하는 자본주의의 초기에 유대인의 부는 부르주아와 경쟁하는 것으로 비쳐졌으나 사실 유대인의 부는 근대 민족국가의 자본가와 경쟁 대상이 될 수가 없었다. 왜냐하면 이들은 정치적으로 어떠한 권력이나 자유를 획득할 수도 없었고 설령 민주주의적 원리인 자유의 평등들이 현실화되어 자유가 평등하게 모든 국민들에게 부여될 때조차도 유대인들에게는 이러한 주권을 가질 수 있는 시민이나 국민들과 경쟁할 수 없는 조건에 놓여 있었기에 오히려 부를 축적하고 이를 유지하는데 열악한 처지로 몰릴 수밖에 없었기 때문이다. 더 나아가 부르주아들이 권력을 획득하기 전에는 유대인들의 금융을 이용하려는 귀족들은 자신들의 부정에 의해 상실한 권력을 다시 획득하기 위해, 즉 지배층에 다시 합류하기 위해 자신들의 과오를 유대인들의 협잡이나 농간 때문인 것처럼 말하는 마키아벨리적인 선전선동을 수행한다.[79] 또한 부르주아 계급에서 탈락하여 노동하는 민중들로 전락하는 사람들은 금융권에서 실력 있는 일부 소수에 불과한 유대인을 질시하게 된다. 더욱이 부르주아들은 한 때는 권력에는 무관심한 채 오직 부에만 집착을 한 반면, 권력을 획득한 뒤로는 과거의 제도를 공격하는 것을 일상의 일로 삼았다. 국가는 자신들의 부와 경제력을 보호하는 수준에서만 기능하기를 원한 것이다. 이에 왕과 귀족에 봉사하거나 이를 조종하는 것으로 비춰진 유대인에 대한 공격이 비록 부르주아에서 기원하나 이에 사주 받을 수밖에 없는 노동자나 민중들 사이에서도 일반화된다. 그래서 유대인들은 유럽에서 탄생하는 근대 초기 국민국가에서 잘못된 편견에서 기원하는 반유대주의가 횡행하는 유럽 제국의 사회 제 계급과 세력들의 역학관계에서 희생양이 될 수밖에 없었다. 결국 근

79 이를 상징하는 대표적인 문학작품으로는 섹스피어의 『베니스 상인』을 들 수 있다.

대 국민 국가 안에서 부르주아지에 의해 형성된 사회 속에서 나라가 없었던 유대인들의 사회적 의식을 아렌트는 다음과 같이 묘사하고 있다.

> "19세기의 유럽 사회에서 유대민족의 사회사 형성에 결정적이었던 요소는 모든 세대의 유대인들이 언젠가는 떠돌이 하층민으로서 사회밖에 존재하든지, 아니면 벼락부자가 되든지, 또는 자신의 출신을 숨기기보다는 '자기 출생의 비밀로 민족의 비밀을 팔아넘겨야 하는' 파괴적인 조건 하에서 사회에 적응하는 길 가운데 하나를 선택해야 한다는 것이다. 실제로 후자의 길은 험난했는데, 그것은 있지도 않은 비밀을 날조해야 했기 때문이다. 공식적인 사회 바깥에 다른 사회적 삶을 정착시키려 했던 라헬 파른 하겐의 시도가 실패한 이래 떠돌이 하층민이나 벼락부자의 길은 극단적인 고독의 길이었으며, [후자인] 순응주의의 길은 끝없는 후회의 길이었다."[80]

특히 자유와 평등의 의식이 지배하던 근대 사회에서 유대교에서 기독교로 개종하고 사회적 교양으로 교육을 받는 순응주의를 택한 유대인은 국적이나 종교에 의해 규정되는 대신 특정한 심리적 특성과 태도를 공유하는 하나의 사회 집단으로 변형되는데, 이 집단은 유대인다운 특성을 구성한다고 추정되는 것의 총계는 다음과 같은 말로 표현된 것과 다를 바 없다. 부르주아 사회에 순응한 유대인은 '평범한 유대인과 다르게 행동할지라도 결국 유대인이기 때문에 범상함에서 벗어난 특별한 것을 생산해야 한다는 것'('천재'나 '영웅'의 의미이다) 이다. 말하자면 이는 역설적으로 일반 유대인과 닮지 않으면서 여전히 유대인으로 남는다는 것, 다시 말해 유대인이 아닌 척 하면서 동시에 신에 선택받은 유대인임을 충분히 확실하게 보여준다는 일이 된다. 유대교와 유대민족에 속한다는 것은 특수한 종교, 특수한 민족성 그리고 특수한 기억과 특수한 희망을 공유한다는 것을 의미했으나 유대인들의 이성에 기초한 정치의식의 결여는 역설적으로 동화된 유대인 사이에서만 단순한 출생의 사실로 변질되었

80 『인간 조건』, 180쪽.

다. 유대계 지식인의 세속화와 동화는 옛 기억과 희망이 사라지고 선민의식만 남는 식으로 그들의 자의식과 자기 해석방식을 변질시켰다. 그래서 종교란 사적인 문제라고 하면서 민족 종교를 하나의 종파로 만든 종교 개혁가, 유대민족에 속한다는 사실을 없애버리기 위해서 세계시민인 척 가장했던 유대인 혁명가, '거리에서는 일반인이며 집에서는 유대인'이었던 교육받은 유대인 계층은 민족의 특성을 사적인 개인의 천품 문제로 바꾸는데 성공했다. 이들은 한편으로 신으로부터 선택받은 민족적 특성을 개인적인 특성으로 바꿈으로서 영국 수상이 된 디스레일리처럼 "우리의 천성 안에 있는 영적인 모든 것을 표현한다."고 말할 수 있는 우월감을 표시할 수 있었으며, 20세기의 프랑스의 가장 위대한 작가였던 마르셀 프루스트의 작품은 '모든 사건이 사회 안에서 성찰된 뒤 개인에 의해 숙고된 형태'로 나타나 보였다. 말하자면 근대 미학에서 나타난 '천재' 개념의 배후에는 그들의 운명적인 '핍박받고 가난한 삶'이 신비화 되는 데에는 유다이즘의 신정 정치에 대한 소망이 한 조각으로 협조하고 있다. 이를 아렌트는 인간실존이 지니는 정치적 사회적인 측면이 서구 전통의 이성에 의해 '합리적으로 정리되지 못하고' 비인간적으로 왜곡될 수 있다는 것을 특정한 인간으로서의 디스레일리나 마르셀 프루스트와 같은 사람이 아닌, 유럽 문화에 순응한 평범한 유대인에 비유하여 다음과 같이 폭로하고 있다.

> 그들에게 유대인 문제는 단번에 그리고 영원히 정치적 의미를 상실하게 하는 것이다. 그러나 그것은 그들의 사생활을 늘 따라다니며 괴롭혔고 개인적인 결단에는 늘 폭군적인 영향력을 행사했다. '거리에서는 일반인, 집에서는 유대인'이라는 속담은 가혹하게도 현실이 된 것이다. 유대인이 정치문제를 내면적 경험과 사적 감정으로 해결하려 했을 때, 그것은 완전한 도착 수준으로까지 왜곡되었다. 예를 들면, 혼합 결혼[헬레니즘과 헤브라이즘의 결합] 문제처럼 신중한 정책보다는 예측할 수 없는 정열의 법칙이 통제하는 사적 실존이, 공적으로는 중요하지만 아직 해결되지 못한 문제들이 가하는 무거운

짐으로 잔뜩 채워질 때, 사생활은 비인간적일 정도로 훼손되었다.[81]

7. 근대 국민국가의 탄생과 부르주아

근대 군주정에서 국민 국가로, 국민 국가에서 민주주의로 이행하는데 개재해 있는 제국주의 시대에 유럽 내부의 핵심적인 사건은 정치적 지배에 대한 포부 없이 먼저 경제력에서 두드러진 역량을 발휘하는 역사상 최초의 계급인 부르주아 계급의 정치적 해방이었다. 부르주아 계급은 국민국가 안에서 이 국가의 발전과 함께 발전했는데, 정의에 따르면, 국민 국가는 계급으로 분화된 사회를 지배하면서도 이 사회를 초월하는 것이었다. 이 때문에 부르주아 계급은 이미 통치 계급으로 자리 잡았을 때에도 모든 정치적 결정을 국가에 위임했다. 부르주아들은 자신들의 부를 확장하는 데에만 관심을 가졌고 국가의 임무가 자신들의 재산을 보호하는데 본질이 있다고 간주하고 있었기 때문이다.

그러나 아렌트에 따르면, 국민 국가가 자본주의 경제의 지속적인 성장을 위한 정체로서 적합하지 않았다는 사실이 드러났을 때, 국가와 부르주아가 주도하는 사회의 잠재적 투쟁은 노골적인 권력투쟁이 되었다. 국가 기관은 야만적이고 과대 망상적인 제국주의자들의 야망에 철저히 저항했는데, 이 때문에 자신의 경제적 목적을 위해 국가 공권력을 이용하려는 부르주아의 시도는 항상 절반의 성공만을 이루었다. 이러한 절반만의 성공의 측면은 부르주아의 자본의 논리가 제국주의화하는 성격을 지니고 있는데, 이러한 자본의 논리에 국민 국가는 반하기 때문에 부르주아들은 국가를 비난하고 공격하게 된다. 그런데 이러한 부르주아와 제국주의에 반하는 국민국가의 귀족들을

81 『인간 조건』, 181쪽.

국제적인 금융조직을 지닌 것처럼 인식된 금융가 유대인들이 돕고 있었기 때문에, 역으로 유대인들이 귀족들을 국제적인 조직을 지닌 유대인의 비밀스런 음모에 의해 조종하는 것처럼 여겨졌기에 부르주아의 반유대주의적 감정은 당연한 것이었다. 즉 유대교는 종교적인 차원에서의 기독교에 대항하는 비밀스런 이교도들의 국제적인 신앙 집단인 것처럼, 부르주아에게 유대인 문제는 정치적으로는 근대 자본주의 초기에 국제적인 비밀 조직에 의해 운영되는 비밀 결사 단체와 같은 것으로 인식되기에 이른다.[82]

더 나아가 근대에서 성립한 국민 국가가 현대에서처럼 사회주의나 민주주의로 변모하게 된 과정에서 나타난 것이 고대 제국주의와 닮은 근대 식민지를 둘러 싼 제국주의이고, 제국주의에서의 식민지 경영논리가 정치적으로 발전하여 자국에서까지 정치적 이데올로기에 의해 인권을 박탈한 것이 되었는데 이것이 현대에 나타난 전체주의 국가이다. 이러한 전체주의 국가의 특징은 자본주의 경제 논리에 부응하는 것으로 식민지를 개척하고 이러한 식민지를 경영하는데 자국과 어떠한 관계로 경영하느냐에 따르는 정치적 방식에 따라 그리스식 식민지 경영과 로마식 식민지 경영방식으로 분류할 수 있다. 그리스식 식민지는 프랑스가 자행한 방식인데, 자국 시민을 현지에 식민하는 방식이기 때문에 통치방식이 그리스와 같아야 한다. 반면 로마식은 영국이 수행한 방식인데 각 식민지의 전통과 정체나 특징을 인정하고 통치권만을 총독에게 부여하는 방식이다.[83]

또한 제국주의적 통치에서 여러 식민지를 거느리기 위해서는 군사력이 필수적이며 이러한 군사 통치를 유지하기 위해서 자국에서는 군사 통치와 닮은

82 『전체주의의 기원』, 1권, 2장 참조.

83 여기에서 우리는 일본 제국주의의 한국이나 동아시아에 대한 식민지 통치방식을 상기할 필요가 있다. 일제의 식민지 통치방식은 서구식이 아닌 일본의 봉건적 의식에 의한 동양식의 전제 군주적 통치방식이라는 것이다. 일본의 이러한 동양식의 봉건주의적 식민지 통치방식의 잔재는 한국의 전통적인 유교문화와 어울려 한국의 일제에서의 해방 후 군사문화에는 물론 한국을 산업화한 박정희의 군사적 독제에 의한 통치방식에 의해 한국사회와 문화 전반에 깊숙이 자리 잡고 있다.

경찰 조직에 의해 수행한 것으로 나타난다. 역사적으로 유래 없는 세계 1차 대전과 2차 대전은 바로 국민국가가 제국주의화하면서 나타난 식민지 쟁탈전에 불과하다. 그리고 2차 대전의 시기에 나타난 나치스에 의한 유대인 박해는 국가가 없는 그래서 더부살이 할 수밖에 없는 한 종족에 대한, 아니 인간실존의 밑바닥에서 살고 있으면서도 정치적으로 보호받아야 하는 것에서 소외된 인간들, 그래서 역설적으로 현실 정치에 대해서 가장 무력하고 무지한 '약자'에 대한 정치적으로 가장 강한 자들의 편견에 의해 이루어진, 아렌트에 따르면 개인으로 자각된 '인간'이라는 실존적 존재를 이 지상에서 제거하려는 절대 악의 실현으로 나타난 것이다.

근대 국민국가의 관료제와 더불어 경찰과 군대 같은 조직적인 공권력은 국가의 틀 안에서는 다른 국가제도(정체)와 나란히 그리고 이 제도(정체)에 의해서 통제되지만, 미개하거나 약한 국가에 대해서는 이 제도와 분리되어 식민지 정책에 의해 국가를 대표하는 지위로 올라갔는데, 이것이 총독 제도와 같은 권력의 수출로 나타났다. 사실 근대화 되지 못한 후진 지역에서는 산업도 정치조직도 존재하지 않으며, 폭력이 어떤 서구 국가에서보다 더욱 허용되는 곳으로 이른바 자본주의 법칙이 실제로 고대 노예생활보다도 못한 참혹한 현실을 창조할 수 있었다. 돈으로 돈을 벌려는 부르주아 계급의 행복한 성취라는 새로운 비밀은 경제 법칙이 더 이상 이 소유 계급을 방해해서는 안 된다는 것이었다. 그것은 아렌트에 따르면, 권력이 경제법이든 윤리법이든 모든 법을 완전히 무시하고 부를 독점할 수 있었기 때문이다. 부르주아의 수출된 돈이 권력의 수출을 자극하는 데에 성공할 때에만 군력과 부의 소유주의 계획을 성사시킬 수 있었다. 즉 무제한적 권력의 축적만이 무제한적 자본의 축적을 가져올 수 있었다. 자본을 지닌 부르주아의 요구에 응급조치로 출발했던 해외 투자와 자본 수출은 수출된 권력의 보호를 받으면서 곧 경제체제가 제국주의화 하는 국민국가의 영구적 특징이 되었다.

"제국주의적 팽창 개념에 따르면, 팽창은 그 자체 목적이지 잠정적인 수단이 아니다. 이런 팽창 개념은 국민 국가의 가장 영구적인 기능 가운데 하나가 권력의 팽창이라는 사실이 명백해지면서 정치사상에 등장했다. 국가가 고용한 통치자들은 곧 국가 안에 새로운 계급을 형성했으며, 활동 영역은 모국에서 멀리 떨어져 있었지만 모국의 정치에 큰 영향력을 행사했다. 그들은 실제로 폭력을 관리하는 사람에 불과했기 때문에 오로지 권력정치의 관점에서만 사고할 수 있었다. 그들은 일상적 경험 덕분에 하나의 계급으로서 권력이 모든 정치 구조의 본질이라고 주장한 최초의 사람들이었다."[84]

아렌트에 따르면, 이 제국주의 정치철학이 새로운 까닭은 폭력에 우월한 지위를 부여했기 때문도 아니고, 권력이 근본적인 정치현실이라는 사실을 발견했기 때문이 아니다. 권력은 통치와 지배의 가시적 표현이었고, 폭력은 정치 행위에서 언제나 논쟁의 대상이었던 최후의 수단이기 때문이다. 즉 제국주의 이전에는 권력과 폭력이 의식적인 목적이나 명확한 궁극적 목적이 아닌 수단에 불과했다. 그러던 것이 이제 권력과 폭력이 목적이 되고 권력은 그대로 내버려둘 경우 늘 더 많은 권력만을 성취할 것이며, 아리스토텔레스가 말하는 중용으로 표현될 수도 있는 법을 위해서가 아니라 아렌트에 따르면, 권력을 위해 관리되는 폭력은 파괴적인 원칙으로 변하여 법이라는 위반하지 못할 것이 더 이상 남아있지 않을 때까지 멈추지 않는다는 데 특징이 있다. 그리고 이러한 제국주의 정치철학의 중심에는 부르주아에 의해 형성된 국가철학이 있다. 아렌트에 따르면, 설령 부르주아 계급이 오랫동안 토마스 홉스를 인정하지 않았다 하더라도, 홉스는 실제로 그들 자신들의 철학자라고 정당하게, 배타적으로 주장할 수 있는 유일한 철학자였다.

"홉스의 『리바이어던』에 나타나는 정치이론에 따르면, 국가는 공무와 관련하여 개인의 이익이 옳은가 아니면 그른가를 결정하는 구성법-신의 법이

84 『인간 조건』, 286-7쪽들.

든 자연법이든 또는 사회 계약법이든-에 근거하는 것이 아니라 개인의 이익 자체에 근거함으로 '사적 이익은 공적인 것과 같다.'"[85]

아렌트에 따르면, 공익을 사적 이해관계에서 도출하려 시도하였고 사적 이익을 위해 국가 공동체를 생각하고 그 윤곽을 그렸던 사상가 홉스의 철학에 현대의 권력신봉자들이 동의한다는 사실은 의미심장하다. 왜냐하면, 홉스의 자연 상태의 이론인 만인에 대한 만인의 영원한 전쟁 조건은 권력의 축적의 필연성을 구체화하는 것인데, 이 상태에서 다양한 개별국가들은 국민이 국가에 복종하기 전까지 서로 대치하고 있는 것처럼 대치하고 있기 때문이다. 그 까닭은 상존하는 전쟁 가능성이 국가의 영속적인 전망을 보증하는 것은 물론, 국가 간에도 다른 국가를 희생하여 자신의 권력을 증대하게끔 만들기 때문이다. 이러한 홉스적인 절대 군주정에 대한 아렌트의 묘사는 부상하는 부르주아 계급이 만든 새로운 사회체제의 정치욕구에 대한 탁월한 통찰이다.[86] 결국 어떠한 공동체라도 홉스에게는 잠정적이고 제한된 사건이며, 이 사건(공동체)은 모든 사람을 제압할 수 없는 절대 권력이 없는 곳에서는 교제를 하면서 기쁨을 느끼지 못하고 그 반대로 엄청난 슬픔과 고통을 느끼게 하며, 개인은 고독하고 사적인 성격을 근본적으로 바꾸지 못하고 또 동료 사이에 영구적인 유대를 만들지도 못한다. 아렌트에 따르면, 홉스의 인간관은 국가 공동체에 토대를 제공하려는 그의 목적에 맞지 않으며, 대신 모든 진정한 공동체를 쉽게 파괴할 수 있는 일관된 행동 유형을 제공하는 것처럼 보인다. 그리고 이 개념은 제국주의 시대에 이르기까지 항상 정복의 목표로 내세우고 궁극적 결과였던 '인간이 살만한 새로운 정치체제'의 설립을 거의 불가능하게 만들었다.

---

85 『전체주의의 기원』, Ⅰ권, 289쪽.

86 홉스가 전제하는 부르주아의 정치철학에서 자연 상태로 묘사되는 인간성으로서 '인간의 인간에 대한 이리상태'는 개인 소유가 인정되는 자유 시장에서 이윤추구를 목적으로 하는 상인들의 경쟁 상태를 묘사한 것으로서 이성이 생각해낸 자연 상태라는 것을 C. B. 맥퍼슨은 그의 저서 『홉스와 로크의 사회철학(*The Political Theory of Possessive Individualism*)』, 황경식 · 강유원 공역(박영사, 1990)에서 잘 분석해내고 있다.

실제로 제국주의의 무제한적인 팽창의 논리적 결과는 피정복 민족의 것이든 모국민의 것이든 모든 생활 공동체를 파괴하는 것이었다. 그러면 아렌트가 말하는 생활공동체란 무엇인가? 우리는 아렌트가 말하는 생활공동체에 대한 개념을 다음과 같이 근대 제국주의와 현대 전체주의를 비판하는 것에서 간접적으로 확인할 수 있을 따름이다.

8. 근대 제국주의

제국주의 시대로부터 나오는 가장 풍부하고 지속적인 제도적 발전은 제국주의 국가들, 특히 아렌트의 최초 모델인, 신민지 분리경영을 하는 영국과 프랑스의 창설, 그리고 '국내' 정책과 '대외' 정책 사이의 계속적인 구분이었다. 아렌트가 알다시피, 이 분리의 기초는, 근본적인 변형이 없으면, 국민국가가 무제한적인 팽창정치에 적합하지 않다는 사실에 놓여 있다. 왜냐하면 이것은 국민국가가 그 구성원 사이의 동의(consent : 점진적인 민주화에 의해서 19세기와 20세기에 확장된 동의)에 근거해 있기 때문이다. 동의는 국가의 민족적 특성을 파괴하지 않고는 일정한 한계를 넘어서서 확장될 수 없으며, 그것은 속임수나 강제력 없이는 정복당한 국민들로부터 쉽게 승리할 수 없다. 게다가 국민국가의 요구, 그 국민과 그 법률들의 요구는 제국주의적 통치의 요구에 반항하는바, 제국주의 통치의 요구는 더 '우월한' 제국주의적 권력의 목적과 제도에 더 '열등한' 정복당한 국가의 문화와 사회가 종속하는 것에 근거해 있었기 때문이다.

그런데 민족 국가에서 공적이고 표면적으로 설명 가능한 통치는 점차 제국주의자들의 식민지 통치를 닮아 자국민 안에서도 권력 투쟁 때문에 내적이거나 비밀스런 통치를 하게 되는 것이었다. 그러나 자국민 안에서의 이러한 마키아벨리적 통치는 비난 받기에 법령에 의한 통치에 점점 의존하게 된다. 그런데 이러한 법치주의는 관료제와 더불어 그 어떤 제도화된 대중적 합의와는 무관하게 작동하기 때문에, 제국주의자들인 식민지 경영자들은 관료주의적 관계의 팽창과 기술적이거나 행정적 합리성의 팽창에 근거한 새로운 권력기제와 정책형성을 발전시켰다. 이는 토크빌이 염려했듯이 중앙 집권적 권력과 중앙집권적 행정이 결합되면 부드러운 전제정이 발생하듯이, 아렌트에 따르면, 국민 국가의 행정의 합리성은 사람들을 공적 영역에 기꺼이 참여하는 협력자들로 다룬다기보다는 오히려 사람들은 관리되어야 하는 추상적이고 '행동하는' 기계(행위를 실천하는 주체가 아닌)들이 된다. 그들이 식민지에서 행정을 수행할 때, 이것은 특히 타성적으로 쉽게 그리고 만행적으로 수행된다. 왜냐하면 종속된 민족들은 야만의 '이방적인' 존재로 간주되지, 완전히 인간적인 '어둠의 심장'(heart of darkness : 독일인의 낭만성과 함께 양심의 의미함)을 가진 거주자들로 간주되지 않기 때문이다.

아렌트에 따르면, 국내정치를 전쟁에서 수행할 수 있는 전술이나 전략상 비밀스런 군대나 비밀경찰 조직 의한 식민 통치에 닮은 것으로 변형시키는 것은 또한 국내 터전을 토대로 자본주의를 팽창시킨 결과로 인해 촉진되었다. 해외 팽창의 필요성을 낳은 동일한 문제-투자를 위한 유익한 배출구가 없는 과도한 자본이 있다는 것-는 제국주의 국가의 국내 사회구조를 철저하게 변경시켰다. 자본의 축적에 있어서의 위기에 대한 아렌트의 인간적인 표현은 현존하는 경제 질서 안에서 생계를 빼앗긴 수많은 사람들의 점차적인 소외와 주변화였다. 아렌트에 따르면, 이것은 자본주의 생산성에 의해 산출된 어마어마하게 증가한 부(wealth)가 '불균형 배분에 기초한 사회체제 아래에서' 창출되었기 때문이다. 잉여자본의 다른 측면은 더 이상 사회에서 안정적인 자리를 갖지 못하며, 그리하여 '그들이 동료들과의 모든 자연스런 관계'를 상실한 잉여인간들(마르크스에 따르면 노동자들)을 생성해냈다.[87] 이 사람들이 자본주의 사회 안에서 새롭고 두려운 사회세력, 즉 폭민(mob)을 형성했던 것이다.

---

87 『전체주의의 기원』, II권, 230쪽.

아렌트에 따르면, 부르주아 사회구조 안에서 폭민을 그러한 불길한 존재로 만든 것은 정치가 아니라 부를 가진 부르주아가 자신이 민중(노동자들) 출신임을 자부하면서 권력정치에 반대하는 논리에 동조하지 않을 수 없는 민중들을 결합한 데에서 기원한다. 즉 폭민들은 자신들의 곤경에 대해 부를 가진 부르주아가 도움을 주는 것같이 여겨지기 때문에 부를 생산하지 못하는 정치에 반대하고 투쟁하는 자원이 되면서 자본가의 동맹자가 되었다는 점이다. 조직화된 경제력과 사회적으로 과소평가된 (정치적으로나 경제적으로나) 주변화 된 사람들 사이의 결합은 결국 제국주의가 외부에 대해 수행한 경영과 폭력의 성과로 인해 국민 내부에서도 산출된 것으로 나타났다. 결국 부르주아와 폭민의 결합은 제국주의 국가에게는 변증법적인 측면과 함께 비판적인 중요성을 갖고 있었다. 왜냐하면 그것은 소유를 '불균등하게 배분한' 결과에도 불구하고 얼마간의 사회적 단결을 제고할 수 있었기 때문이다.

그러나 제국주의의 침탈이 가속화됨에 따라, 역으로 자국민 내에서의 불균등한 배분은 점차 부유층과 가진 것이라고는 노동하는 능력뿐인 무산자 계층 사이의 점증하는 격차로 인해 자본가와 노동자로 구성된 사회가 침몰될 수 있는 불안과 우려를 키울 수밖에 없었다. 즉 공산주의자들이나 사회주의자들이 말하는 한 사회에서의 부르주아와 프롤레타리아의 양 계급이 나타나고, 부르주아들이 권력에 참여하는 한 후에 나타난 제국주의에서는 이들이 서로 대립할 수밖에 없는 결과로 나타난다. 여기에서 아렌트는 로자 룩셈부르크와 같은 마르크스의자가 될 수 있는 가능성이 발견된다.

그럼에도 불구하고, 아렌트는 『인간의 조건』에서 밝힌 인간은 사회적 동물이어야 한다는 결사의 본질을 지향하는 실존적인 조건이 나타난다. 즉 부르주아와 프롤레타리아, 그들이 서로 협조하는 관계로 되어야 사회가 유지될 수 있다는 것이다. 이러한 상황에서 모든 계급의 폐물로 구성된 폭민은 잉여자본 소유주들의 사회적 재생산 영역 밖에 있으면서, 동시에 역설적으로 사회적 재생산 영역과 여전히 변증법적으로 관계하는 사람들의 집단인 것이다. 아렌트에 따르면, 점차적으로 계급이 분화된 사회에서 폭민은 부르주아의 계속적인 부의 축적의 상황 아래에서 왜곡된 공동체로 표현된 것이다. 이러한 공동체에서 모든 계급의 잉여(폐물)로 이루어진 폭민과 그 대표들은 부르주아와의 계급차별을 폐지하는데, 왜냐하면 그들은 모두 같은 '민족'이었기 때문이다. 즉 아렌트의 표현대로 분업화된 사회에서 잉여인간은 주인 계급에서 분리되고 소외된 사람(인간)들로서 모두가 피지배자들이자 노동자로서 산업현장에서의 기계에 대한 노예였지만, 다른 한편으로 모두 조직화된 사회에서 기능인에 불과한 원자화된 '개인'들이었듯이, 마찬가지 논리로 그 국가 밖에 있는 식민지에서 그 국가의 구성원이었던 개인이 노예에 대한 주인 노릇을 행사하듯이, 그럼에도 불구하고 식민지의 노예들인 그들도 모두 그 개인과 마찬가지로 '인간'이었기 때문이다.

결국, 잉여자금과 잉여개인들을 결합시킨 결과 탄생하는 제국주의는 모든 국민을 다음과 같은 이중적인 인간으로 만든다. 즉 자국 내에서는 개인적인 시민으로서 계급적으로 분화된 잉여인간들은 대중을 형성하면서도, 식민지에서는 국내에서 그들의 사회적 지위가 무엇이든 간에 그들 자신을 지배자나 주인인 영국인이나 프랑스인이나 독일인으로 볼 수 있다는 점이다. 즉 국내에서는 주변인인 폭민이 식민지에 가면 영국인이나 프랑스인이나 독일인으로 행세하게 되는데, 이는 계급의 구분에도 불구하고 제국주의가 국민을 민족적으로 단결하게 했다는 것을 보여준다. 여기에서 시민권과 인권의 이율배반이 나타난다. 결국 정치적 세력으로서 개인화된 시민들로 구성된 폭민의 승리와 정치적 기획으로서 제국주의의 승리는 안정적이고 합리적인 정치형태로서 국민국가의 종말을 의미한다. 왜냐하면 국민국가의 역사적 발전에 중심적이었던 시민권(citizenship)이라는 매체는 어느 점으로 보나 파괴되었기 때문이다. 다시 말해서 국민들이 정치적 정체성을 발전시켰고 타인들과 관계하는 세계의 어떤 장소에도 거주할 수 있었던 사회에서는 계급과 이들의 분화는 비록 일소되지는 않았다 할지라도 아렌트의 표현대로 심각하게 부식되었다.

부르주아 국민국가에서, '인간이란 무엇인가'라는 물음에 대한 정치적인 대답은 시민이라는 것인데, 그 시민이란 양도할 수 없는 권리를 소유하고 있는 사람이다. 그런데 자본주의의 팽창과 그것이 수반하는 국민들의 사회적 주변화는 정치 공동체의 '시민 세계'의 토대를 파괴함으로써 이러한 의미에서 시민권의 가능성을 철저히 손상시켰다. 점점 더 많은 사람들이 더 이상 그들의 이익과 목적을 합리적으로 추구하는 안정적이고 결정적인 계급에 있을 수 없게 한 제국주의적인 운영과 구조에 의존할 수 없게 된 것이다. 유럽 근대국가에서 나타난 전통적인 정치정당은 아렌트에 따르면, 그 자신의 공동체적 유대가 있는 세계에서 안정적인 위치로서 사회적 계급 그 자체, 그리고 합리적인 내용을 가진 조직화된 계급에 기초한 이해관계에 의해 형성된 그러한 제도들 가운데 있었던 바, 그 제도들은 사물들의 새로운 질서 속에서 그것들이 명목상으로 계속 존재할 때, 마침내 그것들은 사회적인 의미는 물론, 대외적으로는 인권의 세계적인 의미의 많은 부분을 상실하게 만들기 때문이다.[88]

이러한 국민국가의 붕괴와 안정적으로 그리고 정치적으로 보증된 정체성의 계속적인 손상이 바로 이러한 국가의 세계적인 성격이 복합되어 형성될 때, 후기 제국주의적 국가의 가시적 성격을 규정하도록 돕는 두 가지 사건이 더불어 발생했다. 이 발전들 중 첫 번째 발전은 아렌트가 '인간의 권리' 라고 부르는 것에 대한 헌신의 쇠퇴를 보였다. 즉 보편적 가치는 특수한 집단들과 개인들 사이의 분명한 차이를 초월한 일반적인 인간의 연대성의 가정에 뿌리박고 있었다. 그런데 국민국가의 붕괴와 효율적인 정치기준으로서 인간 권리의 붕괴는 함께 진행되었다. 왜냐하면 국민국가만이 조직화된 정치공동체의 일원이 되기 위한 조건인 시민권 제도들을 제공할 수 있었고 그 제도들을 통해서 인권은 실현될 수 있었기 때문이다. 달리 말해서, 만일 보편적 기준들이 어떤 진정한 내용을 가지려면, '보편적' 기준들의 특수한 구체화로서 확립 가

88 홍원표, 『한나 아렌트의 정치 철학』, '인권의 역설'의 장(219-227) 참조.

능한 사회적 · 정치적 실천을 요구한다. 그러나 사회 안에서 인간의 활동의 한계를 규정하도록 돕는 정치구조나 정치관계가 없는 경우, 정치적 삶과 '인간의 권리'나 '정의' 혹은 '자유'와 같은 그러한 기준들에 대한 규범적 요구 사이의 결합은 상실된다. 그래서 인간이 단지 그러한 아무런 유대가 없는 '인간'이 될 때, 그는 그 고유의 '절대적으로 독특한 개인성'만을 나타내는 것으로 끝나고 마는데, 그 개인성은 공동의 세계 내에서의 표현과 공동의 세계에 근거한 행위를 빼앗기면, 그 모든 유의미성을 상실하게 되는 것이다. … 단지 하나의 인간에 불과한 인간이 다른 사람들이 그를 동료로 대우할 수 있게 하는 바로 그 성질들을 상실한 것과 같다. 즉 국민 국가 안에서의 시민권과 인권의 변증법은 다음과 같다. 국민 국가에서의 시민권 아래서만 인권이 보장될 수 있었고, 역으로 시민권이 사라진 상황에서는 인권도 보장받을 수 없는 고대의 주인에 충성하는 노예에 불과한 처지로 전락한다는 사실이 식민지에서의 온 시민권이 없는 개인이 처하게 되는 주인 없는 노예보다 더 비참한 현실과는 다른 국민 국가의 구성원으로서의 시민의 '현실적으로는 자유 없는' 처지를 웅변한다. 즉 전제주의 국가에서는 인간들 사이에 인격(personality)을 형성하는 차이와 분별에 대한 가치의식을 상실케 함으로써 개성을 상실하게 한다.

두 번째 발전은 국민국가 그 자체에 의한 시민들의 사회적 동등성(신분상의 평등은 이상으로 작동하고 실제적인 평등은 기회 균등과 같은 것이다)을 확보하려는 시도였다. 아렌트에게 이것은 반드시 유감스러운 것이 아니다. 그리고 그녀는 그것을 근대의 요구의 타당한 함축, 즉 탈계몽의 시민권의 타당한 함축으로 이해한다. 그리고 그녀는 또한 그것이 경제적 평등을 함축하는 것은 아니며 자본주의 경제에 내재하는 불균등 분배가 경제적 (불)평등을 제거했다는 것을 알고 있다(차이 있는 것을 차이 있게 대접하는 것). 그래서 시민들의 신분상의 (기초적인 것으로서의) 평등의 추구는 망상적인 것은 아니었다. 그것은 진정한 중요성을 갖고 있었다. 그러나 평등은 국민국가 제도들의 손상 및 공동의 세계의 손상에 협력했기 때문에, 그것은 몇 가지 특유의 특성들을 갖게 되었다. 아렌트가 보기에, 평등은 그것이 정치적인 조직체의 원리가 될 때 작동할 수 있을 뿐인데, 그렇지 않으면 그 안에서는 평등하지 않은 사람들이 평등한 권리를 갖는 것이다. 즉 만일 구체적인 차이들 그 자체가 정치영역으로 조직될 경우에 평등은 성취될 수 있을 뿐이다. 말하자면 차이들을 조직하는 것이 그것들을 평등하게 하는 것이다. 그러나 이 국가조직이 발생할 수 없는 곳[유대인들의 경우]에서, 평등의 실현은 단지 차이 그 자체를 공격하는 것으로 끝나고 말 뿐이다. 이러한 상황에서 동등한 조건들이 더 많을수록, 사람들 사이에 실제로 존재하는 차이는 더 적다고 설명된다. 사람들은 차이 속에서 평등의 기준에 따라 구분되는 것이 아니라 오히려 새로운 나쁜 기준에 따라, 즉 그들은 '정상적' 인지 '비정상적'인지에 따라 구분된다.[89] 즉 전체주의 국가 내에서 평등은 모두가 다 똑같은 평범함의 처지로 몰락하는 것이다.

이 지점에서 아렌트의 인간성의 복수성이라는 존재론적 가정이 한 번 더 작동하게 된다. 만일 사람들이 인권이나 평등과 같은 인간의 권리로 세계적인(worldly) 방식으로 결합될 수 없다면, 그들은 비세계적인(unworldly) 양식으로 즉 종족 중심으로 결합될 것이다. 그것은 국민국가의 원리에 대한 어떤 대안적 원리에 근거하여 조직된 것이다. 아렌트에게 국민국가의 붕괴 및 이것과 결합된 발전에 직면하여 나타난 조직체의 새로운 원리는 바로 인종주의였다. 인종적 사고가 존경받게 된 세계에서, 국민국가가 더 이상 역동적인 자본주의에 의해 창출된 점진적으로 주변화된 많은 사람들에게 국가나 세계를 제공할 수 없게 되자, 국가적 의식이나 애국적 의식이 인종적 의식에 의해 점유되었다. 전체주의 이전(pre-totalitarian) 시대에 그러한 의식의 가장 중요한 담지체들은 중부유럽과 동유럽의 범국가적 운동들이었다. 즉 근본적인 면에서 명백히 다른 것처럼 보이지만, 국민국가의 정치적이고 사회적 평등에 의해 조화를 이룬 사람들 사이의 구분에 기초해 있는 원리, 즉 모든 인종들과 함께함

89 평등에 대한 이러한 설명의 추상성은 아렌트의 표현대로 표현하다보니 나타난 것이다.

(communion)의 원리는 국민국가의 붕괴로 인해, 인종에 근거한 '공동체'가 한때 불신 받은 국민국가보다 더 자연스러운 것으로 여겨졌다. 왜냐하면 사람들 사이에 존재하는 '과학적으로' 검증 가능한 인종적 차이들은 보기에 따라서는 인간의 권리에 기초한 설명의 추상성이 존재하지 않기 때문이다.

이러한 상황에서 유대인들은 이중으로 비난받았다. 그들은 한편으로 국민국가와 결합함으로써 요셉과 같이 '특권'을 누린 소수가 있었다는 것과, 다른 한편으로는 대다수는 점점 '국가이성'에 따라, 비밀의 원리에 따라 작동된 제도에 휩쓸리게 되었기 때문이다. 이러한 상호 모순된 발전들은 아렌트에게 벤자민 디스라엘리(Benjamin Disraeli)의 정치경력과, 폭민의 정치적 중요성 및 비뚤어진 연대성의 토대로서 반셈족주의의 정치적 가능성을 드러낸 프랑스에서의 드레퓌스 사건(Dreyfus affair)에서 분명해졌다. 그리고 이러한 현상들은 일상의 삶에서 인종문제들이 증가한다는 것을 증명하였다. 그리고 물론 유럽의 유대인들만이 목표가 되었던 것은 아니다. 정말로 또한 발전하고 있는 제국들의 식민화된 국민들도 이러한 인종주의의 희생물이 되었던 것이다.

19세기 말에서 20세기 초까지 유럽에서 제국주의의 지배 하에서 유대인들의 운명은 나중에 권리뿐만 아니라 심지어 권리를 가질 권리까지도 빼앗긴 수많은 식민지 치하의 무국적 민족들의 위급한 상황의 선봉이 되는 것이었다. 그러나 근본적 의미에서 무국적 상황은 점점 더 많은 민족들에 의해 공유되게 되었는데, 그들 가운데 국내적으로는 명목상 합법적으로 인정받은 국가의 시민이지만, 그럼에도 불구하고 많은 국가들은 진정한 공동의 세계를 결여하고 있었다. 공적 영역의 실제적인 소멸과 압도적으로 많은 대다수의 사람들이 배제된 '비밀의 공적 삶'의 출현으로 이 사람들은 더욱 더 완전히 관료주의적으로 조직된 지배적인 권력 (sovereign power)의 대상이 되었던 것이다. 국민국가의 점차적으로 탈 정치화된 시민들은 인간의 공동체로부터 그들 자신이 독특한 추방으로 인해 고통 받았다. 아렌트에 따르면, 그들의 운명은 다음과 같이 전체주의가 가져다 준 무시무시한 (모든 인간관계가 끊어진) 고립과 소외였다. 즉 인간에게 전체주의 지배를 준비하게 하는 것은... 옛 시대에 당한 한 번의 아슬아슬한 경험인 추방과 고립이 20세기의 대중의 일상적 경험이 되었다는 사실이다. 전체주의가 대중을 조종하고 조직하는 무자비한 과정은 역설적으로 고립만이 대중의 일상적 경험이 된다. 개인들이 유의미한 정치공동체로부터 추방되면, 그들은 세계가 말로 표현할 수 없는 비밀스런 힘에 의해 돌아간다는 것과 그들이 이러한 힘의 형성에 대해 아무런 책임이 없다는 것, 이 양자를 그럴 듯하게 추정할 수 있다. 전체주의는 실존철학자이자 정치철학자인 아렌트의 표현에 따라 묘사하면 다음과 같다.

9. 전체주의

"전체주의는 전제정치, 참주정치와 독재정치 등의 우리에게 낯익은 정치 탄압의 형태와 본질적으로 다르다. ...전체주의가 권력을 잡으면 전적으로 새로운 정치제도를 발전시키며, 나라의 사회적, 법적, 정치적 전통을 모두 파괴한다. 국가 전통이 아무리 특별하고 그 이데올로기의 정신적 근원이 특수하다 해도, 전체주의 정권은 항상 계급을 대중으로 전환시키고, 정당체제를 일당독재가 아닌 대중 운동으로 대체하며, 권력의 심장부를 군대에서 경찰로 이전하고, 공개적으로 세계지배를 지향하는 대외정책을 확립한다. 현재의 전체주의 정권들은 일당체제에서 발전되어 나온 것이다. 이 정권이 진정한 전체주의로 변할 때, 그것은 항상 근본적으로 다른 가치체계에 따라 활동하기 시작한다. 우리가 전통적으로 알고 있는 법적인 범주나 도덕적 범주, 또는 상식적이고 공리주의적인 범주도 이 전체주의 정권들의 행위 경로와 타협하거나 그것을 판단하거나 예측할 수 있도록 도와주지는 못한다."[90]

아렌트가 묘사하는 이러한 전체주의를 우리는 현대 형태의 참주나 독재 정치, 다시 말하면 한 사람이 권력을 휘두르는 무법정부로 해석하고 싶은 유혹

90 『전체주의의 기원』, I 권, 255쪽.

을 즉각 느낄 것이다. 한편으로 법의 제한을 받지 않고 지배자의 이익을 위해 휘둘러지며, 피지배자의 이익에 대해 적대적인 자의적 권력, 다른 한편으로는 행위의 원칙의 두려움, 즉 국민의 지배자에 대한 두려움, 이것이 서구의 전통에서 볼 수 있는 참주정치의 특징이기 때문이다. 사실 몽테스키외는 정부의 지배의 원칙을 행위의 원칙이라 불렀는데, 몽테스키외에 따르면, 행위의 지도원칙과 기준은 왕정에서는 명예였고 공화정에서는 미덕이었으며, 압제정치에서는 공포였다. 그러나 전체주의에서는 이데올로기와 테러가 지배하며, 자유주의 국가에서는 전체가 국가의 성원이 되는 자유로운 개인을 위하여 행위하는데 반하여, 전체주의 국가에서 개인은 역으로 전체를 위하여 법이나 도덕에 상관없이 어떠한 행동도 수행해 마지않기 때문이다.[91] 20세기의 정치적 세력으로서 전체주의는 이 '기원들', 즉 계속되는 자본주의의 위기, 제국주의의 출현과 인종적 사고의 성장 및 반셈족주의의 성장 위에 세워졌다. 아렌트의 견해로, 전체주의의 가장 중요한 특징들은 - 대중의 중요한 역할과 대중을 운동으로 조직한 것, 대화와 토론이 없이 이데올로기와 테러가 점거하고 있는 중심적인 장소, 궁극적으로 감옥과 같은 강제수용소 - 단지 공적 삶의 붕괴가 더 이상 공동의 세계를 공유하는 진정한 정치적 평등체로서 서로 관계할 수 없게 된 원자화되고 고립화된 개인들의 인구수만을 양산해낸 곳에서만 존재할 수 있을 뿐이다.

전체주의 국가의 초석은 그 대중(mass)의 지지이다. 아렌트는 19세기에 프롤레타리아로 구성된 폭민을 양산해낸 것과 동일한 과정에서, 즉 국민 국가의 정치제도의 쇠퇴, 특히 사람들에게 세계 안에 안정적 장소를 가져다 준 사회

91 전체주의는 사실 자본주의적 경제체제의 '대공황'과 더불어 1919년 베르사유의 일차 세계대전의 전후처리에 대한 민중의 불만으로 배양된 것으로서 폭력과 투쟁을 당연시하고 영웅적인 것으로 칭송하는 극우이데올로기 운동들에 편승한 무쏘리니와 히틀러의 이차대전으로 나타난 파시즘(관료와 노동자의 조합국가)과 나치즘의 정치형태이다. 베일리스 J. & 스미스, S.(Baylis, J. & Smith S.), 하영선 외 역『세계정치론』(을유문화사, 2001), 77-78쪽들. 아렌트가 그의 저서에서 강제수용소로 묘사하는 전체주의의 특징은 일당독제에서 발전되어 국민 모두가 정치 이데올로기에 복종하도록 제도화되어 있다. 그것은 한 국가가 군대나 민간인까지도 마치 군사조직처럼 변모되는 것이다. 이러한 전체주의 국가를 가능하게 하는 것은 구소련의 공산주의 정권이나 현재 중국의 공산당 정권이 그러하듯이 관료제가 비밀 경찰조직(공안)과 결합됨으로써이다.

적인 계급(중산계급)의 쇠퇴에서 사람들의 집단, 즉 대중들(the masses)의 기원을 보게 된다. 아렌트에 따르면, 전체주의 아래의 대중들은 '공동의 이익에 대한 의식을 고수하지 않으며, 그들은 확정적이고 제한적이며 획득 가능한 목표로 표현되는 그런 특정 계급의 명료함을 결여하고 있다. 달리 말해서, 그들은 아렌트가 『인간의 조건』에서 제시했듯이, 비정치적인 사람들(정치적 의식이 없는 사람)이지만, 다른 한편으로는 개개인은 전체주의 국가 안에서 '직업소지자들이자 훌륭한 가장들'인 것이다.

> 전체주의 운동은 원자화 되고 고립된 개인들의 대중 조직이다. 다른 모든 당과 운동을 비교할 때, 전체주의 운동의 가장 뚜렷한 외적 특징은 개인 성원에게 총체적이고 무제한적이며 무조건적이고 변치 않는 충성을 요구하는 것이다.[92]

이러한 충성 요구는 폭력 조직에서만 요구되는 것이다. 원자화되었지만, '정상적인' 이러한 개인들을 집단에로 강제적으로 합병시키는 데 있어서, 전체주의 운동은 적절한 기술(선전-선동)과 효율적인 메커니즘을[비밀경찰이나 공안과 관료제] 이용한다. 그런데 그것들의 합리성은 감탄스럽게도 그것들을 지향하는 비합리적 목적[이데올로기에의 충성]에 기여한다. 이 기술과 메카니즘의 효율성은 대중 구성원들을 고립 속에 빠뜨리는 것으로서 진정한 공동체 안에서 이에 대응하는 것은 그들의 연대성 속에서 행위를 시작하는 능력[사려있는 행동]과 직접적으로 관계있다. 첫째, 전체주의는 책임 있는 시민들로부터 그들과 그들의 능력을 결합하고 행위의 창발성을 가정하는 장치[자율적 입법기능]에 이르기까지 행위와 잠재력을 변형시켜 좌절케 함과 동시에, 이 장치의 출현은 조건들을 창조한 바로 그 행위[사려있는 행동]를 탈 정치화한다. 왜냐하면 그들 사이의 관계가 어떻게 구조되든, 정치적 자유를 지닌 진정한 사람들만이 행위를 할

92 『전체주의의 기원』, I 권, 243쪽.

수 있는데, 이 조직과 장치의 출현의 결과는 정확히 19세기 말의 해체되고 있는 국민국가가 낳은 것과 같은 무책임한 책임감이기 때문이다. 이러한 체제 하에서 사람들은 승인되지 않고 이해되지 않는 방식으로 행위를 한다. 그리고 그들은 그들이 행하고 있는 것이 무엇인지를 아렌트의 표현에 따르면, [유대인 수백만을 처형한 아이히만처럼] '생각하지 않는다.'(악의 평범성)

이 때문에 아렌트는, 하나의 정치세력으로서 전체주의는 우선 전통적인 정치정당이라기보다는 오히려 '운동'의 형태를 취한다고 가정한다. 이 점에서 운동에 대한 당의 관계는 거칠게 폭력에 대한 정치의 관계에 필적한다. 당과 권력, 이 양자는 사람들이 문자 그대로 그들의 이해관계를 공유하는 안정적인 공적 영역, 즉 그들 사이의 출현의 공간을 전제하고 유지시킨다. 그리고 이것들은 [북한에서처럼] 행위의 수단을 제공한다. 반대로, 폭력과 마찬가지로 운동은 이것이 세계적인 배치나 목적[국가의 존재 목적]에 닻을 내리지 않고 계속적인 변화를 생산해 내는 행위 그 자체의 한 형태이다. 사물이 이동하는 현기증 나는 속도, 처음에는 운동의 구조 안, 그런 다음 운동의 구조 밖에서 국민 전체를 이 운동을 위해 동원하는 것은 이 운동의 바로 그 존재(전체주의)를 위해 필수적인 것이다.

> 전체주의 운동의 단호한 행동주의와 모든 형태의 정치행동 가운데 테러리즘을 가장 선호하는 전체주의 운동의 편애는 지성적 엘리트뿐만 아니라 폭민을 끌어들였다. 전체주의 테러리즘은 분명히 과거 혁명 사회의 테러리즘과 전적으로 달랐다. 전체주의 테러리즘은 테러리스트의 행동을 정책이나 지위 때문에 억압의 상징이 되어버린 어떤 탁월한 인물을 제거할 수 있는 유일한 수단으로 파악하는 계산된 정책이 아니었다. 테러리즘이 일종의 철학과 정치의 표현주의가 되었다는 것이 너무나 매력적인 것이었던 것이다.[93]

93 『전체주의의 기원』, II권, 56쪽.

폭민의 폭력이 어떻게 히틀러의 나치사회나 무쏘리니의 파시스트 사회의 엘리트를 매료시킬 수 있을까? 아렌트에 따르면, 그것은 폭민의 위선 결여와 대중의 사리사욕의 결여[이데올로기에의 충성]가 위선과 가식으로 치장된 국민국가의 상류사회나 계급사회에 대한 공격으로 나타났기 때문이고, 사적인 것과 공적인 생활 사이의 구분을 폐지하고 인간의 신비로운 비합리적 전체성을 회복시켰다는 전체주의 운동의 그럴싸한 주장이 가진 호소력 때문이다. [참주와 같은] 폭민 지도자(독재자)들은 항상 특정 이익을 대변하도록 허용한 대륙 정당의 계급 정신에 대항하여, 그리고 자신들이 전체의 한 부분에 지나지 않는다는 생각에서 기인하는 기회주의에 대항하여, 전체로서의 인간을 소유할 수 있는 세계관[전체주의 국가의 이데올로기]을 가지고 있기 때문에 우월하다고 한다. 아렌트에 따르면, 이러한 전체성의 주장에서 전체주의 운동의 폭민 지도자들은 부르주아의 고유한 정치철학을 분명하게 다시 서술하고 고대적 군인의 영웅정신으로 뒤집어 놓았다. 사회적 압력을 통해 또 종종 정치제도를 경제적으로 약탈하여 출세한 부르주아 계급은 가시적이고 공적인 권력기관이 자신들의 비밀스럽고 비 공공적인 이해관계와 영향력[자본의 힘]에 의해 움직인다고 믿었다. 이러한 의미에서 부르주아의 정치철학은 전체주의적이었기 때문이다. 아렌트에 따르면, 부르주아 정치철학은 항상 정치, 경제 및 사회가 동일하다고 가정했다. 그런 조건에서 여기에서는 '단순성이 예지'라는 모든 가치의 단순화의 신화가 작동한다. 정치기관들은 단지 사적 이익[자본의 증대]을 위한 허울로 종사할 뿐이었다.

일단 전체주의 운동이 국가를 점령하면, 실제적인 의미에서 그것은 국가를 파괴시킨다. 엄격히 말해서, 전체주의 운동을 하이데거 철학과의 관계에서 성찰하는 아렌트에게 전체주의의 진정한 통치형태는 전혀 없다. 전체주의는 '정상적인' 정치형태를 채택하면서도 여전히 [운동의 형태로서만 존재하기에] 무세계적(unworldly)이어야 한다. 그러한 운동이 일단 권력을 잡고나면, [이 운동에] 필적하는 조직체들[당을 중심으로 한 조직체들]을 창조하는 데 착수하는 것은 바로 이러한 이유 때문인 바, 그 조직체들은 궁극적으로 국가체제 안에서 그들의 상대에게 그들의 목적을 양도하고 그들의 목적을 형성한다. 이것이 사실상 정치이론과 전체주의 통치를 연구하는 모든 연구자에 의해 천명된 당과 국가의 연합[일당체제]이다. 아렌트에 따르면, 이 연합은 전체주의 국가가 여전히 계속적인 팽창, 계속적인 운동에 맞물려 돌아가는 기계로 남아 있음을 보증한다.

전체주의는 [현재 북한에서 이루어지고 있는 것과 같은] 일종의 전시 동원체제와 같다. 만일 전체주의 운동과 전체주의 국가가 사람들을 일관된 방식으로 결합시킨다면, 진정한 공적 영역의 세계적인 유대(worldly tie)를 대체할 것은 무엇이겠는가? 아렌트의 대답은 선전[그것이 친밀하게 결합하고 있는 이데올로기]과 테러, 즉 전체주의의 가장 가시적인 요소가 이러한 역할을 충족시키고 있다는 것이다. 이것은 전체주의에 대한 우리의 이해를 위해 매우 중요하다. 서로 세계적인 유대를 전혀 즐기지 않는 많은 대중에게 (차이와 구별을 명확하게 하여야 하는 자유의지를 가진 '의식적인' 인간의 세계에) 혼돈스러운 성질의 삶이 주어진다면, 전체주의의 선전은 현실로부터 허구로, 사실과의 일치(coincidence)로부터 논리의 일관성(consistency)(추상적 일반성)으로 도피하면서 번성한다. 그것은 '진정한 세계'와 경쟁하기에 적합한 세계를 확립하는데, 진정한 세계의 중요한 장애물은 그것이 논리적 · 일관적 · 조직적이지 않다[다원적이다]는 점이다. 반면에 허구의 일관성과 조직의 엄격성은 더 특정한 폭발적인 거짓을 살아남게 하기 위해서 그것을 궁극적으로 추상적 일반화할 수 있게 한다. 이러한 조직의 엄격함에 그 실체성을 부여하는 것이 공포라는 실체이다. 따라서 아렌트의 견해는 영원히 더욱 세련되고, 과학적으로 정초된 기술의 도움으로 점점 유용해진 테러가 전체주의라는 거짓된 세계를 유지시킨다는 것이다.

그러므로 선전활동은 이데올로기, 즉 거짓된 세계를 구조하려는 실제적인 시도와 손잡는다. 이데올로기는 신정론에서 신의 의지가 모든 것을 지배한다는 것과 닮은 논리를 지닌 것으로서, 자연계는 물론, 인간 역사와 세계를 지배한다고 하는 논리법칙으로서 '헤겔의 정반합의 변증법'이 지니는 전체주의적인(모든 것을 설명하는 진리적) 특성을 지니면서 전적으로 임의적인 존재로 살도록 운명지어져 있던 원자화된 개인에게 혼돈스러운 세계에 대한 일관적이고 논리적으로 정돈된 단순한 상(picture)을 제시한다. 그러나 선전활동과 이데올로기 사이에는 결정적인 차이가 있다. 선전활동은 진리에 대한 공식적인 소견을 확실하게 따를 때 점차로 효과적임을 입증하는 강제적 특성을 갖는다. 그러나 그것은 여전히 또 다른, 전적으로 말살될 수 없는 진정한 진리의 존재를 전제한다. 전체주의 치하에서 개인들의 생명의 공포는 정치권력이 철저하게 이데올로기적인 세계를 구축하고 유지하는 데 쓰인다는 것이다. 이 세계에서 지배적인 이데올로기의 요소들, 나치 치하에서의 인종주의, 공산주의 치하에서의 계급투쟁에 대한 볼셰비키 해석 등은 더 이상 논쟁이나 토론의 문제가 아닌 문자 그대로 진리가 된다. 현실 그 자체의 구조에 넣어진 것으로서, 이데올로기에 대한 서술들은 ['전체적 진리'로 둔갑한 거짓된] 전체주의적 세계 속에 그들의 길을 만들려고 하는 모두에 의해 '진정하고 필연적인 것'으로 주의 깊게 수용되어야 한다.

전체주의 운동 구조는 이데올로기를 현실로 바꾸는 것으로 계획된다. 전체주의가 정치적 실천에 따른 큰 '기여'는 '조직적인 것'이라고 아렌트는 주장한다. 전체주의 조직은 정교한 균형 잡힌 행위를 가져오지만, 그 행위에 의해서 운동 속에 휩쓸린 것들은 외부세계의 압박으로부터 차단되어 있는 동시에, 외부세계가 운동을 정상적인 것으로, 혹은 적어도 수용가능한 정치적 선택의 범위를 넘어서지 않는 '것처럼 지각되도록' 이끌린다. 이와 같이, 그 현존이 전체주의에 대한 모든 연구자에 의해 언급된, 도처에 있는 '중요한 조직'들은 운동에서 중요한 역할을 한다. 이들 조직은 열광적으로 헌신하는 운동 고수자에게 '정상상태로 가기 위한 하나의 가교'를 제공한다. 그것들은 궁극적으로 전체의 조직적인 구조가 창조된 비합리적인 목적을 가리는데 기여한다. 아렌트에게 전체주의가 심지어 그것의 무시무시한 결과에 대한 승인을 넘어서- 왜 그렇게 설명하기 곤란한 현상인지는 이미 분명해지고 있다. 왜냐하면 전체주의 국가는 범죄국가인 반면에, 그 국민의 대다수는 [전범 재판에서 아렌트가 악의 평범성으로 묘사한 아이히만의 태도가 보이듯이] 범죄자가 아니기 때문이다. 그들이 무책임하고 판단이 결여되어 있을 때, 그들은 기꺼이 사회에서 규정된 역할을 수행하고 그들이 지금 행하고 있는 것을 문제 삼지 않는다. 이런 이유로, 그들은 사실상 실제적인 범죄자보다 더 신뢰할 수 있는 사람들이다. 나치 독일에 관해서 아렌트는 다음과 같이 역설한다. 즉 무자비한 지배 장치와 몰살 장치 때문에, 동등한 속물들이라는 대중은 소위 전문적인 범죄자들보다 더 좋은 재료(전체주의 지도자나 참주의 재료)를 제공했고, 심지어 더 큰 범죄를 저지를 수 있는 것이다. 만약 이러한 범죄들이 잘 조직되었고, 판에 박힌 일들의 출현을 가정하기만 했다면 말이다.[94]

10. 전체주의와 근본 악

아렌트의 철학에서 노동, 행위, 사유는 실존적 인간의 연약성(한계)을 반영하는 것이다. 인간은 신과 같이 [전체적 진리를 소유한] 영원한 존재가 아니고 과정적 존재이며, 그것도 사멸하는 존재(mortal: ephemeral: 하루살이)에 불과하다. 그러나 사유하는 존재가 되면서 완전선으로서의 영원한 존재를 상징하는 신을 욕망하는 존재가 되었다. 그런데 이러한 인간의 사유는 정신이라 불리며 이는 그리스 철학자들, 특히 플라톤에서 신적인 것이다. 이에서 더 나아가 『구약성서』는 이러한 인간의 정신을 신이 동물적 인간에게 불어넣은 자신의 호흡으로 간주한다. 즉 인간의 정신은 신의 창조물이자 신격을 닮은 영이라고 말한다. 결국 완전선으로서의 신은 인간의 목표일뿐만 아니라 동시에 신이

94 필립 한센(Philip Hansen), 김인순 역, 『한나 아렌트의 정치이론과 정치철학』 (삼우사, 2007), 265-266쪽들.

정신을 창조하였기에 모든 욕망의 기원이자 목표이기도 하다. 그리스에서 탄생한 이성적 정신은 이처럼 신의 불멸성을 욕망하는 존재로서의 인간이 자유를 지니고 있음을 자각한다.[95] 인간은 자유가 있음으로써 생물적 필요에 부응하는데 다른 동물과 달리 자연에서의 약탈적 삶에서 변형된 노력으로서 생산을 할 수 있는 노동을 할 수 있으며, 노동을 하면서도 도구를 만들고 이에서 발전한 도구를 만드는 도구인 유기체를 모방한 기계를 만들어서 노동에서 해방될 수 있는 가능성은 보여준 것이다. 더 나아가 인간은 자연에서 독립된 듯한 인간들로 구성된 독특한 문화적 '세계'를 이루어 자신의 존재를 불멸하는 것으로 재창조할 수 있게 되었다. 이 모든 것이 사실 이성적 사유의 힘에 의해서이다.

그런데 아렌트에 따르면, 이러한 인간의 사유에 기초한 자유가 완전선을 모방한 영원성을 추구할 때 인간성은 파괴되고 만다는 역설에 처하게 되는 것이 인간실존의 조건이다. 마치 『구약성서』 실낙원 신화가 상징하듯이, 신의 완전선에 대한 인간의 욕망이 인간 실존의 원죄를 이루듯이 완전성을 지향하는 정신에서 탄생하는 것이 바로 역설적으로 인간 실존에게는 근본악으로 작동한다는 것이다. 현대에서 컴퓨터가 탄생한 이후 노동을 대치할 완전한 인공지능을 지닌 로봇이나 사이보그의 탄생, 인간세계에서 절대적 권력에 의한 전체주의 탄생, 삶에 참여하지 않고 관조하는 삶만을 신적인 것으로 표상하는 낭만적 철학의 탄생은 바로 이러한 인간성을 가능하게 한 사유가 욕망에 부응하는 완전성을 사유함으로써 부지불식간에 절대주의를 지향하는 정신으로 변모되며, 이 정신이 탄생시킨 것이 근본악(기독교적으로 말하면 원죄)이라는 것이다.[96]

인간 노동은 인간 실존의 필연성에 부응하는 행위이다. 반복을 특징으로

95 헬레니즘과 헤브라이즘을 헤겔 변증법으로 통합하여 기술하였다.

96 선과 악에 대한 인간의 상대주의와 신의 절대성과의 변증법은, 송영진, 『도덕 현상과 윤리의 변증법』 (충남대 출판부, 2009), 6장 참조.

하는 노동의 운명은 인간의 생물적인 삶의 조건이 지니는 필연성에서 빠져나올 수 없다. 이러한 노동을 구원하는 것은 인간의 만들고 제작하는 행위가 자동기계를 발명하면서부터이다. 기계가 노동을 대치한 것이다. 인간은 기계를 통해서 노동에서 자유로울 수 있는 가능성을 지녔다. 다른 한편, 인간의 실존성 자체는 유한한 존재로서 홀로서는 자족할 수 없기에 이러한 인간 실존성의 복수성에 의해 사회를 이루지 않으면 살아갈 수 없다. 사실 노동마저도 혼자서 하는 것이 아니다. 그리고 인간이 이루는 사회가 지니는 '세계성' 자체는 아렌트가 말하듯이 제작행위에 의해 어느 정도 유지된다. 그럼에도 불구하고 인간의 행위는 생산의 효율성 때문에 기계의 작동에 부응하지 않을 수 없었고, 그 결과 산업혁명 초기에서부터 기계적 활동으로 단순화되고 편린화되기에 이르렀다. 즉 제작적 인간을 가능하게 한 제작적 사유는 인간의 사회성을 안전하고 지속하는 것으로 만들어 주지만, 인간의 복수성에 의해서 구성된 협동하고 조화하는 친애와 같은 사랑과 우정(신의)에 기초한 '사회라는 인간 세계'에서 개인을 소외시켜 고립시키고 원자화 시킨다.

그런데 제작인으로서의 인간이 창출한 자동 기계는 무의미성의 곤경과 '모든 가치의 평가 절하', 목적과 수단의 범주로 규정되는 세계에 타당한 기준을 발견하는 것이 불가능하다는 사실로부터 구제될 수 있는 길은, 제작이 사용물품을 생산하듯이 유의미한 이야기를 산출하는 '행위와 말의 상호 관련적인 능력'을 통해서라는 것을 잘 알고 있다. 인간 지능이 지니는 제작적 사유는 이성의 모순율에 따르기 때문에 이 사유 활동 자체가 야기하는 곤경에서 이 사유 자체를 구할 수는 없다. 둥근 사각형이나 날개달린 호랑이를 산출할 수 없기 때문이다. 결국 이들 각각이 전유하는 사고를 구제하는 것, '즉 노동하는 동물로서의 인간, 제작인으로서의 인간, 사유자로서의 인간을 구제하는 것은 전혀 다른 능력이며, 그것은 인간의 외부에 존재하는 것이 아니라 이 각각의 (부분적인 것이 전체를 지향하는) 활동의 외부에 존재하는 것이며, 그것은 다름 아닌, 아렌트가 말하는 삶의 활동(vita activa)으로서의 인간의 조건에 부응하는 '구체적인 행위의 다수성이나 다양성에 대한' 고려와 숙고나 사려가 있는 행위이다.[97] 그것은 그리스 사회에서 시를 쓰는 것을 'poesis'라고 명명했듯이 그리고 태초에 이 세상을 창조한 기독교 하나님의 능력처럼 모든 것을 항상 새롭게 창조하는 행위이다. 그러나 인간은 이러한 하나님의 능력보다는 제한된 능력을 지니고 있고, 또 이에 따르는 제한된 지능을 가지기 때문에 실수나 오류가 나타나며, 이 때문에 우리가 서로의 잘못을 '용서하고' 서로의 부족한 것을 보충하는 행위에 대한 '약속'을 지키면서, 즉 플라톤이나 아렌트가 말하는 인간에게 주어진 제한된 능력에서 기원하는 '새로운 행위를 시작할 수 있는 자유'의 능력을 발휘함에 의해, [『구약성서』 창세기에 표현된 노동이 그리고 자식의 생산이 원죄에 대한 벌로 여겨진다 하더라도], 이러한 노동이나 노력에 의한 것이 친애나 우정이나 사랑과 결합한다면 가족공동체에서는 물론 사회에서는 우리의 삶을 희망과 기쁨으로 전환시킬 수 있기 때문이다.[98] 그래서 이 행위가 함축한 자유의 능력의 경우는 노동하는 인간이나 제작하는 인간이 전유하는 것과 전혀 다르다. 이러한 새로운 행위란 무엇인가?

> "행위와 행위자의 곤경의 경우 사정은 완전히 다르다. 여기에서 행위가 출발시키는 과정의 환원 불가능성과 예측 불가능성은 다른 고차적인 능력으로 치료될 수 있는 것이 아니다. 오히려 그것의 치료 능력은 행위 자체가 가지는 잠재력 중의 하나이다. 자신이 무엇을 행했는가를 알지 못하고, 알 수 있다 하더라도 행한 것을 되돌릴 수 없는 무능력의 환원 불가능성의 곤경으로부터 벗어나게 하는 것은 (과거의 과오를) 용서하는 능력과, 미래의 불확실성인 예측 불가능성의 치유책은 약속을 하고 또 약속을 지키는 인간의 능력[책임의식이 있는 능력]이 내재해 있다는 것이다. ...용서와 약속의 능력은 다원성이라는 인간 조건과 밀접하게 일치되기 때문에 그 각각은 플라톤의 지배개념에 내재한 도덕의 [절대적] 기준들로부터 완전히 대립된 정치적 지도 원리

97 헤겔 변증법은 물론 현대의 인공지능의 생물학은 유전자 변이를 통하여 '날개달린 호랑이'와 같은 것이 가능하다고 한다. 그러나 이것의 진실 여부는 지구라는 환경에서 이러한 존재가 생물체로서 '종을 번식하면서 생존할 수 있는지'가 관건이다.

98 아렌트의 말을 토대로 그녀의 실존철학을 요약하여 정리한 것이다.

를 확립한다."[99]

아렌트의 정치철학에 핵심 용어로 작동하는 '인간의 행위'는 인간 사회가 구성되는 요건 중에 하나이다. 현대의 자연과학의 기초가 되는 양자 역학이 불확정성 원리에 지배되듯이, 이 지구라는 환경에서 탄생한 생물체적 실존의 환경 제약성과 그 불확정성에 기초한 불안정한 연약성에 인간성의 본질 아닌 본질이 있다. 정치나 경제는 물론 모든 인간 활동의 영역에서 작동하는 인간 사유와 행위의 변증법은 플라톤에서는 선의지에 기초한 정의의 덕으로, 아리스토텔레스에서는 중용의 것으로 나타나 이러한 불확실성에 대응하기 위해서 탄생한 것이다. 이 때문에 인간의 활동은 완전성을 사유하는 사고에게서는 항상 죄를 범하는 것으로 나타난다. 아폴론 신전 기둥에 신이 인간에게 준 두 마디의 말이 있었다. 하나는 '너 자신을 알라(gnothi s'eauton)'이고, 다른 하나는 '과도하지 말라(meden lian)'이다. 불확실성이 지배하는 세계에서 진리를 탐구하는 정신은 완전성을 지향하는데, 완전성을 이루었다고 하는 것은 과도한 것으로서 선악에 관계하는 일에서는 성서에서는 인간의 원죄의 형태로 나타난다. 왜냐하면 인간의 실존 자체가 복수성을 전제하는 불완전한 것이기 때문이다. 중요한 것은 아렌트가 말하고 있듯이 이러한 행위를 수행하고 난 뒤에는 우리는 에피메테우스처럼 이러한 '사태의 정오나 선악을 인간이 항상 알 수 있고, 알고 있다'는 것이다. 여기에서 소크라테스의 인간 실존에 기초한 무지의 고백(인식의 아이러니)이 나타나듯이 행위의 아이러니가 발생한다. 역설적으로 말하자면, 인간이 끊임없는 진리 탐구와 함께 이에 기초한 정의로운 사회를 구축하는데 있어서 처음 시작하는 사람처럼 다른 사람과 함께 숙고하고 협의하며 진리나 정의를 찾는 노력을 전제하지 않으면, 인간은 항상 오류

---

99 『전체주의의 기원』, II권, 300-301쪽들. 약속의 이면에는 상대방에 대한 신뢰가 있고, '용서'는 『신약성서』 고린도 전서에서, 사랑을 정의하는데 첫 번째로 인내와 함께 나오는 덕목이라고 볼 수 있다.

와 거짓에 사로잡혀 이것들이 요구하는 무질서의 폭력에 노출될 수밖에 없다는 것이다. 이러한 인간실존의 현실에서 인간이 어떻게 행복할 수 있을 것인가? 결국 인간은 진리 탐구나 정의 실현에 대한 자신의 노력과 더불어 아렌트의 철학적 성찰 모두가 함축된 『인간 조건』 33장에서 '예수의 신'에 의한 인간의 용서가 인간의 인간에 대한 용서로 나타남에 대해서 말하듯이, 인간의 불완전성에서 기원하는 행위의 죄를 서로가 용서하는 정신을 갖고 있지 않으면, 폭력이 폭력을 낳는, 그래서 복수법이 정의로 여겨지는 세계에서 존재할 수밖에 없는 인간의 세계에는 희망이 없다는 것이다. 폭력이란 법이 없이 스스로를 파괴하는 힘이기 때문이다.

아렌트의 서구 정치 철학에 대한 비판은 홍원표가 잘 요약하고 있듯이 두 가지 형태로 구체화될 수 있다. 하나는 삶과 연관된 형이상학적 편견이다. "전통적인 편견은 행위를 작업(제작)으로 대체하고, 정치를 지배와 동일한 것으로 인정함으로써 한나 아렌트가 공론장 이론으로 말하는 '정치의 고유한 의미'를 무시하는 것이다. 다른 하나는 정신의 삶과 연관된 형이상학의 오류이다. 아렌트는 정신적인 삶의 본질에 관한 오해로서 이분법적 세계론, 진리와 의미를 동일한 것으로 보는 입장, 유아론, 사유와 공통감각[상식]의 골육상쟁을 들고 있다."[100] 아렌트에 따르면, 이러한 형이상학적 사고는 플라톤에서 기원하는 것[유럽 지성인들의 플라톤에 대한 편견]으로서 이러한 형이상학적 사고가 그의 정치철학에서 표명됨으로써 서구의 정치철학의 전통은 정치에 대한 적대감을 유지해왔다는 것이다.

그러나 이러한 아렌트의 시각은 플라톤에 대한 전적이기보다는 부분적인 오해에 기초하고 있으며, 이러한 오해는 플라톤에 대한 근대철학자들이나 현대의 플라톤 비전공자로서 철학자들이 공유하고 있었던 오해에 불과하다. 그것은 바로 그가 말하고 있는 이분법적 세계론, 진리와 의미를 동일한 것으로

100 홍원표, 『한나 아렌트의 정치 철학』, 152쪽.

보는 입장, 유아론, [이성적] 사유와 공통감각의 골육상쟁 등이 바로 근대철학자들이 가졌던 편견이기 때문이다. 앞에서 보았듯이 플라톤의 철학에서 이러한 이분법적 요소는 그의 오르페우스의 종교적 관점에서 이루어진 것이나 후기철학에서는 이러한 이분법적 요소의 과도함을 소크라테스의 지덕합일설의 윤리적인 차원에서 해결을 시도함으로써, 『티마이오스』 편에서 인간의 제작사상이 '그럴듯한 이야기(mythos)'로 말해진, 우주신 데미우르고스가 만든 단 하나의 좋고 아름다운 조화를 지닌 우주(cosmos)론 속으로 해소되고 있고, 플라톤의 최후의 저작 『법률』 편에서는 혼합정의 정신으로 나타나기 때문이다. 그리고 플라톤의 조화(cosmos)를 강조하는 제작사상의 미적 측면[101]을 제외한다 하더라도, 제작 사상의 윤리적인 측면은 현실의 권력정치에 '설득'을 동반한 강제하는 데미우르고스의 우주제작 사상으로 나타난 것이다. 플라톤에 따르면, '정의에 기초한 윤리성의 강제'가 감각의 '쾌락주의에 빠진 동굴의 죄수'에게는 필요하다는 것이다. 이러한 플라톤의 제작사상은 아리스토텔레스가 말하는 신의 자기사유나 철학적 관조 사상에 반영되는데, 아렌트가 비판하는 아리스토텔레스가 말하는 철학자의 관조란 사실은 플라톤의 제작 사상의 미학적 관점을 반영하는 것일 뿐이다. 왜냐하면 미란 우리의 심적 상태(주관성)가 칸트가 말한 '무관심적 관심(disinterested interest)'의 상태에서 나타난 현상이기 때문이다. 문제는 이러한 미적 현상을 감상할 만큼 현실을 낙관적으로 볼 수 있느냐에 있다. 노예로 팔릴 뻔한 플라톤이 이러한 정치적 현실을 인정할 수 있었겠느냐의 문제이다.[102] 사실 파르메니데스에서 기원하고 플라톤이 현실을 가상으로 전제한 이유는 진리와 정의를 찾기 위한 인간 사유가 지니는 이성

101 플라톤이 말하는 아름다움의 고전적 개념인 '조화'란 다수성이나 복수성의 요소를 전제하는 통일성이지 단순성(simplicity)이 아니며, 초기 대화편의 무지의 지를 강조하는 소크라테스의 정신을 지닌 그의 『파르메니데스』 편의 변증법의 유기적 관계를 생각한다면 황금률을 지향하는 것으로 정리될 수 있는 성격을 지닌다.

102 박홍규는 플라톤 철학의 전쟁과 관련된 실존적 측면을 그의 『형이상학 강의2』, 172-185쪽에서 잘 밝히고 있다. 이정호, '박홍규의 존재론적 사유에 담긴 플라톤의 정치철학', 『박홍규 형이상학의 세계』(길, 2015), 111-168쪽들 참조.

의 한계를 인식했기 때문이다. 이러한 인간 이성의 한계에 대한 인식 때문에 철저하게 이성적 인식을 추구한 소크라테스는 이성의 한계를 지칭하는 '다이몬(Daimonia)의 소리'에 따라 무지의 아이러니를 실천하였으며, 플라톤은 『파이돈』 편에서 그 당시 유클리드 기하학적 관념을 반영하는 이데아론을 말하면서도 가설로 말하고 있고, 이데아론의 한계를 『파르메니데스』 편에서 변증법적으로 비판하고 반성하고 있다. 그럼에도 불구하고 칼 포퍼나 한나 아렌트와 같은 반 플라톤니스트들은 전체주의적 사고의 기원이 인간 인식의 완전성을 상징한다고 말해지는 이데아설에서 있다고 보는, 근대 뉴턴 물리학에 표명된 과학-기술과 함께 나타난 유럽적 사고를 반영하고 있다.[103]

그런데 이러한 근대의 과학기술 사상은 기독교의 오직 예수, 오직 성서, 오직 믿음이라는 루터에서 기원하는 전체주의적 교설에 대한 반발과 비판에서 시작된 근대 르네상스가 함축한 휴머니즘에도 있었다. 이러한 근대 휴머니즘은 원래 고전 그리스적인 것의 부활인데, 이 르네상스의 휴머니즘 정신에 혼합된 근대 과학기술적 사고에는 고대 전통까지도 전복하는 단순성을 지향하는 절대주의가 함축된 것이다. 근대 르네상스 이후에 근대 사상의 기초에는 과거 전통을 전복하는 기독교 절대주의와 과학적 절대주의가 도사리고 있었으며 이러한 절대주의 사이도 서로가 진리 전체임을 주장하는 데에서 대립하는 혼란된 형국이 된 것이다. 그런데 인간의 세계는 프로타고라스가 말한 상대주의가 특징인데 이러한 상대주의 세계 속에서 신적인 절대주의나 근대 과학적인 절대주의가 자리 잡으면 전통의 전복에 따르는 혁명적인 강제나 폭력이 끼어들어오는 것은 필연이다. 서구 전통에서 성립하는 이러한 비판적 사고에는 오이디푸스 콤플렉스를 유발하는 요소가 숨어있기 때문이다. 사실 전

103 근대에 뉴턴 역학과 더불어 인간 이성의 완전성을 성취한 것이라고 간주한 유클리드 기하학의 공리체계는 플라톤 사후 헬레니즘시대 정리된 것이다. 논리학에서 한 체계의 완전성은 전체성과 무모순성을 전제하는 공리체계로 나타나는데, 이러한 공리계는 다양할 수 있음이 수학자들에 의해 증명된다. 현대 수학자들이나 철학자들의 사고의 특징은 비유클리드 기하학이나 아인슈타인의 상대성이론 이후의 양자 역학적 사고를 반영하는 것이다. 모리스 클라인(Morris Kline), 『수학의 학실성』, 박세희 역(민음사, 1984), 참조.

통의 계승과 단절이라는 이중성은 항상 아렌트가 말하듯이 이중적인 양날이 존재한다. 이러한 비판과 혁명에 함축된 복합적 사실은 고대에서 이미 스승인 플라톤을 비판하는 아리스토텔레스가 수행하고 있다. 즉 아리스토텔레스는 앞에서 언급한 플라톤 사상의 이러한 진실을 외면한다.

아리스토텔레스는 그의 형상-질료설에 의해 다수성의 현실을 실재로 인정하면서도 아렌트가 말한 현실참여의 정신을, 혹은 플라톤이 말한 지혜의 현실참여의 정신을 도외시하고 철학자의 관조 형태를 최고의 삶의 형식으로 말하면서 플라톤의 사상을 전복시키는 낙관론을 표명하고 있다. 이러한 아리스토텔레스의 현실주의적인 듯하면서도 자기-사유하고 관조하는 신을 중심으로 한 목적론적 사고에도 사실 아렌트가 비판하는 인식론적으로 전체주의적인 사고방식이 깔려 있다. 현실이란 혹은 자연이란 인식론적으로나 행위적 수준에서도 인간에게 그렇게 낙관적인 것으로 드러날 수 없는데도 말이다. 따라서 아렌트가 비판하고 아리스토텔레스가 말하는 관조(theoria)란 사실 플라톤에 있어서는 현실에 '거리두기'일 뿐이지 방관이 아니다. 더욱이 플라톤이 말하는 거리두기란 그의 에피스테메(epistheme)에서 기원하는 현실에 대한 파르메니데스 존재론의 실험적 적용이나 변용으로서 아렌트가 강조하듯이 현실에 대한 '비판'과 함께 적극적인 제작이나 창조의 '실험'정신에서 기원하는 것이다. 이러한 'theoria'에서 기원하는 '거리두기'가 근대에서 절대적 진리로 군림한 뉴턴 역학의 과학-기술의 정신으로 현실화 된 것이다. 아렌트가 강조하듯이 행위의 현실참여에 대한 기원을 이루는 거리두기의 인식이 실증적이고 적극적인 인간의 창조적 의지의 실현으로 나타난 것이다. 문제는 이러한 과학-기술이 행위나 정치에서 그 효용성 때문에 공리주의적으로 현실을 다루는 기술로 전용된다는 데 있다. 이 때문에 아렌트가 비판하는 다른 하나는 사실 근대 뉴턴의 과학적 사고와 공유하고 있었던 영국 경험론과 대륙 합리론자들이 가졌던 이분법적 사고에 불과하다. 근대는 자연과학이 뉴턴 물리학에 의해 진리의 확실성을 확보해가던 시절이다. 그리고 이러한 뉴턴 물리학의 이면에는 원자론적 사고가 도사리고 있다.[104] 이러한 점에서 아렌트가 비판하는 것은 근대 과학의 확실성에 기초한 진리논쟁에서 기원하는 근대 철학자들의 사고를 비판하는 것이므로 사실 플라톤에 대한 비판이라기보다는 근대의 과학성, 특히 기계론적 사고에 대한 비판이다. 이러한 기계론적 사고는 그 효용성에서 과장되어, 정치철학에서는 정치체제나 조직에서 민주주의를 가장한 전체주의와 관료제의 이데올로기로 변화된 것이다. 즉 근대의 과학을 지배하던 합리성이 진리의 절대주의라는 함정에 빠져 현실정치에서는 권력개념과 결탁함으로써 그 결과는 전체주의와 이 체제를 작동하는 이데올로기와 폭력, 즉 테러로 나타난 것이다.

아렌트의 정치철학을 통하여 우리가 새삼스럽게 반성해야 할 것이 사회생활에서 필수적인 인간의 공화주의적 공공정신과 이 공공정신에 전제된 도덕윤리적 정신과 더불어 폭력과 권력의 한계에 대해서일 것이다. 아렌트는 인간의 활동적 삶을 강조한다. 그러면서도 이러한 활동적 삶 속에는 '모두 함께 생각해보는 숙고의 정신, 즉 선의에 기초한 공동체 정신'이나 인류가 '양심'이라고 부르는 인간성의 '약자에 대한 공감의식'이 들어 있어야 한다. 이러한 선의에 기초한 공동체 정신이란 바로 소크라테스의 지덕합일설에 들어 있는 선의지이고, 이에 기초한 것이 플라톤이 말하는 정의의 덕이다. 다른 한편, 인간의 이러한 활동적 삶 속에는 인간 조건에서 기원하는 이기심 속에 폭력과 권력에의 의지가 숨어 있다. 인간의 권력에의 의지는 몽테스키외가 말하듯이 '국가'의 발생과 더불어 나타나는 것으로서 권력이란 다수가 협동하여 이룩한 공적인 것으로서 사유화(소유)할 수 없는데도 불구하고 법과 제도에 의해 소유하고 사유화할 수 있다는 아렌트가 말하듯이 '착각'에 기초하고 있다. 그리고 인간의 이기심에서 기원하는 권력에의 의지는 사회적으로는 정의의 가면을 쓴 형태로 나타나는데 이것이 법적으로는 전쟁을 전제한 복수법이다. 복

104 송영진, 『그리스 자연철학과 현대과학』, 2권, '뉴턴 물리학의 장', 참조.

수법은 정의를 말하면서도 폭력을 옹호하는 내용이 숨어 있고, 이러한 폭력의 이면에는 '내가 하면 로맨스요 남이 하면 스캔들'이 되는 인간 심리의 자기 중심적인 자기기만의 낭만적 측면이 잠재해 있다. 이러한 폭력의 낭난적 측면 때문에 폭력이 가정이나 민족을 위한다는 구실로 옹호되기고 하고, 마르크스에서는 '폭력에는 폭력으로' 라는 구호까지 나타난다.

그러나 이러한 폭력의 정당화에는 낭만성에서든 정의감에서 기원하든 자기 모순성이 포함되어 있다. 이러한 폭력의 자기 모순적이고 악순환적인 고리를 끊기 위해 아렌트가 말하듯이 기독교는 예수의 용서를 말하고 보통 인간으로서는 거의 불가능한 신적인 사랑을 호소한다. 그러나 이러한 사랑도 그것이 인간 실존의 조건을 고려하지 않을 경우, 그리고 정치적으로 이용된 이데올로기로 작동할 경우, 혹은 대중적 운동(아렌트가 말하듯이 그것의 시초는 있지만 결과는 운동이 끝나야 알려지는 속성 때문에 항상 전체주의를 번성케 하는 힘이 된다.)으로 번질 경우, 역설적으로 도덕적 율법의 경건주의(Pietismus)의 명목 아래 예수와 같은 희생이 만연되는 모순에 처할 수밖에 없다. 인류는 예수가 말하는 이웃에 대한 상호 용서와 사랑에 기초하여 가정은 물론 공동체나 사회 혹은 국가, 즉 '천국(예수의 주기도문에 나타난 하나님의 뜻이 땅위에 실현되는 나라)'을 이루지 않으면 이 지상에 존재할 수 없다. 그러면 천국이 전제하는 하나님의 뜻이란 무엇인가? 그것은 인간 이성에게는 절대적 진리와 절대적 사랑이라는 낭만적인 관념이 이중적으로 혼합되어 있는 이중의 이중적 의미의 모순이 잠재해 있는 이율배반적인 성격으로 표명되는 것임을 인정하여야 한다.

"진리가 너희를 자유케 하리라."
- 요한복음 8장 32절

Chapter 08

존 롤스의 정의론과 자유주의적 입헌주의

1. 공정으로서의 정의
2. 형식적 정의로서의 법의 지배
3. 공화주의적 입헌주의
4. 롤스의 정의론과 재산소유 민주주의
5. 자유주의적 입헌주의

Chapter 08

: 존 롤스의 정의론과 자유주의적 입헌주의[1]

20세기 말에 소연방의 해체와 더불어 공산주의체제가 국가 경영을 소위 헤겔의 변증법적 이성을 유물주의적으로 반영한 마르크스의 관점에서 자유 시장 경제를 기초로 하는 자본주의의 모순을 비판하고 소위 공동체 정신을 우위로 하는 전체주의적 이데올로기에 기초한 정치 체제로 전환하는 바람에, 그리스인들 특히 플라톤이 생각한 개인주의적 관점에서의 정치적 자유에 심각한 제한을 가져온 결과를 낳았다. 그 결과는 시장 경제나 은행제도가 없는 공산주의 체제가 개인주의적 관점에서의 자유를 현실적으로 실현하는 문제에 경제학적으로 접근한 영국에서 발생한 민주주의와 자본주의의 생산 양식이 결합된 부르주아 사상에 패배한 것으로 결판이 난다. 그런데 시장 경제를

1 황경식의 박사학위 논문에서 비롯된 롤스의 『정의론』에 대한 한국에서의 연구는 미국의 자유주의적 전통과 다른 한국적 상황에 맞게 전개되었기 때문에, 이 저서에서는 플라톤-아리스토텔레스에서 기원하는 혼합정의 정치철학적 관점에서 텍사스-오스틴대의 승계호를 비롯한 한국학자들만의 견해를 참고하여 짜깁기를 하였다.

토대로 한 자본주의적 사고는 최소한의 노력으로 최대한의 효과를 보려는 경제 원리에 따른 경영방식의 혁명으로 이루어져 있으며, 그 가치관은 철저히 현실적인 만족을 주는 유용성에 대한 합리적 사고가 저변에 있다. 그리고 이러한 유용성의 가치를 중심으로 한 윤리적 사고는 '최대다수의 최대행복'을 모토로 하는 공리주의라는 형태로 영국에서 나타났었다. 공리주의가 개인의 이기심에 기초를 두는 한 윤리성이 없는 것인데도 불구하고 윤리설이 될 수 있는 것은 '최대 다수'라는 말 속에 있다. 즉 공리주의는 개인의 이기심에 기초하고는 있으나 국가나 사회 구성원의 이익이 '전체적으로' 최대로 되게 하려는 '노력'이 숨어 있기에 윤리적이라고 할 수 있다는 말이다. 말하자면, 인간의 이기심에서 기원하는 개인의 자유의 실현이 국가 전체의 이익과 갈등을 빚는 가운데에서도 이들이 '보이지 않는 손'에 절묘하게 조정됨으로써 '인간의 사회성'을 이루게 된다는 것이다. 그리고 이러한 인간의 사회성이 부르주아의 상업정신(mercantilism)에 표현되어 나타난 것이다.

사실 역사적으로 근대 영국식 민주주의는 초기 자본주의가 부르주아지의 상업 정신에 기초하고 있고, 부르주아지들이 국정에 참여 하기 위해서 『권리장전』에 나타나 있듯이 정치에 참여하기 위한 '인권'을 부르짖은 데에서 기원하는 것이다. 상업정신과 정치참여의 권리를 전제하는 영국식 민주주의가 고전적인 공화정의 정신과 결부된 것이기에, 발생 초기의 '민주주의' 개념은 고대 공화정이 혼합정의 정신에 따르듯이 각 나라의 전통과 관련되면서도 근대 철학자들이 주장한 인간에 고유한 '인권'의 주장과 혼합되어 복잡하게 된 것이다. 이러한 복잡성은 민주주의에서 의사 결정과정에서 '다수결의 원리'로 나타나는 것에 비유될 수 있다. 현대의 민주주의가 플라톤이 구상한 마그네시아의 현대적 실현이라 볼 수 있는 미국이라는 이민자들로 구성된 식민지가 영국에서 독립하여 하나의 연합 국가를 실현한 것으로 볼 수 있다. 그 결과 미국인들의 사고방식은 한편으로 퓨리터니즘에 따르면서도 다른 한편으로는 철저히 현실적 행복을 만족시키는 물질적 유용성을 중심으로 한 공리주의적 윤리관을 띠고 있는 점에서 특징적인 것으로 나타난다.

이러한 미국 사회에 20세기 규범윤리학과 사회철학에 관심을 돌리게 한 것이 존 롤스(John Rawls, 1921-2002)의 『정의론』이다. 롤스는 첫 번째 저서 『정의론』(1971)에서 자유 민주주의, 특히 미국의 자유를 중시하는 현실에 반하는 듯한 이성적 규범에 따르는 정의론을 전개함으로써 제2차 세계대전 이후 도덕 및 정치 철학 분야의 가장 중요한 저서로서 평가받게 되었다. 특히 헤겔의 사변적이고 변증법적 전통에 반발하여 성립한 분석철학이 비트겐슈타인이 주장한 언어의 의미의 명료화와 교통 정리하는 것처럼 여겨진 언어분석에만 있는 것처럼 생각한 전통과 더불어 나타난 G. E. 무어(Moore)이래 실천철학과 정치철학에서의 메타 윤리적 전통이 강한 영미권에서 정치철학 및 사회철학 분야에서 거의 종적을 감췄던 규범적 접근의 부활을 가져왔다. 뿐만 아니라 그의 저서는 학계 바깥에서 기독교적 자비에 기초하는 듯한 복지정책을 비롯한 공공정책 분야에서 정책 담당자들에게 실제적인 길잡이 역할을 해오던 공리주의와 대결하여, 로크, 루소, 칸트 등에게서 비롯한 자유주의적 사회계약의 전통을 현대 사회에 적합한 하나의 규범학적인 방법론으로 발전시켰다고 할 수 있다.[2]

그의 정의론은 우선 미국 사회에 널리 퍼진 실용주의의 공리주의적 관점을 규범 윤리적 관점에서 비판하였다. 비판의 요지는 공리주의에는 정의에 대한 원칙이 없으며, 그 결과 일정한 규범이나 규칙을 상실하는 것에서 나아가 행정 편의주의에 흐를 수 있다는 것이다. 즉 공리주의는 "정의의 원칙이 받아들여져야 한다는 것이 보다 고차적인 행정적 결정의 우연적인 결과로 해석되어진다. 이러한 결정의 형식은 한계 수익에 비추어서 특정한 상품의 생산량을 결정하는 기업가의 그것과 유사한 것으로 생각되며, 필요로 하는 자에게 그

2 황경식, '세기의 정의론자 존 롤즈', 『정의론』(황경식 옮김), 이학사 2003), 753 이하 참조. 『정의론』은 이 번역서를 참조하되, 원서(*A Theory of Justice. Original Edition*, (Cambridge, MA and London: Harvard University Press 1971)[Rep. 2005])에 의거 수정을 가했음을 밝힌다. 번역서의 쪽수는 ( ) 안에 표기한다.

의 욕구의 상대적인 긴박도에 따라 상품을 분배하는 자의 결정과 유사한 것으로 생각된다."[3]는 것이다. 공리주의가 전제하는 욕구의 만족이라는 것은 사회적 효용의 함수 값을 극대화하기 위해 중간에서 체제들의 규칙들을 조정하는 자로 생각되는 이상적인 입법가에 의해 공동체의 도덕적 관계나 요구에 상관없이 고려되는 것이라는 것이다. 롤스에 따르면, 이러한 공리주의가 철저히 개인주의적인 것으로 인식되기에 의사 결정에 있어서 효율성만을 강조하면 경우에 따라서는 노예제도 인정할 수 있다는 견해가 가능하다는 것이다. 그러나 노예제는 계급을 전제하고 인간 도덕의 기초인 평등주의적 관점을 전혀 지니지 못했기 때문에 문제가 있다.

다른 한편, 공리주의의 목적론적 관점을 수용하면서도 목적의 다양성을 전제하지 못하고 효용성만을 주장하면서 그것도 수학적으로 계산할 수 있다고 생각하는 공리주의적인 가치관은 인식론적 관점에서 문제가 있다. 그것은 윤리학에서 동기주의를 채택하는 도덕법주의와 달리, 공리주의가 결과주의적 관점을 채택하는 데에서 결과에 나타날 것을 미리 '인식할 수 있다는 것'을 전제하는 것이다. 달리 말하자면 공리주의가 특정한 목적을 지향하면서도 그 목적을 다 이루었을 때의 결과를 다 알 수 있다는 입장에 서 있기 때문에, 소크라테스의 무지의 고백처럼 인간의 인식능력의 한계나 무지를 인정하는 관점에서 보면, 현실적인 유용성에 관해서는 타당할지 모르나 선악의 판별과 같은 어려운 윤리학의 영역에서 공리주의가 보편적으로 타당할 수 없다는 것은 자명하기 때문이다. 더욱이 공리주의가 전제하는 목적으로서의 인간의 가치감각에 관계하는 쾌나 행복은 물질주의적 측면과 함께 극히 주관적인 심리적 요인에 좌우되기 때문에, 더 나아가서 이러한 가치의 문제를 수학적으로 양화할 수 있다는 원리에는 도덕주의자들로서는 도저히 인정할 수 없는 많은 전제들을 함축하고 있다.

---

3 『공정으로서의 정의』 황경식 외 4인 역(서광사, 1958-1988), 35쪽.

반면에 도덕주의자들은 근본적으로 동기주의에 기초한 윤리학으로서 이들이 내거는 보편적 원리인 도덕법은 시대나 환경에서 독립된 것으로 인정되는 한에서, 그것이 구체적인 행위의 관점에서는 생물체로서 살아가야 하는 인간의 실제적인 유용성이나 효용성을 구체적으로 적시하지 못하기 때문에 칸트가 표명했듯이 관념적이고 따라서 형식주의에 그치거나, 현실의 구체성을 지닐 경우에는 한나 아렌트가 말했듯이 현실적인 종교적 내지 정치적 이데올로기와 같은 것에로 경도되고 만다는 결점이 있다. 즉 인식론적 관점에서 보면 도덕법주의자들이 전제하는 도덕적 원리에 대한 직각론이나 상식론은 구체적이고 다양한 현실의 극단적인 경우나 개별적인 것에 대한 인식에는 스스로의 무지를 전제하고 있는 양날의 것이다. 이 때문에 근대의 정치철학자들은 이성의 관점에서 인간에게 기본권이나 권리라는 개념을 보편적 원리와 구체적이고 개별적인 사안의 중간적인 입장에서 성립하는 것으로서 법률이 모든 사회적 정치적 존재로서의 인간 행위에 전제되어야 할 것으로 요구하게 되며, 이를 이성적으로 보장하게끔 하는 정의를 중심으로 하는 정치철학을 수행해왔다. 사실 도덕법주의의 과도한 주장은 절대적 진리를 주장하는 종교적 맥락과 같은 입장에서 역사적 현실의 관점에서 살펴보아도 시대나 환경의 우연성을 고려하지 못하고, 그 결과 인간의 실제적인 삶의 현실에서 유익함이나 효용성이 뒤떨어지는 결과를 낳기까지 한다. 결국 인간의 사회적 현실의 형성은 세계 어느 나라에서나 볼 수 있듯이 공리주의적 요소나 전통적인 도덕법주의적 요소의 혼합으로 되어 있으며, 이들 중 어느 하나만으로 한 나라의 윤리적 체계나 법적 체계의 정합성을 이룬다는 것은 다른 한 쪽에서의 비판과 그 역설적 효과를 결과로 끌어들이기 마련이다. 이 때문에 한 국가에서 이 양자는 자연환경이나 역사적 전통과 어울려 혼합되거나 중첩되고 복합되어 조화되어야 함으로써 이 양자 사이의 갈등의 문제에서는 어느 정도 균형을 지니면서 공존해야 할 것이다.

황경식에 따르면, 롤스는 도덕감의 형성 과정을 다루면서 경험주의적 전통의 공리주의와 합리론적 전통의 도덕법주의의 두 전통을 요약하고 두 입장이 갖는 상대적 장점의 평가를 유보하면서 오히려 두 입장의 자연스러운 결합을 바람직한 것으로 생각한다고 한다.[4] 이 때 황경식이 말하는 자연스러운 결합이라는 것은 사실은 롤스가 말하는 것으로서 경험론이 말하는 결여된 동기(missing motive)를 자각하는 것이나, 합리주의자들이 말하는 타고난 지적 능력으로서 근대에서는 몽테스키외나 루소, 혹은 칸트, 현대에서는 한나 아렌트나 레비나스 등이 말하는 약자로서 인간이 사유하면서 발생한 타인을 고려하는 감수성이나 능력을 지칭하는 '인간의 사회적 능력'이며, 이 양 도덕설을 결합하는 것은 롤스에게서는 어디까지나 합리성을 내세우는 이성적 관점에서의 결합을 의미한다고 할 것이다.

> " ...하나는 경험론의 학설에서 유래하며 흄에서 헨리 시지위크(Henry Sidgwick)에 이르는 공리주의자들을 거쳐 최근의 발전된 형태로는 사회학습이론(sociel learning theory)으로 대표된다. 여기에서 한 가지 주요 논점은, 도덕 교육의 목적이 결여된 동기(missing motives), 즉 옳은 것을 그 자체로 행하는 욕구를 제공하는 일이라는 점이며, 이 같이 사회적으로 이로운 욕구는 일반적으로 우리에게 부족한 것으로서 사회는 갖가지 방식으로 그 결함을 보충해야 한다는 점이다. 롤스에 따르면, 지그문트 프로이드(Sigmund Freud)의 이론도 중요한 관점에서 이러한 진영에 속한다. ...다른 하나는 합리주의 사상에서 유래하며 루소와 칸트, 혹은 밀에 의해서, 좀 더 최근에는 장 피아제(Jean Piajet)의 아동 발달 이론(developmental psychology)에 의해 예시될 수 있다. 여기에서 도덕 교육은 결여된 동기를 제공하는 문제이기보다는 타고난 지적, 정서적 능력을 자연적 성향에 따라 자유로이 발전시키는 문제라는 것이다. 우리는 타인에 대한 자연적 동정심을 갖고 있으며 동료애와 자애심이 주는 즐거움을 받아들일 본래적 능력을 갖고 있는데, 일반적 관점을 취할 만한 지적 단계에 이르면 그런 것들은 도덕 감에 대한 정의적(情意的) 기초를 제공하게 된다. 그래서 이러한 전통은 도덕감이 우리의 사회적 성격에 대한 이해력의 자연적 성숙으로 간주한다고 할 수 있다."[5]

4 황경식, 『덕윤리의 현대적 의의』(아카넷, 2012), 307-308쪽들.

5 황경식, 『정의론』 589-593쪽.

롤스의 『정의론』은 서구의 전통-철학적인 합리적 관점에서 경험과 이성을 결합한 혼합주의와 균형의 관점에서 쓰인 책으로서 소크라테스-플라톤 이래 서구에서 말하는 정의를 판정하는 합리성이 어떠한 전제들이나 조건들을 지닌 것인가를 극명하게 드러내 보인다. 이 때문에 롤스의 정의론은 1980-90년대에 전개된 각 국가나 사회의 전통에 충실한 공동체주의자들과의 '자유주의 대 공동체주의 논쟁'을 촉발했을 뿐 아니라, 과거 봉건적 전통에 반발하고 혁명을 주장하면서 이상적인 공동체를 형성하고자 하는 마르크스주의는 물론, 자유지상주의의 진영으로부터도 자유와 평등의 관계를 오해했다는 비판을 받았다.[6] 특히 그의 비판자들은 그의 『정의론』이 인간을 자신의 삶에 의미와 가치를 부여하는 목적들로부터 독립하여 '자유롭게 그것도 이성적으로 선택할 수 있는 존재'로 간주하는 인간관을 출발점으로 삼음으로써 애초부터 규범적 갈등의 소지를 근본적으로 인정하지 않는 '서구 전통의 이성 중심적 사회'를 전제했다고 주장했다. 다시 말해, 롤스가 도덕적 자율성을 가장 중시하는 하나의 포괄적인 가치관을 부당하게 신성시한 결과, 개인들의 구체적이고 다양한 목적 추구 활동과 그것에 기인하는 가치 다원성으로 특징지어지는 현대 민주주의 사회의 실상을 무시했다는 것이다. 공리주의와 대결에서 그가 비판한 단순한 목적론적 관점을 그의 정의론이 함축하고 있기에 역설적으로 공동체주의자나 마르크스주의자들로부터는 도리어 가치다원성을 인정하지 못한 것으로 비판받은 것이다. 이러한 오해를 풀기 위해 그는 정의론의 두 원칙을 3차례에 걸쳐 수정하며 롤스는 자신의 정의론이 '공정(fair)으로서의 정의(justice)'임을 밝히게 된다.[7]

---

6 박정순, '머리말', 황경식 · 박정순 외 지음, 『롤즈의 정의론과 그 이후』 (철학과 현실사, 2009), 6쪽, 참조. 자유주의 대 공동체주의 논쟁에 관한 전체적인 조망은 스테판 뮬홀 · 애덤 스위프트(김해성 · 조영달 옮김), 『자유주의와 공동체주의』 (한울 아카데미, 19920), 참조.

7 『롤즈의 정의론과 그 이후』, 45-76 쪽들, 박정순은 '자유주의 정의론의 철학적 오디세이'에서 1단계(1971-1982)는 자신의 자유주의가 공리주의와의 관계에서 형성된 것에서 칸트적인 이성주의적 철학적 관점으로의 변화이고, 제2 단계(1982-1989)는 칸트철학적 관점에서 '정치적 자유주의'의 기치를 들고 나오면서 자기 정의론에 대한 칸트 도덕 철학적 기치를 탈색시키는 단계이다.

1. 공정으로서의 정의

롤스는 『정의론』이 '민주주의 사회를 위한 가장 적합한 도덕적 기반을 마련하는 것'을 그 주요 목표로 삼는다고 주장한다.[8] 정의가 사회 제도의 제1 덕목이라는 점에서 정의의 일차적 주제는 사회의 기본 구조, 즉 사회의 주요 제도가 권리와 의무를 배분하고 사회 협동체로부터 발생하는 이익을 분배하는 방식이 된다.[9] 따라서 최초의 원초적 합의의 대상은 특정 형태의 사회구조나 정부 형태가 아니라 사회의 기본 구조에 대한 정의의 원칙이라고 말함으로써 체제논쟁을 비켜간다. 즉 그의 정의론은 『공정으로서의 정의』에서는 분명하게 입헌 민주국가의 기본 구조에 적용될 수 있는 것이라고 말한다.[10] 그는 자신이 이를 위해 로크, 루소, 칸트 등에 의해 제시된 자유주의적 사회계약의 전통적 이론을 발전적으로 종합 계승하고자 함을 밝히며, 이 전통 속에 포함되어 있는 정의관이 현대의 지배적인 도덕철학인 공리주의나 도덕법의 직관(직각)주의를 대체할 수 있는 설득력 있고 체계적인 도덕관을 형성하는 데 기여할 수 있을 것이라 간주한다.

롤스는 앞서 말한 대로 일단의 '자유롭게 그것도 이성적으로 선택할 수 있는 존재'들이 자유롭고 평등하며 합리적인 인간들의 협동 체계로서 이해되는 시민 사회를 출발점으로 삼는다. 그러나 그 구성원들은 지식이나 능력이나 상황 등의 차이에 의해 좋음(the good)에 관한 서로 다른 견해를 갖고 있기 마련이고 그것을 추구하는 과정에서 갈등이 야기된다. 따라서 롤스는 사회 구성원들의 기본적인 권리와 의무들을 규정하고, 사회적 협동 과정 속에서 발생하는 이득의 분배와 부담을 공정하게 규정함으로써 그 사회의 '안정성'을 유

---

8 『정의론』, viii(27). 특히 그는 『공정으로서의 정의』, 111쪽에서 그의 정의론이 민주 사회를 위한 정치적 정의관으로 의도되었기 때문에, 이것이 입헌 민주주의체제의 정치제도와 이에 대한 해석의 공공적인 전통 속에 뿌리박힌 기본적 신념들만을 추출하여 만들어졌다고 말한다.

9 『정의론』, 개정판, 40쪽.

10 『공정으로서의 정의』, 4장 1절, 108쪽.

지할 수 있는 정의의 원칙을 수립해야 한다고 주장한다. 이러한 주장은 과거 플라톤 이래 서구의 정치철학자들이 국가의 체제와 관련하여 폭력적인 전쟁과 혁명에 따른 변화를 최소로 줄이기 위해 혼합정을 구상한 것과 동일한 정치철학적 이념이다.

롤스에 따르면, 그 원칙은 사회의 기존구조와 조건을 규정하게 될 것인데, 롤스는 그 원칙 자체가 원초적인 합의의 대상으로서, 자신의 이익 증진에 관심을 가진 자유롭고 합리적인 사람들이 평등한 최초의 입장에서 채택하게 될 원칙들이라 한다. 이러한 롤스의 『정의론』은 앞서 말한 바대로의 인간관에서부터 이미 공리주의가 채택하는 이기심에 따르되 사회를 구성함에 있어서도 상호 이익이 되는 협동적 사회를 구성할 수 있는 합리적인 인간을 전제하며, 그리고 정의의 원칙을 구성하는 자신의 방식을 절차에서부터 공평하기 위한 '공정으로서의 정의(justice as fairness)'라 부른다. 그리고 이러한 공정으로서의 정의 개념 속에는 단순한 절차주의를 넘어서 그 구성원들은 '공동선'을 목표로 하고 있음을 분명히 한다.[11]

또한 롤스는 사회계약론의 전통에 기초하여 사람들이 정치 체제나 재산, 시장, 가족 등 사회의 기본 제도를 정하는 원칙에 자율적으로 합의하는 경우가 가장 바람직하다고 보고 그러한 원칙을 찾고자 한 것이다. 이 과정에서 롤스가 가장 공을 들이는 부분은 절차주의자들이 주장하는 합의 과정이 공정하기 위한 조건이다. 그가 이 조건을 보장하기 위해 고안한 개념이 이른바 '무지의 베일(veil of ignorance)'이다.[12] 당사자들이 자신들의 개인적인 현실적이고도 실

11 『공정으로서의 정의』, 13쪽. 공정한 경기, 공정한 경쟁, 공정한 거래라고 말하는 경우에서와 같이 '공정성'이란 개념 속에는 상호 협동 하에서 서로 경쟁하는 사람들의 정당성(right)이란 의미가 함축된 것이다. 즉 공정성 개념에는 도덕적으로 뿐만 아니라 사회학적으로 '공화의 정신'이 들어 있음을 지적하고 있다. 27쪽.

12 이러한 무지의 베일은, 사실 소크라테스가 그 당시 정치가나 소피스트들 혹은 청년들과의 대화를 수행하기 위하여 주장한 '자신은 무지하다'고 주장한 '무지의 지'의 아이러니와 동일한 성격의 것이다. 왜냐하면 소크라테스가 말하는 '무지의 지'가 의미하는 무지는 기본적으로 이성적 판단을 함으로써 '당연히 알아야 할 것을 알지 않은 것에 해당하는 것'이나, '인간의 무능이나 이성적 능력의 한계로 인한 것, 이성적으로 알 수 있는데 아직 알지 못한 것, 더 나아가 착각도 함축되어 있기 때문이다. 그러나 롤스의 정의론에서 가정되는 무지의 베일은 자신에 가장 유익한 것이나 선을 파악할 수 이성적 능력을 전제하면서도 자신의 구체적 처지나 상황을 은폐하기 위한 것으로서 경험적 내용의 다양성과 그 내용의 사실성의 인지 정도에 따라 판단이 달라질 수 있기에 베일의 두꺼움과 얇

존적인 상황에 대해 무지한 상태에서, 그러니까 원칙의 '일반성'이나 '보편성'을 형성하기 위해서는 어느 누구도 자신이 처한 특정한 상황이나 조건에 유리한 원칙을 구상할 수 없도록 하여 정의의 원칙 합의에 임해야 한다고 보기 때문이다. 롤스는 사회 구성원들 간의 공정한 합의가 이루어지기 위한 최초의 상태를 '원초적 입장(original position)'이라 부르며 이것을 전통적인 사회계약론의 '자연 상태'에 비교한다.

> "공정으로서의 정의에 있어서 평등한 원초적 입장은 전통적인 사회계약론의 자연 상태에 상응한다. 이 원초적 상태는 물론 역사적으로 실재했던 상태로 생각해서는 안 되며, 문화적 원시 상태로 생각해서는 더더욱 안 된다. 그것은 일정한 정의관에 이르도록 하기 위한 특성을 지닌 순수한 가상적 상황으로 이해된다. 이러한 상황이 가지는 본질적인 특성 가운데 하나는 어느 누구도 자신의 사회적 지위나 계층상의 위치를 알지 못하며, 자신이 어떠한 소질이나 능력을, 예컨대 지능이나 체력 등을 천부적으로 타고 났는지도 모른다는 점이다. 심지어 나는 당사자들이 자신들의 좋음에 대한 관점이나 특수한 심리적 성향조차도 모른다고 상정할 것이다. 정의의 원칙들은 무지의 베일 뒤에서 선택된다. 이러한 사실은 원칙들을 선택함에 있어서 아무도 타고난 우연의 결과나 사회적 여건의 우연성에 의해 유리하거나 불리해지지 않는다는 점을 보장한다. 모든 사람들이 유사한 상황 속에 처하게 되어 아무도 자신의 특정한 조건에 유리하도록 원칙들을 고안할 수 없기 때문에, 정의의 원칙들은 공정한 합의나 약정의 결과가 되는 것이다."[13]

사실 합의의 당사자들은 자유로운 개인들로서 주어진 목적에 대해 가장 효과적인 수단을 취할 수 있다는 점에서 합리적인 주체들이며, 특히 그것이 무엇이 되었든 자신들의 좋음을 성취하는데 본질적으로 중요한 사회적인 기본 가치들, 예를 들어 권리, 자유, 기회, 소득 및 재산, 자존감 등이 있다는 사실을

음의 농도가 다양할 수 있다. 즉 롤스가 말하는 무지의 베일은 이들을 논의할 수 있는 반성적 평형감각을 유지하기 위한 장치일 뿐이다.

13 『정의론』, 12쪽 (46 이하).

안다.[14] 말하자면 무지의 베일은 위에서 언급된 바와 같은 자신의 현실적인 지식의 제한을 상정할 뿐, 보편적인 인간성으로 간주되어야 하는 인간의 이성은 물론, 인간의 보편적인 기초적 성향이나 가치에 대해서는 잘 알고 있다는 것을 전제하는 이성의 공정성을 향한 실험적 정신을 표명한다. 그래서 그들은 합의의 당사자들로서 자신들의 이익 추구는 물론 가치추구에 전제되는 사회적 기본 가치들을 공정하게 나누어 갖고자 한다. 그리하여 롤스에 의하면, 자유로운 사람들이 평등한 입장에서 동의할 수 있고 동의하게 될 정의의 두 가지 원칙은 다음과 같다.

> "1. 각자는 모든 사람의 유사한 자유 체계와 양립할 수 있는 평등한 기본적 자유의 가장 광범위한 전체 체계에 대해 평등한 권리를 갖는다.
> 2. 사회적 · 경제적 불평등은 다음 두 가지 조건을 만족시켜야 한다. 첫째, 이 불평등은 공정한 기회균등의 조건 아래에서 모든 사람들에게 개방된 직책과 직위에 속하는 것이어야 하며, 둘째, 이 불평등은 사회의 최소 수혜자에게 최대의 이익이 되어야 한다."[15]

롤스의 정의의 원칙은 전통적인 정치철학적 주제 중 정의를 다루는데 주요한 두 요소, 즉 자유와 평등의 가치를 이미 전제하고 있다. 그것도 '기본적인 자유의 평등'을 말하는데, 이러한 기본적 자유의 평등이란 사실 롤스에게서는 '기본적인 권리'의 평등을 의미하는 것이지 인간이나 인간성의 보편적 평등을 말하는 것이 아니며, 이러한 평등은 사회 철학적으로는 합리적 사유능력에 전제되는 것이다. 이 때문에 롤스에 있어서 자유와 평등의 관계는 앞의 몽테스키외의 장에서 살펴본 바대로 이 양자 사이의 갈등이 이미 다양한 조

14 『정의론』, 62쪽 (108) 참조.

15 『정의론』, 60쪽 이하(105), 302(400); "공정으로서의 정의: 형이상학적 입장이냐 정치적 입장이냐", 112쪽. 롤스는 다양한 비판자들의 지적에 대답하는 과정에서 제1 원칙은 그 표현의 내용을 세 차례 수정하고 있지만, 제 2원칙의 경우 아무런 수정도 하지 않았다. 존 롤스, 『정치적 자유주의』(*Political Liberalism*), Expanded Edition(New York: Columbia University Press 2005), 5쪽 및 같은 곳의 각주 3, 참조.

정방식이나 조절이나 조화의 정도 차이를 전제하는데, 그는 그것이 무엇인지 일반적으로 그리고 구체적으로 말하고 있지 않고, 그의 『정의론』에서 점차적으로 밝혀 나가는 순서를 취하면서, 자신의 정의론의 두 원칙 속에 함축된 것으로 또 다양한 주제와 관련되어 여러 가지로 논변하고 있다. 이 점과 관련하여 그의 제1의 정의의 원칙은 기본적 자유의 가장 광범위한 전체 체계에 대해 평등한 권리를 주장하는 점에서 그리고 이러한 일반적인 평등과는 특수한 평등한 평등으로 차별화된 '기본적인 자유'가 무엇인지를 밝히고 있는데, 정치적 자유와 함께 표현 및 집회의 자유(언론과 토론을 위한 집회의 자유), 양심의 자유와 사상의 자유, 신체의 자유 및 자산의 소유권, 그리고 임의 체포와 압류로부터의 자유 등을 들고 있다. 이는 앞서 말한 바대로 자유와 평등 간의 갈등이 이미 어느 정도 조정된 수준의 것으로서 승계호에 따르면, '미국 헌법'에 나타나는 것들이다.[16] 기본 자유 목록을 이렇게 늘어놓으면, 롤스 이론은 우선 기본자유와 다른 자유를 구별하는 기준이 무엇인가 하는 어려운 문제에 부딪친다. 이러한 기준 선택의 문제를 풀 수 있는 방법이 롤스에게는 두 가지로 나타날 수 있다. 하나는 역사와 전통에 따르는 기존 시장 경제체제를 전제하는 (미국의) 현실의 것을 인정하는 것이거나, 아니면 원초상황에서 참여자들로 하여금 기본적인 자유의 특정목록은 합의해내도록 하는 것이다. 롤스는 노직과 마찬가지로 대체로 전자를 따르고 있다.

제2원칙은 소득과 부, 그리고 권력과 권위를 배분하여 사회 제도를 확립하는 문제에 관한 것이다. 롤스에 따르면, 제2원칙은 원래 다음과 같이 되어 있었다.

---

16 승계호는 미국헌법에 명기된 무기 소지권이나 묵비권 등이 빠져 있다고 하는데, 이는 이성의 원초적 상태에 대한 가설적 상황의 설명으로서 적합하지 못하다. 승계호, 『직관과 구성』, 김주성 외 역, (나남 출판, 1999), 67쪽. 다른 한편, 황경식은 자본주의적 시장의 자유라 할 수 있는 생산재의 사유 및 점유, 소유물의 상속 및 증여의 자유가 제외되어 있는 점을 "로크의 사회 계약의 당사자들과 달리 롤스의 계약자들은 자신의 상대적 부나 소속된 계층을 모르는 가운데 분배적 정의의 원칙은 선택해야 한다."고 말하면서, "자신이 자본가인지 노동자인지 알지 못하는 상태에서 그들은 재산 소유자의 이득을 보호하는 일보다 자신과 후손들이 인간으로서 품위 있는 삶을 보장하는 데 더 큰 배려를 한다."(황경식, 756)고 설명하는데, 이는 이성의 원초적 상태에 대한 설명으로서 이성의 미래지향적인 성격을 말하는 것이다. 『정의론』, 61쪽 참조.

> 사회적 · 경제적 불평등은, a) 모든 사람에게 이익이 되도록, 그리고 b), 모든 사람들에게 사회 지위와 직책이 개방되도록 조정되어야 한다.[17]

제2원칙은 두 개의 모호한 구절을 지니고 있는데 그것은 '모든 사람에게 이익이 되고'와 '모든 사람에게 개방된'이다. 이 구절들에 대한 3가지 해석을 롤스는 비교한다. 그 해석안들이란 자연자유안, 자유주의 평등안, 민주주의 평등안이 그것이다. 자연 자유체제란 영국에서 발달한 자유 시장을 추구하는 자유방임 시장을 지닌 자본주의 체제이다.[18] 사회적 지위나 인생행로는 각자의 재능에 따라 좌우된다. 자연 자유체제는 역시 시장경제를 전제하는 국가가 형식적인 기회균등을 보장한다. 말하자면 여러 가지로 유리한 사회적 지위에 오를 수 있는 법적 권리를 똑같이 누린다는 것이다. 이 체제는 모든 사람에게 개방된 체제라는 것을 만족시킨다. 또한 모든 사람에게 이익이 되는 체제라는 것도 된다. 그러나 롤스에 따르면, 자연 자유체제에서 소득과 부의 분배가 대체로 출발시점의 자산에 좌우되고 그래서 가난한 가정이나 하층민은 자신들의 재능이나 능력을 개발하고 발휘할 기회를 갖지 못한다. 이것은 현실적으로 사회적 우연성으로 말미암아 도덕적 관점에서 볼 때 자의적인 요인이 나누 몫을 좌지우지함으로 불공정하다. 이것은 롤스가 공평을 우선시하는 첫 번째 원칙에 위배된다. 이 때문에 롤스는 그의 정의의 두 원칙인 제1원칙과 제2원칙이 순서상 우선성을 지닌 것으로 말한다.

결국 제2원칙의 자유주의적 해석은 형식적 평등이 기회 균등으로 대치되고 있다. 형식적 평등은 법 앞에 평등을 주장하지만, 출생에서부터 타고난 재질이나 능력은 물론 불충분한 훈련과 교육으로 발생하는 사회적 불평등을 해소하지 못하나 기회균등은 이러한 훈련이나 교육을 모두에게 보장한다는 의미

17 『정의론』(1971). 105쪽.

18 롤스가 말하는 자연 자유 체제는 R. 노직(Robert Nozick)의 『아나키에서 유토피아』(남경희 역, 문학과 지성사, 1983)에서 표명되는 것으로서 사실 홉스의 정치철학과 로크의 정치철학이 혼합된 것으로서 부르주아 정신을 대표한다. 이 때문에 본문에서 필자는 '영국이라는' 단서를 달았다.

를 함축함으로 자연자유주의보다 훨씬 낫다. 공정한 기회균등의 원칙은 모든 사람이 어느 정도 똑같은 교육과 문화 혜택은 입는 데에 따른 똑같은 기회를 가지므로 타고난 재능이나 능력이 비슷하다면, 자신의 사회적 지위에 상관없이 누구나 성공할 가능성을 가진다. 이러한 롤스의 주장 속에는 인간만이 지닐 수 있는 이성적 사유에서 기원하는 평등성이라는 이상적인 도덕적 관점과 이러한 이상이 인간의 지적 사유에서 기원한다는 것을 인식하고, 플라톤이 강조해 마지않았던 인간의 이성적 지능에 필요한 정치적, 사회적, 문화적 교육의 중요성이 미리 전제되어 있는 것이다.

그러나 이러한 기회 균등으로 나타나는 두 번째 자유주의적 평등안은 두 가지 문제점이 있다. 공정한 기회 균등의 원칙으로 사회적인 장벽이 완전히 해소된다 하더라도 소득과 부의 분배는 여전히 자연적으로 타고난 재능과 능력에 따라 결정된다는 것이다. 문제는 이러한 자연우연성을 정당화할 수 있느냐의 문제이다. 그리고 이러한 자연우연성은 사회적 우연성과 더불어 기회균등의 원칙을 심각하게 헤칠 우려가 있다. 자연주의 체제와 자유주의 평등체제는 말로만 평등을 말하지 자연 우연성과 사회우연성에 분배구조가 좌우되도록 내버려 둔다는 점에서 두 체제 모두는 비정한 성과주의로 귀결될 수 있다. 그리고 이러한 성과주의는 사실 헬레니즘의 전통 아래에서 서구와 같은 지성적으로 구성된 합리적 국가체제나 사회조직 안에서 이성적인 사유를 할 수 있는 사람들의 공리주의적 전통의 보이지 않는 손이나 사회 전체를 생각하는 공화적 정신(이성)에 의해 조정된다. 이 때문에 롤스에 따르면, 앞에서 제시한 제2의 원칙은 평등을 인류의 이상으로 간주하는 세 번째 민주주의 해석안으로 읽혀야 한다. 그리고 민주주의 해석안은 바로 공정한 기회의 원칙과 능력에 의한 차등의 원칙을 혼합하여 조화롭게 결합하여 재구성된 것으로서 공리주의와의 대결을 통하여 후에 '최소 수혜자에게 최대이익(maximin)'이 되돌아가도록 하고 있다.

최소 수혜자가 최대 이익이 되돌아가도록 규정하는 차등의 원칙이라 불리는 제 2원칙은 정당화가 필요하다. 즉 최소 수혜자의 나누 몫은 최대로 해야 하는 까닭은 무엇인가? 여기에서 롤스는 인간의 사회적 구성의 원칙인 사회 구성의 상호성(reciprocity)의 원칙을 끌어들이고 있다.[19] 사실 상호성의 원칙은 정의와 공정이라는 개념 속에 공통적으로 들어 있는 것이지만, 정의 개념이 동서양의 한 사회에 습관과 전통에 부합하는 것으로서 직관적으로 사용되는 데 반해, 공정 개념 속에는 서로에 대해 아무런 권위도 지니지 않는 자유롭고 평등한 개체 등에 의한 정의의 원칙들의 상호 인정이라는 이성적인 선택 가능성의 요구가 들어 있음이 롤스는 공정한 경기(게임)나 공정한 거래 개념 속에서 표명되고 있음을 명백히 한다.[20] 그래서 정의와 공정 개념을 혼합하여 사용하는 롤스는 이 두 개념이 서로에 대해 아무런 도덕적 권위를 가지지 않으며 그들 스스로 공동 행위에 참여하는 자유로운 개체들이 그들 간에 행위를 규정하고 그 이익과 부담에 있어서 각각의 몫을 정해줄 규칙들을 설정하며, 이를 인정할 경우에 발생하는 것이라는 것을 밝힘으로써 호혜성의 것임을 말한다. 그래서 자신의 정의의 원칙이 그 누구도 자기의 이익을 희생하는 것을 요구하지 않으면서 다른 한편에서는 사람들이 처한 상황의 특수성으로 인해 취할 수 있는 이익을 포기할 것을 요구함으로써 '공동 규율(공동체 정신)'에의 참여자들이 서로 상대방을 유사한 이해관계와 능력을 가진 자로 인정함을 나타내는 행위양식이라고 한다.[21] 이는 근대 시민 사회의 형성 이래로 시민이 자율성을 지니고 입법하는 '공화 정신'으로서 고전적으로는 소크라테스-플라톤의

19 『정의론』, 15. 이종일은 상호성을 호혜성으로 번역하고 있는데 이는 갈등을 함축하지 않는 개념으로서 도덕적 개념이다. 그러나 평등한 자유를 지닌 개인들은 자신의 개인적인 관심 때문에 상호 갈등을 함축한다. 이러한 갈등 개념 때문에 롤스는 선택의 여지가 없는 정의개념과 달리 선택의 여지가 있는 공정을 말하는데, 그것이 갈등의 대화와 타협에 의한 조화 개념으로 나타난 것으로서 자의적인 자유에서 분화된 기본적인 자유에 대한 권리의 개념이다.

20 리처드 도킨스의 『이기적 유전자』에서 (결과가 최악의 경우로 나타나는) 죄수의 딜레마와 함께 제시된 '풍요로운' 생태계적 자연의 조화나 사회구성에서 나타나는 원한자(grudger)가 지니는 선(bon)의지에 기초한 정의 의식이다. 이는 사회학적으로는 재화를 교환하는 상인정신에서 나타는 경제적 원리와 같은 효과를 지닌다. '몽테스키외의 법의 정신'의 장 참조.

21 『공정으로서의 정의』, 71쪽.

지덕합일설 이래 나타나는 법제정의 정신, 즉 진리에 기초한 선의지에 따른 입법가의 정신임을 분명히 하고 있다. 그리고 이러한 호혜성의 원칙만이 합리적인 개인들의 의지를 사회를 구성하는 데 끌어 들일 수 있는 원칙이다. 그의 주장에 따르면, 차등원칙만이 국가 구성원 중 최소 수혜자 계층을 자발적으로 이끌어낼 수 있기 때문이다. 그리고 차등의 원칙에서 수혜자들은 개별적인 행위에서 얻는 것보다 사회적인 협동에서 얻는 이익이 많다는 것을 전제하고 있으면서도 거기에다 차등의 원칙에 의해 인센티브를 더 얻기 때문에 이에 대한 정당화는 불필요한 것으로 당연시되고 있다.

> "먼저 개개인의 복리는 사회의 협력 구조에 좌우되고 이러한 협력 구조 없이는 누구도 삶을 충분히 누리 수 없다는 것은 명백하다. 둘째로 사회의 협력조건이 마땅해야만 모든 사람의 자발적인 협력을 끌어낼 수 있다. ...운 좋게도 재능이 있거나 유복한 사람들은 그렇지 못한 사람들의 협력을 차등원칙으로 끌어낼 수 있기 때문이다."[22]

그러나 승계호에 따르면, 이 차등 원칙에 반대할 수 있는 사람들이 있다. 그것은 바로 노직이 말하고 있듯이 최소 수혜자는 복지수준에서가 아닌 상대적 불평등에, 자유주의 일변도를 주장하는 재능 있는 사람들이나 모두 자신의 '노력'에 의해 많은 공적을 이룬다고 생각하는 사람들은 공리주의 원칙이나 최대효용의 원칙에 따라 왜 능력에 따른 분배를 하지 않는가에 불만이 있을 수 있다.[23] 즉 차등원칙은 복지 수준에서의 평등을 말하는 사람들과 각자의 능력에 따른 비례적 평등에 어긋난다. 특히 후자의 불만 때문에 롤스는 이들의 능력도 사회를 구성함으로써 나온 것이라고 설득하기 보다는 능력 있는 자들의 우애나 박애의 정신(spirit of fraternity)에 호소한다. 이는 조금은 불합리한 것이나 이러

22 『공정으로서의 정의』, 103쪽.

23 노직, R.(Nozik R.), 남경희 역, 『아나키에서 유토피아로』(문학과 지성사, 1983), 7장 참조.

한 우애의 정신은 사실 공정의 개념에서 나올 수 없고, 인류가 이룬 자연스런 공동사회에서 사회 구성원이 지닐 수 있는 본능에 기초한 공감의식에서 우러나오는 정의감이거나, 스토아학파에서 마련된 인류애에 기초한 이성의 자연법, 혹은 종교적으로는 기독교 휴머니즘에서 나오는 것이라고 말할 수 있다.

사실 롤스는 최소-극대화(max-min)의 기준을 옹호하는 몇 가지 근거의 장에서 원초적 입장에 있는 사람들이 "계약이론이 가정하는 바에 따르면, 그들이 가능한 한 그의 요구를 보전해야 할 기본적 관심을 갖는 자로 스스로 간주한다는 점이다. 그들이 사회를 구성함에 있어서 동등한 존경과 고려에의 권리를 갖는다고 하는 것은 이러한 '관심'이라는 이름 아래에서이다. 종교적 관심이 친숙한 역사적 사례이며, 신체적 온전성은 다른 하나의 사례이다."[24]라고 밝히고 있는 점에서 온갖 종교에서 인류에게 근원적으로 문제된 죽음을 직접 위협하는 기아와 질병과 전쟁으로부터 해방에 대한 관심 개념을 추상적으로 끌어들이고 있다. 이 때문에 그는 공리주의자들이 주장하는 공리의 원칙을 제3의 원칙으로 끌어들인다 해도 그것이 공정한 기회균등과 일관성을 유지하는 한 평균 효용을 극대화하게끔 조정되어야 한다고 말하고 있다.

따라서 롤스가 말하는 우애의 정신은 이해 당사자들의 특성과 상대적 상항들, 즉 그들의 합리성과 서로 자기 이익을 추구한다는 것, 대체로 유사한 욕구, 이해와 성향, 그리고 그들의 이해관계 등은 여러 가지 방식으로 상호 보완적이며, 그래서 유익한 형태의 협동이 가능하다는 것을 보여주는 수준에서의 호혜성의 원칙일 뿐이다. "차등의 원칙은 어떻든 우애의 정신에 맞아 들어가는 듯하다. 우애 정신이란 불우한 사람에게 이득이 가지 않으면, 더 이상 이익을 보지 않으려는 마음이다."라고 소극적으로 표현하고 있다. 또한 박애정신은 개인 이익을 극대화하려는 정신과 상반된다는 점에서 가족애에서부터 공동체 정신이나 동포애에 이르며 더 나아가 기독교의 약자에 대한 배려에서부

24 『공정으로서의 정의』, 100쪽.

터 나아가 인류애(humanism)를 전제하지 않으면 안 된다. 여기에서 정의의 정신은 플라톤이나 아리스토텔레스가 말하는 정치-사회적 공공의 정신을 덕으로서의 정의나 중용의 '덕의 정신'으로 승화시킨 것이다. 그러나 롤스가 말하는 인간성은 어디까지나 개인의 이기심에 따르는 합리적인 존재로 되어 있기에 그가 말하는 우애의 정신은 물론 박애의 정신과는 어느 정도 거리가 있다.

롤스는 정의의 제2 원칙에서 사회적 경제적 불평등의 원칙으로서 첫째는 정치적 권력과 관계하는 불평등을 기회균등의 조건 아래에서 말하는 점에서, 두 번째에서는 불평등의 조건을 최소 수혜자에게 최대의 이익이 되어야 한다고 말하는 점에서 공리주의에 반하는 정의의 원리를 끌어들이고 있다. 제2 원칙은 불평등의 원칙으로부터 모든 개체가 그러한 불평등으로부터 이익을 받아야 한다는 것으로서 이 원칙은 규율체계에 적용되기 때문에 공리주의자들이 생각하지 못한 자유에 대한 중대한 제한이라는 것이다.[25] 그리고 마지막으로 그의 정의의 원칙은 평등의 원칙을 제1의 원칙으로 설정함으로써 이미 형식적으로 평등에서 정의가 이루어지는 것으로 결론을 내리고 있다.[26] 이러한 점에서 롤스에 있어서 합리성에 따르는 이성은 칸트의 형식주의적인 도덕론에서 이끌어내는 형식주의적인 법론과 유사하다. 달리 말하자면, 롤스에 있어서 합리적 정신은 시민 개인의 자유정신으로 인해 자연보다는 훨씬 많은 온갖 우연성이 난무하는 사회에서 개인의 자율성에 기초하여 공정한 정의로운 법을 구성하는 입법가의 정신을 표현하려고 한다. 이 점은 롤스가 말하는 무지의 장막을 쓰고 있는 합리적인 개인은 한편으로는 현대의 자연과학자들이 우연성이 존재하는 자연 가운데에서 자연의 법칙을 발견하려는 정신과도 유사하며, 다른 한편으로는 플라톤에서 야간회의에 참여하는 집단적 지성이나 현대 민주주의 사회에서 모든 시민의 복지를 말하는 교양 있는 시민의 자

25 『공정으로서의 정의』, 53쪽.

26 승계호, 『직관과 구성』, 73-74 쪽들.

격과도 유사하다.[27]

문제는 이러한 칸트적인 형식주의는 경험의 실질적 내용을 아무것도 가져오지 않는다는 점에 있다. 이 때문에 승계호에 따르면, 롤스는 본인 스스로도 인정하듯이 자신의 정의론을 자신의 직관에 호소하고 있다고 말한다.[28] 그리고 여기에서 말하는 직관의 의미는 칸트가 말하는 실천철학에서 경험적인 것으로서 그의 역사적 전통과 사회적 환경에서 관습적으로 마련된 문화적 전통에 따르는 종합적인 인식으로서의 실천이성이다. 그는 이러한 실천이성을 '합리성'으로 규정하고, 정의의 원칙의 일반적이고 보편적인 성격을 이끌어내기 위해 전제하는 '무지의 장막' 배후에 존재하는 이기적인 인간의 사회성을 형성하는 다윈 진화론자들이 말하는 역사적 단초를 전제하고 있는 것이다.[29] 그리고 이러한 인간성은 '최대다수의 최대행복'을 목적으로 하는 꾀하는 공리주의의 원칙과 대척점에 있는 최소 수혜자의 최대이익을 꾀하려는 미니-맥스(mini-max)의 실천 원리를 따르고 있다는 점에서 소극적으로나마 현대 복지사회의 이념에 닮아 있다.[30] 이 때문에 롤스에게서 나타나는 문제점은 사회를

---

27 여기에서 우리는 '공정으로서의 정의'의 개념이 아리스토텔레스의 '중용' 개념과 밀접한 유사성을 지닌다는 것을 발견한다. 더 나아가 우리 사회에서 인센티브 개념에 자유주의적 시장 관념을 반영하고 있는 재벌이나 회사의 봉급 체계가 롤스의 정의론에 따르면 '너무 부정의한' 것으로서 사회불안을 심각하게 조장하는 '부익부 빈익빈' 문제가 있음을 알 수 있다. 우리사회에서 이러한 부익부 빈익빈 문제를 해결하는 것으로서 조금은 급진적이지만 국가는 세법을 고쳐 부의 세습이나 고소득자에 대한 누진세를 부과하는 것을 법률로 정할 필요가 있다는 것을 발견한다. 김대호, 『2013년 이후』(백산서당, 2011), 특히 11장과 12장 참조.

28 승계호, 『직관과 구성』, 73-74쪽들. 한편, 절차적 민주주의에서는 법안을 제정하는 과정에서 법 제정 과정을 규정하는 제반 절차를 준수한다면, 그 밖의 다른 제약 사항 없이 다수파가 법률을 제정할 수 있는 민주주의를 말한다. 『정치적 자유주의』에서는 법률 제정과정에서 요구되는 절차를 준수하는 것뿐만 아니라 법률의 내용이 기본적인 권리와 자유를 보장하는 장치가 법안 제정과정에 실질적인 한계를 부과하고자 하며, 자신의 정의관을 재 정식화하여 입헌 민주주의의 기초를 마련하고자 한다.

29 송영진, 『미와 비평』(충남대 출판문화원, 1013), 3장, '인간의 사회성', 99-104쪽들 참조.

30 미니-맥스(mini-max)원리와 대척점에 있는 맥스-미니(maximin)의 원리는 공리주의 윤리학의 원리로서 "그 합리성의 윤리(에토스)는 철저한 수지 감각을 가지고 수입과 지출의 밸런스에 항상 신경을 써서 손실 · 부채초과 · 파산을 경계하는 현려(prudence)의 덕이다. 부채 · 빚에 대한 경계심의 결여, 특히 모험자적 투기적인 일확천금의 영리 추구에는 부도 · 파산을 사전에 막으려는 세심한 신중성이 없고 비합리적이다. 이 현려는 오늘의 용어로 풀이한다면 철저한 리스크 관리능력이라고 해야 하고 항상 위험 회피를 우선으로 해서 의사결정을 하는 '맥시민(maximin)룰'에 따르는 합리성이다. 이로 인해 합리성의 에토스는 대차대조표 밸런스 시트에 나타난 수학적 합리성이 합리적 자원 배분의 정신이 된다. 이를 위해서는 기업 경영의 투명성과 국제적 신인도의 축적이 실현되어야 진실로 합리적 경영이라 할 수 있다." 신일철, 『시장의 철학』(YBM Si-sa, 2001), 46-47쪽들. 이러한 합리적 정신을 막스 베버는 물론 마르크스까지도 로빈슨 크루소의 정신에서 발견한다.

구성하는데 있어서 모든 이성을 지닌 인간에게 공통적으로 존재하는 직관력에서 개인적인 이기심을 지워버리는 무지의 장막의 엷음이나 두꺼움의 문제는 물론, 과연 장막 뒤의 사람들이 공통적으로 롤스가 말하는 정의의 원칙에 동의할 수 있는가의 문제는 구체적으로 그의 인생관이나 세계관에 따를 수밖에 없다는 결과에 따라 다양하게 제시될 수 있다.

예를 들면, 롤스의 제안과 뚜렷하게 대비되는 것이 승계호가 나열하듯이 복지 평등안과 공산주의 안과 자유 지상주의 해석안 등이 있다. 우선, 복지주의자들에 따르면, 기본 가치만 평등 분배하는 것은 극심한 불구자(사회적 약자)들에게 공정치 못하다. 기본 가치를 공정하게 분배받는다 할지라도 불구자는 정상인과 똑같은 인생 전망을 가질 수 없으며, 똑같은 복지 수준도 누릴 수 없다. 이 주장에 따르면, 중요한 것은 복지의 평등문제이지 기본가치의 평등분배 문제가 아니다. 왜냐하면, 기본 가치란 결국 복지의 수단에 지나지 않기 때문이다. 실현되어야 할 것은 복지라는 목표 상황의 평등이다. 복지 평등주의는 여러 가지로 나타날 수가 있다. 첫째로 복지는 다양한 경쟁 개념들이 있다. 복지는 주관적인 심리상태인 행복으로 여겨지기도, 객관적인 필요 충족과 동일시되기도, 또는 객관적인 목표 성취도로 이해되기도 한다. 이렇듯 다채로운 복지 개념 때문에 다양한 복지 평등주의가 나온다. 둘째로, 복지 평등주의를 굳이 완전 평등주의로 묶어둘 필요는 없다. 만약 모든 사람의 복지를 증진시키거나 최소 수혜자의 처지를 개선시킨다면, 복지 평등주의도 불평등을 받아들일 수 있다. 그러나 이러한 복지 평등주의는 자연의 무제한적인 풍요로움이나 인간 지식의 발달로 인한 기술 개발에 따른 경제적 풍요를 전제한 이상적인 것임으로, 현실을 말하고 있지 않는 것이다. 자연자원의 한계와 기술개발의 한계가 있다는 점에서 현실적으로는 롤스가 말하는 합리적 정신이 필요하다.

다른 한편, 마르크스주의자에 따르면, 평등화 시켜야할 가장 중요한 대상은 기본 가치나 복지, 심지어 자원도 아니다. 이것들은 분배의 대상일 뿐이다.

생산은 분배보다 훨씬 중요하다고 생각한 점에서는 풍요론과 함께 한다. 그러나 마르크스주의자들은 오로지 노동자가 생산을 통제할 권한을 가지고 있어야만 생산 영역에서 평등이 실현된다고 생각한다. 노동자들이 동등한 권리를 갖고 전 생산단계의 의사결정과정에 참여할 수 있어야 한다는 것이다. 말하자면, 고용, 해고 등의 인사문제, 생산 목표의 설정으로부터 공장운영 및 급여액 결정에 이르기까지 모든 문제에 대하여 동등한 결정권을 가져야 한다는 것이다. 그러나 가장 문제가 되는 것은 노동자들이 롤스가 말하는 '합리적 정신'을 지니고 있을지는 문제가 있다. 왜냐하면 자유주의자들과 마찬가지로 노동자들은 마르크스의 노동가치설이 함축하고 있듯이 자신들이(노동만이) 모든 가치를 산출한다고 하여 자신들의 능력을 과장하는 인간적인 이기심에 고유한 낭만적 정신이 있기 때문이다. 더 나아가, 노직이 옹호하는 평등에 대한 자유지상주의자 해석 안이 있는데, 노직에 따르면 실로 중요한 평등이란 오직 자유의 평등뿐이라는 것이다. 똑같은 자유를 누리는 만큼, 우리는 사회적으로 평등하다고 할 수 있다. 만약 롤스의 제1 원칙이 모든 기본 자유를 평등하게 보장할 수만 있다면, 제2원칙은 필요도 없을 것이다. 기본 자유가 행사되면, 소득과 부의 분배는 자동적으로 결정될 것이기 때문이다. 공정성을 명분 삼아 분배 문제를 달리 처리하고자 한다면, 소득과 부를 재분배해야 하고, 그렇게 되면, 불가침성의 기본 자유는 침해될 수밖에 없다는 것이다.[31] 그러나 이러한 자유주의자의 평등안도 사실은 이성에 의해 조정되어야 할 것이다.

결국 롤스는 공산주의자나 자유주의자들에 대해 자신의 차등의 원칙이 저러한 주장보다 우월하다는 것을 증명해야 하는데 이는 우월성 비교에서 기준이 여러 가지일 수 있기 때문에 불확정적이다. 따라서 롤스에 있어서 이러한

31 자연 상태 개념은 앞에서 보았듯이 사실 인간이성이 만들어낸 개인중심적인 인간관으로서 모순적으로 보일만큼 서로 다르다. 즉 로크적 자연 상태는 기독교에서 말하는 것으로서 종교적 인간관에 기초하고 있고, 홉스의 자연 상태는 먹고 살아야 하는 동물적 인간관이 지배적인 측면이 있다. 그런데 노직의 인간관은 미국 사회에서 직관적인 것으로 파악한 것을 자연스럽게 본다. 그의 자유주의에 기초한 롤스에 대한 평가는『아나키에서 유토피아로』(남경희 역, (문학과 지성사,1983), 231-289)), 4장 2절에서 집중적으로 논의되는데, 그 내용은 분배적 정의를 공적주의의 관점에서 다루고 있다. 이를 승계호는 본문에서와 같이 평가하고 있다.『직관과 구성』, 74-75쪽들.

불확정성을 해소하는 것은 그가 절차적 정의를 구성하기 위해 제안한 대화적 이성의 '공개성'이나 사회를 구성하려는 '공공적 정신'을 전제하는 원초적 상황에 기댈 수밖에 없다. 그런데 이러한 롤스가 구상하는 원초적 상황을 구성하는 개념들로는 3가지가 있다. 그것은 사회의 기본 구조, 참여자의 합리성, 무지의 장막이다. 사회의 기본 구조는 사회의 기본 가치를 배분하는 사회구조를 의미한다. 정치철학의 관점에서는 군주정을 택할 것인가 아니면 귀족정을 택할 것인가, 아니면 민주정을 택할 것인가, 더 나아가 혼합정을 택할 것인가의 문제가 될 것이다. 이러한 기본구조는 원초적 상황에서 참여자들이 선택한 원칙에 따라 결정된다. 그럼에도 불구하고 롤스의 정의론에서는 미국식 자유 민주주의를 전제하기 때문에 세 가지 기준을 인정하고 있다. 파레토 원칙, 공리주의, 그리고 최소 극대화 원칙이다.

롤스가 입증하고자 한 바는 자신이 제안한 두 공정의 원칙이 원초적 상황에서 채택될 뿐만 아니라 다른 원칙보다 더 낫다는 것이다. 이렇게 주장하고자 그는 원초적 상황의 참여자들이 고려할 만한 공정 개념들을 다음과 같이 목록을 만들었다.[32]

A. 공정의 두 원칙
  1. 최대 자유의 원칙
  2. (a) 공정한 기회 균등
     (b) 차등의 원칙

B. 고전적 목적론 관념
  1. 고전적 효용원칙
  2. 평균 효용원칙
  3. 완벽성의 원칙

32 이 목록은 승계호가 했듯이 롤스가 작성한 것과는 B항과 C항의 위치를 바꾸어 놓았다. C의 혼합관념은 A의 형식적 정의개념과 B의 실질적인 내용의 정의개념을 혼합한 것이기 때문이다. 승계호, 『직관과 구성』, 99-100쪽들.

C. 혼합관념 (A와 B의 다양한 결합형태)

1. A1과 B2
2. A1과 B2 더하기 사회 최소치 조건
3. A1과 B2 더하기 사회 최소치 조건과 공정한 기회균등

D. 직관 관념

1. 전체 효용과 평등분배원칙의 조화
2. 평균효용과 교정원칙의 조화
3. 일견원칙(prima facie principles)들의 조화

E. 이기주의 관념

위 목록은 공정에 대한 11개의 관념을 보여주고 있는데, 롤스가 입증하고자 하는 바는 원초 상황에서 그가 A에서 제시한 두 원칙이 다른 관념을 제치고 선택되리라는 것이다. 그는 비교 정당화 방법을 쓰고 있는데, 이 방법은 경쟁이론들을 비교하여 최선의 이론을 선택하는 것이다. 그는 경쟁이론들을 비교하는 방법으로 두 가지를 인정하는데, 직관비교 방법과 절차비교 방법이 그것이다. 직관비교방법에서는 최선의 이론을 선택하고자 공정성에 대한 우리의 직관(사실 이러한 직관은 롤스와 같은 철학자나 고대에서는 솔론이나 리쿠르고스와 같은 입법가들이나 가졌을 법한 합리적이면서도 이성적 직관)을 사용한다. 이 방법으로는 개인적 지성이 지니는 한계나 불확정성을 피할 수 없으며 논란의 소지가 많기 때문에 승계호에 따르면, 롤스는 여러 사람들과 함께 토의할 수 있는 절차 비교방법을 더 좋아 한다. 절차비교 방법은 계약방법이라 부르는데 이 방법은 직관을 구성하는 여러 요소들을 이성적으로 분석하여 원칙들로 구별하였고, 특히 이들을 혼합한 관념들을 최소 극대화 수준에서 비교해 볼 수 있도록 나열했기 때문에 직관의 방법보다 훨씬 복잡하다.

더 나아가 롤스가 취한 절차를 통한 비교 방법에서도 승계호가 잘 그리고 있듯이 다음과 같은 일원구도와 다원구조가 있기 때문이다.

일원 구도표(표1)

원초상황	공평성으로서의 공정
	공리주의
	혼합적인 공정개념
	완벽주의 관념들
	이기주의 관념들

다원 구도표(표2)

원초상황	공평성으로서의 공정
비편파적 관찰자	공리주의
혼합적인 상황	혼합적 공정상황
완벽주의자의 입장	완벽주의 관념들
이기주의자의 입장	이기주의 관념들

결국 롤스가 주장하는 이러한 최소-극대화의 원칙을 파레토 원칙이나 특히는 공리주의와 합의를 보기 위해서 즉 무지의 장막을 쓴 참여자의 합리성에서 도출하려면 너무나 많은 제약을 전제해야 하고, 특히 사회구조를 전제한다면 이러한 합의의 어려움은 더욱 가중된다. 더욱이 이러한 모든 전제가 되는 것들을 인정한다 하더라도 도덕주의를 표방하는 최소-극대화의 원칙과 공리주의적 윤리의 원칙 사이에는 상호 공존할 수 없을 뿐만 아니라 모순되는 상황을 연출하는 경우들도 함께 있어서 온전한 합의를 볼 수는 없다.[33] 역설적으로 말하자면, 자유 민주주의 체제하에서 입법을 하기 위해서는 위와 같은 여러 가지 요인이나 이 요인들이 상호 관계하여 일으키는 다양한 변증법적 상황을 고려해야 하고, 이러한 상황에서 일반원리를 이끌어내야 한다는 것을 상징한다.

33 이 때문에 정치적 자유주의에서는 자신의 정의관을 재정립하여 입헌민주주의의 기초를 마련하고자 한다. 이 과정에서 중첩적 합의(overlapping consensus)와 공적 이성(public reason)이 후기 정의론의 핵심적 역할을 한다. 중첩적 합의란 사회를 정초하는 "정치적 합의의 원칙들이 그 사회 내에 존재하는 모든 합당한 포괄적 교설로부터 중첩되는 동의를 받아야 한다."는 생각이다. 『정치적 자유주의』, 144쪽.

그럼에도 불구하고 롤스는 그 일반원리가 앞에서 말한 2개의 정의의 원칙으로 나타난다는 것이다. 즉 자유민주주의가 대화와 타협의 산물로서 탄생하기 때문에 대화와 타협을 전제하지 않으면 쉽게 붕괴될 수 있다는 것이다. 승계호에 따르면, 이러한 합의를 가능하게 하려면 적어도 자유롭고 평등한 양심을 지닌 '도덕 인간'이라는 칸트류의 관념에 바탕을 두어야 한다. 이 때문에 승계호는 이 도덕인간의 관념은 롤스의 정의론 전체 이론의 아르키메데스의 맥점이라고 말한다.[34] 그리고 칸트류의 자유롭고 평등한 도덕인간이라는 이상은 대단한 형이상학적 함의를 지니고 있다. 왜냐하면 우리가 앞에서 살펴본 바대로 자유와 평등 개념은 하나는 인간의 현실적인 생명체적 존재의 자발성 개념에서 다른 하나는 이성적 개념에서 기원하기에 이 양 개념이 완전한 일치를 이루기 위해서는 실천적 이성에 따르는 중용 개념에 따르는 자율 개념이 나타날 수밖에 없기 때문이다.

칸트에 의하면, 어떤 사람의 행위가 가지는 도덕적 가치는 그 행위로 인해 경험세계 속에서 야기되는 결과에 의해서가 아니라, 그 사람의 행위 동기에 의해서만 결정된다. 그리고 이때의 동기는 행위자의 의지가 도덕법칙에 대한 '존경'에 의해서만 규정될 때 순수하게 도덕적인 것으로 간주된다. 예를 들어 누군가가 자신의 행복을 실현하기 위해서나 본성적인 욕망 따위를 만족시키고자 하는 의도에서 어떤 행동을 한다면 그러한 행동은 도덕적으로는 아무런 가치도 지니지 못한다는 것이다. 반면에 모든 이성적 존재자가 행위 결과와 무관하게 오로지 자신들에게 주어진 도덕법칙에 따라서 행동하기로 마음먹을 때, 그러니까 도덕법칙이 요구하는 바를 그것이 단지 도덕법칙의 요구라는 이유만으로 존중해서 행동하고자 할 때, 그러한 의지가 곧 '선의지'이고, 그러한 동기에 의해 행동할 때 도덕적으로 선한 행동이 성립한다는 것이다. 이때 도덕법칙이 모든 이성적 존재자에 의해 '이성의 사실로서 주어져 있는

34 승계호, 『직관과 구성』, 123 쪽.

것'으로 파악된다는 것이 칸트의 근본 가정이다.

이성의 사실이라는 말은 도덕법칙이 실제로 우리가 경험할 수 있는 인간의 본성이나, 그 밖에 어떤 사물이나 자연 등에 관한 역시 경험 가능한 사실에 의거하여 파악된다는 뜻이 아니라, 이성이 있는 곳이면 마치 그 이성의 본질과 같이 존재한다는 것이다. 다만 인간 이성의 경우 신적인 이성과 달리 불완전한 이성이기에 인간이 의식하는 도덕법칙은 경험에 적용하기에 불완전 한데도 불구하고 명령의 형식을 띤다. 인간은 순수한 이성적 존재자와 달리 본성적 욕망과 같은 '경향(Neigung)'에 의해 자신의 의지 즉 행위 동기를 규정하고자 하는 지속적인 갈등 상황에 놓여있기 때문이다. 따라서 도덕법칙은 우리가 어떤 상황에 처해 있든 상관없이 일체의 경향으로부터 자유롭게 행동할 것을 강요하는 것처럼 의식된다. 그래서 예컨대, 도덕법칙은 "타인을 수단으로서만 대우하지 말고 언제나 동시에 목적으로도 대우하라!"라든지, "네가 보편법칙이 될 것을 원할 수 있는, 그러한 네 행위의 원칙에 따라서만 행동하라!" 등과 같은 명령 형식으로 파악된다.

어쨌든 칸트에 의하면 우리는 이성적 존재자로서 우리 자신에게 도덕법칙이 주어져 있으며 우리가 그것에 따라서, 즉 도덕법칙에 대한 존경에 의해서 행위 해야만 하고 또 할 수 있다는 점을 안다. 칸트는 이때의 인간이 자율적인 존재라고 말한다. 이것은 인간의 감성적 경향(Neigung)이 우리의 의지에 행사하는 유혹으로부터 자유롭게 이성의 사실로서 주어져 있는 도덕법칙에 따라서만 행동할 것을 스스로 결정할 수 있다는 의미이다. 그러나 과연 우리 인간이 이기적인 욕망이나 행복 등에 대한 고려로부터 얼마나 자유롭게 도덕적으로 행동할 수 있을까? 물론 칸트도 현실적인 인간이 누구나 그리고 언제나 도덕명령에 따라서 행동한다고 생각하지는 않았다. 하지만 그에 의하면 도덕법칙의 존재에 대한 우리의 의식 자체가 이미 우리가 자유로울 수 있다는 사실을

부정할 수 없게 만든다.[35]

승계호에 따르면, 칸트의 자유로운 도덕적 인간이란 이상은 두 가지로 이해될 수 있다. 그것은 초월이상이거나 문화의 산물에 지나지 않을 수 있거나다. 이러한 두 가지 관점은 칸트류의 초월주의와 칸트류의 관습주의라 부를 수 있다. 칸트류의 초월주의란 칸트류의 이상이 모든 문화경계를 초월한다는 것으로 그의 이성 중심의 철학적 전통에서는 도덕의 형식주의로 나타나는 것이고, 칸트류의 관습주의란 그러한 이상은 단지 우리의 관습일 뿐이고 역사의 산물로 나타난다는 것이다. 칸트는 자신의 형식주의 도덕을 기독교 경건주의(Pietismus)와 결합하여 서구의 윤리학에 영국 공리주의와 대립하는 도덕법주의를 유포시킨 것이다. 그런데 공정론에서 롤스는 원초적 상황에 칸트적인 의미에서 초월적 관점을 부여하고 있다.

> "나의 제안은 원초상황을 본질 자아가 세계를 바라보는 관점으로 여겨야 한다는 것이다. 본질 자아로서의 참여자들은 어떠한 원칙도 마음대로 선택할 수 있는 완전한 자유를 누리고 있다. 그러나 그들은 이러한 선택의 자유를 행사함으로써 합리적이고 평등한 사유 영역의 구성원으로서 자신의 본성을 표현하려는 욕망도 가지고 있다. 말하자면 본질 자아가 바라보듯 세계를 바라보며, 사회 구성원으로서 인생관을 표현하는 존재로서 말이다."[36]

칸트의 관점에서는 본질 자아만이 진정으로 자유롭고 평등하나 현상 자아는 현상 세계의 물리적 인과법칙에 좌우된다. 그러므로 칸트에 따르면 인간은 오로지 본질의 관점에서만 자유롭다. 현상의 관점에서 보면 인간의 행위는 현상세계의 다른 사건들과 마찬가지로 인과적으로 결정되어 있다. 이러한 이중 관점은 인간의 평등성에도 적용된다. 현상의 관점에서 인간의 평등성을

35 이러한 의미에서 칸트는 도덕법칙에 대한 의식이 '자유의 존재 근거(ratio essendi der Freiheit)'이고, 역으로 자유의 존재는 '도덕법칙의 인식을 위한 근거(ratio cognoscendi des Moralgesetzes)'라고 말한다.

36 『정의론』, 255 쪽.

주장할 아무런 이유가 없다. 자연에 귀속되어 있는 현상적 자아들은 불 보듯이 불평등하다. 그들은 뚜렷이 서로 다른 힘과 서로 다른 재능을 지니고 있으며, 이러한 힘과 재능은 현상세계에 속한다. 그러나 본질 자아들은 참으로 평등하다. 결국 자유롭고 평등한 인간이란 개념은 현상의 관점에서는 아무런 뜻도 지니지 못한다. 현상세계에는 규범과 가치가 존재하지 않기 때문이다.[37] 그런데 롤스는 현대 과학적 관점에서 모든 인간은 자연 우연성과 사회 우연성에도 불구하고 인생에 대한 평등한 권리를 가지고 있다고 주장하였다. 결국 롤스의 평등성에 대한 생각이란 현실적인 다양성 속에서의 복지나 행복개념에 있어서 모든 인간은 평등하게 인생전망을 누려야 한다는 것이 이성적이자 합리적인 판단이라는 것이다. 이러한 현실적 이성이 주장하는 합리적 평등성을 흐트러뜨리는 어떠한 자연 우연성이나 사회 우연성도 도덕적 관점에서 보면 부당함으로 받아들일 수 없다. 그럼에도 불구하고 칸트의 뉴턴 역학에 기초한 형이상학을 거부하는 롤스는 직관 합리주의와 연관된 형이상학을 회피하기 위하여 칸트의 현상의 우연성에 대응하는 진리관에 나타난 바 있는 '구성주의'에 따르는 것을 볼 수 있다. 그리고 이성의 구성주의에서 자유롭고 평등한 도덕인간이라는 개념은 (서구) 민주주의 사회의 공공문화의 중심에 자리 잡고 있다고 말한다.

롤스에 따르면, 직관 합리주의는 현실적인 도덕 질서와 도덕 진리의 존재독립성을 전제하는 반면, 칸트류의 구성주의[38]는 자유롭고 평등한 도덕 인간의 개념을 가지고 시작한다. 진리 영역에서 도덕 원칙을 찾아내려는 대신, 도

---

37 칸트의 이러한 본질적 자아와 현상적 자아의 구별은 뉴턴 역학에 기초한 것으로 자유의 현실이나 자연적 현실에 우연성이 개재하고 있다는 현대과학의 관점에서 보면 너무 인간을 지배하는 법칙설정이 너무 단순하다는 한계가 있다.

38 칸트의 진리관으로서 구성주의는 자연과학에서는 존재론의 모순율의 원리(ex nihilo, nihilo fit)에 따라 경험 현상을 분석하고 이러한 분석의 구경에 의해 얻어지는 단순자들을 통해 경험 대상을 뉴턴의 인과법칙에 따라 재구성하는 데에서 성립하는 것으로서, 고대에서는 자연존재자들의 생성소멸을 원자론적으로 설명하는 데에서 성립한다. 칸트는 이러한 자연사물의 생성소멸을 원자론적으로 설명하는 방식이 사실은 인식론적으로 경험현상을 이성의 범주에 따라서 존재론적으로 구성하는 데에서 성립한다고 말한 데에서 기원하는 진리관이다. 이러한 진리관은 실천철학에서는 인간이성이 설정한 목적에 따라 이성이 자율적으로 법칙을 구성해내는 점에서 일종에 구상력에 따르는 창조적 능력을 지칭하는 것이다.

덕 인간은 사회질서의 기본 원칙을 '창조적으로' 구성 결정해내야 한다는 것이다. 칸트류의 구성주의는 상호 동의와 상호 수용의 사안으로서 사회 계약론의 한 형태이다. 롤스에 따르면, "사회 계약론에서 도덕 사실이란 원초 상황에서 선택되는 원리에 따라서 결정된다."[39] 롤스가 말하는 칸트류의 구성주의에서는 도덕 원칙을 산출하는 '구성 절차'보다 선행하여 존재하는 도덕 사실이나 도덕 질서는 없다. 그리고 롤스에 있어서 구성절차까지도 합리적인 인간이라는 개념이 결정하는 것이다. 그러므로 롤스는 합리적인 인간의 개념을 자기이론의 아르키메데스의 맥점으로 여긴다.[40]

2. 형식적 정의로서의 법의 지배

사실 롤스의 정의론이 함축한 두 원리는 도덕원리까지 함축하는 것으로서 말하고 있지만 이것은 이성의 원리로서는 불가능하다. 왜냐하면 플라톤이 잘 말하고 있듯이 이성이 발견하는 법은 일반성에 머무를 뿐 그 구체적 내용이나 목적 혹은 가치는 선 개념에서 오기 때문이다. 그러므로 롤스의 정의론은 법률을 제정하는 입법적 측면에서는 전적으로 이성적으로 타당한 절차적 정의에 불과할 것이다. 칸트에 따르면, 법 개념은 도덕법칙으로부터 도출되어 나온다. 법 역시 도덕과 마찬가지로 자유로운 인간들의 행위와 인간들 사이의 관계를 이성적으로 문제 삼기 때문이다. 하지만, 법은 도덕과 달리 원

39 『정의론』, 45쪽.

40 승계호의 문장에서는 '도덕 인간' 개념으로 나타나는 것을 '합리적 인간' 개념으로 바꾸었다. 승계호에 따르면, 롤스의 반형이상학적이며 반실제주의적인 견해는 도덕인간을 단지 문화의 산물이라고 보는 것이며, 나아가서 자유와 평등이라는 칸트류의 이상이 자유민주주의 전통의 바깥에서는 아무런 중요성도 지니지 못한다고 보는 것이다. 이렇게 되면 롤스의 전 프로그램은 문화 상대주의에 빠지게 된다. 그럼에도 불구하고 공리주의를 무차별 공격하는 것을 보면, 롤스는 문화 상대주의나 도덕 상대주의자가 아니다. 그이 때문에 승계호는 롤스가 도덕 사실과 도덕 이상을, 사회 실체 또는 문화실체로 보려는 규범 현실주의에 무릎을 꿇는다고 말한다. 승계호, 127-129쪽들.

칙적으로 사실로서의 인간 행위와 그 행위가 타자에게 미치는 '영향(Wirkung)' 즉 결과에 주목할 뿐, 행위자의 내적 동기나 '마음가짐(Gesinnung)' 등을 고려하지는 않는다. 행위의 영향은 타자의 입장에서 보면 자신의 의사와 무관하게 외부로부터 강제적으로 행해지는 영향이다. 칸트는 이와 관련해서 '도덕성(Moralität)'과 '합법성(Legalität)'을 구분하는데, 도덕성은 행위자의 의지(동기)와 규범의 일치에서 성립하며, 합법성은 행위자의 행위와 규범이 일치하는 것을 뜻한다. 예컨대 상인이 손님에게 바가지를 씌우지 않는 행위나 젖먹이 아기의 엄마가 적절하게 수유하는 행위 등은 그 자체로 이미 합법성의 조건을 충족하는 행위라고 볼 수 있다. 하지만 물론 이러한 행위들이 도덕성의 조건까지 충족시키려면 행위자의 동기에 대한 검토가 요구된다. 위에서 언급했듯이 도덕적 평가는 행위 자체나 그 결과에 대해 이뤄지는 것이 아니라 동기에 주목함에 의해 이뤄지기 때문이다. 그러나 법적 관계가 문제될 때에는 일차적으로 행위의 동기가 아니라 외적 사실로서의 행위 그리고 그 결과와 영향만을 주시하면 된다. 이제 칸트는 '법(Recht)' 개념을 과거의 법 사상가들과 달리 어떤 형이상학적이고 추상적인 권리 개념에 의해 정초하는 것이 아니라 이성적인 숙고의 산물로 간주하여 이렇게 정의한다.

> "한 사람의 자의(Willkür)가 자유의 보편 법칙에 따라서 다른 사람의 자의와 공존할 수 있는 조건들의 전체"(『법론』, B 33).

자의(恣意)란 칸트에 의해 자유로운 의지와 거의 같은 의미로 쓰이기도 하지만 그것과 구분할 때에는, 특정한 객체(행위 대상이나 결과) 산출을 목표로 하는 행위를 선택하는 욕구능력을 의미하고, 반면에 어떤 행위를 직접 고려함이 없이 실천이성의 최고법칙(도덕법칙)을 산출하고 그것에 의해 자신을 규정하려는 욕구능력을 의지라 한다. 그러므로 자의들의 공존 가능성이란, 결국 동기가 아니라 어떤 결과를 염두에 두고 행해지는 한 사람의 자유로운 선택에 의한 행위가 다른 사람의 자유로운 선택에 의한 행위와 공존할 수 있는 가능성을 뜻하며, 이 조건들의 총체가 곧 법이라는 것이다. 이러한 법 개념에 의거해서 칸트는 법의 일반 원리(권리의 일반 법칙allgemeines Rechtsgesetz)를 이렇게 표현한다.

> "너의 자의의 자유로운 사용이 모든 사람들의 자유와 보편법칙에 따라 공존할 수 있도록 그렇게 외적으로 행동하라!"(같은 곳, B 34).

이 법칙은 강제 법칙으로서, 위와 같은 방식으로 이뤄지는 (올바른) 행위에 대한 권한 인정과 더불어 그렇지 않은 (부당한) 행위에 대한 강제 권한까지 포함한다는 것이 칸트의 견해이다. 그러므로 한 사회의 구성원을 공존케 하는 법은 곧 상호간의 권리이며, 이 권리는 권리로서 끝나는 것이 아니라 타인에 대한 강제 권한, 즉 의무를 부과하는 능력을 포함하게 된다. 다시 말하자면, 권리는 공존이 가능한 한에 있어서 어떠한 외적 행위를 할 수 있는 권한이자 동시에 타자를 역시 공존 가능한 외적 행위로 강제할 수 있는 권한을 의미한다. 따라서 어떤 인간이 권리를 가진 주체라는 사실은 곧 그가 강제 법칙의 규제 하에 있다는 사실을 의미하게 된다. 그래서 칸트는 법적 권리에 대한 이해를 돕기 위해 그것을 '형평권(Billigkeit)'과 '비상권(Notrecht)'에 대립시켜 설명하기도 한다.[41] 결국 롤스가 말하는 정의의 원칙은 칸트의 도덕 개념에 기초하기보다는 인간 사회에서 이성적으로 법적 질서 제정하는 정신에 나타날 수 있는 합리적인 원칙임이 드러난다.

3. 공화주의적 입헌주의

롤스는 분명 자유주의의 전통에서 그 핵심적 가치를 체계적으로 계승한

41 김수배, '이성의 명령으로서의 법,' 『인문학과 법의 정신』(충남대 출판문화원, 2013), 239쪽.

사상가임에 틀림없다. 하지만 그의 자유주의는 하이에크(F. A. Hayek), 호스퍼스(J. Hospers), 노직(R. Nozick) 등의 이른바 자유지상주의와 달리 사회경제적 관점에서 효율적으로(소위 경제적으로) 실현되는 자유를 강조한다는 점에서 사회주의적 요소를 반영한 자유주의로 평가되기도 한다. 아마도 이러한 특징은 그의 사상이 미국을 비롯한 다수 국가들의 법조계에 미친 깊고도 지속적인 영향력을 설명해 줄 수 있을 것이다.[42] 여기서는 롤스의 『정의론』과 『정치적 자유주의』를 중심으로 그의 정의 이론이 도덕철학으로부터 정치철학으로 나아가는 과정과 그 이유, 그리고 그 결과로서 도달한 입헌주의의 관점의 특징이 자본주의의 상업적 특징을 제외한다면 고전적인 공화정을 닮았다는 점에서 그의 『정의론』이 결국에는 입헌주의적인 공화정의 성격을 지녔다는 점을 밝히고자 한다.

김비환에 따르면, 입헌주의란 17세기 후반 영국의 존 록크와 18세기 프랑스의 몽테스키외, 그리고 18세기 후반 미국창설자들의 정치이론을 통해 체계화된 규범적 정치이론으로, 정부(또는 통치)는 제한될 수 있고 또 제한되어야만 하며, 일정한 법적, 제도적 제한에 따를 때에만 정당성을 얻을 수 있다는 주장으로 집약할 수 있다. 여기서 정부에 가해지는 일정한 법적, 제도적 제한은 통상 헌법이라 불리는 정치사회의 최고의 법에 의해 표현된다. 현대의 입헌주의는 민주적 참여의 권리를 포함한 비교적 광범위한 기본권, 권력 분립 및 권력 간의 견제와 균형, 독립적인 사법부를 공통의 요소로 포함하고 있기 때문에 무엇보다도 자유민주주의의 정치체제에 적합한 정치이론으로 발전한 것

42 황경식, '존 롤즈의 자유주의를 위한 변명', 『롤즈의 정의론과 그 이후』, 23쪽. 황경식은 롤스의 자유주의를 '사회주의적 요구를 통합'하고 그 '비판이 함축하고 있는 도덕적 의미를 충분히 참작한' 자유주의로 규정한다. 그는 나아가 롤스의 자유주의가 - 특히 『정치적 자유주의』에서 - 다원주의 문화 속에서 그 구성원들이 상이한 가치관들을 가진다는 사실을 인정하는 데에서 출발하기 때문에 센델(M. Sandel), 매킨타이어(A. MacIntyre), 테일러(C. Taylor), 왈쩌(M. Walzer) 등의 '공동체주의자들 이상으로 공동체주의적'일 수 있다고 주장한다. 같은 글, 25, 28쪽 참조. 롤스의 저서들이 미국 법조계 및 세계 각국의 법제도에 미친 영향에 대한 간략한 소개는 Charles A. Kelbley, "Are There Limits to Constitutional Change? Rawls on Comprehensive Doctrines, Unconstitutional Amendments, and the Basis of Equality", in: *Fordham Law Review*, 72(2004), 1487-1490 참조. 이 글은 *Rawls and Law*. Ed. by Thom Brooks, Burlington, VT: Ashgate 2012, 55-104(여기 해당 부분은 55-58)에 재수록 되어 있다.

이다.[43] 이러한 입헌주의는 사실 이 책에서 보았듯이 그리스 아테네 탄생 신화에서부터 기원하는 헬레니즘에 함축된 휴머니즘의 핵으로서 플라톤의 정치철학을 『국가- 정체』편에 국한하지 않고 『법률』편과 함께 더 넓게 볼 경우 법의 지배의 원리에 대한 자유주의의 지지로부터 거의 필연적으로 도출된다.

롤스에 따르면, 그의 공정의 두 원칙에 따르는 공적인 규칙들의 일관되고 공평한 운용이 법체계에 적용된 것이 곧 입법자 자신까지도 법의 지배에 귀속되는 법의 정신을 표명하고 있다. 규칙들의 일관되고 공평한 운용이란 일차적으로 '유사한 경우는 유사하게 취급하고, 관련되는 유사점과 차이점을 현행 규범에 의해 결정하는 것'을 말한다. 롤스는 법과 제도의 그러한 운용을 칸트의 법률관에도 적합한 '형식적 정의(formal justice)'라고 부른다. 그의 견해에 따르면, 법이나 제도가 공평하고 일관성 있게 운용된다는 사실만으로 '실질적 정의(substantive justice)'가 보장되는 것은 아니지만, 그럼에도 불구하고 일단 그러한 형식적 정의가 지배하는 곳에서는 심각한 종류의 부정의는 배제될 수 있다고 본다. 제도들이 합당하게 정의롭다는 것만으로도 관계 당국이 특정 사건들을 처리함에 있어서 공평해야 하고 개인적, 금전적 또는 기타 부적절한 고려 사항들에 의해 영향을 받지 말아야 한다는 점이 대단히 중요한 일로 부각되기 때문이라고 한다.

물론 롤스도 인간이 가난이나 질병, 혹은 전쟁과 같은 특별한 경우나 예외적인 상황에서는 현행 법질서로부터 이탈함으로써 불공정하게 취급되는 사람들의 곤경 상황을 완화시켜주는 것이 더 나은 것일 수 있다고 인정한다. 하지만 그는 비록 법과 제도가 부정한 것이라 해도 그것을 모든 사람에게 일관성 있게 적용하는 것을 오히려 자주 더 바람직하다고 생각하는데, 그 이유는 그렇게 함으로써 '계약'에 의한 법의 지배가 자신의 자율성에서 나오는 합리적인 것이라고 생각되며, 그 '법에 복종하는 사람들이 적어도 무엇이 요구되

43 김비환, '롤즈의 입헌 민주주의론', 『롤즈 정의론과 그 이후』, 146쪽.

고 있는지를 알 수 있으며, 그에 따라서 자신들을 보호하기 위해 힘쓸 수 있게 되기' 때문이라 한다. 그러므로 이미 불리한 처지에 있는 사람들이 특별한 사건들과 관련하여 법이 일관되게 시행된다면 다소의 보호라도 받을 수 있겠지만 그렇지 않고 자의적으로 처우 받는다면 더 심한 부정의가 생기게 된다고도 주장한다.[44] 이렇게 『정의론』에서 법은 공정으로서의 정의의 원리에 의해 규제되는 공적 규칙들의 체계로 이해된다. 법의 지배는 인간이 자의성에서 벗어나 법체계에 따르는 것을 상징하는 것이 되며, 이 점이 형식적 정의가 제대로 적용된 것을 의미한다. 법의 지배란 그 내용이나 적용에 있어서 칸트처럼 모든 사람에게 적용되는 보편성과 불편부당성을 의미하며, 법 앞에서의 만인의 평등을 의미하기에 법 적용의 '일관성'이 중요하다. 그리고 롤스는 법의 지배의 근본적인 목적을 '자유의 증진에서 찾는다.

> "법적 체계는 합리적인 인간들의 행위를 일관되게 규제하고 사회적 협동의 틀을 제공하기 위한 공적인 규칙의 강제 질서이다. 이러한 규칙이 정의로울 경우 그것은 합당한 기대의 기반을 확립해준다. 그것은 사람들이 서로 의지할 수 있고 그들의 기대가 충족되지 않을 경우에는 정당하게 반대할 수 있는 근거를 형성한다. 만일 이러한 요구들의 기초가 불안정하면 인간의 자유의 영역도 불안정하게 된다. 물론 다른 규칙들도 이러한 특성의 대부분을 공유한다. 게임이나 사적인 조직의 규칙들도 마찬가지로 합리적인 인간들의 활동을 규제하기 위한 것이다. 만일 이들 규칙들이 공정하고 정의롭다면, 사람들은 일단 그 체제 속으로 들어가서 그 결과로 나타나는 이득을 취하게 되며, 또 그로 인해 발생하는 책무가 적법한 기대의 기초를 형성하게 된다. 법적 체계를 다른 조직들[규칙들의 체계들로서]과 비교해 볼 때 특징적인 것은 그것이 갖는 포괄적인 적용 범위와 규제력이다. 그것이 규정하고 있는 헌법상의 기관들은 일반적으로 최소한 보다 강력한 형태의 강제를 행할 수 있는 법적인 배타적 권한을 가진다. … 더욱이 법적 질서는 어떤 분명하게 제한된 영역에 대해서는 최종적인 권한을 행사한다. 그것은 또한 그것이 규제하는 활동의 영역이 넓고 그것이 보장하려 하는 이해관계가 근본적이라는 특징을

44 『정의론』, 58 이하(102-104), 235(318) 참조.

지닌다. 이러한 특성들은, 법이 그 안에서 모든 다른 활동들의 추구가 일어나는 그러한 기본구조를 규정한다는 사실을 반영해 줄 뿐이다."[45]

법이 권리와 의무를 제도적으로 규정하고 있고, 그 규정이 공정하고, 또 일관되게 적용됨으로써 또 필요시 강제력을 수반함으로써 개인들은 사회적 협동체계 속에서 타인들과 맺게 되는 다양한 관계 속에서 최대한의 기본적인 평등한 자유를 확보할 수 있게 된다. 우리는 이미 앞에서 법의 지배는 법체계에 적용된 형식적 정의이며, 이것은 법의 일관되고 공평한 운용에서 성립한다고 했다. 이에 롤스는 법의 지배가 가능한 한 최대한 만족시켜야 하는 정의의 네 가지 '지침들을(precepts)' 제시한다.[46] 그 지침들은 법적 체계의 이념을 완전히 구현하고 있는 것이라면 어떠한 규칙 체계라도 따르게 될 것으로서 형식적인 정의의 조건이라 할 수 있다.[47]

첫째, '당위(ought)'는 '능력(can)'을 함축한다. 법의 지배가 요구하거나 금지하는 행위는 사람들이 행하거나 피하리라고 합당하게 기대될 수 있는 종류의 것이어야 한다. 다시 말해 법은 사람들이 수행할 수 없는 의무를 규정으로써 부과할 수 없다는 것이다. 그것은 또한 입법자나 판사, 기타 관련 공무원들이나 당국까지도 그들의 임무를 성실하게 수행하고 있다는 사실이 법에 복종하는 사람들에 의해 인정받아야 함을 지시하기도 한다. 입법자나 집행자가 스스로 법체계의 준수 가능성을 믿지 않는다면, 법의 지배는 실현될 수 없기 때문이다. 아울러 이 지침은 수행 불가능한 것에 대해서는 법체계가 정당 방어나 참작 요건으로서 수용하라는 요구를 담고 있다. 둘째, 유사한 사례들은 유사하게 취급되어야 한다. 이 지침은 법규의 일관된 적용을 의미하며, 모든 규칙들의 해석과 모든 차원의 정당화에 두루 적용된다. 이것은 일차적으로는

45 『정의론』, 235 이하(318 이하).

46 황경식은 이 용어를 '신조'로, 김비환은 '원칙들'로 각각 옮기고 있다. 『정의론』(황경식 옮김), 319; 김비환, '롤즈의 입헌민주주의론', 『롤즈의 정의론과 그 이후』, 149 참조.

47 『정의론』, 236(319). 이하의 내용은 『정의론』, 236-239(320-323)의 요지를 정리한 것임.

판사나 기타 관련 당국자들의 사법적 자유재량에 제한을 가하는 것이지만, 더 나아가 궁극적으로는 사람들로 하여금 규칙에 의해 자신들의 행위를 통제할 수 있게 하는 근거를 마련해주는 것이기도 하다. 셋째, 법이 없다면 범죄도 없다. 법규는 공개적으로 공포되어 알려지고 그 의미가 분명하게 규정되어야 하며, 일반적으로 적용되어야 한다. 이 지침은 법조문들이 명하고 금하는 내용을 명확히 함으로써 적법한 기대의 기초를 제공함으로써 시민들의 사회적 행위를 규제할 수 있게 해준다. 넷째, 법은 공정하고 공개적인 절차에 의해 올바로 집행되어야 한다. 이것은 전통적인 '자연적 정의'의 이념에 상응하는 지침으로서, 재판 과정의 성실성을 유지하기 위한 것인데, 법정이 재판, 심문, 증거 등에 관한 법 집행과 절차가 적절한 방식으로 공평하게 이루어지도록 양심적인 노력을 다해야 한다는 것이다.

이상의 지침들이 제대로 지켜지지 않을 경우 법의 지배가 불가능하게 된다는 롤스의 견해는 수월하게 이해된다. 만일 사람들이 '수행할 수 없는 것'을 법이 정당한 변호로 인정해주지 않거나 유사한 경우가 유사하게 처리되지 않고 또 재판과정이 그 본질적인 성실성을 결여한다면(사법적 정의가 실천되지 않는다면), 사람들은 자유로운 행동을 함에 있어 두려움을 갖게 되고 따라서 자유권의 행사가 위축되기 마련이다. 뿐만 아니라 법 조항이 모호하고 불명확해서 법이 없이는 죄도 없다는 지침이 지켜지지 못하게 되면, 그들이 가지는 자유의 영역 역시 애매해질 수밖에 없을 것이다. 그러므로 원초적 입장의 당사자들이 그들의 자유를 증진시켜 줄 수 있는 법의 지배 상태로 들어가고자 원할 경우, 그들은 네 가지 지침들이 표현하고 있는 수행 가능성, 일관성, 정합성, 일반성, 공지성, 성실성 등의 조건을 만족시키는 법 체제를 구축하리라는 것이 롤스의 결론이라 여겨진다.[48]

『정의론』은 '민주주의 사회를 위해 가장 적합한 도덕적 기초를 제공'하려

48 『정의론』, 239(323 이하); 김비환, 같은 글, 150 참조.

했으나 앞에서 보았듯이 자유주의의 근본 가치인 개인의 자유 내지 자율성이라는 하나의 가치에만 기반을 둔 정의론으로 간주되며, 개개인의 다양한 삶과 가치들의 조화를 모색해야 하는 현대 민주주의의 다원주의적인 특성상 적합하지 않다는 측면에서 많은 비판을 받았다. 현실 민주주의 체제에서는 구성원들의 이해관계가 대립하거나 그들의 상이한 삶의 태도와 이질적인 가치들이 상충할 경우 갈등 상황을 어떻게 극복할 것인가가 관건인데, 그의 정의론은 자유주의라는 하나의 특정 가치체계에 매몰되어 있다는 것이다. 이에 롤스는 자신의 두 번째 주요저서 『정치적 자유주의』에서 다수의 가치관들로, 즉 '포괄적인 교리들(comprehensive doctrines)'로 이루어진 다원주의적 사회의 다원적 사실을 직시하고 그것들 사이의 평화롭고 안정적인 공존 가능성을 모색하면서 이른바 '정치적 선회'를 시도한다.[49]

『정의론』에서 롤스는 '정의롭게 행동한다는 것은 우리가 자유롭고 평등한 합리적인 존재로서 행동하고자 하는 것'이라 말했다. 나아가 그는 '정의롭게 행위 하고자 하는 욕구와 자유로운 도덕적 인격으로서 우리의 본성을 표현하려는 욕구는 … 동일한 욕구'라고 주장했다.[50] 이러한 인간관에 따르면, 도덕적인 의미에서의 자율성과 정의는 모든 인간이 추구하는 최고의 좋음인 셈이다. 그러므로 다양한 가치들을 표방하는 포괄적인 교리들, 즉 개인의 삶이나 어느 특정 공동체 활동의 전 범위를 포괄적으로 규정하는 '도덕적 · 종교적 · 철학적인 주장들'[51]이나 신념들인 인생관, 세계관, 가치관 등의 경합이나 충돌 가능성은 사실상 이미 자유주의적인 인간관이라는 하나의 포괄적 교리에 의해 원초적 논의의 배경으로부터 제외된 것이라 할 수 있다. 물론 롤스는 『정의론』에서의 정의의 원칙은 "특정한 형이상학적 교설이나 인식론도 내포하

---

49 정태욱에 의하면 이것은 로티(Richard Rorty)가 사용한 표현이다. 한편 정태욱은 롤스가 현대 법철학계에서 독일의 슈미트(Carl Schmitt) 이래 '정치를 본질적인 문제로서 취급한' 유일한 사상가로 간주될만하다고 주장한다. 정태욱, '롤스에 있어서 '정치적인 것'의 개념', 『법철학연구』 4. 2, 2001, 135쪽, 참조.

50 『정의론』, 572(730)쪽.

51 『정의론』, 206(280 이하)쪽.

지 않는다."고 하면서 이의 타당성을 증명하는 자신의 논증이 어떤 특정한 형이상학 내지는 철학 이론에 입각하고 있는 것이 아니라고 주장한다.[52] 다양한 가치관들에 대한 상호 존중과 그것들의 평화로운 공존을 주장하는 자신의 관점은 비판가들이 생각하는 것과는 달리 근대에서 기원하는 전통적인 자유주의라는 하나의 포괄적 교리에 호소하고 있지는 않다는 것이다. 이러한 롤스의 정의론의 특징은 법에 대한 계약법주의적 전통에서 이해될 수 있고 이해되어야만 한다. 물론 그가 공정으로서의 정의는 사회적 협동 체계 속에서 개인들이 누릴 수 있는 평등한 자유의 확대를 목적으로 한다고 하고, 그 수단을 단순히 공적인 규칙들 특히 법체제의 일관되고 공평한 운용에서 찾았을 때, 분명 그는 인류에게 현실적으로 실현되고 있는 다양한 다원주의적인 정치 사회 현실의 안정성 문제를 어느 정도 과소평가한 것이라 할 수 있다.

그럼에도 불구하고 롤스는 『정의론』에서 정의란 '공정한 절차에 의해 합의된 것'이라는 것, 그리고 이러한 절차가 공동선을 위한 것이라는 공화정의 형식적인 것 이외에는 그 공동선이 무엇인지 구체적으로 밝히고 있지 않다는 점에서 현대의 가치 다원주의를 포용하는 것이라는 것을 밝힌다. 롤스는 정의의 원칙을 도출하기 위해 원초적 입장이라는 순수 가설적 상황을 상정하였으며 자유롭고 합리적이며 평등한 계약 당사자가 자신의 자유를 보장받기 위해 수용해야 하는 일종의 이성적으로 말할 수 있는 '형식적인 윤리적' 관점을 제시한 것이다. 어쨌든 이 때문에 그는 공정으로서의 정의가 상이한 역사적 · 사회적 조건 속에서 존재하는 상이한 종류의 사회에 적용될 수 있는 일반적인 정치 개념으로서 확장될 수 있는지의 문제를 본격적으로 다루게 된다.[53]

그리하여 그는 『정치적 자유주의』에서 자신의 정의 이론이 단순히 절차적 정의를 호소하는 데 그치는 것이 아니라 다원적 사회의 지속적인 안정을 실

52 『정의론』, 213 이하(291 이하); 『공정으로서의 정의』, 106쪽 이하 참조.

53 『공정으로서의 정의』, 109.

질적 결과로서 낳을 수 있는 정치 이론임을 보이고자 한다. 그는 전통적인, 포괄적인 교리로서의 자유주의가 자유를 인간 삶 전체를 관장하는 근본 가치로 확립하고 증진시키고자 하는 데 비해, 정치적 자유주의는 좀 더 작은 목표, 다시 말해 다원주의 사회의 구성원들로 하여금 타자와의 관계 속에서 "사회적 협력의 공정한 조건을 존중할 수 있게 하는 정치적 덕목들을 장려"하려는 목표를 가진다고 말한다.[54] 이 때문에 『공정으로서의 정의』에 오면, 그리고 『정의론』의 개정판 서문에서도 롤스는 공정으로서의 정의가 '현대 입헌 민주 국가의 기본 구조'에 적용될 수 있도록 고안된 것이라는 점을 분명히 하고 있는 것이다.

롤스는 『정의론』에서 '정의로운 헌법'이 정의로운 결과를 보장할 수 있도록 편성하는 문제를 취급하면서 여하한 입헌 체제나 정치 형태도 정의롭지 못한 입법이 이루어지지 않도록 보장해주는 절차상의 정치적 규칙의 체계는 될 수 없다고 못 박았었다.[55] 이러한 관점은 『정치적 자유주의』 이후까지도 계속 유지되었던 것처럼 보인다. 그래서 그는 여전히 절차적 정의의 확보 내지 적법한 절차의 준수만으로는 실질적인 정의의 실현을 보장할 수 없다는 입장을 견지하면서도, 사람들이 합의에 도달하기 어려운 상황에서 집단적인 결정을 내려야할 경우 그 적법한 절차가 모두에 의해 자유롭고 평등한 것으로서 합당하게 수용될 수 있다.[56]는 메타윤리적 관점을 강조한다. 『정치적 자유주의』는 바로 그 합당하게(reasonably) 수용될 수 있는 조건이 단순한 절차적 정의의 차원에서 그치는 것이 아니라 그 이상의 가치에, 즉 실질적인 정의에도 관여하는 것처럼 말한다.

"민주적인 결정과 법률은 그것이 정의로운 것이기 때문이 아니라 그것이

54 장동진 246; 정태욱, 140 각주 22 참조.

55 『정의론』, 198(270).

56 『정치적 자유주의』, 428.

적법한 민주적 절차에 의해 적법하게 효력을 발생했다는 이유로 적법한 것이라는 사실에 먼저 주의하여야 한다. 절차의 세부 사항에 관한 한 헌법은 비록 모든 인간적인 제도가 그러하듯이 완벽하게 정의로울 수 없지만 충분하게 정의로울 수는 있다는 점이 매우 중요하다. 물론 그 헌법이 여건과 사회적 조건들에 비추어서 충분히 정의로울 수 있다 가정해도, [그 자체로는] 정의롭지 않을 수도 있으며 그럼에도 불구하고 여전히 적법한 것일 수는 있다. … 절차나 법률이 엄밀한 정의의 기준에 의해 정의로울 필요는 없다. … 헌법적인 정치적 절차들은 실제로 - 정상적이고 온전한 여건 하에서는 - 적법성(legitimacy)의 측면에서 순수하게 절차적일 수 있다. [하지만] 인간의 모든 정치적 절차는 불완전하기 때문에 정치적 정의와 관련해서 그러한 [순수하게 절차적인] 절차는 있을 수 없으며, 어떠한 절차도 그것의 실질적인(substantive) 내용을 규정할 수는 없을 것이다. 따라서 우리는 항상 정의에 관한 우리의 실질적인 판단에 의지한다."[57]

그리고 민주사회에서 합당한 수준의 정의로운 정치 체계를 구상하려는 롤스는 그 가능성을 정치적 정의의 개념이 지니는 내용적인 특징을 충실히 반영하는 입헌 민주주의 체제에서 찾는다.

"우리의 정치권력의 행사가 적절하고 따라서 정당화가 가능할 때는 정치권력이 헌법에 부합하게 행사되는 때뿐인데, 이 경우 헌법의 필수 사항들은 모든 시민들이 합당하고 합리적인(reasonable and rational) 것으로 받아들일 수 있는 원리들과 이상들에 비추어 합당하게 지지될 것으로 기대되는 원리들이다."[58]

57 『정치적 자유주의』, 428 이하.

58 『정치적 자유주의』, 217쪽. 롤스는 '합당한 것'과 '합리적인 것'의 구분이 칸트의 '정언명법'과 '가언명법'의 구분에 의거한 것임을 밝힌다. 그에 의하면 전자는 '순수한 실천이성'을, 후자는 '경험적 실천이성'을 각각 표현하는데, 정치적 정의와 관련해서는 전자에게 더 엄격한 의미를 부여함과 동시에 그것을 공정한 협력의 조건을 제시하고 존중하고자 하는 의사 및 판단의 부담을 인지하고 그 결과를 수용하고자 하는 의사와 연관시킨다. 그는 나아가 합당함을 자신과 타인이 공동으로 추론할 수 있는 원칙에 자신의 판단과 행위를 맞추려는 동기이자 타인의 복지에 영향을 미칠 자신들의 행위의 결과를 고려하는 자세로 간주한다. 이에 비해 합리성이란 자기 이익과 자기 보존을 위해 사물이나 타인을 적절하게 다루는 지적인 영리함이나 수완을 의미하는 것처럼 보인다.(『정치적 자유주의』, 48쪽 이하 참조). 그러므로 롤스의 헌법은 공동체의 목적 실현을 위해 효율적인 수단을 규정하는 차원뿐 아니라 그 구성원들 상호 간의 자발적이고 공정한 협력구조의 실현 가능성을 고려해야 한다.

그가 헌법에 안치되어야 할 필수 사항들을 찾는 데 있어 중요한 역할을 담당하는 개념이 ‘중첩적 합의(overlapping consensus)’와 ‘공적 이성(public reason)’의 개념이다. 전자는 다양한 포괄적 교리들이 공존하기 위한 정치적 조건에 대한 합의로서 어떤 하나의 원리가 “다른 원리들을 배척하는 합의가 아니라, 모든 합당한 포괄적 교리들의 지지자들이 각기 자신의 세계관과 가치관에 입각한 채 다만 공존의 정치적 영역을 확보하기 위한 합의”를 뜻한다.[59] 이것은 그저 자기이해에 대한 배타적 고려에 의해 가치 다원주의의 상태 그 자체를 인정하는 데에서 그치는 ‘잠정 협정(modus vivendi)’으로서의 정치적 타협이 아니다. 예컨대 서로 반목 중인 어느 두 국가가 상호조약을 체결하고 준수함으로써 각자 자국의 이익이 침해되지 않을 뿐 아니라 국제 사회에서의 위신이 유지되리라는 사실을 알고서 그러한 조약에 합의할 경우, 그리하여 비록 힘의 균형은 유지되고 있지만 양국은 모두 여건이 바뀔 경우 언제든 상대국의 손해를 통해 자국의 이익을 추구할 준비가 되어 있는 경우, 이는 전형적인 잠정 협정에 해당한다.[60] 이에 반해 중첩적 합의에서는 합의의 대상인 정치적 정의의 개념 자체가 ‘도덕적 개념’이고 ‘도덕적 근거’에 기초한다. 그것은 “정의의 원리들뿐 아니라, 인격체로서의 사회와 시민이라는 개념을 포함하며, 또한 사람들로 하여금 그들의 성격에 의해 그 원리들을 구현하고 공적인 삶 속에서 표현할 수 있도록 해주는 정치적 덕목들에 대한 설명을 포함한다.”[61]고 하면서 서구 전통의 가치관, 특히 고대로부터 철학자들이 말한 이성에 호소하고 있는 것이다. 그것은 간단히 말해 정치적으로는 대립하는 세계관을 가진 구

---

59 정태욱, 같은 글, 141쪽.

60 해롤드 니콜슨(Harold Nicolson)(『Diplomacy』, 이정우 · 정일현 역(문교부, 1956), 36쪽)에 따르면, 이러한 현실주의는 폴리비우스의 장에서 주석으로 인용했듯이 외교정책의 두 경향으로 나타난다. “첫째는 봉건제도를 존명시킨 군벌과 정벌의 이론이며, 다음은 상업상 계약에서 발생한 일층 중산계급적인 이론이다. 전자는 실력 정책의 경향을 띠게 되어 국가적 위신, 지위, 우월성, 그리고 매혹 등과 많은 연관성을 가졌다. 후자는 이익 정책으로 주로 유화, 조정, 타협, 그리고 신용 등으로 편집되었다.” 결국 롤스의 정치적 자유주의는 도덕적 근거를 말하기는 하나 현대의 인권을 중시하거나 복지를 중시하는 자유 민주주의의 보편성을 지닐 수 없으며, 더욱이는 국제 정치학적 개념이 될 수 없음을 함축한다.

61 『정치적 자유주의』, 147쪽, 참조.

성원들이 평화적으로 공존하면서 각자의 가치를 추구할 수 있는 안정적인 협력체계를 유지하기 위해 일종의 완충지대를 확보하려는 시도이다.

한편 공적 이성은 민주주의 사회에서 다양한 포괄적 교리들의 주장들이 공적인 논의를 통해 중첩적 합의에 이르기 위해 따라야 하는 "이성적 사고 및 그 공적 논의가 의존하고 있는 논거 내지 논의의 규범"을 말한다.[62] 롤스는 공적 이성이 공적 논의를 수행하거나 공적 판단을 내릴 때 그 지침 내지 최종적 준거로 삼아야 하는 것을 '자유주의적 정치적 정의관' 혹은 '정치적 정의관의 가족'이라고까지 표현한다. 그리고 이 정의관이 가지는 세 가지 특징을 아래와 같이 정리한다.

> "첫째, (입헌적 민주정권에서 익숙한) 특정한 기본적 권리, 자유, 기회 등에 대한 구체적인 명시; 둘째, [특정한 개인들이나 집단들이 추구하는] 일반적인 좋음이나 완전주의자들의 가치들과 관련하여 위와 같은 기본권, 자유, 기회 등에게 우선성(priority)을 부여하기; 셋째, 모든 시민들이 그들의 자유와 기회를 효과적으로 사용할 수 있도록 적절한 모든 다목적적(all-purposive) 수단들을 보장하는 조치들."[63]

롤스는 자신이 『정의론』에서 제시했던 정의의 두 가지 원칙을 이 "자유주의적 정치적 정의관"의 한 예로서 간주한다. 즉 공정으로서의 정의는 여타의 자유주의적 정의관과 더불어 자유주의적 정치관의 특징들을 공유하되 "결코 보편타당하고 절대적인 정의의 원칙으로" 주장되는 것이 아니라는 것이다.[64] 정의관의 '가족'이라는 표현이 바로 그러한 그의 의도를 반영한다. 시민들은

62 정태욱, 같은 글, 149쪽.

63 『정치적 자유주의』, 6쪽과 450쪽. 롤스에 따르면 완전주의자들의 입장은, 사회가 예술이나 학문, 문화에 있어서 인간적 탁월성의 성취를 극대화할 수 있도록 제도를 마련하고 개인의 의무와 책무를 규정해야 하며, 나아가 우리의 삶은 가장 고귀한 인물들의 좋음에 기여할 때 비로소 가치를 지니게 된다는 주장으로 정리될 수 있다. 그는 완전주의자들이 내세우는 탁월성의 기준이 정치적 원리로서는 부정확하며 어떤 협소한 전통들과 사상 공동체들 내에서는 합당하게 발동되고 수용될 수 있을지는 몰라도, 공적 문제에 적용될 경우 불안정하고 특이한 것이 될 수밖에 없다고 한다. 『정의론』, 325(428), 330쪽 이하(434 이하) 참조.

64 『정치적 자유주의』, 6, 450; 정태욱, 같은 글, 152.

가장 적합한 정치적 정의관에 대해 서로 다른 의견을 가질 수 있는데, 이는 '불가피한' 일이기도 하고 '종종 바람직한' 일이기도 하다. "공적인 정치 문화는 상이한 방식으로 개발될 수 있는 상이한 근본 사상을 포함할 수밖에 없으며, 그것들이 서로 '장기간에 걸쳐' 질서를 준수하여 경쟁하는 것이 가장 합당한 것을 … 발견할 수 있는 신뢰할 만한 방법이라는 것이다."[65] 즉 롤스가 말하는 계약법적 정의론이 함축한 이성의 합리성이 현실에서 발휘되기 위해서는 장기간에 걸친 협의와 타협이 필수적인 사실이라는 것이다.

이제 정치적 정의관이 공유하는 일반적인 특징들을 바탕으로 롤스는 정의로운 헌법이 담아내야 하는 '필수 사항들(constitutional essentials)'과 '기본적인 정의의 문제들'을 검토한다. 그에 의하면 시민들이 아주 시급하게 실제적인 합의에 도달해야 할 헌법적 필수 사항들에는 두 가지 종류가 있다.

> "a. 정부와 정치과정의 전반적인 구조를 구체적으로 명시하는 근본 원칙들: 입법부, 행정부, 사법부의 권력[에 대한 규정]; 다수결 원칙 지배의 범위 [설정].
> b. 입법부의 다수가 입법 시 존중해야 하는 시민들의 평등한 기본권과 자유: 법의 지배에 대한 보호, 투표권, 참정권, 양심의 자유, 사상과 결사의 자유 등."[66]

롤스는 "첫째 종류의 필수 사항들은 다양한 방식으로 구체화가 가능하다."고 한다. 예컨대 시민들은 '대통령제'를 선호할 수도 있고, 또는 '내각제 정부'를 선택할 수도 있다. 그러나 일단 하나의 정부 구조가 정착되고 나면 그것은 '정치적 정의나 일반적인 좋음'에 대한 고려에 의해서만 변경될 수 있어야 한다. 정부 구조 변경에 관한 논쟁이 특정 시기에 우위를 점하고 있는 당파나 집단의 정치적 이익에 의해 제멋대로 촉발될 경우, 입헌정부를 붕괴시킬 수 있

65 『정치적 자유주의』, 227.
66 『정치적 자유주의』, 227.

는 정치적 위기나 불신, 소요 상태가 발생할 수 있기 때문이다. 결국 아리스토텔레스가 말한 바와 같이 정의의 문제는 정치체제와 밀접한 관련성 아래서만 논의될 수 있는 성격을 가진다. 롤스는 둘째 종류의 사항들과 관련해서는 '비교적 작은 정도의 변형만이 가능하다고 본다. 양심의 자유, 결사의 자유 그리고 언론의 자유, 투표 및 공직 출마의 자유 등과 같은 정치적 권리들은 모든 자유로운 지배 체제 하에서는 거의 동일한 방식으로 보장되는 것들로서 그 중 "어느 것 하나라도 보장되지 않는다면 자유주의 사회로서의 성격에 큰 하자가 발생할 수밖에 없다."고 보기 때문이다.[67] 둘째 종류의 사항은 자유주의 사회에서 기본적인 것으로서 인권과 밀접한 관련성이 있기 때문이다.

롤스는 헌법적 필수 사항들과 함께 공적 이성의 중요한 대상이면서도 헌법에 명시되기 곤란한 기본적인 정의의 문제들로서 '공정한 기회의 평등'과 차등의 원칙 등을 언급한다. 이러한 원칙들은 첫째 사항과 둘째 사항에 걸쳐 있는 것으로서 그에 의하면 '이주의 자유와 직업 선택의 자유'를 요구하는 원칙과 같은 어떤 기회의 원칙들은 b에 속하는 헌법적 필수 사항이라 보아야 하겠지만 '공정한' 기회 평등의 원칙은 단순한 기회의 평등 이상을 요구하는 것으로서 헌법적 필수 사항에 속하지 않기 때문이다. 이와 유사하게 모든 시민들의 기본적 필요를 충족시키는 사회적 최소치(social minimum)의 보장은 필수 사항이지만, '차등의 원칙'은 그렇지 않다. 이러한 구분과 관련해서 롤스는 이렇게 적고 있다.

> "기본적 자유[와 권리]를 포함하는 헌법적 필수 사항들이 충족되었는가의 여부는 헌법적 장치들(constitutional arrangements)과 또 그것들이 실제로 어떻게 운영되는지를 보면 어느 정도는 확인될 수 있다. 그러나 [공정한 기회의 평등 및] 사회적 경제적 불평등에 관한 원칙들이 목표하는 바가 실현되었는가의 여부는 확인하기가 훨씬 어렵다. 이러한 문제들에 관한 합당한 의견들

67 『정치적 자유주의』, 228쪽; 김비환, 162쪽.

은 거의 항상 상당한 차이를 보이기 마련이다. 이러한 문제들은 이해하기 곤란한 주제들에 관한 복잡한 사회 · 경제적 정보에 대한 평가를 요구하는 복잡한 추론과 직관적인 판단에 의존하기 때문이다. 따라서 두 종류의 문제들 모두 정치적 가치들에 의거하여 논의되어야 하겠지만, 우리는 사회적 경제적 정의에 관한 원칙들의 실현 여부에 대해서보다 기본적 권리와 자유에 관한 원칙들이 실현되었는가의 여부에 대해서 의견 일치에 도달하기가 더 수월하리라 기대할 수 있다. 이 차이는 어떤 원칙들이 올바른 원칙들인가에 관한 것이 아니라, 그저 원칙들이 성취되었는지의 여부를 확인하는 어려움에 있어서의 차이다."[68]

그러므로 롤스는 기본적인 정의에 관한 문제들은 논쟁의 여지가 많고 어려운 정치적인 문제들로서 "헌법적 필수 사항으로서 안치될 경우, 그 실현 여부에 대한 해석 자체가 극한 논쟁의 대상이 됨으로써 헌법 자체의 유효성 및 권위가 훼손될 가능성이 크다"고 본 것이라 할 수 있다.[69]

헌법적 필수 사항들과 기본적인 정의에 관한 문제들의 설명에 이어서 롤스는 자신의 입헌민주주의가 이원적인 구조로 이루어진 것임을 밝힌다.

"그러므로 입헌적 민주주의는 이중적이다. 그것은 입법체가 제정한 일반법과 국민의 상위법을 구분할 뿐만 아니라, 일상적인 권력과 구성적인 권력을 구분한다. 의회의 최고 지위는 거부된다. 최고법원은 이러한 이중적 입헌 민주주의에서 상위법을 보호하기 위한 제도적 장치들 가운데 하나로서 도입된다. [최고]법원은 공적 이성을 사용함으로써 [상위]법이 일시적으로 다수자

68 『정치적 자유주의』, 229 쪽 이하. 롤스는 이미 『정의론』에서 정의의 두 원칙들을 법적 제도에 적용하는 문제를 다루면서 "차등의 원칙을 정확히 적용하기 위해서는 우리가 가지리라고 기대할 수 있는 것 이상의 정보가 요구되며, 언제나 제1원칙을 적용하는 경우보다 더 많은 정보가 요구된다."는 점을 지적했을 뿐만 아니라, 제1원칙은 헌법에 반영되어야 하지만, 제2원칙은 입법의 단계에서 작용한다고 주장했었다. 『정의론』, 199 쪽[272] 참조.

69 김비환, 164쪽. 미켈만은 롤스가 기본 자유권을 헌법적 필수 사항에 포함시키되 차등의 원칙은 포함시키지 않은 이유를 헌법의 "투명성에 대한 고려"(a concern for transparency) 때문이라 해석한다. 다시 말해 어느 입헌 체제가 유지되기 위해서는 "합당한 시민이 합리적인 것으로서 수용할 수 있어야 하고 다른 시민들도 그렇게 하는 것으로 간주되어야" 하는 데, 이를 위해서는 그 체제의 어떠한 기본 특징이 헌법적 필수 사항에 포함되는가를 투명하게 분별할 수 있어야 한다. 따라서 너무 적은 사항들을 헌법적 필수 사항에 포함시키거나(underinclusion) 반대로 너무 많은 사항을 포함시키는(overinclusion) 일을 피해야 한다는 것이다. Frank I. Michelman, "Rawls on Constitutionalism and Constitutional Law", in: *The Cambridge Companion to Rawls*. Ed. b. Samuel Freeman, Cambridge: Cambridge University Press 2003, 405 참조.

가 된 자들의 입법에 의해, 또는 … 자신들의 의도를 성취하는 방법을 찾아내는 데 능숙한 잘 조직되고 유리한 상황을 점유한 편협한 이익집단들에 의해 침해되는 것을 방지해야 한다. 만일 [최고]법원이 이 역할을 떠맡고 효율적으로 수행한다면, 그것이 반드시 반민주적이라고 말하는 것은 적절치 않다. [최고]법원이 일반법을 위헌이라고 선언할 수 있는 사법심사권을 갖고 있기 때문에 일반법과 관련해서 반(反)다수결주의적인 측면이 있다는 것도 사실이기는 하다. 그럼에도 불구하고 국민이 가지는 상위의 권한은 그것을 지지한다. [최고]법원의 결정이 헌법 자체와 그 수정 조항들, 그리고 정치적으로 위임된 해석들에 합당하게 부합한다면, 그 법원은 상위법과 관련하여 반다수결주의적이지는 않은 것이다."[70]

롤스의 관점에 따르면 최고법원의 사법심사권을 인정하는 입헌주의는 다수결 원칙과 민주적 절차에 의해 민주적 기본가치들을 실현하고자 하는 민주주의와 긴장 관계를 피할 수 없다. 그러나 그는 긴장 관계의 원인은 어떠한 입법적 제도나 절차도 다수에 의한 정치 의지의 남용을 근본적으로 저지할 수 없다는 사실에서 찾는다. 따라서 그는 어느 한 시기에 다수의 위치가 된 집단이나 개인들이 그들의 정치적 이해관계에 의해 자의적으로 헌법을 손질함으로써 발생할 수 있는 '민주주의의 과잉 또는 남용으로부터 기본권 체계를 포함하는 헌법적 원칙들을 보호할 수 있는 최후의 제도적 보루로서' 사법심사권 제도가 필요하다고 본다.[71] 그래서 그는 연방대법원을 '상위법 체계에 대한 … 최고의 사법적 해석자'로 간주한다. 이 점에서 토크빌이 말하고 있듯이 미국식 민주주의에서는 사법권이 3권 중에서 최고의 권위를 지니며, 왜 진정한 민주주의 정체에서 사법권이 우월해야 하는가는 민주주의가 개인의 자유를 다수의 의지로부터 보호하려는데 있기 때문이라는 것을 롤스는 웅변하고 있다.

70 『정치적 자유주의』, 233 이하. 이중의 권력 및 그것에 상응하는 이중의 입법과정에 관한 롤즈의 입장은 미국 헌법에 대한 애커만(Bruce Ackerman)의 해석에 의거한 것이다. 같은 곳 각주 17과 김비환, 같은 글, 169 참조.

71 김비환, 같은 글, 169.

나아가 그는 연방대법원이 기본권에 대한 보호 역할만 수행하는 것이 아니라, "공적 이성의 제도적인 모범으로 작용함으로써 그 공적 이성이 올바르고 지속적인 효과를 낳게 한다."고 주장한다. 다시 말해 "법원이 행사하는 유일한 이성이 공적 이성이며", 그 자체가 공적 이성의 '창조물(creature)'이라는 것이다.[72]

> "시민들과 입법자들은 헌법적 필수 사항들과 기본적 정의가 관련된 문제가 아닐 때, 그들의 포괄적인 가치관을 투표로 지지할 수 있다. 그들은 그들이 왜 그렇게 투표했는지를 공적 이성에 의해 정당화할 필요가 없다. 그들은 자신들의 근거를 일관되게 만들 필요가 없으며 또 그 근거들을 자신들의 결정의 전체 범위에 걸쳐서 일관된 헌법적 관점에 맞출 필요가 없다. 정의의 역할은 바로 그렇게 행동하는 것이고, 그렇게 행동함에 있어서 그들은 정치적인 것 이외의 다른 이유나 가치를 가지지 않는다. … [이에 반해] 연방대법원판사들의 과제는 헌법과 헌법 관련 판례에 대한 지식을 사용하여 그들이 할 수 있는 한 헌법에 대한 최선의 해석을 개발하고 그것을 조리 있는 의견으로 표현하는 것이다. 여기서 최선의 해석이란 헌법 관련 자료집에 가장 잘 들어맞으며, 공적 정의관이나 그것의 합당한 변종에 의해 정당화 되는 것을 말한다. … 연방대법원판사들은 당연히 그들의 개인적인 도덕 기준이나 도덕 기준에 관한 그들의 이상과 가치들을 일반적으로 개입시킬 수 없다. … 마찬가지로 그들은 그들 자신이나 다른 사람들의 종교관이나 철학적 관점을 개입시킬 수 없다. … 그들은 공적인 관점에 대한 그리고 정의의 정치적 가치들에 대한 가장 합당한 이해로 생각되는 것에 속하는 정치적 가치들과 공적 이성에 호소해야만 한다."[73]

연방대법원은 '근본적인 정치적 문제들에 대해 권위 있는 판결을 내림으로써 공적 이성에게 생명력과 활력'을 불어 넣게 되는데, 롤스는 여기서도 연방대법원이 수행하는 공적 이성에 대한 모범으로서의 역할을 확인한다.[74] 미국

72 『정치적 자유주의』, 235.

73 『정치적 자유주의』, 236.

74 『정치적 자유주의』, 237 쪽 참조.

내에서는 물론 한국 내에서도 이라크 파병, 행정수도 이전, 대통령 탄핵소추 등 국내 정치 상황에서 심심치 않게 벌어졌던 헌정질서에 관한 논란에서 보듯, 사법심사권이 현실적 여건 속에서 공적 이성에 대한 모범으로 기능한다는 것은 쉬운 일이 아닐 것이다. 사법심사제도가 과연 '소수자들의 민주적 기본권을 보장해 줌으로써 민주정치과정에서 소수자들도 동등한 민주적 지위를 누릴 수 있도록 감시하는 제도로서, 말하자면 심의 민주주의의 온전한 유지에 기여할 수 있는 보조적 제도로서 이해'할 수 있을지, 아니면 기껏해야 정치과정의 사법권에 대한 의존도만을 심화시켜 이른바 '정치의 사법화'만을 초래하게 될지에 대해서는 논란의 여지가 있다.[75] 그럼에도 불구하고 롤스는 공적 이성이 개인적인 공리주의적 사고에 기초하고 있음에도 불구하고 사회적 동물로서 인간의 고유한 사회성에 동시에 기초하고 있는 정치체제로서 미국식 입헌 공화제를 최고의 정치체제로 인정하고 있음을 알 수 있다.

4. 롤스의 정의론과 재산소유 민주주의[76]

롤스의 정의론이 어떤 정치-경제 체제와 잘 부합할 수 있는가? 많은 학자들은 롤스의 정의론이 '평등주의라는 상표를 단 복지 국가 자본주의에 대한 철학적 옹호'라고 이해한다. 그러나 이러한 표현 중에는 복지국가 외에 자본주의나 평등을 중요시하는 사회주의라는 개념이 혼합되어 있기 때문에 자본주의나 사회주의와는 다른 한편으로, 현대에서 논의되는 복지국가와도 차별

75 김비환, 같은 글, 178쪽 참조. 김비환은 헌법재판소의 판사들에게도 '의견 차이가 존재'할 것이기에 '궁극적으로 다수결주의적 결정'을 피할 수 없으며, '각종 여론의 압력이라든지 정치적 압력 및 기업가들의 압력이나 요구로부터 자유로울 수 없을' 것이므로 "그들의 결정이 다수결주의에 의한 결정보다 반드시 더 나으리라는 보장은 없다."고 주장한다. 같은 글, 180쪽 참조.

76 이 장은 대부분 김비환의 책에서 따왔으면서도 자유 시장을 전제하는 재산소유 민주주의는 자본주의와 사회주의 사이에서 '중립성'을 주장하는 측면에서 더 명확히 표현하고자 한 점을 주석을 통해 제시하고자 하였다.

성을 지니고 있다. 앞에서 살펴보았듯이 그의 정의론은 단순한 복지 국가 이념하고는 괴리가 있다. 롤스는 자신의 정의론과 부합할 수 있는 체제들의 목록에서 복지국가 자본주의를 분명히 배척한 후, 자본주의의 대안으로서 양립 가능한 체제로서 재산 소유의 민주주의와 자유주의적 사회주의를 제시하고, 재산 소유 민주주의의 예를 구체적으로 예시하고 있는 데에서, 그의 정의론이 함축한 정치 체제가 재산 소유의 민주주의로서 어떠한 것인가를 우리는 미루어 짐작할 수 있다.[77]

1) 재산소유 민주주의 체제의 기본적인 제도들

롤스는 자본주의의 대안으로 재산소유 민주주의를 제시하면서 그 기본적인 사회적 제도들에 대해 다음과 같이 윤곽을 제시한다.

> (i) 정치적 자유들의 공정한 가치를 보장하는 장치들.
> (ii) 교육 및 훈련에서 기회의 공정한 평등을 실현하기 위한 장치들.
> (iii) 모든 이들을 위한 기본적 수준의 보건의료.[78]

나아가 롤스는 두 가지 조건을 추가한다. 즉 1) 경쟁적 시장체제, 2) 시장의 불완전성을 시정하고 나아가 분배적 정의의 관건이 되는 배경적 제도들을 보존하기 위한 적정 수준의 국가 개입[79]. 요컨대 재산소유 민주주의의 기본적 제도들은 위에서 지적한 (i), (ii), (iii) 그리고 경쟁적인 시장체제 및 적정 수준에서의 국가 개입으로 이루어져 있다고 할 수 있을 것이다.

그런데 이러한 롤스의 두 가지 추가조건은 왜소 정부를 부르짖는 신 자유

77 『공정으로서의 정의』, 135-178쪽들.
78 『공정으로서의 정의』, 135-138 쪽들.
79 『정의론』, 270-274쪽들.

주의적 사상과 거리가 멀다는 것을 알 수 있다. 자유민주주의는 이념적 지향과 뿌리가 다른 민주주의와 자유주의가 역사적으로 결합해 성립한 수정 자유주의이기 때문이다. 고대 식민지 철학자 데모크토스에서 기원하고 아테네가 실현한 민주주의가 평등한 시민들의 국정에 동등하게 참여하는 정치질서를 지향하는데 반해, 근대 산업혁명과 더불어 서구 유럽에서 기원하는 자유주의는 부르주아적 개인의 경제적 위상에 걸맞는 정치 사회적 요구로부터 발원하기 때문이다. 민주주의의 평등 지향성과 자유주의적 권리 보존이라는 근본가치 사이에는 이들을 결합함으로써 발생하는 해소하기 쉽지 않은 이질성과 내적 긴장이 엄존하는 것이다. 그럼에도 불구하고 이 양자 사이에 성립하는 변증법적 갈등 속에는 서로의 가치를 신장시킬 수 있는 공통점이 엄존하고 있는 것도 사실이다. 윤평중은 하이에크적인 문맥에서 경제학을 상업적 행위에서 '적이 친구가 되는' 의미의 그리스어 'katallatein'에서 기원하는 교환학(catallactics)으로 정의하면서 '카탈락시가 질서를 산출하면서 평화적 협동과 조정을 만들어내는 것'으로, 시장 속에서 목적과 욕망이 상이한 주체들이 거래하고 교환하는 가운데 자신의 목적을 달성하고 동시에 다른 이들의 목표실현도 돕게 되는 것으로 말하고 있다.[80] 그러면서 자유시장이라는 것이 국가의 강력한 개입에 의해 비로소 시장에 질서(윤리나 상도의)가 있는 자유 시장을 출범시킬 수 있는 것으로 말하고 있다.

2) 평등한 정치적 자유의 공정한 가치

롤스는 복지국가 자본주의가 정치적 자유들의 공정한 가치를 제대로 실현하지 못한다고 비판한다. 그러나 그 역시 바로 이 점에서 좌파들의 비판의 과녁이 된다. 즉 좌파 비판가들에 따르면, 자유주의 국가에서 평등한 자유란 형

80 윤평중, 『시장의 철학』 (나남, 2016) 118-119쪽들.

식적일 뿐이며, 배경적 제도들에서의 심각한 불평등들로 말미암아 부와 권력을 가진 소수(부르주아)가 정치적 삶을 통제하고 만다는 것이다. 이러한 비판을 대하면서 롤스는 제1원칙에 오직 평등한 정치적 자유들만이 그 공정한 가치를 보장받는다는 단서 조항을 포함시킨다. 여기에서 우리는 정치적 자유의 공정한 가치를 공고히 하기 위한 제도적인 방안으로 두 가지 길을 모색해 볼 수 있을 것이다. 즉 1) 경제 및 사회의 저변에 있는 불평등들의 영향을 국가로부터 단절시키는 길, 2) 이러한 불평등들을 제거하는 방식이 그것이다.

첫째 방안과 관련해 핵심적인 것은 정당 및 정치 과정이 사적인 요구들(private demands)로부터 자율성을 확보하도록 하는 길이다. 롤스 역시 현실 정치에서 선거 공영제와 선거자금 기부 제한을 제안하는 등 이러한 대안을 수용한다. 그러나 배경적 제도들에서의 불평등들을 제거하지 않은 채, 이들이 정치 과정에 미치는 영향을 단절시키는 것은 실패할 수밖에 없다, 왜냐하면 심각한 경제적 불평등들은 국가가 활용할 수 있는 정책들의 범위에 상당한 정도의 구조적 제약을 부과하기 때문이다 결국 정치적 자유의 공정한 가치 보장이라는 단서 조항은 정치 과정을 제반 불평등과 단절시키고자 한다면, 적어도 저변에 놓인 가장 심각한 불평등들을 제거할 것을 요구하게 된다.

두 번째 방안으로 우리는 롤스의 정의관에서 부를 평등화하는 수단으로 차등원칙을 생각해 볼 수 있다. 차등원칙이 담고 있는 평등주의적 함축들은 정치적으로나 경제적으로 강력한 제약 조건들을 부과할 것이다. 그러나 차등원칙은 '우리가 좋은 행운으로부터 더욱 많은 이득을 보고자 한다면, 우리의 천부적 재능이 우리보다 적게 가진 이들의 이익에 기여하는 방식으로, 즉 사회적으로 유용한 방식으로 작동하도록 훈련하고 교육해야만 한다는 것'을 말한다. 결국 차등원칙은 정의로운 불평등을 정당화하고자 하는 것이지, 더 많이 가진 자의 부를 더 적게 가진 자들에게 평등하게 분산하고자 하는 것은 아니다.

롤스는 재산소유를 평등하게 하는 핵심적인 제도적 방안으로 1) 증여 및 상속에 대한 누진과세, 2) 다양한 종류의 교육 및 훈련 기회의 평등을 진작시키는 공공정책을 제시한다.[81] 교육기회의 평등을 실현하고자 하는 공공정책은 시민들이 소득 획득 능력을 갖추도록 하는 적극적인 정책이라 할 수 있다. 그러나 가정의 자율성이 존중되는 한, 나아가 특히 개인의 소득 획득 능력에 결정적인 영향을 미치는 고등교육의 경우 그 비용이 엄청나다는 점을 고려한다면, 교육기회의 실질적 평등을 실현하는 것은 항상 불완전할 수밖에 없을 것이다. 이에 비해 증여 및 상속의 경우, 누가 어느 정도를 받게 되는가는 대부분 우연에 의해 결정되며 도덕적 관점에서 볼 때 임의적인 것(arbitrary)이다. 그렇기 때문에 배경적 정의를 훼손할 정도의 불평등을 야기할 수 있는 증여 및 상속에 대한 누진과세가 요구된다. 바로 이 누진과세에 대한 이해에서 롤스의 정의론은 시혜적인 복지국가 자본주의와 결별한다.

3) 재산소유 민주주의와 복지국가 자본주의

사실 현대의 어떤 산업국가도 자연적 우연들이나 사회적 우연들이 그 사회 성원들의 인생 전망들을 전적으로 결정하도록 허용하지는 않는다는 점에서 모두 복지국가이다. 이런 의미에서 본다면, 롤스의 재산소유 민주주의 역시 복지국가로 명명될 수 있다. 또한 롤스의 재산소유 민주주의와 복지국가 자본주의는 다 같이 생산수단에 대한 사적인 소유를 허용하고 있다는 점에서 상당히 유사하다. 그러나 복지국가 자본주의는 소수가 생산수단을 거의 독점하는 것을 처음부터 허용한다. 복지국가 자본주의는 최종 상태에 이르러(at the final state) 각자의 총소득(불로소득과 근로소득 모두)을 산정하고, 이 소득에 대한 누진과세를 통해 빈자들을 지원하는 복지기금을 마련하고자 하는 재분배 정책을 사후에(ex post) 택한다. 그러나 롤스가 말하는 재산소유 민주주의에서 취하는 누진세제는 빈자들을 위한 보조금을 마련하기 위한 것이 아니다. 이것은 제

81 『공정으로서의 정의』 123쪽.

반 정치적 자유의 공정한 가치와 기회의 공정한 평등에 역행하는 부의 과도한 축적을 막고자 하는 것일 뿐이다. 따라서 재산소유 민주주의 국가에서 누진세는, 그 성원들 간의 협동의 초기 조건을 만족시키고자 하는 것으로서, 증여 및 상속 등은 협동의 공정한 조건을 위협할 수 있는 불로소득으로 엄격히 한정된다.

결국 재산소유 민주주의에서는 협동의 최초의 상황을 공정히 하고자 상속, 증여 등의 불로소득에 대한 사전(ex ante) 누진과세가 있을 뿐, 노동소득에 대한 사후(ex post) 과세는 전혀 없다. 즉 재산소유 민주주의는 그 배경적 제도들을 통해 처음부터 재산과 자본의 소유를 분산시키는 방향으로, 다시 말해 사회의 소수 집단이 경제 및 정치를 장악하는 것을 처음부터 막는 방식으로 작동하는 것이다. 나아가 이렇게 함으로써 재산소유 민주주의 체제에서는 복지국가 자본주의에서와는 달리 누진세제가 노동유인(incentive)에 미치는 부정적 영향을 최소화하고자 한다. 이것은 재산소유 민주주의 사회의 최소 수혜자들이 복지국가 자본주의에서처럼 시혜나 연민의 대상이 아니라, 호혜성(reciprocity)의 원칙에 따라 다른 시민들과 상호 이익을 공유하는 자유롭고 평등한 시민으로 간주될 수 있는 이론적 밑받침이 될 수 있다.[82]

4) 재산소유 민주주의와 민주적 사회주의

롤스의 재산소유 민주주의와 민주적 사회주의는 모두 자유 경쟁의 시장체제를 수용한다. 즉 두 체제 모두 생산자 시장과 소비자 시장에 있는 기업들이 시장가격을 두고 서로 경쟁한다는 점에서는 일치한다. 그러나 민주적 사회주의에서는 자본주의적 기업이 금지되며, 오직 노동자가 통제하는 '협동조합들(cooperatives)'만이 서로 경쟁한다. 이러한 협동조합들에 속해 있는 노동자들은

82 김비환, 앞의 책, 44.

생산 수단과 관련해 이용권과 수익권을 갖지만, 생산수단에 대한 완전한 소유권(full ownership)을 갖지는 못한다. 즉 노동자들이 생산수단에 대한 자신들의 이용권 및 수익권을 외부인들에게 파는 것은 금지된다. 만일 노동자들이 이러한 권리들을 갖는다면, 자본주의적 기업들이 출현할 것이며, 이러한 기업들이 출현할 경우, 정치적 자유들의 공정한 가치를 보장하기 위해 그 배경적 제도들에서 불평등을 제거하고자 한 사회주의적 노력들이 수포로 돌아갈 수밖에 없기 때문이다.

롤스의 정의론이 재산소유 민주주의보다 오히려 민주적 사회주의를 더욱 지지한다는 논변은 시장경제체제의 공통된 특징(기업들 간의 경쟁, 경영진의 필요성, 기업가 정신의 발휘 등)이 아니라, 이 둘을 구분하는 특징(자본가로서의 자본가의 존재 유무, 즉 생산수단에 대한 사유재산권의 허용 여부)에서 일차적으로 그 지지 논거들을 발견해야만 한다. 따라서 이 두 체제간의 비교우위 문제는 생산수단에 대한 사적 소유가 정치적 자유의 공정한 가치를 실현하기 위해 요구되는 사회적 기본 가치를 평등하도록 하는 과정에서 어떤 영향을 미치는가의 문제로 귀결된다.

롤스의 정의론이 민주적 사회주의를 더욱 지지한다는 표준적인 논변은 자존(self-respect)에 대한 롤스의 언급들과 자본주의에 대한 사회주의자들의 일반적 비판이 결합된 형태로 나타난다.[83] 즉 롤스는 자유롭고 평등한 인격으로서 시민들이 그들의 도덕적 능력들을 계발하고 발휘하는데 있어서 자존이 무엇보다도 가장 주요한 사회적 기본 가치이기 때문에 그 사회적 기초들이 평등해야 한다고 주장한다. 그러나 민주적 사회주의자들은 자본주의적 경제체제에서 노동자와 자본가 간의 현저한 불평등은 결국 자존의 사회적 기초를 붕괴시키는 결과를 초래할 수밖에 없다는 것이다. 따라서 자존의 사회적 기초들을 평등하도록 하는 해결책은, 자본가와 노동자 간의 본질적인 불평등을

83 자존은 귀족정에서는 명예에 해당되며, 자본주의와 공산주의나 사회주의의 요소가 결합된 정의개념은 『정치적 자유주의』, 82, 106, 108, 318; 『정의론』 178-183, 543, 546쪽들 참조.

없애는 것, 즉 생산수단에 대한 사유재산권을 권리의 목록에서 배제하는 민주적 사회주의를 지지할 수밖에 없다는 것이다.

그러나 롤스의 정의론이 생산수단에 대한 사적인 소유권을 부정할 수밖에 없다는 주장은 무엇보다도 그의 정의론의 틀을 과도하게 벗어나고 있다. 롤스에 따르면, "(재산권에 대해) 더 이상으로 진전된 어떤 입장도 (자유와 평등이라는) 두 가지 도덕적 능력들의 계발과 실현에 필요한 기본적 가치로 간주될 수 없다."[84] 이 점은 마르크스주의적 정의론과 비교해 롤스의 정의론이 가지는 한 가지 주요한 특징이다. 롤스는 개인적 재산에 대한 권리(the right to personal property)와 생산수단에 대한 사유재산권(private ownership over means of production)을 구분한 후, 전자를 인격의 자유와 통합성(integrity)에 속하는 기본권으로 상정하지만[85] 후자의 권리를 정의의 원칙에 의해 요구되는 기본권으로 간주하지는 않는다. 즉 롤스는 "정의의 두 원칙들의 내용을 예시하기 위해, 재산소유 민주주의와 민주적 사회주의 사이에서 결정을 해야 할 필요는 없다. 어느 체제에서건, … 정의의 두 원칙들이 실현될 수 있다." 고 주장한다. 즉 롤스는 두 체제 간의 선택의 문제를 정의론 자체의 귀결에 의해서가 아니라 해당 사회의 역사적, 정치적 전통, 곧 정치 사회학에 의해 결정될 문제로 간주한다. 이 점은 경제체제의 선택 문제가 기본권들에 의해 결정되지 않는다는 주장으로, '체제 중립성'을 표방하는 현대 철학적 자유주의의 핵심적인 주장이라고 할 수 있다.

둘째, 자존의 사회적 기초를 평등하게 하는 일과 생산수단에 대한 사적인 소유를 금지하는 것은 상호 필요조건도 충분조건도 아니다. 물론 생산수단에 대한 사유재산권은 이를 소유하지 못한 자들을 생산수단으로부터 배제하며

---

84 『정치적 자유주의』, 298 쪽.

85 롤스의 정의의 제1원칙은 재산소유 민주주의에서 재산권에 대한 근대의 존 로크의 주장, '자연자원을 개인의 노동에 의해 소유화하는 것이 같은 노동력을 지닌 타자의 소유를 제한함으로 인해서 비롯된 것이므로 세금을 통해서 이를 환수하여 자연자원의 소유로부터 소외된 타자에게 재분배해야 한다는 생각'과 같은 것을 전제하는 것으로서 근대의 자연주의적 자유주의적 관점을 전제한다고 보아야 한다.

따라서 경제적인 불평등으로 나타난다. 그러나 생산수단에 대한 사유재산권을 부정함으로써 사회주의자들처럼 곧장 자존의 사회적 기초들에서의 평등을 보장할 수는 없다. 또한 어떤 형태의 재산이건 과도한 재산의 집중은 자존의 사회적 평등을 훼손할 것이다. 따라서 롤스의 정의론이 재산소유 민주주의보다 민주적 사회주의를 더욱 지지해야만 한다는 논변은 생산수단에 대한 모든 시민들의 평등한 접근권(access rights)이 자존의 사회적 기초를 실질적으로 평등하게 하는 결과를 낳을 수 있다는 점을 의혹의 여지없이 제시해야만 한다. 그런데 롤스는 재산 소유 민주주의 체제를 선택하는 과정이 결국 역사적 전통이나 경험 과학적 자료들에 상당한 정도로 의존할 수밖에 없다는 점을 보여주는 것이다.

롤스의 재산소유 민주주의와 민주적 사회주의의 가장 큰 차이점은 생산수단에 대한 사유재산권을 허용하는 것이다. 따라서 롤스가 말하는 '재산소유 민주주의'에서 '재산'이란, 민주적 사회주의와 대비되는 한에서는, 곧 생산수단을 의미한다. 그러나 재산소유 민주주의 체제가 곧 자본주의 체제를 말하는 것은 아니다. 왜냐하면 롤스는 한 경제체제 내에서조차도 생산수단(혹은 생산적 자산)에 대한 다양한 소유 형태를 허용하고 있기 때문이다. 즉 롤스는 사회주의적 소유 형태의 기업들이 재산소유 민주주의 체제 내에서 자본주의적 기업들과 공존할 수 있는 가능성뿐만 아니라 심지어 사회주의적 기업들이 자본주의적 소유관계를 모두 대체할 수 있는 가능성까지 열어 둔다고 말할 수 있다. 우리는 여기서 다양한 형태의 재산소유 민주주의 체제를 그려볼 수 있을 것이다. 만일 시장경제 원리만으로도 배경적 정의가 유지되고 정치적 자유의 공정한 가치들이 실현될 수 있는 역사적 전통을 가진 사회라면 생산수단에 대한 광범위한 사유재산권을 허용하는 것이 바람직할 것이다. 물론 생산수단에 대한 사유재산권이 인정되는 정도는 해당 사회에 역사적, 문화적 전통이 얼마나 굳건히 자리하고 있는가에 따라 결정될 것이다. 나아가 이러한 전통이 거의 형성되어 있지 못한 사회에서는 생산수단에 대한 사유재산권이 엄격히 제한되어야만 할 것이다. 이런 의미에서 본다면, 민주적 사회주의는 시장 경제 원리로는 전혀 운영될 수 없는 극단적인 사회에서 요구될 수밖에 없는 재산소유 민주주의의 한계 사례(marginal case)로 볼 수 있을 것이다.

롤스는 현대 민주주의의 특징으로 서로 양립 불가능하기까지 한 다양한 가치관들이 존재한다는 점을 강조한다. 이러한 다양성 아래에서 사회적 협동을 위한 유일한 공정한 기초는 다양한 가치관이 (정의의 한계 내에서) 번성하도록 하는 것이다. 특히 롤스가 현대 민주주의의 영속적인 특징을 다원주의에서 찾고 있다는 점에서, 현대사회의 역사적, 문화적 전통에 의거하여 경제체제를 결정하고자 한다면, 더욱 광범위한 권리들을 허용할 수 있는 체제, 즉 자연자원과 생산수단에 대한 사유재산권을 허용하는 재산소유 민주주의가 민주적 사회주의에 비해 선호되어야 할 것이다. 또한 롤스는 이러한 다원주의의 사실에서 정치적 정의관에 대한 중첩적 합의를 도출하고자 한다. 즉 정치적 정의관은 허용 가능한 일반적이고 포괄적인 입장들 간의 공통의 근거를 발견해야 한다. 여기서 가장 중요한 점은, 중첩적 합의는 정치적 입장이 자유주의적 입장이어야 한다는 점을 요구한다는 것이다. 즉 정치적 정의관에 대한 이러한 중첩적 합의가 실현되는 과정에서 국가가 특정한 포괄적인 교설들을 의도적으로 조장하거나 선호하는 것이 금지되어야 한다. 따라서 우리는 중첩적 합의와 관련해서도, 사회주의적 기업들을 요구하는 입장까지도 허용할 수 있는 재산소유 민주주의가 우위에 있다고 할 수 있다. 이를 통해 볼 수 있듯이 롤스가 말하는 재산소유 민주주의는 사회주의적 협동조합들까지 허용하고 또한 이러한 협동조합들이 상호 경쟁하면서 번성하도록 고무할 수 있는 체제라고 할 수 있다. 따라서 재산소유 민주주의를 단순히 시장 자본주의의 한 형태라기보다는 시장 사회주의적 요소들까지 포용하는 '혼합' 체제로 이해하는 것이 바람직할 것이다. 또한 복지국가 자본주의와 비교를 통해 본 것처럼 재산소유 민주주의 체제는 사회 성원들 간의 호혜성을 구체화하면서 복지와 평등의 요구를 조화시키고자 한다는 점에서 '개선된' 혼합 체제라고 명명하는 것이 더욱 바람직할 것이다.

5. 자유주의적 입헌주의

플라톤의 정치철학에서 기원하는 서구의 정치철학은 아리스토텔레스가 '인간이 정치적 동물'이라고 정의하면서부터 야기된 정치 체제의 논쟁에서 정치적 자유를 누가 갖느냐의 문제에 집중되어 왔다. 그러나 근대 산업 혁명이 일어난 뒤로는 자유의 실현이 모든 인간 개인에게서도 실현 가능하다는 전제 아래 민주주의를 지향하게 된다. 20세기 현대에서는 이러한 민주주의의 실현이 지구상에서 자유민주주의와 공산사회주의의 형태로 양분되어 실험되어 왔다고 볼 수 있다. 그러나 공산주의는 한나 아렌트가 말했듯이 그 전체주의적 성격과 이데올로기의 비합리적이고 자기 모순적인 성격과 평등이라는 가치실현의 폭력성 때문에 자유로운 이성에 따르는 합리성과는 모순되는 것이다. 더욱이 공산주의가 부정한 재산 소유권이나 자유 시장 경제체제가 생산과 분배에 있어서 (개인적 이기심과 공공적인 국가적 이성에 의해 구성된) '보이지 않는 손'에 의해 조정되는 효율성 때문에 공산주의는 20세기 말에 해체되고 만다. 그 결과 21세기에서 모든 국가들이 지향하는 것처럼 보이는 자유민주주의가 승리한 것처럼 보이나, 이러한 자유민주주의 체제에도 사실 한나 아렌트가 말하듯이 인간의 조건이 지니는 자유라는 개념은 한계를 가졌기 때문에 자기 정체성을 분명히 하여야만 우리의 행위가 자유를 파기하지 않으면서도 안전하게 공동 사회를 이루어나갈 수 있는 것이다. 롤스의 정의론은 이러한 자유주의적 정의론의 자기 정체성과 아르키메데스의 지점을 확보하기 위해 노력한 결실이다. 이러한 롤스의 노력을 박정순은 다음과 같이 묘사하고 있다.

"롤스는 공동체주의자를 비롯한 많은 반 자유주의자들의 사이렌 같은 아우성을 물리치고, 잠정 협정적인 자유주의가 버티고 있는 스킬라(scylla)의 암초와 도덕 이상주의가 잠복하고 있는 카리브디스(charybdis)의 소용돌이를 피해 무사히 귀환할 수 있을 것인가? 오디세우스는 돛대에 몸이라도 묶었지만, 무지의 베일로 눈먼 롤스는 몸을 묶을 고정점이라도 찾을 수 있단 말인가? 자유롭고 평등한 도덕적 인간은 그러한 고정점이 되기에는 너무나 박약한 돛대가 아닌가? 우리는 롤스의 이러한 고난의 오디세이와 그 미래를 이렇게 해석하고 싶다. 그것은 자유주의와 겨우 지난 세기에 그것의 동반자가 된 민주주의를 조화시켜 정치적 분야에서뿐만 아니라 경제 사회적 분야에서도 진정한 자유민주주의로 발전시키려고 하는 '실현 가능한 유토피아'를 위한 대장정이라고."[86]

86 박정순, '자유주의 정의론의 철학적 오디세이', 앞의 책, 75.

결 어

플라톤의 혼합정의 이념은 개인영혼이 신적 상태를 지향하면서도 이 지상에서 살아가는데 필요한 재화를 생산해야 하는 현실에서의 '전쟁이 없는 안정된 평화와 정의의 질서를 목표로 하는 법질서'에 따르는 개념으로서 개인영혼이 확대된 법질서를 전제하는 것이다. 이 때문에 인간적 현실에서의 정치체제는 권력을 지니는 지배자의 수가 단순한 하나의 정치체제로 정리되기보다는 여러 정체를 혼합할 필요성이 있다. 그리고 이러한 혼합정의 이념은 궁극적으로는 권력을 분할하고 이를 고정하기 위해 보편적 법률을 제정하고 이를 성문화 하는 정신으로 나타난다. 플라톤이 정체를 혼합하는 방식은 관직을 '분할해 확정하고 이들을 선발하면서' 권력을 분배하고, 이들 사이에 권력의 남용과 집중에 따른 부정이 없애기 위한 유한-무한의 변증법에 따르는 정의관에 따라 견제와 균형에 의한 '조화의 통일성'을 지향하는 신적 통합의 변증법이 작용하고 있다.

플라톤이 말한 신적 변증법에 따르는 정의 개념은 아리스토텔레스에서는 중용 개념을 중심으로 한 목적론적 체계로 정리됨을 알 수 있었다. 그리고 아리스토텔레스의 이러한 목적론적 체계에 따르는 중용 개념의 혼합정의 이념은 신 개념을 제외한다면 그의 형상-질료의 형이상학에 따라 생물학에서 생태계의 현실적인 먹이사슬을 상징하는 것이었다. 이러한 아리스토텔레스의 목적론적 우주관에 따르는 자연철학적 사실로서 아리스토텔레스의 혼합정의 정치적 현실을 중세에 기독교의 신정 정치는 서구 세계의 신중심의 봉건적 제도로서 합리화한다.

근대 이후에는 마키아벨리에서 나타난 것처럼 당위와 사실을 구별하고 인간성의 현실적인 이기심에 기초한 사실적 바탕 위에서 혼합정의 이상이 역사적 현실에서는 로마 공화정의 군사문화를 토대로 하여 이루어지고 있었다는 것을 확인할 수 있었다. 특히 로마 공화정을 정치적 이상으로 삼았던 키케로의 귀족을 중심으로 한 정치철학은 시저(Caesar)를 시초로 하는 민중(plebs)을 등에 업은 안토니우스와 옥타비아누스와 같은 제국주의자에 의해 정치세계에서 제거될 수 있음을 역사적 현실에서 볼 수 있다. 표면적으로 제국주의적인 권력을 지닌 강자가 약자보다는, 정의로운 사람보다는 불의한 권력자의 현실에서는 항상 승리함을 보여주는 것이다.

그러나 이러한 전쟁을 전제로 한 그래서 항상 승리하면서 존재해야 하는 제국주의적 사상도 내면적으로는 먹고 사는데 부족함이 없는 자연의 풍요로움이나 농사나 목축과 같은 생산 계층의 도움 없이는 폭력을 전제하는 군사문화의 자기 모순적 성격 때문에 존재할 수 없다. 고대나 중세에서 이러한 폭력적인 군사문화를 정치세계에서 완화시키는 것이 인류의 상업적 행위에 의해서임을 우리는 고대에서는 국가 체제가 내부적으로는 혼합정의 형태로, 외부적으로는 도시국가들의 연합형태로 나타난 것에서 확인할 수 있었다.

근대에서 혼합정이나 공화정을 국가의 이상적인 체제로 생각한 마키아벨리나 몽테스키외의 정치철학에서 우리가 확인한 정의 개념은 마키아벨리의 외교적 정신으로 몽테스키외의 법의 정신으로 나타나는 것을 볼 수가 있다. 그러나 마키아벨리의 외교적 정신은 사실 고대의 군사문화 시절에 있었던 것으로서 이를 보충하는 것인 전쟁에서의 상호간의 폐해를 최소화하려는 경제적 정신에서 유래하는 것임을 확인할 수 있었으며, 이러한 경제적 정신을 물자를 교환하는 상호 호혜적 상업정신이 보완하고 있었다는 것을 알 수 있었다. 그리고 몽테스키외의 법의 정신이라는 것도 이러한 군인정신과 상인 정신에 숨어 있는 경제적 정신의 이성에 에 의한 통찰에서 기원하는 것이었음을 알 수 있다. 왜냐하면 마키아벨리나 몽테스키외가 살았던 근대 도시는 사실 산업혁명을 토대로 성립된 것이기 때문이다. 그리고 산업혁명이란 뉴턴 역학이 이상으로 지향한 자동 기계, 즉 인간의 생산 활동에서 필요한 인간 신체적 노동을 역학적으로 인과적 필연성에 따르는 논리로 분석함으로써 이를 생산 현장에서 이용할 수 있는 기술(technology)로 제작한 기계에 의해 대치함으로써 생산 활동에 비약적 발전을 이룬 것으로 나타난다.

사실 철학에서 분리되어 나간 근대의 모든 학문의 모델은 뉴턴 물리학이었다. 뉴턴 물리학의 영향 때문에 철학의 가치론에서는 당위와 사실이 분리되고, 이를 기초로 하여 사회과학에서도 이상과 현실을 분리하며, 만일 이들을 혼합하면 G. E. 무어(G. E. Moore)가 말한 자연주의적 오류(naturalistic fallacy)를 범하는 것으로 인식되기에 이르렀다. 특히 당위 개념에는 가치가 전제되어 있으나 사실 개념은 가치중립적인 것으로서 객관적이고 보편타당한 것으로 인식되기에 이른 것이다. 그러나 당위와 사실을 모두 가치개념에 포괄되는 것이다. 왜냐하면 사실 개념이 가치중립적인 것이라는 것은 몰가치적 개념이 아니라, 인간과 관련되는 한에서 곧바로 가치 개념을 형성하기 때문이다. 즉 사실이라는 것은 인식론적으로 객관적이고 보편타당한 성격을 지닌 것이기에, 현상학적으로 말한다면 간주관적 성격을 지닌 것이기에 중립성을 표방할 수 있을 뿐이다.[1]

1 사실 이성적인 일상 언어의 논리학에서 A=A라는 동일률은 가치도 사실로 아닌 것이다. 그러나 현대의 양자역학

자연적인 삶에서 이러한 재화의 생산은 불필요하였다. 동물적인 삶에 식물이 영양분으로 존재하기 때문이다. 그러나 인간적 삶에는 동물성 때문에 먹고 사는데 필요한 재화의 생산이 필수적이다. 그러나 인구가 많아지고 자연자원이 이를 만족시키지 못할 경우에는 다윈의 진화론이 말하듯이 자연선택이 필연적으로 나타난다. 즉 제한된 자연 자원을 놓고 살아남기 위해 생존 경쟁을 하지 않을 수 없는 것이다. 결국 재화를 생산하지 못하는 동물들은 제한된 먹이를 놓고 상호 경쟁하고 이를 위한 다양한 전략을 구사하게 되는데, 이러한 자연적인 압력이 인간 종에서는 지능을 발달하게 하고 사회를 이루게 하는 동인으로 작용하게 된 것이다. 특히 인간 지능은 동물적인 단계에서 더욱 발달하여 무기물의 자연사물에서 유기물의 재화를 생산하는 지능을 발달시킨 것이 근대 이후의 자연과학의 발달이자 이를 자연에 응용하는 기술이다. 근대의 뉴턴 역학을 시발로 하는 과학의 발달로 이를 이용한 기술을 통해 인류에게 산업 혁명이 가능하게 된 것이다.

근대에서 나타난 공화정은 산업혁명을 토대로 한 것으로서 고대에서 군사문화를 중심으로 나타난 왕정을 지향하는 귀족주의적 성격의 공화정과는 본질적으로 다른 점이 민주주의를 지향한다는 것이다. 마찬가지로 고대 공화정의 정신의 기원이 된 플라톤의 혼합정의 정신은 근본적으로 그 지향점이 신적 삶에서 동물적인 인간적 삶에로 전도될 수밖에 없다. 이러한 근본적인 사고의 혁명적 전회를 매개하는 개념이 바로 상인정신에서 유래하는 경제적 개념이다.

그러나 근대 산업혁명의 수혜를 가장 많이 본 상인정신을 지닌 부르주아가 근대 민주주의의 발전의 선봉에 있었다는 것은 현대의 민주주의적 관점에서 보면 역사에 아이러니일 수 있다. 왜냐하면 상인정신을 지닌 부르주아들이

이 전제하는 '우연성이 개재하는 현실'과의 관계에서 보면 이 동일성 개념은 인간이성에게는 한편으로 당위성을, 다른 한편으로는 필연성에 따르는 사실 개념이라는 것이 곧 들어난다. 이러한 사실은 현대 수학-기하학의 체계에 대한 직관주의와 논리주의 그리고 형식주의가 나타나는 것과 같은 이치이다. M. 클라인(Morris Klein), 『수학의 확실성』, 참조.

권력을 획득하면 한나 아렌트가 그의 『전체주의의 기원』에서 고발하고 있듯이 부의 증대를 위한 과거 전제군주나 근대 절대왕정, 혹은 현대 초기에 나타난 나치스나 파시스트의 전체주의를 가능하게 하고, 자유보다는 평등을 지향하는 이성에 가장 이상적인 듯한 자본주의를 반대하는 공산주의 사상을 부흥하게 하기 때문이다. 즉 이러한 전체주의나 공산주의는 인간에 자연적으로나 천부적으로 주어졌다고 하는 인간의 '자유'를 망각하게 하거나 소멸하게 하기 때문이다.

우리는 상인정신만에 의해서는 민주주의를 이룰 수가 없다. 상인정신도 자연자원의 불균형한 충족-결핍을 조절하는 서비스의 것에 불과하지 근본적인 재화의 결핍의 문제를 해결하는 생산하는 지능은 아니기 때문이다. 자연자원의 한계나 결핍을 극복하는 것은 자연과학을 이용한 기술을 발전시키는 공인정신에서만 나올 수 있기 때문이다. 우리는 이러한 사태의 진실성을 토크빌의 미국 민주주의에서 확인할 수 있었다. 인류가 먹고 사는데 필요한 자연의 풍요론을 전제하면 인류는 개인의 자유를 기초로 하는 민주주의에로 발전할 수밖에 없다는 필연성이다.

결국 플라톤이 현실적으로 가능한 이상적인 정치체제로서의 혼합정은 이 지상에 평화와 안정된 삶을 이루기 위해서는 수많은 딜레마와 어려움을 함축하는 것이다. 그리고 플라톤이 그의 정치철학에서 구상한 혼합정의 정신의 기원은 그의 『국가-정체』편의 정의론에 있다. 그는 자신의 정의 개념을 소크라테스의 지덕합일설에 기초하여 정립하려고 한다. 그런데 그의 정의 개념은 사실 먹고 사는데 필요한 재화의 부족 때문에 나타난 개념이다. 인간이 먹고 사는 데 필요한 재화가 풍족하다면 생과 사에 관계하는 선악 개념을 제외한다면 정의 개념은 나타날 수 없다. 왜냐하면 정의 개념은 경제적으로 자족하지 못한 국가나 사회에서 생겨나는 개념이기 때문이다. 즉 정의 개념은 아리스토텔레스가 말했듯이 일차적으로 부의 분배에 관한 개념에서 성립하며, 먹고 사는데 필요한 재화나 부에 대한 생존경쟁이나 전쟁 때문에 나타난 개념이기 때문이다. 그런데 정의 개념은 한편으로는 덕 개념이 함축한 선에, 다른 한편으로는 이론적 이성이 요구하는 수학적-기하학적 개념에 관계하는 개념이다. 사실 모든 가치개념은 인간 존재의 역동성의 신비와 결부되고 고전적으로는 신이 인간성의 이상으로 나타난다. 신성은 가치론에서 성(聖) 개념으로 나타난다. 이 성 개념을 분석하면 마치 빛을 프리즘에 굴절시켜보면 오색으로 분화되어 나타나듯이 진, 선, 미로 분화된다. 이 때문에 성 개념은 중세 때 빛이 상징하는 것이 되었다.

그런데 가치론에서 최고의 가치인 성은 진선미와 위계적으로 질서 지어져 있고 진선미라는 것도 성과의 관계에서 유기적으로 결합되어 있음을 아는 일이 중요하다. 현대 철학이나 생물학에서 신성 개념보다는 생물체의 자발성에 주목하면서 생물을 무기물에서 물리-화학적으로 구성된 유기체라고 말하는데, 이러한 유기체 개념에는 전체-부분의 양적 논리가 동일-차이의 질적 논리와 변증법적으로 결합됨으로써 박홍규에 따르면 "전체가 부분 속에 가능적으로 들어오는 사태"이며, 이러한 사태는 생물체의 역동성을 전제하지 않으면 일어날 수 없는 것이다. 즉 이러한 유기적 조직의 이면에는 생물체의 자발성, 즉 철학적으로는 불멸성을 지향하는 단순한 생물체에서 진화한 인간에 고유한 사유기능과 자유의지를 전제하지 않으면 이해될 수 없는 것이다. 마찬가지로 가치론에서 정의론 중심으로 진선미 성과 유용성을 정리하려는 플라톤의 사고에서 비롯되는 혼합정체의 이념이란 국가 사회에 대한 유기체적인 변증법적 사유로 나타나며, 이러한 혼합정체의 유기체적 변증법의 이면에 존재하는 개인의 자유를 보존하려는 입법 정신은 인류의 역사에 대해 다음과 같은 말을 하지 않을 수 없을 것이다.

"자유는 공짜가 아니다."[2]

2 이 말은 한국전에 희생된 전사들의 묘비에 새겨진 말이다.

참고문헌

제4장. 마키아벨리의 혼합정의 부활

1) 마키아벨리 일차문헌

Machiavelli. *The chiefWorks and Others.* Tr. by Allan Gilbert. Ducke University Press, 1989.

니콜로 마키아벨리. 김영국 역. 『마키아벨리 군주론』. 서울대 출판부, 1993.

니콜로 마키아벨리. 박상훈 역. 『군주론』. 후마니타스, 2014.

니콜로 마키아벨리. 박상섭역. 『군주론』. 서울대학교 출판문화원, 2011.

니콜로 마키아벨리. 강정인, 안성재. 『군주론』. 살림, 2005.

니콜로 마키아벨리. 강정인, 안성재 역. 『로마사 논고』(티투스 리비우스의 로마사 첫 10권에 관한 강론』(*Discorsi sopra la prima deca di Tito Livio / Discorses on the first ten books of Titus Livy*)』. 한길사, 2013.

2) 마키아벨리 이차문헌

곽준혁. 『지배와 비지배』. 민음사, 2011.

곽준혁. 『마키아벨리 다시 읽기』. 민음사, 2014

곽차섭. 『마키아벨리즘과 근대 국가의 이념』. 현상과 인식, 1996.

김경희. 『공화주의』. 책 세상, 2009

김상근, 『마키아벨리』. 21 세기 북스, 2013.

마이네케. F.(F. Meinecke). 이광주 역. 『국가권력의 역사』. 한길사, 2010.

박상섭. 『국가와 폭력: 마키아벨리의 정치사상 연구』. 서울대 출판부, 2002

맨스필드. H. C.(Harvey C. Mansfield). 이 태영 . 조혜진 . 고솔 역. 『마키아벨리의 덕목』. 말글 빛냄, 1996-2009.

모리치오 비롤리. 김경희, 김동규 역. 『공화주의』. 인간사랑, 2006.

스키너, Q.(Q. Skinner). 『마키아벨리의 네 얼굴』. 김현아 역. 한겨레출판, 2008.

스트라우스, L.(Leo Strauss). 함규진 역. 『마키아벨리』. 구운몽: 생각의 나무, 2006.

알투세르, L(Louis Althusser). 오덕근, 김정한 역. 『마키아벨리 가면』. 이후, 2001.

이수석, "혼합정체의 정치사상 연구", 고려대학교 박사학위 논문, 1997.

정정훈. 『군주론, 운명을 넘어서는 역량의 정치학』. 그린비, 2011.

진원숙. 『마키아벨리와 국가 이성』. 신서원 2005.

최장집, "마키아벨리의 정치철학적 도전과 성취", 니콜로 마키아벨리, 박상훈 역, 『군주론』, 후마니타스, 2014.

포칵 J. G. A.(J. G. A. Pocock). 곽차섭 역. 『마키아벨리언 모멘트』. Ⅰ. Ⅱ. 나남, 2011.

화이트, M. (M. White). 감유열 역. 『마키아벨리 평전』. 이룸, 2004-2006.

Meinecke, F. *Machiavellism :the doctrine of raison d'Etat and its place in modern history.* Routledge & Kegan Paul, 1957

Parel, A. J. *The Machiavellian Cosmos.* Yale University. Press, 1992.

Pitkin, H. *Fortune as a Woman.* University of Califonia Press, 1984.

Schmitt, C. tr. by George Schwab. *The concept of the political*. New Brunswick: Rutgers University, 1976.

Skinner Q. *Machivelli.* Oxford University Press, 2001.

Strauss, L. *Thoughts on Machiavelli.* Chicago University Press, 1958.

제5장. 몽테스키외의 법의 정신

1) 몽테스키외 일차문헌

Montesquieu. *Oeuvres Complètes de Montesquieu.* Roger Caillois(éd). 2 Tomes. Paris: Gallimard, 1949-1951.

Montesquieu. *Lettres persianes* (1721). 소두영 역. 『페르시아인의 편지』. 1권. 삼성출판사, 1982.

Montesquieu. *Considerations sur les causes de la grandeur des Romains et de leur décadence*(1734). 박광순 역. 『로마인의 흥망성쇠 원인론』. 범우사, 2007.

Montesquieu. *De l''Esprit des lois*(1748) 이 명성 역. 『법의 정신』. 홍신문화사, 2013; 고봉만 옮김. 『법의 정신』. 책세상, 2006.

2) 몽테스키외 이차 문헌

김동영 역. 『페더럴리스트 페이퍼』. 도서출판 한울, 1995.

김명윤, '몽테스키외의 정치사상에 나타난 미덕과 자유의 신념', 『프랑스 어문 교육』, 제 14집, 한국프랑스 어문 교육학회, 2002.

김용민, "몽테스키외-삼권분립과 법치주의의 완성자", 강정인 · 김용민 · 황태연 엮음, 『서양 근대 정치사상사』, 책 세상, 2007.

김용민. 『루소의 정치철학』. 인간사랑, 2004.

루소 J. J.(J. J. Rousseau). 『사회 계약론』. 방곤 역. 신원문화사, 2006.

안두환, "몽테스키외의 『법의 정신』: 정치, 경제 그리고 법 개혁", 『법철학연구』, 9, 2006.

장세룡. 『몽테스키외의 정치사상』. 한울아카데미, 1995.

장세룡, '몽테스키외의 정치사상의 근대성', 대구사학회, 제 81집.

장효민, "진정한 자유를 구현하는 시민성 실천방안: 미국 민주주의에 대한 토크빌의 분석을 중심으로", 윤리교육 연구 제 27집, 한국 윤리학회, 2012, 4.

홍태영, "몽테스키외의 『법의 정신』에 대한 정치적 독해", 『한국정치학회보』, 41-2, 2007.

홍태영. 『몽테스키외와 토크빌』. 김영사, 2006.

Baum, John Alan. *Montesquieu and social theory.* Oxford : Pergamon Press, 1979.

Carrese, Paul O. *The cloaking of power Montesquieu, Blackstone, and the rise of judicial activism.* Chicago : Univ. of Chicago Press, 2003.

Carrithers, David Wallace. *Montesquieu's science of politics : essays on the Spirit of laws.* Lanham, 2001.

Durkheim, E. *Montesquieu et Rousseau, précuseurs de la sociologie.* Paris: marcel Riviere, 1966. 임희섭 역. 『사회분업론』. 세계 사상전집 14, 삼성출판사, 1997.

Duignan, Brian. *Forms of Government and the Rise of Democracy*. Chicago : Britannica Educational Publishing, 2013.

Höfer, Franziska. *Montesquieu - Die alternative Gesellschaftslehre,* München : Grin Verlag GmbH, 2011.

Geenens, Raf and Rosenblatt, Helena (ed.). *French liberalism from Montesquieu to the present day.* Cambridge : Cambridge University Press, 2012.

Martin, Kingsley. *French liberal thought in the eighteenth century - a study of political ideas from Bayle to Condorcet.* London : Phoenix House, 1962.

Pangle, T. L. *Montesquieu's Philosophy of Liberalism*(Chicago: Tht University of Chicago Press, 1973.

Rahe, Paul A. *Montesquieu and the logic of liberty.* New Haven :Yale Univ. Press, 2009.

Senelle, Robert. *The road to political democracy from Plato to the charter of the fundamental rights of the European Union*. Brussels, 2012.

Singer, Brian C. J. *Montesquieu and the discovery of the social.* Basingstoke : Palgrave Macmillan, 2013.

제6장. 토크빌의 지방자치적(township) 민주주의

1) 토크빌의 일차 문헌

Gustave de Beaumont ed. *Memoirs, Letters& Remains Alexis Tocqueville.* London: Macmillan, 1861.

Jacob Peter Mayer ed. Alexis de Tocqueville: *Oevres complètes.* Paris: Gallimard, 1951.

Alexis de Tocqueville. 임효선, 박지동 역. 『미국의 민주주의』 I . II. 한길사. 1997.

Alexis de Tocqueville. 이용재 역. 『앙시앵 레짐과 프랑스 혁명』. 지식을 만드는 지식, 2013.

2) 토크빌의 이차 문헌

방문숙, "토크빌의 귀족적 자유주의의 정체성을 찾아서,"「이화사학 연구」, 제 30집, 2003.
방문숙, "토크빌의 사회사상과 그 한계",「이화사원」, 제 28집.
서병훈, "토크빌의 '새로운 자유주의'",「한국정치학회보」, 제45집, 제 4호.
이용재, "토크빌의 민주주의론",「한국사학사 학보」, 26집, 2012, 12월호.
장효민, "진정한 자유를 구현하는 시민성 실천방안: 미국 민주주의에 대한 토크빌의 분석을 중심으로",「윤리학 연구」, 제 27집, 한국윤리학회, 2012, 4월호.
홍태영.『국민국가의 정치학』. 후마니타스, 2008.
홍태영, "토크빌(A. de Tocqueville)과 민주주의 패러독스",「한국정치학회보」, 제 35집 3호.
Boeshe, R. *The strange liberalism of Alexis Tocqueville* (New York: Cornell University. Press, 1987.
Constant, B. *Principes de politique*. Hachette/Pluriel, 1997.
De Dijn, A. *French political thought from Montesquieu to Toqueville*. Cambridge: Cambridge University Press, 2008.
Kelly G. *the Human comedy: Constant, Tocqueville and French Liberlism*. Cambridge: Cambridge University Press, 1992.
Jaume, L. *Tocqueville, les sources aristocratique de la liberté*. Fayard, 2008. Hachette, 1984.
Melonioni, Francoiese. *Tocqueville et Francaise*. Paris: Aubier Histoire. 1989.
Lamberti, Jean-Claude. *Tocqueville et les deux démocraties*. Paris: P.U.F. 1983.
Oldfield, A. *Citizenship and Community: Civic Republicanism and modern world*. London: Routlledge, 1990.

제7장. 아렌트의 가족-공동체 정신과 전체주의의 기원

1) 아렌트 일차문헌

Hannah Arendt. *Der Liebesbegriff bei Augustin*. Berlin: Julius Springer Verlag, 1929.
Hannah Arendt. *The Origins of Totalitarianism*. New York: Harcourt Brace Jovanovich, 1951. Third edition with new prefaces, 1973.
Hannah Arendt. *The Human Condition*. Chicago: University of Chicago Press, 1958.
Hannah Arendt. *Eichmann in Jerusalem: A Report on the Banality of Evil*. New York: Viking Press,

1963. Revised and enlarged edition, 1965.
Hannah Arendt. *On Revolution.* New York: Viking Press, 1963. Revised second edition, 1965.
Hannah Arendt. *Between Past and Future.* New York: Viking Press, 1961. Revised edition, 1968.
Hannah Arendt. *Men in Dark Times.* New York: Harcourt Brace Jovanovich, 1968.
Hannah Arendt. *Crises of the Republic.* New York: Harcourt Brace Jovanovich, 1972.
Hannah Arendt. *The Life of the Mind.* New York: Harcourt Brace Jovanovich, 1978.
Hannah Arendt. *Lectures on Kant's Political Philosophy.* Edited and with an interpretive essay by Ronald Beiner. Chicago: University of Chicago Press, 1982.
한나 아렌트. 이진우, 태정호 역. 『인간의 조건』. 한길사, 1996.
한나 아렌트. 이진우, 박미애 역. 『전체주의의 기원』. I . II. 한길사, 1948-2006.
한나 아렌트. 김정한 역. 『폭력의 세기』. 이루, 1999.
한나 아렌트. 김선욱 역.『칸트 정치철학 강의』. 푸른 숲, 2002.
한나 아렌트. 홍원표 역. 『혁명론』. 한길사, 2005.
한나 아렌트. 김선욱 역. 『공화국의 위기』. 한길사, 2011.

2) 아렌트 이차문헌

김비환. 『축복과 저주의 정치사상』. 한길사, 2001.
강영안. 『타인의 얼굴』. 문학과 지성사, 2005.
김선욱. 『한나 아렌트 정치판단 이론』. 푸른 숲, 2002.
박인철, "자유의 현상학적 이념: 아렌트와 레비나스의 자유개념 비교를 중심으로", 『철학연구』, 71집, 철학연구회, 20.
색스, J. (Jonathan Sacks). 임재서 역. 『차이의 존중』. 말.글빛냄, 2002.
E. 질송(Etiénne Gilson), 김기찬 역, 『중세 기독교 철학사』 상권(크리스챤 다이제스트, 1994), 서문, 17-22쪽들.
Aschheim, S. ed. *Hannah Arendt in Jerusalem.* Berkeley: University of California Press, 2001.
Barnouw, D. Visible Spaces: *Hannah Arendt and the German-Jewish Experience.* Baltimore: Johns Hopkins University Press. 1990.
Benhabib, S. *The Reluctant Modernism of Hannah Arendt.* London: Sage Publications, 1996.
Bernauer, J. ed. *Amor Mundi: Explorations in the Faith and Thought of Hannah Arendt.* Dordrecht: Martinus Nijhoff, 1987.

Bernstein, R. *Hannah Arendt and the Jewish Question.* Cambridge: Polity Press, 1996.

Bowen-Moore, P. *Hannah Arendt's Philosophy of Natality.* London: Macmillan, 1989.

Bradshaw, L. *Acting and Thinking: The Political Thought of Hannah Arendt.* Toronto: University of Toronto Press, 1989.

Calhoun, C. and McGowan, J. eds. *Hannah Arendt and the Meaning of Politics.* Minneapolis: University of Minnesota Press, 1997.

Disch, L. *Hannah Arendt and the Limits of Philosophy.* Ithaca: Cornell University Press, 1994.

Dossa, S. *The Public Realm and The Public Self: The Political Theory of Hannah Arendt.* Waterloo, Ontario: Wilfred Laurier University Press, 1988.

Gottsegen, M. *The Political Thought of Hannah Arendt.* Albany: State University of New York Press, 1993.

Hansen, P. *Hannah Arendt: Politics, History and Citizenship.* Cambridge: Polity Press, 1993.

Hill, M. ed. Hannah Arendt: *The Recovery of the Public World.* New York: St. Martin's Press, 1979.

Hinchman, L. and Hinchman, S. eds., *1979, Hannah Arendt: Critical Essays.* Albany: State University of New York Press, 1979.

Honig, B. ed. *Feminist Interpretations of Hannah Arendt.* University Park, PA: Pennsylvania State University Press, 1995.

Kateb. G. *Hannah Arendt: Politics, Conscience, Evil.* Oxford: Martin Robertson, 1984.

Kohn, J. and May, L. eds. *Hannah Arendt: Twenty Years Later.* Cambridge, MA: MIT Press, 1996.

May, D. *Hannah Arendt.* Harmondsworth: Penguin Books, 1986.

Parekh, B. *Hannah Arendt and the Search for a New Political Philosophy.* London: Macmillan, 1998.

Pitkin, H. *The Attack of the Blob: Hannah Arendt's Concept of the Social.* Chicago: University of Chicago Press, 1998.

Ring, J. *The Political Consequences of Thinking.* Albany: State University of New York Press, 1997.

Taminiaux, J. *The Thracian Maid and the Professional Thinker: Arendt and Heidegger.* Albany: State University of New York Press, 1997.

Whitfield, S. *1980, Into the Dark: Hannah Arendt and Totalitarianism.* Philadelphia: Temple University Press, 1996.

Young-Bruehl, E. *Hannah Arendt: For Love of the World.* New Haven: Yale University Press. Second edition, 2004, 1982.

제8장. 롤스의 자유주의적 입헌주의

1) 롤스 일차문헌

Rawls, J. *A Theory of Justice.* Original Edition. Cambridge, MA and London: Harvard University Press, 1971[Rep. 2005].

Rawls, J. *Political Liberalism.* Expanded Edition. New York: Columbia University Press, 2005.

존 롤즈. 『정의론』. 황경식 역. 이학사, 2003.

존 롤즈. 『공정으로서의 정의』. 황경식 편역. 서광사, 1988.

2) 롤스 이차문헌

노직, R. (Nozik, R.). 남경희 역. 『아나키에서 유토피아로』. 문학과 지성사, 1983.

스테판 뮬홀 · 애덤 스위프트, 김해성 · 조영달 옮김.『자유주의와 공동체주의』. 한울 아카데미, 1992.

승계호. 김주성 외 역. 『직관과 구성』. 나남, 1999.

정태욱, "롤즈에 있어서 '정치적인 것'의 개념", 『법철학연구』, 4.2, 2001.

황경식. 박정 순 외. 『롤즈 정의론과 그 이후』. 철학과 현실사, 2009.

황경식. 『사회정의의 철학적 기초』. 서광사, 1985.

황경식. 『개방사회의 사회윤리』. 철학과 현실사, 1996.

황경식. 『자유주의는 진화하는가?』. 철학과 현실사, 2006.

황경식. 『덕윤리의 현대적 의의』. 아카넷, 2012

Bankovsky, Miriam. *Perfecting Justice in Rawls, Habermas and Honneth. A Deconstructive Perspective.* Lodon: Continuum, 2012.

Bock, Andreas. *Von der Theorie der Gerechtigkeit zum Recht der Völker : John Rawls und das Problem globaler Gerechtigkeit,* Wiesbaden : VS Verl., 2013.

Faßbender, Hasret. *Rawls und seine Kritiker,* München : GRIN Verlag GmbH, 2012.

Finlayson, James Gordon(ed.) *Habermas and Rawls : disputing the political.* New York :

Routledge, 2011.

Freeman, Samuel. *Justice and the social contract : essays on Rawlsian political philosophy.* Oxford : Oxford Univ. Press, 2009.

Freeman, Samuel. *The Cambridge companion to Rawls.* Cambridge : Cambridge Univ. Press, 2008.

Hedrick, Todd. *Rawls and Habermas : reason, pluralism, and the claims of political philosophy.* Stanford : Stanford Univ. Press, 2010.

Kelbley, Charles A., "Are There Limits to Constitutional Change? Rawls on Comprehensive Doctrines, Unconstitutional Amendments, and the Basis of Equality", *Fordham Law Review*, 72(2004).

Michelman, Frank I., "Rawls on Constitutionalism and Constitutional Law", *The Cambridge Companion to Rawls.* Ed. b. Samuel Freeman, Cambridge: Cambridge University Press , 2003.

Mikhail, John M. *Elements of moral cognition : Rawl's linguistic analogy and the cognitive science of moral and legal judgment.* Cambridge : Cambridge Univ. Press, 2011.

Quong, Jonathan. *Liberalism without perfection.* Oxford : Oxford Univ. Press, 2011.

Tillmann, Frank. *Teilen statt Zuteilen : John Rawls und die Begründung eines relativen Grundeinkommens.* Leipzig : Ille & Riemer, 2012.

Weithman, Paul. *Why political liberalism?*. Oxford : Oxford Univ. Press, 2010.

*** 기타 참고문헌**

〈정치학〉

강석찬.『국제정치와 외교정책』. 한국 학술 정보(주), 2008.

구기석, "홉스의 정치사상 연구", 호남 정치학회보, 제 5집, 2010.

김영국.『레오 스트라우스의 정치철학』. 서울대 출판부, 1995.

김용환.『홉스와 사회정치철학』. 철학과 현실사, 1999.

남경희.『말의 질서와 국가』. 이화여대출판부, 1997.

노직, R. 아나키에서 유토피아로.

니콜슨 H.(Nicolson, H.). 이정우 와 정일영 공역.『외교학 개론』. 문교부, 1956.

베일리스 J. & 스미스, S.(Baylis, J. & Smith S.)편저. 하영선 외, 역. 『세계정치론』. 을유문화사, 2001.
임미원, "홉스의 법 및 정치사상의 재해석 가능성", 『법과 사회』, 42호, 2012
공진성, "존 로크와 복종의 영역들: 로크의 자유주의에 대한 재해석", 『인문과학연구논총』, 제 32호, 조선대 인문과학연구소, 2009.
로크, J. 『시민 정부론』. 남경태 역. 효형출판, 2012.
문지영, " '자유'의 자유주의적 맥락", 정치사상 연구, 10집, 2004.
밀, J. S. (J. S. Mill). 서병훈 역 『공리주의』. 책 세상, 2013.
밀, J. S. (J. S. Mill). 서병훈, 역. 『자유론』. 책 세상, 2013.
박성래. 『레오 스트라우스』. 김영사, 2005.
박성호, "로크의 정치철학", 철학논총, 제 74집, 새한 철학회, 2013.
사르토리. G. (G. Sartori). 이행 역. 『민주주의 이론의 재조명』. Ⅰ. Ⅱ. 인간사랑, 1999.
서울대학교 정치학과 공저. 『정치학의 이해』. 박영사, 2005.
스트라우스. L. (S. Strauss). 양승태 역. 『정치철학이란 무엇인가?』. 아카넷, 2002.
스트라우스, L. (Strauss Leo) · 크랍시 J. (Cropsey, Joseph)편. 김영수 외 역. 『서양 정치철학사』 Ⅰ. Ⅱ. Ⅲ. 인간사랑, 1992.
차기벽. 『민주주의 이념과 역사』. 한길사, 1980.
찰스 W. & 케글리 Jr. 오영달 외 역. 『세계 정치론』. 한티미디어, 2010.
코저 L. A .(L. A. Coser). 『사회 사상사』. 신용하 · 박명구 역. 일지사, 1975-1980.
포퍼. K. R.(K. R. Popper). 이명현 · 이한구. 『열린 사회와 그 적들』. Ⅰ. Ⅱ. 민음사, 1982.
Philippe Raynaud et Stéphane Rials. ed. *Dictionnaire de Philosophie Politique*. Press Universitaire de France, 1996.
홉스, T. 『리바이어던』. 진석용 역. 1, 2. 나남, 2008.
홉스, T. 『시민론』. 이준호 역. 서광사, 2013.
홉스, T. 『인간론』, 이준호 역. 지식을 만드는 지식, 2009.

〈경제학〉

기든스 A. (A. Giddens) 박영일 · 박노영. 『자본주의와 현대 사회이론』. 한길사, 1982.
뤼시마이어 D. 외(D. Rueschmeyer, E. H. Stephens, J. D. Stephens). 『자본주의 발전과 민주주의』. 박명림 · 조 찬수 · 권혁용 역. 나남, 1997.

마르크스, K. (Marx K.). 김수행 역. 『자본론』. 비봉출판사, 1993.
신일철. 『시장의 철학』. YBM Si-sa, 2001.
쉬나이더 H. 외(H. Schneider, J. Fleming, G. Meyer, A. Mueller,A. Oppolzer, A. Paulinyi). 한 정숙 역. 『노동의 역사』. 한길사, 1982.
윤평중, 『시장의 철학』. 나남, 2016.
주한광. 『경제학 원론』. 율곡출판사, 1998.
헌트. E. K. (E.K. Hunt). 『경제 사상사』. 김성구 · 김양화 공역. Ⅰ. Ⅱ. 풀빛, 1982.

〈사회학〉

김대호. 『2013년 이후』.백산서당, 2011.
강만길 외. 『민족주의와 기독교』. 민중사, 1981
김경동. 『현대의 사회학』. 박영사, 1985.
김용환 역. 『원시사회의 구조와 기능』. 종로서적, 1980.
김진균 편. 『제3세계와 사회이론』. 한울, 1983.
남경희. 『언어의 연기와 마음의 사회성』. 이화여대출판부, 2012.
다렌돌프, R. (Dahrendorf, R). 정대연 역. 『산업사회의 계급과 계급갈등』. 홍성사, 1982.
루이스 A. 코저. 신용하.박명규 역. 『사회사상사』. 일지사, 1981.
밀즈, C. W.(Mills, C.W.). 강희경 · 이해찬. 『사회학적 상상력』. 홍성사, 1981.
배버. M.(Weber, M.) 금종우 김남석 역. 『지배의 사회학』. 한길사, 1981.
보토모아 T.(Bottomore T.). 박영신 역. 『정치사회학』. 한 벗, 1981.
신일철 편. 『프랑크푸르트 학파』. 청람, 1980.
아펠바움 R. P.(Apelbaum, R. P.). 김지화 역. 『사회변동이론』. 한울, 1983
오경환. 『종교사회학』. 서광사, 1984.
이진우 편. 『하버마스의 비판적 사회이론』. 문예출판사, 1996.
차인석 외. 『사회과학의 철학』. 민음사, 1989.

〈윤리학〉

The Jerusalem Bible. London : Darton Longman & Todd, 1966.
Immanuel Kant. *Werkausgabe* Band 1-12. Herausgeben von Wilhelm Weuschedel. Suhrkamp,

1974.

Henri. Bergson. *Oevres.* pub. par André Robinet. Paris: P.U.F., 1959.

Gadamer, H. *Plato's dialektische Ethic*. Hamburg: Felix Meiner, 1968.

Lévinas, E. *Totalité et infini*. Martinus Nijhoff, 1971.

구인회. 『생명윤리, 무엇이 쟁점인가』. 아카넷, 2005.

김완진 송현호 이재율. 『공리주의, 개혁주의, 자유주의』. 서울대 출판부, 1996.

김일손 손명세 김상득. 『의료윤리의 네 원칙』. 계축문화사, 1999.

김태길. 『윤리학』. 박영사, 1970-1980.

김태길. 『한국윤리의 재정립』. 철학과 현실사, 1995.

김연숙. 『타자윤리학』. 인간사랑, 2001.

김영진. 『한국인을 위한 윤리와 논리』. 철학과 현실사, 2000.

도킨스(Richard Dawkins). 홍영남 이상인 역. 『이기적 유전자』. 을유문화사, 2015.

레비나스(Levinas, E). 양명수 역. 『윤리와 무한』. 다산 글방, 2000.

레비나스(Levinas, E). 강영안 역. 『시간과 타자』. 문예출판사, 1996.

마이어(E. Mayer). 최재천 역. 『이것이 생물학이다』. 몸과 마음, 2002.

베네딕트(Benedict, R.). 김윤식과 오인석 역. 『국화와 칼』. 을유문화사,1974.

브라이언트, J.(John Bryant) 라벨 L. (L. Baggot la Velle) 설, J.(John Searl). 이원봉 역. 『생명과학과 윤리』. 아카넷, 2005-2008.

Monique Canto-Sperber. ed. *Dictionanaire d'éthique et de philosophie Morale*. Press Universitaire de France, 1996.

브로디(Brody, B.). 황경식 역. 『응용 윤리학』. 철학과 현실사, 2000.

본회퍼(Bonhoeffer, D.). 손규태역. 『기독교 윤리』. 대한 기독교 서회. 1997.

싱어(Singer, P). 김희정 옮김. 『세계화의 윤리』. 아카넷, 2003.

아이스퀼로스, 소포클레스 외. 이근삼 외 역. 『희랍극선』. 삼성출판사, 1979.

요나스(Jonas, H.). 한정선 옮김. 『생명의 원리』. 아카넷, 2001.

테일러(Taylor, P.). 김영진 역. 『윤리학의 기본 원리. 서광사, 1987.

허 남결. 『공리주의 문화 연구』. 화남, 2004.

허 남결. 『밀의 공리주의』. 서광사, 1977.

밀, J. S. 서병훈 역. 『공리주의』. 책 세상, 2007.

싱어, P. 커스, H. 편. 『생명 윤리학』, 변순용, 강미정, 조현아 역. Ⅰ. Ⅱ. 인간사랑, 1998-2005.

퍼트남, H. 외 . 생물학 사상 연구회 역. 『생명공학과 윤리』. 아침이슬, 1998-2004.

헨릭 울프(Henrik R. Wulff), 스티그 페데르센(Stig Andur Pedersen), 라벤 로젠베르그(Raben Rosenberg). 이호영 이종찬 역. 『의학 철학』. 서울: 아르케, 1986-1999.